読本シリーズ

金融読本

［第32版］

中島真志／島村髙嘉
［著］

東洋経済新報社

はしがき

今回の改訂までの三年間に、世界を揺るがすような大きな出来事が二つあった。一つは、二〇二〇年春以降の新型コロナウイルスの感染拡大による「コロナショック」であり、わずか数カ月ほどの間に「パンデミック」と言われるような世界的な流行となった。人々は感染拡大の防止のために外出を避けて消費は低迷し、企業の経済活動も大きく落ち込んだ。また、人・物の動きが制限されるなかで、企業間のグローバルなサプライチェーンにも大きな影響が出て生産が停滞した。もう一つが、二〇二二年二月に発生したロシアのウクライナ侵攻による「ウクライナ・ショック」である。これに対して、西側諸国は、ロシア資産の凍結やロシアの銀行の金融ネットワークからの切断といった制裁に乗り出したが、これは、食料やエネルギー価格の上昇といった形で西側諸国にも跳ね返ることとなった。これらの出来事は、各国の金融政策にも大きな影響を及ぼし、コロナショック後の時期には、各国の中央銀行は、金利の引下げ、市場への潤沢な資金供給、企業金融への支援などに追われた。そしてウクライナ・ショック後は、世界的な物価上昇により、一転して金利の引上げや量的緩和の縮小などに踏み切ることとなった。

この間、国内においては、金融庁の報告書による「老後資金二〇〇〇万円問題」をきっかけに、資産形成への関心が高まっていたことに加え、二〇二二年度からは高校の家庭科で金融教育が本格的に行われるようになったこともあり、投資や資産運用への関心が一段と高まりをみせている。

このように環境が急激に変化するなかで、複雑化する金融現象を理解するには、金融の「基本的な枠組み」を理解したうえで、現実の市場動向や政策動向をみていく必要がある。そのためには、平易で簡明な

「入門書」であるとともに、現実の動きに関する適切な「解説書」が不可欠であり、『金融読本』を標榜する本書のねらいは、まさにここにある。

本書の特徴は、①理論や数式に偏らず、実務的な観点も踏まえて、金融機関、金融市場や金融業務などについて解説を加えている点、②政策とともに、その前提となる制度についても詳しく触れている点、③歴史と現状についてバランスよく記述している点、などにある。こうした特徴の背景には、中央銀行の関係者が長年、執筆・改訂に携わってきたことも関係しているものと思われる。

わが国では、金融教育の普及が遅れてきたため、大学生や社会人になってから、初めて金融を学ぶといったケースも少なくない。本書は、こうした初学者が「初めて金融を学ぶ」際の拠りどころとするのに適したものとなっている。また本書は「読本シリーズ」の一冊でもあるため、「読みながら学ぶことができる」との編集方針のもと、通常のテキストに比べて独学にも向いているものと考える。

ここで、本書の沿革ならびに改訂の経緯について言及しておきたい。本書の初版（一九五〇年出版）は、当時の日本銀行調査局のスタッフが中心となって執筆したものである。以来、呉文二氏（日本銀行調査局長、立正大学教授などを歴任）、島村高嘉（第一九～三一版の改訂に参加）、中島真志（第二六版より改訂に参加）が改訂作業を続けており、初版から七〇年以上にわたって読み継がれ、累計四五万部に達するロングセラーテキストとなっている。

今回の改訂に際して配慮した点や変更点は、以下のとおりである。

一　章立ての見直しなど、構成面の大きな変更は行わなかったが、前版の出版（二〇二〇年）以降の新たな動き（東証の市場再編、ＮＩＳＡ制度の見直し、手形交換の電子化、小口決済インフラの「ことら」、

ＬＩＢＯＲの廃止など）について解説を加えた。特に、金融政策の部分では、各国の新型コロナウイルス対応やその後の金融正常化の動きを盛り込んだ。また、新たな項目（ＳＤＧｓ債、ナローバンク論、バジョット・ルール、ベイルアウト、スティグマ問題など）についての記述を追加するとともに、計数についても、三年分のアップデートを行った。

二　ビジュアル的な分かりやすさを高めるため、適宜、図表を追加した。

三　実態に合わせて、いくつかの用語を変更した（協同組織金融機関、農業金融機関、個人向け金融、キャッシュレス決済手段など）。

四　全編を通じて、歴史的な記述については、本論とは別に、各章の終わりに「補論」としてまとめてある。金融を理解するうえでは、過去の経緯を知っておくことも重要であり、発展的な学習に役立ててほしい。

五　巻末の「主要金融年表」では、過去一〇年間にわたる国内・海外の主な出来事を記載している。過去の流れを確認するのに利用していただきたい（昭和二〇年代にまで遡った超長期の年表については、東洋経済新報社のウェブサイトhttps://str.toyokeizai.net/books/9784492100387を参照のこと）。

本書は、幸いにして、全国の多くの大学において「金融論」の教科書として指定されており、東洋経済新報社の教科書採用ランキングでも上位にランクインしている。また、ゼミのテキストや金融機関での若手行員の研修などでも広く用いられているようである。著者としては、本書が、理論と実務、政策と制度、歴史と現状などをバランスよく網羅する「入門書」として、引き続き、多くの方の良き「道しるべ」となることを望んでいる。また、すでにある程度の金融知識をお持ちの方々にとっても、新たな知識の補充（たとえば金融のデジタル化、中銀デジタル通貨など）や最新動向の把握（たとえば東証の市場再編や小口決済インフラの進展など）などの面でお役に立つものと期待している。なお、お気づきの点があれば、読者の忌憚のないご意見やご要望をお願いしたい。
末筆ながら、今回の改訂・出版に多大なお力添えをいただいた東洋経済新報社出版局の中山英貴氏に感謝の言葉を申し述べたい。

二〇二三年三月

中島真志
島村髙嘉

目次

第3章　各種の金融機関　55

第4章 金融市場と金利　108

第2部　金融の包括的構造

第5章 資金循環の構造　156

第12章　プルーデンス政策　307

第5部 国際金融の俯瞰

第15章

国際金融と国際通貨

本文中の★印は、頭注に補足説明があることを示す。

第1部

金融の基礎的理解

第1章

金融とはどういうことか

本章では、金融と貨幣に関する基本的な事項について説明する。

第1節 貨幣と金融機関

1 貨幣とその働き

(1) 金融と貨幣 「金融」とは、読んで字のごとく「お金を融通すること」であり、簡単にいえば「資金の貸借」である。資金に余裕がある人がいる一方で、資金が不足している人がいれば、その間で「お金の融通」が必要となり、そのために金融の仕組みが生まれる。こうして発生した金融は、もともとは「貨幣★」を貸借するかたちで行われた。金融と貨幣とは、依然として密接な関係にあるため、まず、ここでは貨幣について述べることとする。

イ 物々交換から貨幣へ 貨幣がなかった時代には、物と物とを直接に交換する「物々交換」が行われていた。しかし物々交換の世界においては、人々が適切な交換相手に出会うことは必ずしも容易ではない★。たとえば、たくさんのリンゴを持って魚を欲しがっている農家と、多くの魚を持ちリンゴ

貨幣と通貨＝お金として通用しているものは、「貨幣」または「通貨」と呼ばれ、両者はしばしば同義で用いられる。一般には「通貨」と呼ぶ場合が多いが、経済学では「貨幣」という用語が用いられる場合が

欲求の二重の一致＝物々交換が成立するためには、「相手が欲しがる財を自分が持っていること」、および「自分が欲しがる財を相手が持っていること」という二つの偶然が必要となる。これを「欲求の二重の一致」という。しかし、お互いに相手の欲しがるものを持っているというのはかなり稀有な状況であり、それだけ物々交換を成立させることは難しい。二重の一致の条件を満たしていない場合には、自分の持っている財をいったん相手の欲しがる財に交換したうえで、相手との交換を行うという煩雑な手間が必要となる。

お金に関係のある漢字＝古代中国では、貨幣として「宝貝」が用いられたため、お金に関係のある漢字には貝が使われているものが多い（貨、貯、資、買、貸、費など）。

図 1-1 貨幣の変遷

自然貨幣	貝，石，骨など，自然のものを素材としたもの
↓	
商品貨幣	布，家畜（牛，羊），穀物（米，小麦）など
↓	
金属貨幣	金，銀，銅などの金属を重さで量って使用（秤量貨幣）
↓	
鋳造貨幣	金属を一定の型に入れて作ったもの（一定の品質と重さを保証）
↓	
兌換紙幣	一定量の金との交換を保証した紙幣
↓	
不換紙幣	金との交換の義務のない紙幣（フィアット・マネー，信用貨幣）

を求めている漁師が出会わなければ、取引は成立しないのである。こうした非効率性から、やがて誰もが受容するものが取引を仲介する交換手段として広く受け入れられるようになった。これが「貨幣」の誕生である。

ロ　自然貨幣から金属の貨幣へ　貨幣は、これまで段階的に発展を遂げてきている。すなわち初期には、希少性のある自然の素材（貝★、石、骨など）である「自然貨幣」が使われた。自然貨幣にはそれ自体に価値はなかったが、やがて多くの人が欲しがるもの（布、家畜、穀物など）が交換を媒介する手段として使われるようになった。これらは「商品貨幣」と呼ばれるが、持ち運びや分割には不便であった。やがて、これらの商品貨幣は、持ち運びが便利で耐久性に優れた金・銀などに統一されていき、「金属貨幣」となる。金属貨幣は使うたびに重さを量っていたため、「秤量《ひょうりょう》貨幣」ともいわれる。しかし、やがてその煩雑さから、金属を一定の形状にし、一定の品質と重さを刻印で保証した「鋳造《ちゅうぞう》貨幣」が使われるようになった。

ハ　金属の貨幣から紙幣へ　やがて紙や印刷の技術が発達すると、金属の貨幣に代わって、「紙幣」が貨幣としての役割を果たすようになった。当初の紙幣は、一定

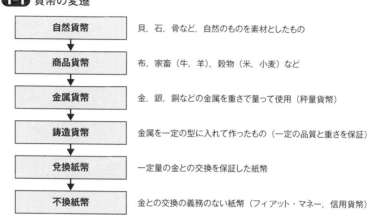

の金貨や銀貨などの「本位貨幣」（貨幣制度の基準となる貨幣）との交換（兌換）を保証した「兌換《だかん》紙幣」であり、金貨や銀貨の代わりに流通させるという性格のものであった（このため、いつでも金貨や銀貨に戻せる）。しかし、やがて本位制の廃止とともに、貨幣は、そうした交換の保証のない「不換紙幣」となった。不換紙幣は、政府がそれを法令によって貨幣であるとすることによって流通することから「法定通貨」（フィアット・マネー）と呼ばれ、また誰もがそれを貨幣として認めて、人々の信用に基づいて流通することから「信用貨幣」（クレジット・マネー）とも呼ばれる。このように、現在の紙幣は金の価値によって裏付けられているわけではなく、社会的なコンセンサスに基づき、人々の信頼によって支えられている（図1-1）。

なお、最近では、紙幣に代わって、現金をデジタル化した「中央銀行デジタル通貨」を発行しようとする動きもみられている（詳細は第9章を参照）。

（2）貨幣の機能　このようにして成立した貨幣には、伝統的に、以下のような三つの機能があるものとされる。これらを「貨幣の三大機能」という。

イ　一般的交換機能　貨幣の最も重要な機能は、その発生の経緯が示すように、「交換手段」または「支払手段」としての機能である。すなわち、貨幣とは、それを相手に渡すことによって、自分の欲しいと思うモノ（有形財）やサービス（無形財）を一定量だけ、いつでも、どこでも手に入れることができるという役割を果たすものである。貨幣が存在することによって、人々はモノやサービスの交換を、貨幣のない「物々交換」の世界に比べて、格段に効率的に行うことができるようになっている。

ロ　価値の尺度機能　貨幣には、モノやサービスの価値を統一的に表す機能がある。たとえば、シャツが一万円、タクシー代が五〇〇〇円、アイスクリームが二〇〇円といったように、異なったモノやサービスの価値を共通の尺度によって表すことができる。これを「価値の尺度」または「計算単

銀行の由来＝銀行（bank）という用語は、当時のイタリアの都市の広場で用いられていた両替商の取引台（イタリア語でbanco：英語のbenchに相当）に由来するものとされている。

位」としての貨幣の機能という。こうした共通の価値尺度（ものさし）が存在しない場合には、モノやサービスの価値は、他のモノやサービスの価値によって表現することが必要となり、かなり面倒である（たとえば、シャツ一枚はアイスクリーム五〇個分とかタクシー代の二回分など）。こうした場合には、異なる価格表示がいくつも存在することになり、取引は複雑なものにならざるを得ない。このように貨幣は、あらゆるモノやサービスの価値を共通の尺度として表示（価格表示）することによって、経済取引を円滑に進める役割を果たしている。

ハ　価値の保蔵機能　貨幣にはまた、「将来使うために蓄えておく」という機能がある。個人や企業は、将来の生活や企業活動のために、ある程度の準備をしておかなければならないが、その準備をモノのかたちで持っていると、不便であるばかりではなく変質しやすい。貨幣のかたちで持っていれば、必要なときにそのまま支払いの手段として使用できるし、変質したり劣化したりする危険性もない。このように貨幣は、将来における支出時期までの間、いつでも使える状態で価値を安全に保っておくための資産として保有される。こうした貨幣の役割を「価値の保蔵機能」という。

2　金融業の始まりと発達

（1）金融業の始まり

金融が貨幣（資金）の貸借であるという意味では、貨幣が余っている人と足りない人がいて、両者の間に貸借の話し合いがつけば、金融は成立する。

イ　古代バビロニアの貸借　富裕な人が、貨幣を必要とする人に貨幣を貸すという形態での金融は、非常に古い時代から行われてきた。紀元前一八世紀ごろに編纂されたバビロニアの「ハンムラビ法典」には、すでに貨幣を貸借する際の利息に関する規定が存在していた。

ロ　イタリアにおける金融業の始まり★　今日に至る近代金融業の始まりは、一三～一四世紀ごろの北イタリアであったものとされている。中世ヨーロッパでは、小国が分立するなかで、遠隔地間の交易が発達したため、多くの種類の異なる貨幣が使われていた。これにより、複数の国の多種多様な貨幣について、それぞれに真偽の判断を下し、また相互の交換比率を示すことが必要となり、こうした役割を果たす「両替商」が発達した。両替商は、その仕事の性質上、堅固な金庫を持っていたため、商人たちから貨幣を預かる業務も行うようになった（「預金業務」の始まり）。次に、両替商は預かった貨幣のうち一定の部分は常に金庫に眠っていることに気づき、この資金をもとに貸出を行うようになった（「貸出業務」の始まり）。また、取引のために多額の貨幣を持って移動することは紛失・盗難などの危険を伴うため、商人たちは、各地にある両替商の支店を通じて遠隔地間の資金をやりとりするようになった（「為替《かわせ》業務」の始まり）。このようにして、近代的な金融の形態が成立していった。

ハ　英国のゴールドスミス・バンカー　金融業のもう一つの源流は、英国にある。英国では「ゴールドスミス」（金匠《きんしょう》：金細工業者）が、金貨・金地金を預かり、その預り証（ゴールドスミス・ノート）を発行した。預り証は、いつでも同等の金と引換えができるというものであり、金の価値によって裏付けられていたため、一種の貨幣として流通し、支払いの手段に用いられるようになった（「銀行券」の始まり）。また金匠は預かった金をもとに貸出を行うようになり、「ゴールドスミス・バンカー」（金匠銀行）と呼ばれるようになった。

（2）金融業の発達　その後の金融業の発達により、貸借される貨幣の量が大きく増加したほか、貨幣の貸し手・借り手の範囲も拡大した。そうなると、同じ貨幣の貸し手・借り手であっても、いろいろ種類の違ったものが含まれることになる。「貸し手」（金融業者に貨幣を預ける人）についていえば、長期間預けたい人と、短期間預けたい人がいる。一方、「借り手」については、さまざまな業界や商取引があるため、事情はさらに複雑である。金融業者としては、借り手の商売や事業についてよく知らないと安心して貸付ができない。そこで、特定の事業について深い知識を持つ金融業者が発達するようになる。商業金融、貿易金融、産業金融などである。現在、金融業者の多くは、大きな会社組織であるため、一般に「金融機関」と呼ばれている（金融機関の詳細については後述する）。

現代の通貨は、現金通貨（銀行券など）、預金通貨（普通預金など）、準通貨（定期預金）などからなっている。

3 現代の通貨

(1) 銀行券

このうち銀行券は、兌換銀行券から不換銀行券へと移り変わってきている。

イ 銀行券と金本位制　当初の銀行券は、それを発行した中央銀行に持っていけば鋳造貨幣（金貨等）と交換してもらえるものであり、中央銀行が発行する債務証書といった性質のものであった。交換対象となる鋳造貨幣には、金貨・銀貨・銅貨等があったが、英国では、一八一六年の「鋳貨条例」により、金貨を基礎とする「金本位制」を採用した。金本位制においては、『本位貨幣』（一国の貨幣制度の基礎となる貨幣）である金貨は、無制限の強制通用力を持つものとされていた。英国の強大な軍事力や経済力を背景に、一九世紀後半には、主要国においても金本位制がとられた。

ロ 兌換銀行券　金本位制においては、銀行券は、中央銀行によって金貨との交換を保証されていた。銀行券を金貨に交換することを「兌換《だかん》」といい、金貨と交換できる銀行券のことを「兌換銀行券」と呼んだ。★兌換銀行券の性質は、金貨の代わりに流通させるいわば「金貨の代用物」であった。しかし、実際の取引においては銀行券のほうが格段に使い勝手がよかったため、銀行券が広範に流通するようになった。銀行券が貨幣として広く流通するようになると、銀行券は、徐々に額面に応じた価値を持つものとして認識されるようになり、金貨の代用物という意識は次第に希薄になっていった。

ハ 不換銀行券　戦争等により、銀行券が大量に乱発されると、金貨との交換ができなくなって兌換は停止され、兌換銀行券は兌換義務のない「不換銀行券」となった。不換銀行券は、法律によって無制限の「強制通用力」を与えられることによって流通が保証される。不換銀行券は、それ自身が価

日本銀行兌換券＝日本でも、明治から昭和初期にかけて発行された「日本銀行兌換券」には、「一定量の金貨を交換します」との文言が記載されていた。

本位貨幣と補助貨幣＝鋳造貨幣には「本位貨幣」と「補助貨幣」とがある。このうち補助貨幣は、少額取引の便宜を図るために金属を素材として、政府により鋳造されるものである。その素材価値は通用価値よりはるかに低く、一定額を限度として（わが国では額面価格の二〇倍まで）、強制通用力を与えられている。なお、現行法（「通貨の単位及び貨幣の発行等に関する法律」）では、本位貨幣が姿を消しているため、貨幣は補助貨幣のみとなっている。

図 1-2 通貨の範囲

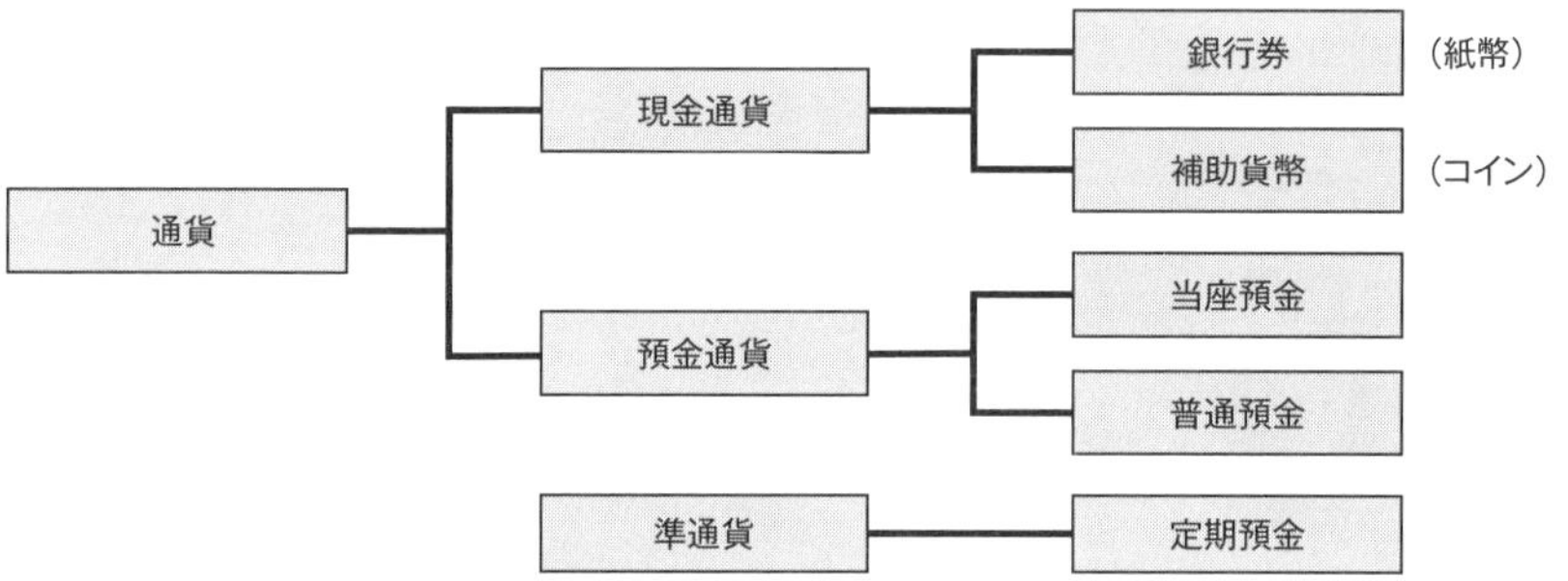

（注）　現金通貨＝銀行券（紙幣）＋補助貨幣（コイン）
預金通貨＝要求払預金（当座，普通，貯蓄，通知，別段，納税準備）
準通貨＝定期預金＋据置貯金＋定期積金＋外貨預金.

値を持つものではないが、皆がそれによって一定の商品等を購買できると考えていること（社会的コンセンサス）、および法的に強制通用力を与えられていることに基づいて、貨幣としての機能を果たしている。

世界の主要国は一九三〇年代に相次いで金本位制を停止したため、現在では、鋳造貨幣は「補助貨幣★」（硬貨）を除いて姿を消し、不換銀行券が貨幣を代表するものとなっている。われわれが毎日使っている「日本銀行券」も不換銀行券である。なお、銀行券と硬貨（コイン）を合わせて「現金通貨」という。

（2）預金通貨　預金は、銀行などに預けられているお金のことである。預金は、いつでも引き出して現金として使えるため、現金に非常に近い性格を持っている。また預金は、引き出さなくてもそのままで支払いに使うことができる。商品の代金の支払いなどに利用される「口座振込」（受取人の口座に入金すること）では、預金はそのままでお金（支払手段）として機能している。また、預金者の依頼に基づいて、預金口座から公共料金やクレジットカードの支払いを、自動的に引き落とす「口座振替」（自動引落し）でも、預金がそのままで支払手段として使われている。このように預金は、お金（支払手段）として機能していることから「預金通貨」と呼ばれる。現金通貨と預金通貨の両方を合わせて「通貨」という。

（3）準通貨　預金のうち「定期預金」は、原則として満期までは払戻しを受けられない代わりに、若干高めの利子が支払われる預金である。定期預金には期限の定めがあるため、いつでも払戻しができる「普通預金」に比べて「流動性★」が低く、そのままでは決済に使うことはできない（決済性を持たない）。しかし定期預金は、満期や解約により現金通貨や預金通貨に転換すればすぐに決済手段となるため、定期預金と普通預金との差はそれほど大きなものではなく、両者は比較的近い性格を持っていると考えられる。このため、定期預金は、預金通貨には含めないが、通貨に準じた性格を持つという意味で「準通貨」と呼ばれている（図1-2参照）。

表 1-1 マネーストックの残高と内訳（2022年3月平残）

（　）内は前年比伸び率（%）

	残高（伸び率）	内訳等（伸び率）
M1	1,006兆円（＋6.2）	うち現金通貨　114兆円（+3.2） 預金通貨　892兆円（+6.6）
M2	1,183兆円（＋3.5）	
M3	1,536兆円（＋3.1）	うちM1　1,006兆円（+6.2） 準通貨　496兆円（△2.9） CD　34兆円（+6.5）
広義流動性	2,014兆円（＋4.2）	うち金銭の信託　331兆円（+11.3） 投資信託　88兆円（+1.4） 外債　33兆円（+4.7）

（出所）日本銀行.

④ マネーストック

（1）マネーストックとは　経済全体に供給されている通貨の総量（経済全体に流通している通貨量）のことを「マネーサプライ」（通貨供給量）または「マネーストック」という★。マネーストックとは、「金融部門から経済全体に供給されている通貨の総量」のことであり、換言すると「世の中に出回っている（流通している）お金の総量」のことである。「通貨」には、現金通貨のほかに、支払手段（お金）として機能している預金通貨を含む。「通貨保有主体」は、個人や企業、地方公共団体などである（金融機関や国の保有分は除

流動性＝ある資産について損失を伴うことなく、ただちに現金に換えられる可能性の度合いのこと。いわば現金転換への距離である。容易に現金に換えられる資産は「流動性が高い」、現金に換えにくい資産は「流動性が低い」という。普通預金はいつでも現金に換えられるため、流動性が高いのに対し、土地は急いで売って現金に換えようとすれば、安く売らなければならないため、流動性が低い。

マネーサプライとマネーストック＝日本銀行では、二〇〇八年に、従来の「マネーサプライ統計」という呼び方を「マネーストック統計」に変更している。

CD＝譲渡性預金のことであり、Certificate of Depositの略。CDは、定期預金の一種であるが、期間中に第三者への譲渡が可能である点が特徴となっている。

図1-3　マネーストックの構成比（2022年3月平残）

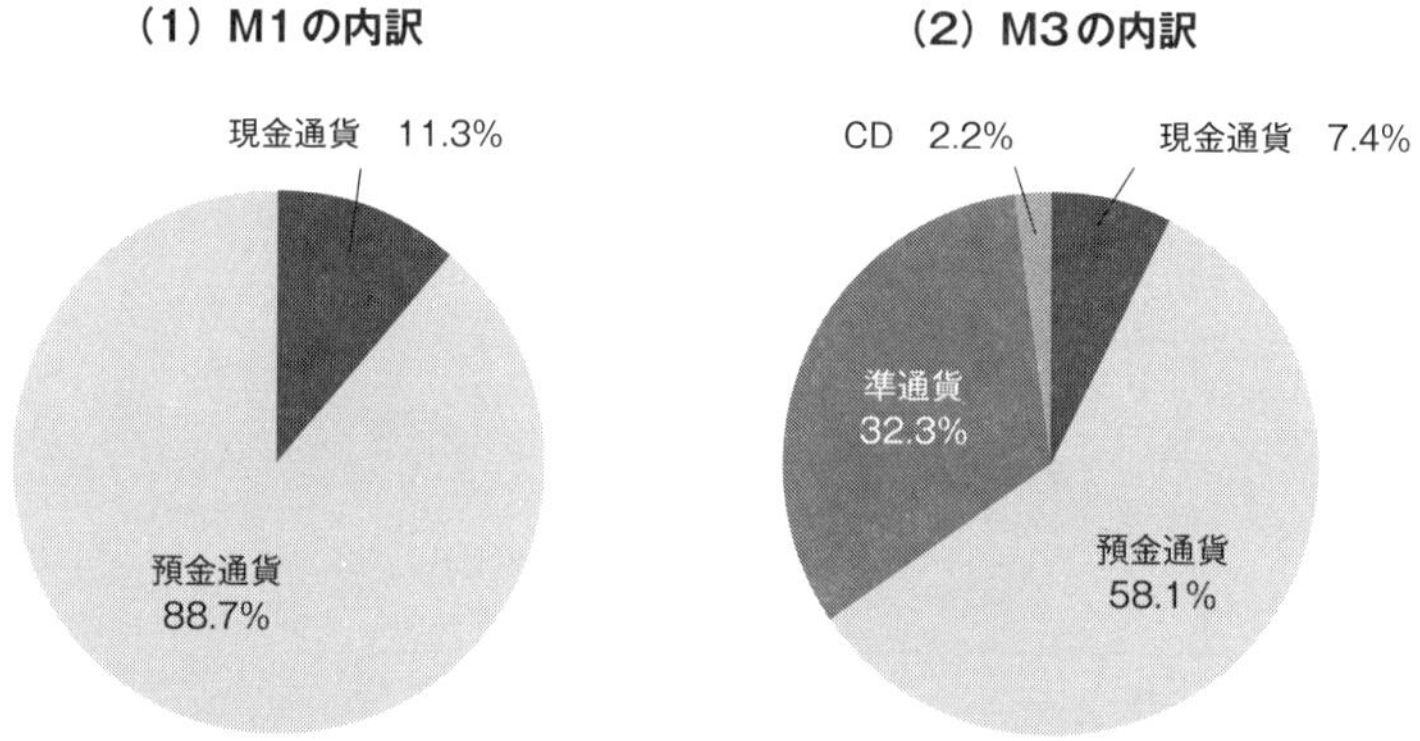

く）。マネーストックは、経済活動との関連も深いことから、金融面の指標の一つとして注目される。

（2）マネーストックの指標　日本銀行が公表しているマネーストックの指標としては、M1、M2、M3、広義流動性の四種類がある。

イ　M1　「M1《エムワン》」は、「現金通貨」と「預金通貨」によって構成されており、決済手段としてすぐに用いることができる通貨のみを対象とした最も狭義の指標である。

ロ　M3　「M3《エムスリー》」は、M1に「準通貨」（定期性預金）と「CD」★（譲渡性預金）を加えた、より広義の指標である（M1とM3は、いずれも全金融機関を対象とする）。

ハ　M2　「M2《エムツー》」は、M3と金融商品の対象は同じであるが、金融機関の範囲が限定されている（集計に時間を要するため、ゆうちょ銀行、信用組合、農協などの預貯金が除かれている）。

ニ　広義流動性　「広義流動性」は、M3にさらに比較的流動性が高い金融商品（国債、外債、金銭の信託、投資信託、金融債など）を加えた最広義の指標である。金融商品を幅広く集計しているため、金融商品間のシフト（預金から投資信託へなど）の影響を受けにくいという特徴がある。

こうした複数の指標を組み合わせてみることにより、社会全体にお金がどれだけ供給されているか（通貨の量）やその増え方（伸び率）をみることができる（表1-1）。

（3）マネーストックの構成　マネーストックの構成比をみると、M1においては、預金通貨のウェイトが約九割と現金通貨（約一割）を大きく上回っている（図1-3の（1））。またM3の内訳をみると、現金通貨は全体の七％にすぎず、預金通貨（約六割）と準通貨（約三割）が大部分を占めている（図1-3の（2））。このように、現代のマネー（通貨）においては、銀行券などの現金通貨の役割は限定的であり、預金通貨や準通貨が大きな機能を果たしていることがわかる。

第2節　金融市場と証券市場

❶―金融の性質

（1）金融の役割　金融は「お金を融通すること」であり、金融用語でいえば「資金の貸借」である。資金は、お金の余っている人（「資金余剰主体」という）から、お金の足りない人（「資金不足主体」という）に提供される。前者を「資金運用者」、後者を「資金調達者」とも呼ぶ。この間を取り持つのが、金融の機能（役割）である。

（2）資金の移転機能　「金融」という機能の存在により、資金を異なる主体間で移転させることができ、また資金を場所や時間を超えて移転することができる。金融機能が存在することにより、人々の行動の自由度や社会の効率性は、以下のようなかたちで格段に高まっている。

イ　主体間の移転　お金が足りない主体は、お金が余っている人から資金を調達することによって、現時点で資金不足であっても、そのときに必要とする行動（設備投資の実施、住宅の建設など）をとることができる。これを「主体間の移転」という。

ロ　異地点間の移転　資金は距離を超えて移動させることができるため、資金の貸借は、同一地域内に限られることはない。たとえば東京の貸し手が、北海道の借り手に資金を提供することもできる。さらに国際的に、東京の貸し手がロンドンの借り手に資金を貸すこともできる。これを「異地点間の移転」という。

ハ　異時点間の移転　金融があることによって、将来に得られる資金（所得）を現在に移転することができ、これを「異時点間の移転」という。個人や企業が、家を買ったり、工場を建てようとしても、その時に必要なお金があるとは限らない。こうした場合に、将来の所得を見合いに現時点で資金を借り入れることができれば（たとえば住宅ローンや設備資金の借入れ）、所得が得られる時期に制約されずに支出のタイミング（家を買う時期など）を決めることができ、活動の自由度は格段に高まる。つまり「将来の返済を約束することによって、現在、お金を借りる」という金融の存在によって、所得を得るタイミングに縛られることなく、必要な時期に必要な経済活動を行うことが可能となる。一方で資金の出し手にとっての金融は、資金の受取りを将来に繰り延べることにより、その期間、資金を運用する機会（定期預金など）を提供するものである。このように、金融は「現在のお金を将来のお金に交換すること」によって、異時点間の資源配分を可能にしている。

（3）金融と債権・債務　資金の貸し借りが行われると、貸し手は、借り手に対して返済を求める権利を持つことになるが、これを「債権」という。一方、借り手は返済の義務を負うことになるが、これを「債務」という。たとえば、Aさんが銀行から三〇〇万円を借りたとすると、銀行はAさんに対して三〇〇万円の債権を持っており、Aさんは銀行に対して三〇〇万円の債務を負っていることになる。

信用＝信用という言葉は、金融用語では「ある期間、資金を利用させること」を意味する。このため「信用を与える」とは資金を貸す（または支払いを猶予する）という意味であり、「信用を受ける」とは資金を借りる（または支払いを猶予される）ことを意味する。

リスク・プレミアム＝借り手の信用度に応じて上乗せされる金利のこと。

（4）金融と信用　金融は「貸借」であるため、貸した資金を必ずあとで返してもらわなければならない。つまり、金融は、借り手があとで資金を返すという「一種の約束」である。このため、金融が成立するためには、貸し手と借り手との間に、一定の「信用」★が存在していなければならない。貸し手の立場からいえば、この人に貸せばその資金は返してもらえるだろうと相手を信用するから金融が成り立つのであって、そもそも相互に信用のないところには金融は成立しない。

また「信用度の違い」は、資金を貸借するときの「条件」にも影響することになる。つまり、借り手の信用度が高い場合には、低い金利での貸借が行われるが、返済の確実性が低い借り手の場合には、危険性の対価（「リスク・プレミアム」★という）が上乗せされ、高い金利が付されることになる。また、借り手の信用が不足する場合には、それを補うために「担保」や「保証」といった信用補完のための手段が講じられる。

（5）金融の対価　金融は資金の貸借であるから、借り手は貸し手に、一定の期間、資金を利用させてもらう対価として「資金の使用料」を支払う。これが「金利」である（利子ともいう）。金利は、いわば「お金の貸し借りの値段」であるため、資金に対する需要と供給の関係によって上昇または下落する。すなわち、お金を借りたいという人（資金需要）のほうが多ければ金利は上昇し、お金を貸したいという人（資金供給）のほうが多ければ金利は低下することになる。

（6）金融制度　上記のような資金の調達・運用などの金融取引を円滑に行うための仕組みや組織、そしてそれに関わるルールや規制体系などを全体として「金融制度」または「金融システム」という。金融システムは、さまざまな金融市場や多数の金融機関などから成り立っており、歴史的な経緯などにより、その制度は国によって違いがみられる。また、金融制度は、技術革新や規制緩和などによって、時代とともに姿を変えてきており、金融の利便性や効率性を高めるために仕組み全般を変革することを「金融制度改革」と呼ぶ。

❷ 金融市場

(1) 金融市場とは　「金融取引が行われる場」のことを「金融市場」という。つまり金融市場は、「資金の供給者」(貸し手)と「資金の需要者」(借り手)との間で金融取引の行われる場である。ただし、市場といっても、取引のために人々が集まる特定の建物や場所があるわけではなく、多くの取引は電話や電子的な端末を使って行われるようになっている。東京市場やニューヨーク市場といったいい方もよくなされるが、それは、その都市の人々が、その国の日中の時間帯に取引を行っている市場といった意味である。

(2) 金融市場の分類　金融市場は、取引の形態によって、大きく二つに分けられる(図1-4)。

イ　市場型取引の市場　不特定多数の参加者が取引を行う市場を「市場型取引の市場」という。多数の貸し手(買い手)と借り手(売り手)が、「多数対多数」(N対N)で取引を行う場である。後述する短期金融市場、証券市場、外為市場などは、いずれもこうした形態によって取引が行われている。一般に「金融市場」という場合には、こうした取引形態の市場を指す(「狭義の金融市場」ともいう)。

ロ　相対型取引の市場　基本的に「1対1」で取引が行われるのが「相対《あいたい》型取引の市場」である。たとえば、貸出取引では、銀行と企業が、1対1で融資の条件について交渉を行って取引を行う。また、預金取引では、個人と銀行が個別に預金の条件に従って取引を行う。

(3) 金融市場の参加者　金融市場の参加主体は、大きく、①企業、②政府、③家計、④金融機関に分けられる。以下では、これらの主体が資金の需要者や供給者として、どのように結びついているのかについて述べる。

イ　企業　企業は、通常、最大の資金需要者である。たとえば、製造業者が製品を生産するために

図 1-4 市場型取引と相対型取引

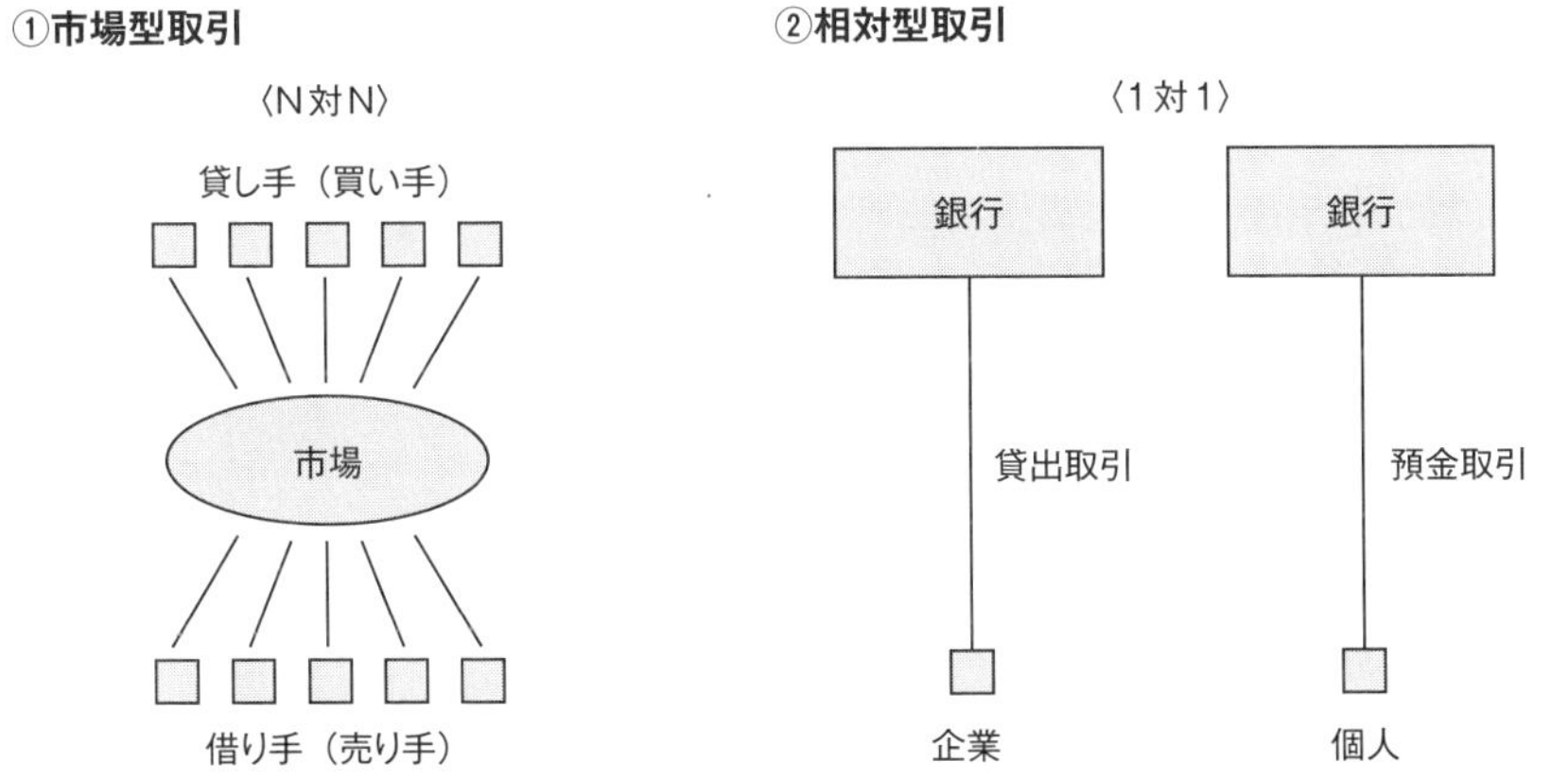

は、工場・機械などの設備が必要であり、また原材料を調達し、労働者を雇わなければならない。こうした設備資金や運転資金のために、多くの場合、企業は外部から資金を調達する必要があり、資金需要者となる。一方、企業が手元に余裕資金を持つ場合には、企業は資金の供給者となることもある。

ロ　政府　政府は、企業と並んで重要な資金需要者である。政府は、歳入が歳出より不足する場合や、時期的に歳入が遅れる場合には、資金を借り入れて財政を運営することが必要となる。一方、政府は、政策的な目的のために融資や投資が必要となる場合には、資金の供給者になることもある。

ハ　家計　家計は、最大の資金供給者である。多くの家計では、将来に備えて、収入の一部を金融機関に預金したり、有価証券を保有したりしている。将来的に住宅を建てるためや、自動車などの耐久消費財を買うために預金をする人は多い。また、老後や病気などを考えると、収入の全部を使わずに、一部を預金や有価証券で運用しておく必要がある。家計の資金供給は、個別には小規模なものが多いが、家計部門全体をまとめるとかなり巨額な資金となる。一方、家計は、

直接金融と間接金融＝直接金融は、資金の余っている主体から資金の不足している主体に直接的に資金を供給するかたち。間接金融は、その間に金融仲介機関が介在するかたちを指す。

図 1–5 直接金融と間接金融

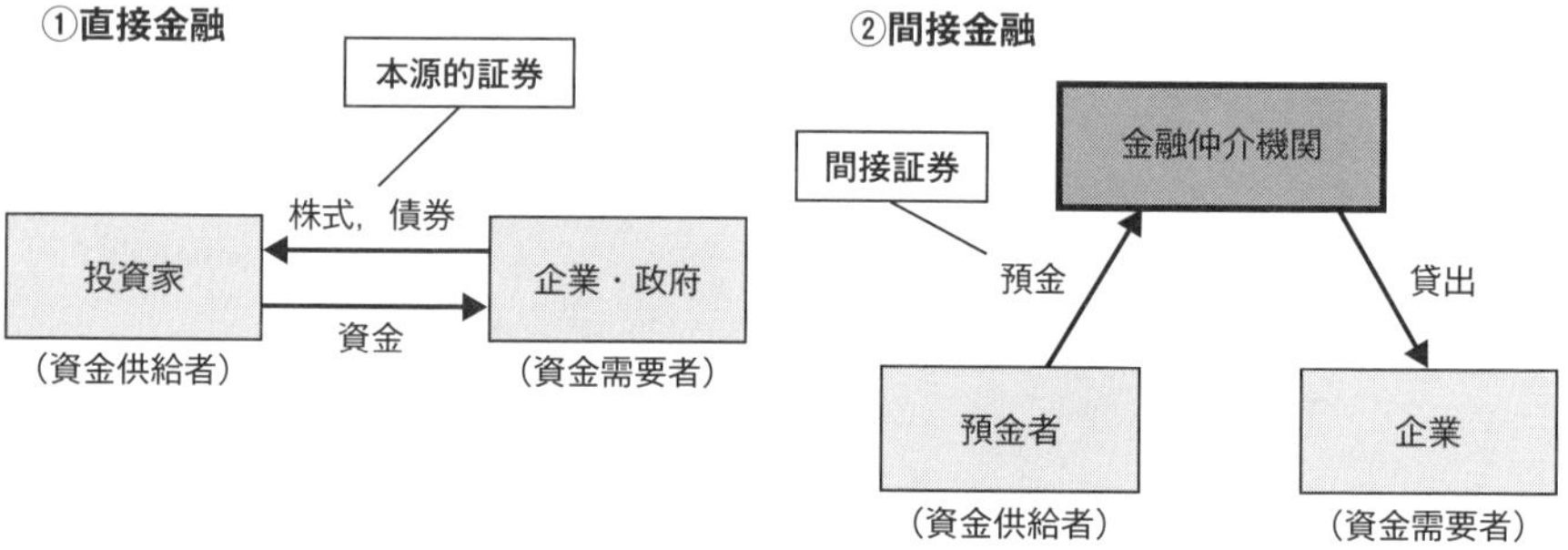

住宅や自動車などの耐久消費財を購入する場合には、まとまった資金を必要とし、資金需要者となる場合もある。

ニ　金融機関　金融機関は、資金の需要者であると同時に供給者でもある。すなわち、資金需要者として預金を受け入れる一方で、資金供給者として企業等に貸出を行っている。したがって、資金の需要・供給の媒介者としての役割を果たしているものといえる。

（4）直接金融と間接金融★　各主体の資金の需要・供給の主な結びつきをみると、主な資金供給者は家計であり、一方、主な資金需要者は企業や政府となっている。資金は、家計から企業や政府に直接供給される場合と、金融機関を経由して供給される場合とがある。前者を「直接金融」、後者を「間接金融」と呼ぶ（図1–5参照）。わが国では、間接金融の優位が特徴となっている。

イ　直接金融　直接金融は、通常、資金調達主体が投資家に直接、株式や債券を発行することによって資金調達が行われる。ここで最終的な借り手が発行する証券（株式や債券）のことを「本源的証券」と呼ぶ。この場合、発行者である企業が倒産したり、返済不能となった場合のリスクは、本源的証券を購入した投資家が負うことになる。

ロ　間接金融　間接金融の場合には、家計が金融機関（「金融仲介機関」と呼ぶ）に預金を預け、金融機関は預金によって調達した資金を貸出によって企業などに供給する。間接金融において発行される証券（預金証書など）のことを「間接証券」と呼ぶ。この方式では、借り手の返済が不能となった場合でも、そのリスクは金融機関が負担するため、貸出先企業が倒産しても、その影響は預金者には及ばない。

3 証券市場

（1）信用から証券へ 金融は、前述のとおり、貸し手と借り手との間に信用が存在することを前提としているが、借り手の信用度が非常に高く、貸し手以外のものもそれを認めるような場合には、そこに新しい現象が生ずる。すなわち、金融機関や企業の「信用」が十分に大きい場合には、それらが一定額の支払いを約束した証券は、人々の間でそれだけの価値を持つものとして取り扱われ、流通するようになる。手形、債券、株式などが、こうした信用に基礎を置く「証券」である。こうした証券の存在によって、さまざまな調達や運用が可能となっており、また複雑な金融現象が生じている。

（2）有価証券 証券のうち、市場で取引される債券や株式のことを「有価証券★」という。債券の発行者としては、企業や政府がある。債券には償還期限の長いものと短いものとがあり、長いものを「長期債」、短いものを「短期債」という。一方、株式は、企業（株式会社）によって発行される。

（3）証券市場 証券が取引される市場は、発行市場と流通市場に分けられる。「発行市場」は、新たに証券が発行される市場であり、債券や株式を発行する企業および政府と、これらの有価証券を購入する投資家と、両者の仲介を行う仲介業者（証券会社）とから成り立っている。一方、証券の「流通市場」はすでに発行された証券が売買される市場であり、証券取引所を中心として、証券会社や銀行が証券の売買にあたっている。流通市場において、証券の取引が活発に行われると、新たな証券を発行しやすくなるといった関係があり、流通市場と発行市場とは密接に関連している。証券の発行市場と流通市場とは、一括して「証券市場」と呼ばれる。証券市場は、金融市場の重要な一部を構成し

有価証券＝証券市場での売買の対象となる証券のこと。国債、地方債、社債などの債券や株式が代表的なものである。

ている（第4章を参照）。

❹ 金融深化と経済発展

ある国において、金融市場が拡大し、金融資産の蓄積が進むといった現象は、「金融深化」と呼ばれる。これは、ある国の経済において金融セクターの相対的な規模が大きくなることを意味している。金融深化が進むと、その国の経済発展の促進に大きく寄与することがわかっている。

第3節　景気変動と金融

経済活動には波があり、景気がよい時期（好況）と景気が悪い時期（不況）とを繰り返している。こうした景気の周期的な動きのことを「景気変動」（ビジネス・サイクル）という。景気変動と金融の動きとの間には密接な関係がある。

❶ 景気変動の循環サイクル

まず、景気変動の循環サイクルについて、典型的なケースを説明する。

（1）景気の上昇局面　景気が拡大すると、それに伴って商品の売行きがよくなり、物価も上昇気味になる。そうなると、企業は商品の生産を増加させるため、原材料の購入を増やし、雇用者を増やす。企業では、収益が増え、先行きの売上げについて強気になるため、設備投資が活発になり、生産が拡大するなど、さらに経済活動が盛んになる。これが「好景気」といわれる現象である。

（2）景気の下降局面　ところが、生産が増加する結果、ある時点で商品の供給が需要を上回るようになる。そうすると、今度は商品の売行きが悪くなり、物価も下落気味になり、失業や倒産も増えて「不景気」となる。こうした景気後退が、急激かつ深刻に発生する現象のことを「恐慌《きょうこう》」という。

景気の後退は、上昇時よりも急激であることが多い。景気の急激な下降のあとには、不景気な状態が続く。商品が売れないため、企業は生産を減らす。それに伴って、雇用者も減らすため、仕事に就けない失業者が増加する。企業の収益は悪化し、設備投資も減少する。しかし、こうした状態が続くと生産が減少する結果、今度は、ある時点で商品の需要が供給を上回るようになり、景気は再び上昇に転ずる。

❷ 景気変動と資金需給

(1) 景気変動による資金需給の変化　こうした景気の変動を受けて、金融市場では、資金の需給関係が変動することになる。好景気の時期には、企業の設備投資の盛り上がりなどから、資金の需要が増加し、資金の供給を上回って、資金が足りなくなる。こうした状態を「金融が逼迫《ひっぱく》している」という。一方、不景気の時期には、商品が売れず、企業が生産活動を抑えざるを得ないため、資金の需要が減退し、資金の供給が需要を上回って、資金が余った状態となる。こうした状態を「金融が緩慢《かんまん》である」という。資金に対する需要と供給の関係によって、金融が逼迫すれば金利は上昇し、金融が緩慢になれば、金利は低下することになる。

(2) 資金需給の変化と景気　好景気の時期に資金需要が増加するのは、主に企業の資金需要が増加するためである。企業が原材料の購入や雇用者を増加させると、それに必要な「運転資金★」が増加する。また、企業が生産設備の拡張を行うためには、「設備資金★」を調達しなければならない。好景気が続くと、これらの企業の資金需要は増加を続けるため、次第に金融が逼迫して金利は上昇し、企業は徐々に必要な資金を借り入れようとしても借りられなくなる。このように、好景気から不景気へ

運転資金＝企業が事業を続けるために必要とする資金のことであり、売上高の増加に伴って必要な資金も増える。原材料や商品の仕入れから、製品や商品の売上げの代金が入ってくるまでの「つなぎ資金」として用いられる。通常は、短期資金が充てられる。

設備資金＝企業が経営を行うためには、建物・機械などの設備が必要となる。設備の新増設や更新のために必要な資金を設備資金という。設備資金の回収には、長期間を要するため、通常、長期資金が充てられる。

転化する過程では、金融の逼迫や金利の上昇が大きな役割を果たす。

一方、不景気になると企業の資金需要は減退し、金融は緩慢になる。こうした状態が続くと、金利は低下し、企業は資金が借り入れやすくなる。これが、景気が上昇に転じる大きな要因となる。

❸ 景気変動と金融政策

上述のように、金利が上昇すると景気は下降局面に入り、金利が低下すると景気は上昇に向かうという関係がある。こうした関係を利用して、金融市場における金利の水準を操作し、これによって景気をコントロールすることを「金融政策」と呼び、中央銀行がこの責務を担っている（詳細は第11章を参照）。

第4節 インフレーションとデフレーション

❶ 景気と物価

（1）インフレーション 物価は「景気の体温」とも呼ばれ、景気と密接な関連性を有する。すなわち、好景気のときには、一般的なモノやサービスの価格である物価が上昇することが多い。物価の上昇が継続的に起こる現象を「インフレーション」（インフレ）という。またインフレが、連鎖的にさらなるインフレを招くといったかたちで悪循環に陥ることを「インフレ・スパイラル」という。
（2）デフレーション 一方、不景気のときには、物価は下落することが多い。こうした物価の低下が全般的かつ持続的に起こる現象のことを「デフレーション」（デフレ）という。また、物価の下落により、景気や企業活動が悪化し、それによりさらに物価が下落するといったかたちで、物価下落と経済活動の悪化との連鎖的な悪循環が生じることを「デフレ・スパイラル」という。

(3) インフレ・デフレと貨幣価値　インフレになって物価が上昇すると、同じ金額で買うことのできるモノの量が減ってしまう。これは、実質的にお金の価値が減少することになり、貨幣価値の下落を意味する。一方、デフレにより物価が下落すると、同じ金額で、これまでより多くのモノを購入できることから、貨幣価値が上昇することを意味する。

❷――インフレーション

(1) インフレの発生要因　インフレは、その発生要因によって、以下の三つに分類できる。

イ　ディマンド・プル・インフレ　経済全体の供給量（総供給）に対して、国全体の財・サービスへの需要（総需要）が強すぎるために起きるインフレを「ディマンド・プル・インフレ」という。全体として需要に供給（生産）が追いつかず、品不足となる結果、物価が上昇することになる。ディマンド・プル・インフレは、個人消費や設備投資などの需要サイドに原因がある「需要型インフレ」である。こうした状況下における総供給と総需要の差を「インフレ・ギャップ」という。

ロ　コスト・プッシュ・インフレ　これに対して、企業の生産コストが高まった結果、製品の価格が上昇してインフレになることを「コスト・プッシュ・インフレ」という。生産コストの上昇の原因としては、エネルギー価格、原材料価格の値上がりや賃金の上昇などがあげられる。ロシアのウクライナ侵攻（二〇二二年）によるエネルギー・食料価格の高騰を受けた世界的なインフレは、こうした「供給型インフレ」の典型的な例である。

ハ　貨幣的インフレ　一方インフレは、上記のような実物要因とは別に、貨幣の供給量が急激に増えることによっても発生する。これは、財・サービスの量に対して、貨幣（お金の量）が増えすぎる

デノミの事例＝ロシアでは、一九九八年に一〇〇〇分の一のデノミ（旧一〇〇〇ルーブルを新一ルーブルへ）が行われた。ベネズエラでも、二〇一八年に、旧一〇万ボリバルを新一ボリバルとする一〇万分の一のデノミが行われた例がある。

ことにより、インフレとなるものである。貨幣が過剰に供給されて「財・サービスに対して貨幣が多すぎる状態」になると、貨幣の価値が低下して、インフレにつながることになる。

(2) インフレの速度　インフレは、物価上昇のテンポ（速度）によって、以下のように分類される。

イ　クリーピング・インフレ　緩やかに進むインフレであり、年五％以下のイメージである。直訳は、忍び寄るインフレを意味する。

ロ　ギャロッピング・インフレ　年五％を超えるようなテンポで進むインフレであり、この用語は馬の速足からきている。

ハ　ハイパー・インフレ　年間に数十％から数百％といった猛烈な勢いで進行するインフレのことであり、戦時中や戦争直後において物価が暴騰したケースが、これに当たる。最も有名なのが、第一次世界大戦後のドイツであり、一年で物価が二〇倍以上になり、一〇年間で物価水準が一兆倍にまで高騰した。わが国でも、戦後にハイパー・インフレを経験しており、一九四五年からの四年間で、物価が約七〇倍（年平均二・九倍）に高騰している。近年でも、アルゼンチンで一九八九年に物価が前年比で五〇〇〇倍になったほか、ベネズエラで二〇一九年に一年で物価が二万倍に達した例などがある。

ハイパー・インフレは、ほとんどの場合、前述した「貨幣的インフレ」によるものであり、中央銀行が大規模な財政ファイナンス（国債の直接購入による資金供給）を行って、破局的なインフレを招いてしまったケースである（こうした過去への反省から、中央銀行の独立性の重要性が認識されている）。

なお、ハイパー・インフレのあとによく行われるのが、「デノミネーション」（通貨単位の変更、略称「デノミ」）である。これは、増えすぎた通貨単位のゼロを減らすことにより、通貨の使い勝手をよくするために実施される。★

バブル＝資産（土地など）や金融商品（株式など）の価値が、本来の価値を超えて、大幅に値上がりする状況のこと。経済が実力以上に泡（バブル）のように膨らんだ状態であることから、このように呼ぶ。

スタグフレーション＝「スタグネーション」（景気停滞）と「インフレーション」を組み合わせて作った合成語である。

（3）資産インフレ　ここまで述べた物価は、モノやサービスの価格であり、これを「一般物価」という。これに対して、株価や地価のことを「資産価格」といい、資産価格が継続的に上昇していく現象を「資産インフレ」という。わが国では、一九八〇年代後半のバブル★期に、一般物価が落ち着いているなかで、株価や地価が数倍に値上がりし（地価は五年間で約四倍、株価は約三倍となった）、典型的な資産インフレが発生した。

（4）スタグフレーション　物価の上昇は、景気の拡大とともに起きることが多いが、景気停滞と物価上昇が同時に進行する場合があり、こうした不況下におけるインフレのことを「スタグフレーション★」という。スタグフレーションは、供給面のショックが発端となる場合が多く、第一次石油危機（オイルショック、一九七三年）や第二次石油危機（一九七九年）のあとに、世界的な規模で発生した。こうした状況下では、中央銀行は、景気対策（金融緩和）とインフレ対策（金融引締め）のどちらを優先すべきか、という難しい選択を迫られることになる。

❸ デフレーション

（1）世界恐慌期のデフレ　最初に世界的なデフレーションが問題となったのは、「世界恐慌」の時期であった。すなわち、一九二九年に米国での株価の大暴落に端を発した大恐慌は、その後一〇年にも及ぶ世界的な大不況をもたらした。この間に米国では、物価が累計で三〇％も下落し、生産水準は五〇％も落ち込み、失業率は二五％にも達した。わが国にあっても大恐慌の影響により、いわゆる「昭和恐慌」が発生し、企業の倒産や銀行の破綻《はたん》が続出した。

（2）日本のマイルド・デフレ　わが国においては、一九九〇年代後半以降、約一五年にわたってデフレ状態が続き、デフレ脱却が大きな政策テーマとなった。日本のデフレの特徴は、デフレの程度はマイルドであった（平均すると年率〇・三％程度）ものの、それが長く続いたのが特徴である。一九三〇年代の米国のデフレが急性的なものであったのに対し、一九九〇年代後半以降の日本のデフレは、慢性的なものであったといえる。

(3) デフレの要因　デフレの発生要因としては、①景気低迷による需要の不足(ディマンド・プル・インフレの逆)、②中国などアジア諸国からの安価な輸入品の増加(コスト・プッシュ・インフレの逆)、③少子高齢化や日本企業の国際競争力の低下などの構造的要因、④コスト高に対する日本企業の値上げ回避傾向、などが指摘されている。デフレ時における「総需要」と「一国の潜在的な供給力(潜在GDP)」との差を「デフレ・ギャップ」という。また、不況と物価下落が進行しているような状況下では、不動産や株式の価格が継続的に下落する「資産デフレ」も同時に発生しやすい。

❹ インフレ・デフレの悪影響

ここで、インフレやデフレの悪影響について、整理しておくこととしよう。激しいインフレ(悪性インフレ)や激しいデフレが発生すると、経済に大きな悪影響を与え、経済的・社会的なロスが大きいことはいうまでもない。これに加えて、インフレやデフレは、比較的軽度な場合であっても、所得・資産などの面で、以下のような不平等な影響を及ぼす点が問題とされる。

(1) 所得面の影響　インフレ期にあっては、物価上昇に比例して収入が増えない人(給与所得者、年金生活者など)にとっては、実質的な所得が減少し、マイナスの影響が出る。一方、デフレ期にあっては、物価水準の低下により実質的な所得は増加するが、企業業績が悪化して、ボーナスが減らされたり、リストラが増えて失業率が高まったりする。

(2) 金融資産への影響　インフレ期にあっては、元本《がんぽん》が金額で決まっている金融資産(預金、国債など)については、元本の実質的な価値が目減りしてしまう。このため、預金者、利子生活者などには、マイナスの影響が出る。一方、デフレ期には、逆に元本の実質的な価値は増加するが、企業は経営悪化により、社債などの元利支払いができなくなるといったデフォルトのリスクが高まる。

(3) 意図せざる富の再分配　インフレやデフレは、社会のなかで、意図しない「富の再分配」を発生させる点も問題となる。たとえば、インフレの場合には、債務（借金）の実質的な価値は低下する（ハイパー・インフレにより、ジュース一本が五〇万円になった世界を考えると、一〇〇万円の借金を返すのにジュース二本分を返済すればよいことになる）。このため、インフレになると、債務者（お金を借りている人）は得をすることになり、逆に債権者（お金を貸している人）は損をすることになる。これが意図しないかたちで起きてしまい、社会的な不公平が発生してしまうことになる。デフレの場合には、これとは逆に、債権者は得をする一方で、債務額の実質的な負担が増える債務者には不利となる。

(4) ケインズの言葉　こうしたインフレとデフレの悪影響を相互に比較検討したうえで、著名な経済学者であるケインズは、「物価上昇も物価下落も、同様にそれぞれ固有の短所を持っている。……インフレーションは不当であり、デフレーションは不得策である。……しかし、両方の悪を比較する必要はない。両方とも悪であり、忌避すべきものだ」（『貨幣改革論』）と述べている。

【補論】貨幣と金融業の発達

❶ 貨幣の発達

（1）鋳造貨幣　世界で最も古い鋳造貨幣は、紀元前七世紀に、リディア（現在のトルコ）で作られた「エレクトロン貨」であるとされている。その後、ローマ時代には、皇帝の顔を刻んだ鋳造貨幣が作られ、ローマの勢力圏内で広く流通した。近代以降の貨幣としては、神聖ローマ帝国の「ターレル銀貨」、英国の「ポンド金貨」と「ペニー銀貨」、スペインの「ドレラ銀貨」、メキシコの「レアル銀貨」などが有名である。

中国では、紀元前三世紀に、秦の始皇帝が初めて、円形方孔の鋳貨である「半両銭」を作った。その後、唐時代に作られた「開元通宝」（銅銭）は、わが国の和同開珎のモデルとなった。

わが国最古の鋳造貨幣は、七世紀後半に作られた「富本銭《ふほんせん》」（銅銭）であるが、まじない用の銭貨とする説もあり、「日本初の流通を目的とした本格的な貨幣」としては七〇八年の「和同開珎《わどうかいちん》」であるとの説も有力である。その後、約二五〇年の間に、朝廷が「皇朝《こうちょう》十二銭《じゅうにせん》」と呼ばれる銅貨を発行した。しかし、鎌倉時代や室町時代になると、わが国では公的な貨幣が発行されなくなり、貨幣鋳造の空白期を迎えた。この間は、中国から輸入された「渡来銭《とらいせん》」（宋銭や明銭）が、わが国の貨幣として使用された。江戸時代になると、金、銀、銭の三種類の貨幣が併行して流通する「三貨制度」が形成された。

（2）紙幣　一〇世紀の中国（北宋時代）において、四川地方の商人が、鉄銭の代用物として使った「交子《こうし》」が世界最初の紙幣とされている。英国では、一七世紀に金匠が金の預り証を商人に発行しており、商人はこれを取引に使用した。これが「ゴールドスミス・ノート」であり、これが銀行券の始まりとされる。わが国では、「山田羽書《はがき》」が最初の紙幣である。これは、一六〇〇年ごろに伊勢山田地方の商人（神職でもあった）が、銀貨のつり銭代わりに預り証を発行したものである。

❷ 金融業の発達

（1）西洋における発達　一三～一四世紀に、北イタリアの諸都市で金融業が発達した。特に、フィレンツェのメディチ家（メディチ銀行）は有名であった。南ドイツ（アウクスブルク）のフッガー家も、銀行業を中心に巨富を蓄積し、ハプスブルク帝国の宮廷銀行としての役割を担った。一六～一七世紀には、貿易、金融の中心は北ヨーロッパに移り、とりわけアムステルダムが中心地となった。その中核が「アムステルダム銀行」であり、同行の業務方法や機能は、やがて西ヨーロッパの主要都市に広まった。

この間、英国では「ゴールドスミス・バンカー」（金匠銀行）が活躍した。金匠銀行の預金者は、預金を用いて支払いを行うために、ゴールドスミスあての手形を振り出した（これが、後の小切手となる）。また、ゴールドスミス・バンカー振出しの預り証（ゴールドスミス・ノート）も、預金者による支払手段として使用されるようになった（これが、後の銀行券となる）。

一六九四年には「イングランド銀行」が設立された。イングランド銀行は、政府への貸付の見返りとして「銀行券の独占的発行権」を獲得し、やがて中央銀行として発展していった。この間、多くの民間銀行も、自ら銀行券を発行するようになっていたが、イングランド銀行の独占的な地位の確立により、銀行券を発行して資金調達をすることができなくなった。このため他の銀行は、一般の人々から預金を集め、その資金を貸付に向けるようになり、こうして中央銀行と民間銀行との機能が分化していった。

（2）わが国における発達　鎌倉時代には「借上《かしあげ》」、室町時代には「土倉《どそう》」と呼ばれる業者が貸金業を営んだ。江戸時代になると、金融業は、大坂と江戸を中心に発達した。当時の金融業者には「両替商」「札差《ふださし》」「掛屋《かけや》」などがあった。このうち主なものは両替商であり、富裕な商人がこれを営んでいた。主な借り手は、大名や商人であった。両替商は、預り金も受け入れた。有力な両替商（三井組、小野組、島田組など）の出資により、一八六九年に「為替会社《かわせがいしゃ》」が生まれ、これが、わが国における近代銀行業の最初の担い手となった。

第2章 金融業務の主な内容

本章では、金融機関（銀行）の主な業務について述べる。金融機関の果たしている主な機能としては、①預金の受入れ（預金業務）、②貸出の実行（貸出業務）、③送金や振込（為替《かわせ》・決済業務）などがあり、このほかにも、金融商品の販売業務、有価証券への投資、信託業務、証券業務などを行っている。

第1節 預金業務

銀行は、企業や個人から幅広く預金を受け入れている点が特徴であり、この点が銀行の特殊性をもたらしている。預金業務は、銀行法上、「銀行の固有業務」とされており、銀行の代表的な業務の一つである。預金は、銀行にとっての重要な資金調達手段であるとともに、家計にとっては、最も身近な資金運用の手段となっている。

銀行が、家計から資金の供給を受けることを「資金の調達」といい、企業に資金を供給することを「資金の運用」という。預金★の最大の特徴は、元本《がんぽん》が保証されていることである。

預金は、期間の定めがなく、出し入れが自由な「要求払預金」と、預入期間の定めがある「定期性

預金の法律上の性質＝預金は、金銭の「消費寄託契約」とされる。このため、銀行では、預かった紙幣やコインそのものを返す必要はなく、預金者から払戻しの請求があったときには、受入れ額に相当する金銭を返還すればよい。

預金」とに分けられる。要求払預金は、預金者の要求に応じていつでも払戻しが行われる預金であり、普通預金、当座預金、貯蓄預金などが含まれ、「流動性預金」とも呼ばれる。一方、定期性預金は、定期預金や定期積金など、預けてから一定期間は引き出すことができない預金であり、引出しが制限される一方、普通預金に比べて高い金利が付される。以下では、各預金の機能・特徴についてみる。

❶ 預金の種類

主な預金の種類としては、①普通預金、②定期預金、③当座預金、④貯蓄預金、⑤外貨預金などがある（図2-1）。

(1) 普通預金　預金者の要求に応じて払戻しが行われる預金を「普通預金」といい、一定（定期預金に比べて低め）の金利が支払われる。この預金は、一般的に個人や企業が一時的な余裕資金を預けるために使用される。普通預金は、給与や年金の受取口座として利用されるほか、公共料金などの自動支払いにも利用される。

普通預金への現金の預入や引出しは、キャッシュカードによるＡＴＭ★の利用や窓口での預金通帳の提示などによって行われる。普通預金は一方で引き出されるものがあっても、他方で引き出されない残高や新たに預入される預金もあるため、銀行では、普通預金の残高の相当部分を運用に回すことができる。

(2) 定期預金　預入期間があらかじめ決まっており、一定期間は引出しができない預金を「定期預金」という。引出しの制約がある分、金利は高めに設定される。預入期間は一カ月以上一〇年までとなっている。定期預金は、個人や企業が当面は使う予定のない資金を運用（金利によりお金を増やす）の目的で預け入れるもので、一定期間は引き出すことができない★。この点が、いつでも払戻しが

ATM＝現金自動預け払い機。銀行の顧客が、銀行の発行したキャッシュカードを使って、現金の預入や引出し、預金残高の照会などを行うことができる機械。Automated Teller Machine の略。

定期預金の途中解約＝期限前にやむなく解約する場合には、「中途解約利率」（当初の定期預金利率よりも低いペナルティ金利）が適用される。

総合口座＝普通預金と定期預金を一つにまとめた口座である。普通預金の残高を上回る引落し請求があった場合には、定期預金を担保として不足額を自動的に融資する「当座貸越機能」が付いている。融資限度は、担保となる定期預金の九〇％までである。預金者にとっては便利な仕組みであり、個人預金の多くは総合口座となって

いる。

定期積金＝積立期間を決めて定期的に一定額（掛け金）を積み立て、満期日になるとまとまった満期給付金（元本＋利子）を受け取れる積立型の預金である。進学・旅行・住宅などの目的型の貯蓄として用いられる。

定額貯金＝ゆうちょ銀行の主力商品である定期性預金。預入期間を定めずに預け入れ、預入日から六カ月が経過すると払戻し自由となり、最大一〇年まで預入ができる。預入後三年までは六カ月ごとに適用金利が高くなる。また、利息は半年複利で計算されるのが特徴である。

小切手と手形＝小切手は、受取人がすぐに現金化できるのに対し、手形には支払期日（三カ月先など）が定められており、支払期日に

できる「要求払い」の当座預金や普通預金との違いである。なお、「総合口座★」となっている口座では、普通預金の残高が不足しているときには、定期預金を担保として自動的に貸出が行われる。

定期預金には、預入後に一年を経過すればいつでも満期日を指定できる「期日指定定期預金」や半年ごとに金利が変わる「変動金利定期預金」のようなタイプもある。また、定期預金に類似するものとして「定期積金★」や、ゆうちょ銀行の「定額貯金★」がある。

定期預金の金利は全面的に自由化されている（各銀行が決めることができる）が、各行では、従来からの経緯もあって、①預入額三〇〇万円未満の「スーパー定期」、②三〇〇万円以上一〇〇〇万円未満の「スーパー定期三〇〇」、③一〇〇〇万円以上の「大口定期」の三つの金額階層に分けて金利を設定しているケースが多い。

わが国では、すでに「預金金利の自由化」が完了しており、当座預金の付利禁止を除いて、すべての預金金利について各銀行が自由に設定することができる。

図2-1 主な預金の種類

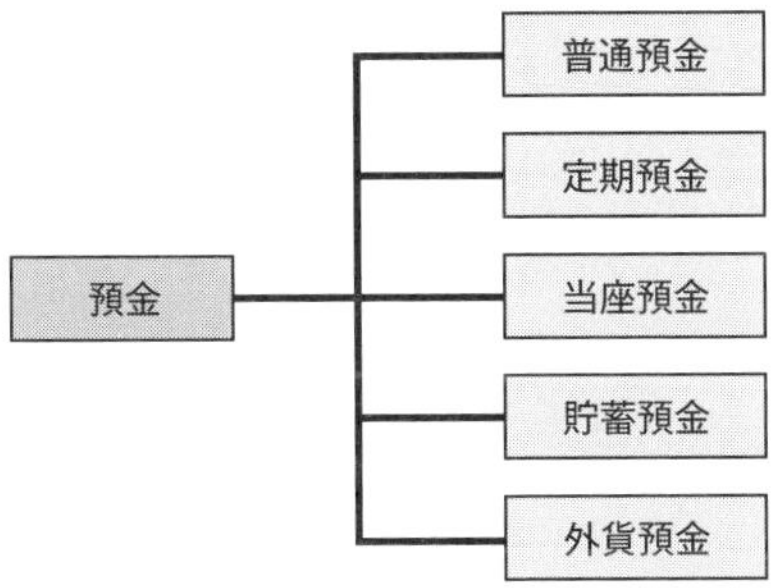

（3）当座預金

企業が取引先への支払いを行うために使う口座（事業用の決済口座）が「当座預金」であり、支払いは小切手や手形を振り出すかたちで行う。一般に、企業間の支払いは、大口かつ頻繁であり、これを現金で行うことは煩わしいばかりでなく危険も伴う。そこで、小切手や手形★を使って、当座預金からの支払いが行われる。このうち「小切手」は、支払人（手形の振出人）の口座から券面に表示された金額の支払いを約束する証券であり、券面には「上記の金額をこの小切手と引替えに持参人へお支払いください」という文言が書かれている（図2-2参照）。企業では、この小切手に金額を書き込んで記名捺印し、相手に渡す

なるまで現金化できないという点が大きな違いである。

個人の小切手利用＝個人が振り出す小切手を「パーソナル・チェック」という。わが国では、小切手は主に企業間での取引に使われており、個人による利用はほとんどない。一方、米国などでは、小切手は個人にも広く利用されている。

図 2-2 小切手

A000000　　　　小　切　手

支払地　東京都
　　　　銀行　　　支店

金額

上記の金額をこの小切手と引替えに
持参人へお支払いください

振出日　令和　　年　　月　　日

振出地　東京都　　振 出 人 ………………… ㊞

ことによって支払いを行うことができる。★ 当座預金は、小切手が振り出せる代わりに、法令により無利子とされている。小切手の利用方法やその決済の方法は、以下のとおりである。

イ　小切手の利用方法　小切手による支払いの仕組みは、以下のとおりである（図2-3参照）。たとえば、商社であるX社がA行に当座預金を開設すると、A行ではX社に対して当座預金入金帳のほかに、当座小切手帳を渡す。X社が鉄鋼メーカーY社から一〇〇〇万円の鉄鋼製品を買い入れて、その代金を支払う場合には、現金で一〇〇〇万円を渡す代わりに、この小切手帳から一枚の小切手を切り取って、それに一〇〇〇万円と記入し、必要事項を記入してY社に渡す（小切手の振出し）。

Y社は、小切手によりA行（X社の取引銀行）から現金の支払いを受けることもできるが、通常は、自社の取引先であるB行に小切手を持参して、それを現金化する（預金に入れる）ように依頼する（「取立依頼」という）。B行では、Y社に代わってA行から小切手の取立てを行い、受け取った資金（一〇〇〇万円）をY社の口座に入金する。こうした仕組みにより、支払人X社も受取人Y社も現金を使わずに、商品代金の決済を行うことができる。

図 2-3 小切手の取立て（現金化）の仕組み

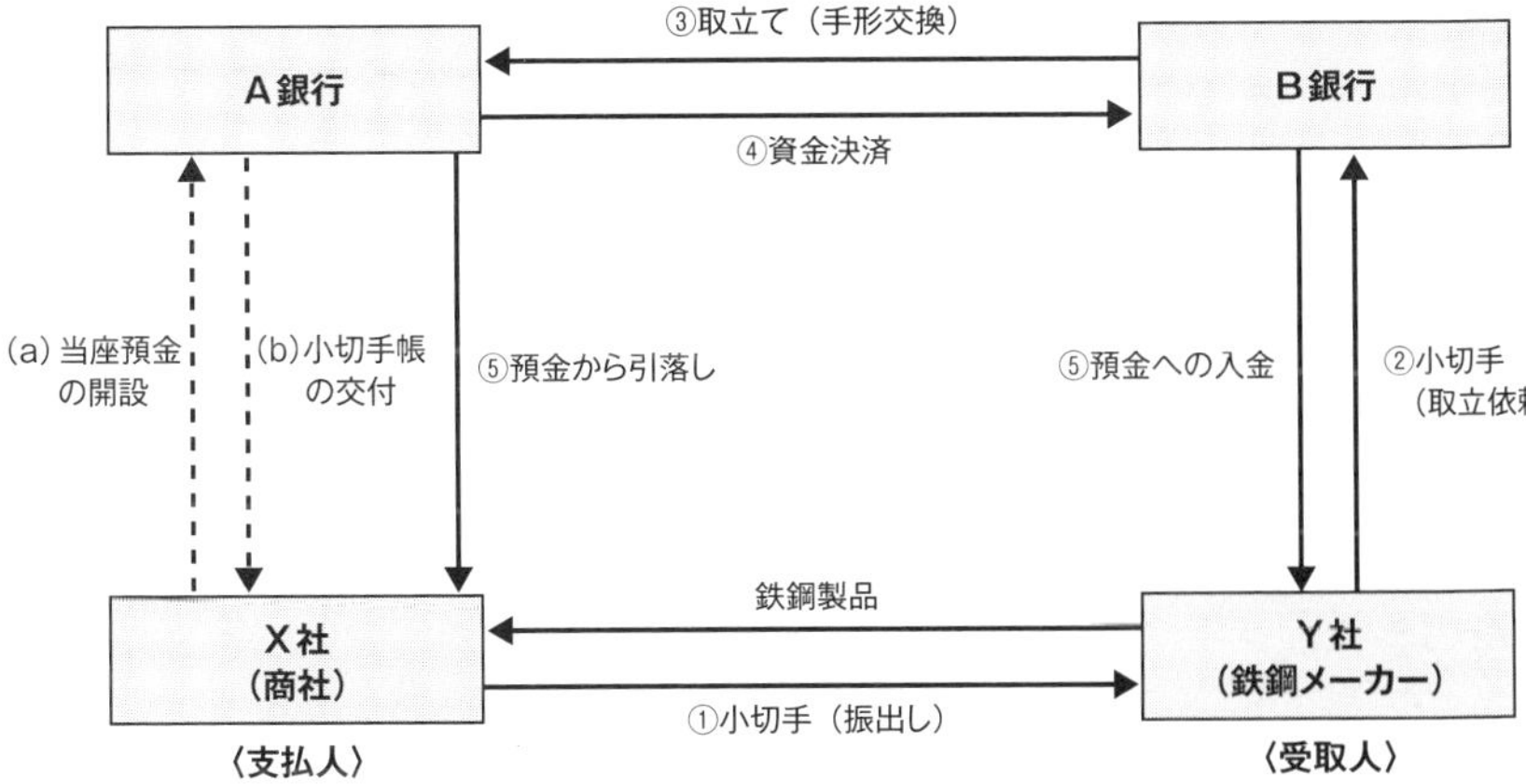

（注）数字（①～⑤）は，小切手による資金決済の順序を示す．

ロ　手形交換の仕組み　上記の例は、B行が、Y社に代わってA行から一〇〇〇万円を取り立てる場合であるが、逆に、B行の取引先であるR社が、A行の取引先であるS社から一五〇〇万円の商品を仕入れ、代金をS社に小切手で支払ったものとする。この場合、S社はこの小切手をA行に持ち込み、A行はS社に代わってB行から一五〇〇万円を取り立てることになる。前の場合は、B行がA行に対して一〇〇〇万円の債権を持ったのに対し、あとの場合は、A行がB行に対して一五〇〇万円の債権を持つことになる。

世の中には数多くの銀行があるため、こうした債権・債務について、その決済を二行間で個別に行おうとすると、かなりの手間がかかって面倒である。そこで、相互の債権額と債務額を差引きしたうえで、その差額のみを決済するという方法がとられており、これが「手形交換」と呼ばれる仕組みである。従来は、東京・大阪をはじめ全国各地に「手形交換所」が設けられ、銀行の受け入れた小切手・手形などがそこに持ち込まれていた。しかし、物理的な手形交換は非効率であることから、二〇二二年には

「電子交換所」★が開設され、イメージデータによる手形等の交換が可能となっている。

決済された総額を「手形交換高」といい、差引き計算により、算出された差額を「交換尻」という。交換尻は、各銀行が日本銀行に持っている口座で、負け銀行（支払超過の銀行）が支払って、勝ち銀行（受取超過の銀行）が受け取ることによって決済される。

ハ　不渡りと不渡手形　支払期日になって、受取人が手形・小切手を銀行に持っていったが、支払場所に指定された銀行で支払いを拒絶されることを「不渡り」と呼ぶ。不渡りは、支払人の当座預金の残高が不足していることが主な原因であり、決済できなかった小切手・手形のことを「不渡手形」と呼ぶ。六カ月以内に二回の不渡手形を発生させた企業は、「銀行取引停止」という重い処分を受ける。企業は銀行との取引なしでは商取引を続けることはできないため、これは「事実上の倒産」を意味する。このため、手形・小切手を振り出した企業では、不渡りを出さないように細心の注意を払うことが必要である。

(4) 貯蓄預金　「貯蓄預金」は、預金者が一定額以上の残高（一〇万円以上、三〇万円以上など）を保持していれば、普通預金に比べて若干高めの利子が支払われるという個人向けの預金である。ただし、決済機能面での制約があり、公共料金の自動引落しや給与・年金・配当金などの受取口座としては利用できない。このため貯蓄預金は、通知預金★などと並んで、普通預金と定期預金との中間的な性格を持つ預金であるといえる。

(5) 外貨預金　「外貨預金」は、米ドルやユーロなどの外国通貨による預金であり、大部分は定期預金となっている。円預金よりも金利面で有利なことが多いため、最近では、企業のほか、個人にも利用が広がっている。ただし、外貨預金には為替相場の変動によるリスクがある（円高になると円建ての元本が減少する）点には注意が必要である。預入・払出しの際には、円と外貨を転換するための為替手数料がかかる。

電子交換所＝全国銀行協会では、二〇二二年一一月に手形・小切手の交換を画像データでやりとりする「電子交換所」のシステム稼働を開始した。これにより、手形・小切手の物理的な搬送や交換などが不要となり、全国の銀行が手形等のイメージデータを送信することによって決済を行うことが可能となった。

通知預金＝預入を行ったあと、最低一週間は据え置き、その後は二日前の予告によって引き出せる預金。最低預入金額が設けられており、普通預金より高めの利子が支払われる。したがって、その性質は、貯蓄預金と同様、普通預金と定期預金との中間的なものである。この預金は、企業が、短期間で普通預金よりも有利に余裕資金を運[illegible]ようとする場合に[illegible]る。

図 2-4 預金の種類別内訳

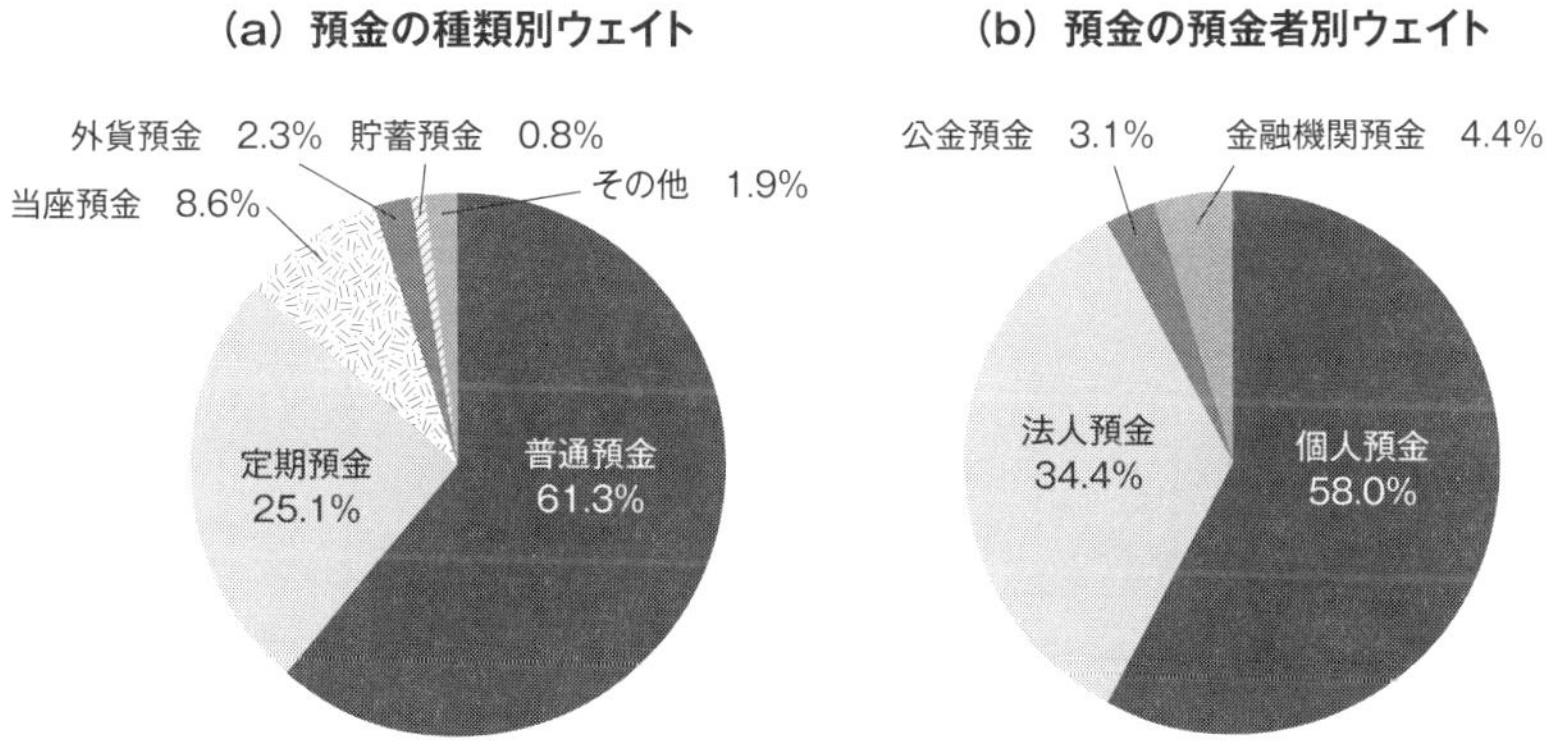

（注） 国内銀行，2021年3月末.
（出所） 日本銀行.

❷ 預金者別の預金

預金は、預金者別にも区分されている。地方公共団体等の預金を「公金預金」、金融機関の預金を「金融機関預金」、それ以外の預金を「一般預金」という。一般預金はさらに、「法人預金」と「個人預金」とに分けられる。

❸ 預金の内訳

預金を種類別にみると、普通預金（六一％）と定期預金（二五％）が多くの割合を占めており、当座預金（九％）がこれに次ぐ。この三種類で九五％を占めており、外貨預金などその他の預金は残り五％を占めるにすぎない（図2-4（a））。また預金者別にみると、預金全体のうち、個人預金が約六割と最大の割合を占めており、法人預金の三割強がこれに次ぐ。公金預金と金融機関預金は、合わせても一割未満である（図2-4（b））。

第2節　貸出業務

❶ 貸出の種類

金融機関（銀行）の主たる資金運用手段は、貸出である。貸出は、その形式によって、次のような種類に分けることができる。

（1）証書貸付

「証書貸付」は、銀行が貸出を行う際に、借り手から借用証書（契約書）をとる形式のものである。これは、設備資金の貸付、住宅ローンなど、一般に長期資金を融資する場合に用いられる。元本は、一カ月ごと（または三カ月ごと、半年ごとなど）の分割返済とすることが多く、その際に、残高に応じた利息を支払う。また、証書貸付は、担保★付きとするのが一般的である。

（2）手形貸付

「手形貸付」は、銀行が貸出を行うときに、借り手から手形をとる形式のものである。「手形」とは、将来の特定日に一定の金額を支払うことを約束する有価証券である。すなわち、借り手は、自分を振出人、銀行を受取

図 2-5 手形貸付の仕組み

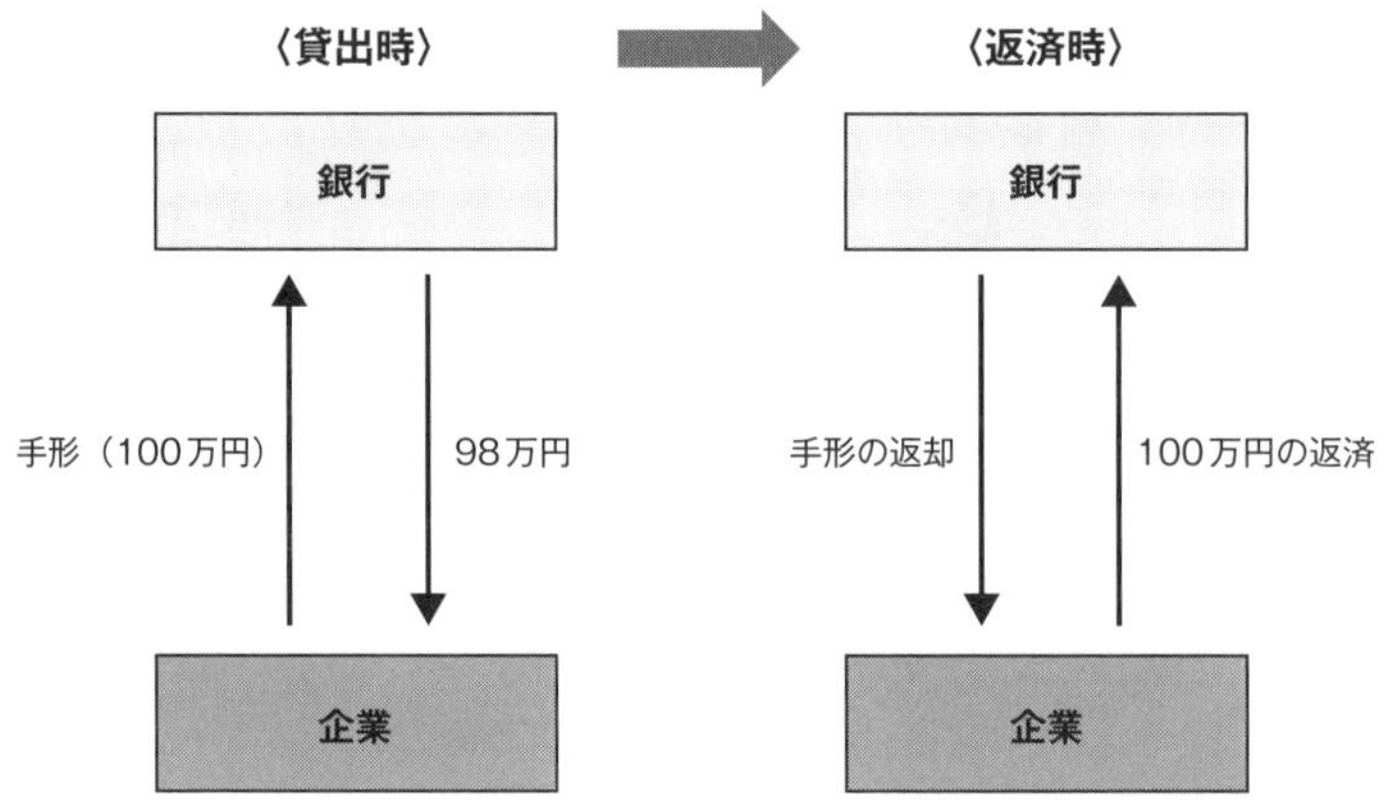

担保＝金融機関では、万が一、企業が融資を返済できなくなった場合でも、優先的に回収ができるようにするため、債務者やその関係者から担保を徴求する。担保には「物的担保」（不動産、預金、有価証券など）と「人的担保」（保証）がある。

複名手形＝単名手形に対する用語として、手形法上の支払義務者（振出人のほか、引受人、裏書人など）が二名以上である手形を「複名手形」という。商取引に基づいて振り出される「商業手形」は、通常、複名手形であるため、支払いの確実性が高い。

手形法上の権利・義務＝債務者が借金の返済を行わないときに、手形の場合には、手形訴訟など、手形上の権利を簡便・確実に行使しうる仕組みが設けられている。

図2-6 手形割引の仕組み

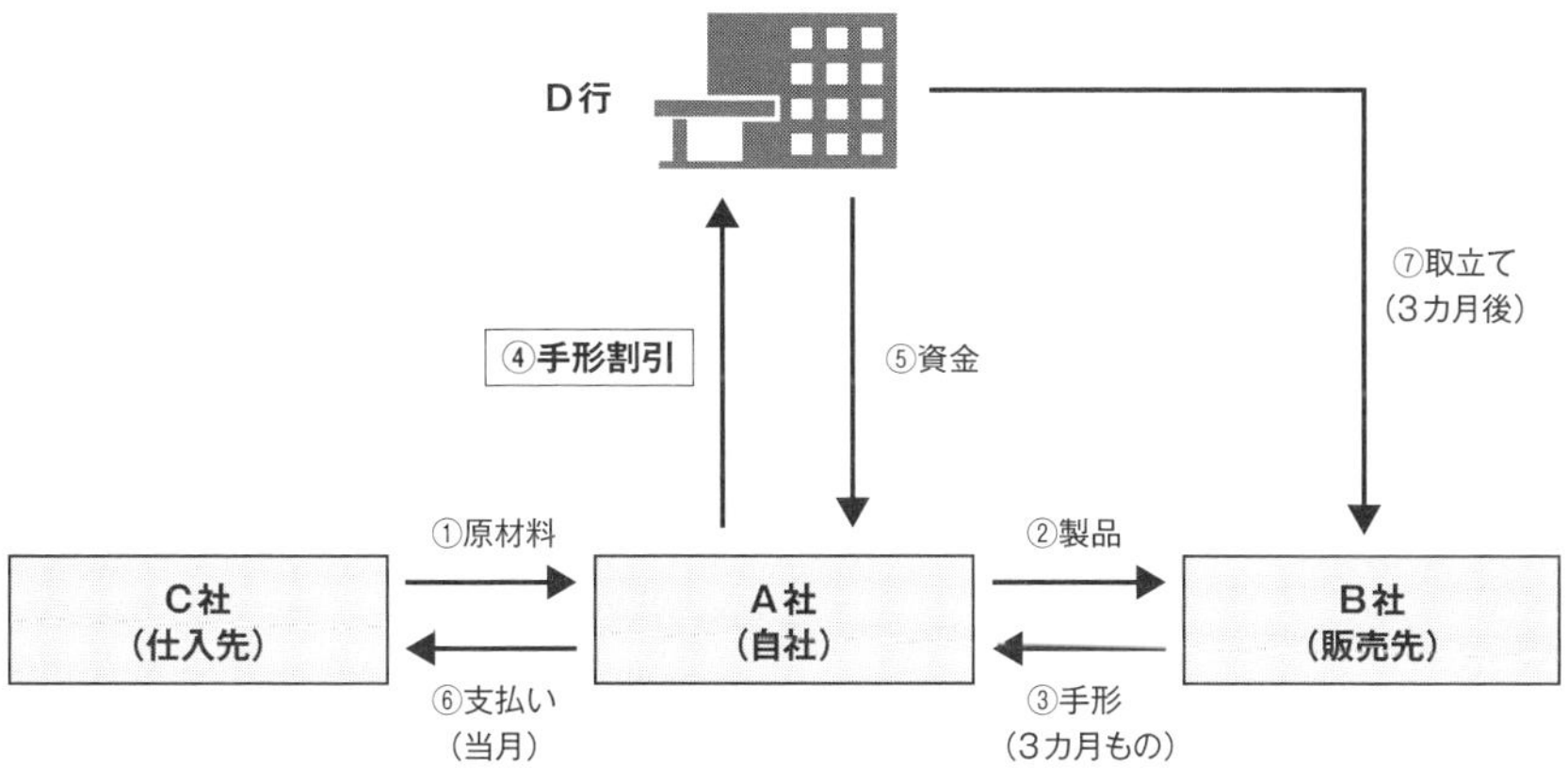

人とする「約束手形」を振り出す。そして銀行は、手形金額から利子を控除した金額で（利息先取り）、この手形を買い取る形式で貸付を行う（たとえば、額面一〇〇万円の手形を九八万円で買い取る）。手形の支払期日が到来すると、銀行では手形を借り手に呈示して額面の返済を受ける（図2-5）。この手形は、手形債務者が振出人一人であるため、「単名手形★」と呼ばれている。

銀行が借用証書の代わりに手形を割り引く方法をとる理由は、銀行はこれによって、通常の民法上の権利に加えて、手形法上の権利★を持つことができるためである。借り手にとっても、証書貸付に比べて借入れの手続きが簡便であるという利点がある。

手形貸付は、運転資金など、一年未満の短期資金を融資する場合に利用される。もっとも、形式上は短期の手形貸付となっていても、実際には手形の支払期日が来るたびに書換えを行って継続され、実質的には長期融資となっている「短期継続融資」（「手形ころがし」「短期ころがし」ともいう）も少なくない。

（3）手形割引

イ　手形割引の仕組み　「手形割引」とは、企業が取引先から受け取った手形を銀行が支払期日までの利息を

融通手形＝原因となる

図2-7　約束手形

No.

約束手形　No.○○111

収入印紙

殿

金額

支払期日　令和　年　月　日
支払地
支払場所　○○銀行○○支店

上記金額をあなたまたはあなたの指図人へ
この約束手形と引替えにお支払いいたします

令和　年　月　日

振出地
住所

振出人　㊞

差し引いて買い取る（これを「手形を割り引く」という）ことによって、換金する仕組みである。

たとえば、企業A社が、販売先のB社から商品の販売代金を「手形」（たとえば、三カ月先に一〇〇万円を支払いますという手形）で受け取った場合、A社では、手形の支払期日になるまでは現金を手に入れることはできない。しかし、自社の仕入先C社への支払いや従業員の給料などのために、A社では、その前に現金が必要な場合がある。こうしたときに、まだ支払期日がきていない手形を取引銀行D行に持ち込んで現金化するのが「手形割引」である（図2-6参照）。

手形割引では、額面から支払期日までの金利が差し引かれて現金化される（たとえば、額面一〇〇万円の手形を割り引いて、九八万円の現金を入手する場合、二万円が金利分となる）。割引を行ったD行では、手形の支払期日になると、支払人B社に対して手形の取立てを行い、手形代金（額面金額の一〇〇万円）を受け取る。

ロ　商業手形と融通手形　手形割引のほとんどは、「商業手形」の割引である。商業手形は、商品の売買など、実際の商取引に基づいて振り出された手形のことであり、手形の支払人（商品の買い手）は商品を売却した資金で手形商取引がないのに振り出される手形のこと。この手形は、受取人がこれを割引して得られる現金を調達することを目的として発行される。商取引に基づいていないため、商業手形に比べて、支払期日に資金不足が発生する可能性が高く、注意を要する。

手形の裏書＝手形を他人に譲渡するためには、手形の裏面に譲渡する者（裏書人）が署名・捺印し、あわせてその手形を譲り受ける者（被裏書人）の名前を記入する。これらの記入は手形の裏面になされるため、この手続きを「裏書」という。もし支払期日に譲渡された手形への支払いが行われなかった場合には、譲渡した「裏書人」は、譲渡を受けた「被裏書人」（およびそれ以降の手形所持人）に対して、額面金額を支払う義務を負う。

図 2-8 為替手形

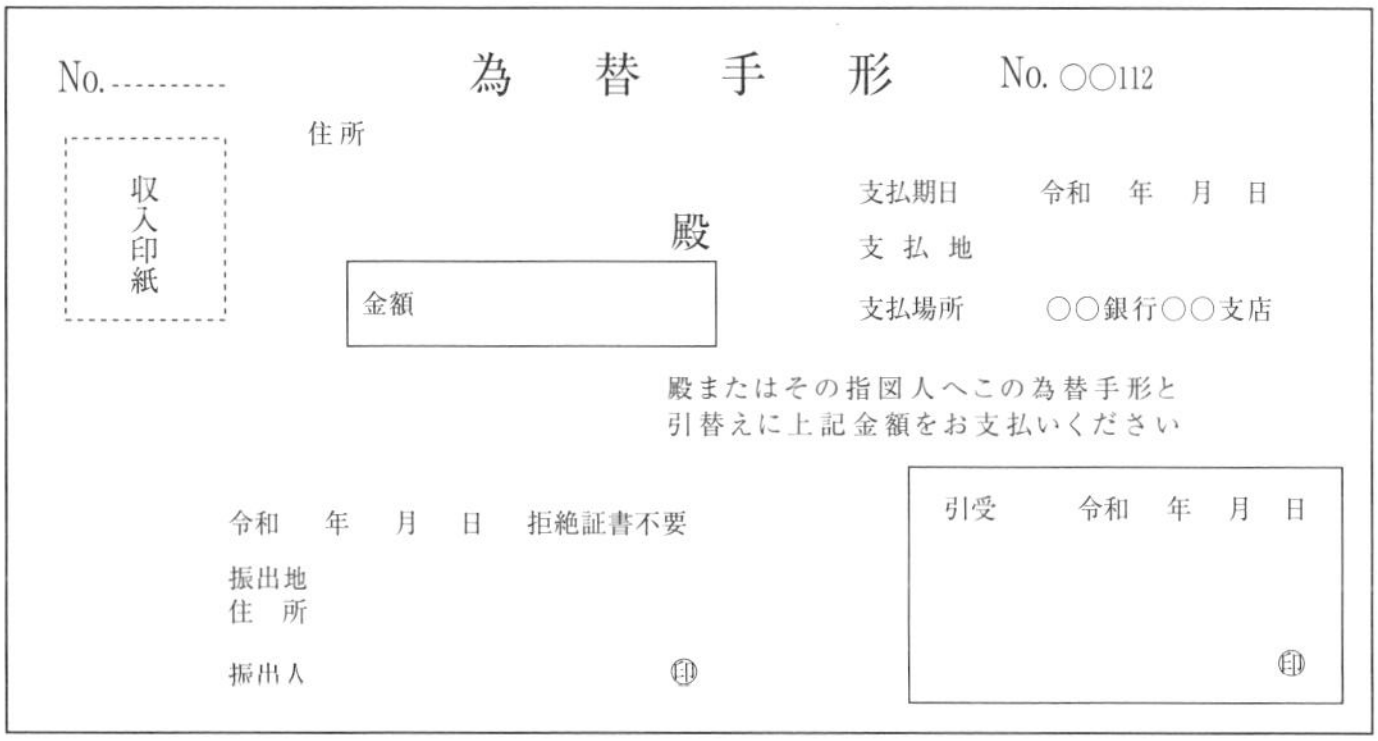

の決済を行うため、支払いの確実性が高い。これに対して、もっぱら金融を目的に振り出された手形のことを「融通手形★」という。

ハ　約束手形と為替手形　手形には、「約束手形」（図2−7参照）と「為替手形」（図2−8参照）とがある。約束手形は、振出人が受取人等に対して一定の金額の支払いを約束したものであり、国内の取引では主に約束手形が使われる。一方、為替手形は、振出人が受取人等に対する一定の金額の支払いを第三者（支払人）に委託したものであり、振出人が支払人と異なっている点が特徴である。約束手形が振出人と受取人の二者間の関係であるのに対し、為替手形は、振出人、受取人、支払人の三者間の関係となる点が大きな違いである。なお、手形は「裏書《うらがき》★」によって第三者に譲渡することができる（つまり、流通性を持つ）。

（4）当座貸越

振り出された小切手や手形は、当座預金によって支払われるため、本来、小切手・手形の振出額は当座預金の残高の範囲内にとどめるべきであるが、それでは、商取引を柔軟に行ううえで不便なことが多い。そこで、銀行は当座預金者とあらかじめ当座貸越の契約を結んでおき、小切手・手形による支払請求の額が当座預金の残高を超えたときで

図 2-9 貸出の形態別ウェイト

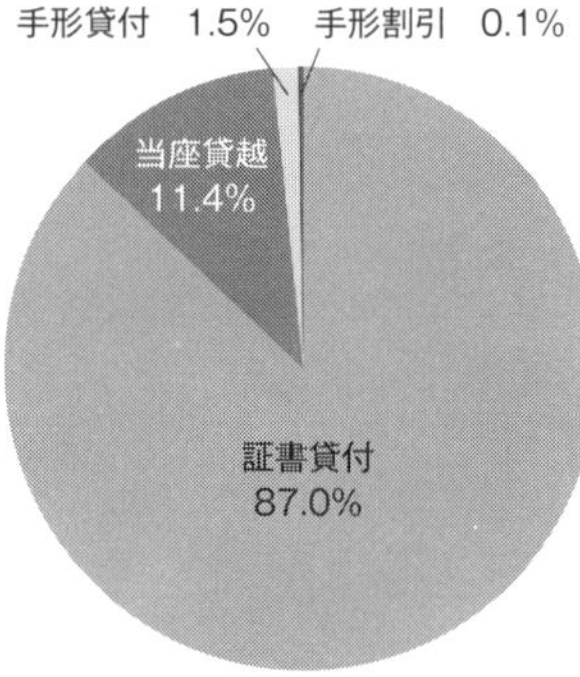

（注） 国内銀行，2021年平均.
（出所） 日本銀行.

も、一定の限度額（「極度額」という）までは自動的に貸付として認めることが行われている。すなわち、当座預金の残高が、一定額までマイナスになることを認める仕組みである。これが「当座貸越」であり、「オーバードラフト」とも呼ばれる。

当座貸越は、資金の出し入れの多い企業にとっては利便性が高く（借入れ・返済が簡便）、印紙税の節減にもなることなどから、近年、利用が増えている。契約の期間は三カ月、一カ年などと決められ、極度額の設定にあたっては担保が必要とされる。

上記のような貸出形態のうち、証書貸付が約九割と大きなウェイトを占めており、当座貸越がこれに次ぐ位置づけである。手形貸付や手形割引のウェイトは小さく、また近年そのシェアは低下傾向にある（図2–9参照）。

2 貸出形態の多様化

ここまで説明した貸出の基本的な形態に加えて、近年では、以下のような新たな形態の貸出も積極的に行われるようになっている。

(1) コミットメント・ライン

企業が銀行との間で、あらかじめ融資を受ける限度額（「極度額」）を設定しておき、その範囲内であれば、契約期間内にいつでも、あらかじめ決められた金利で自由に借入れを行うことができる方式

図 2-10 シンジケート・ローンの仕組み

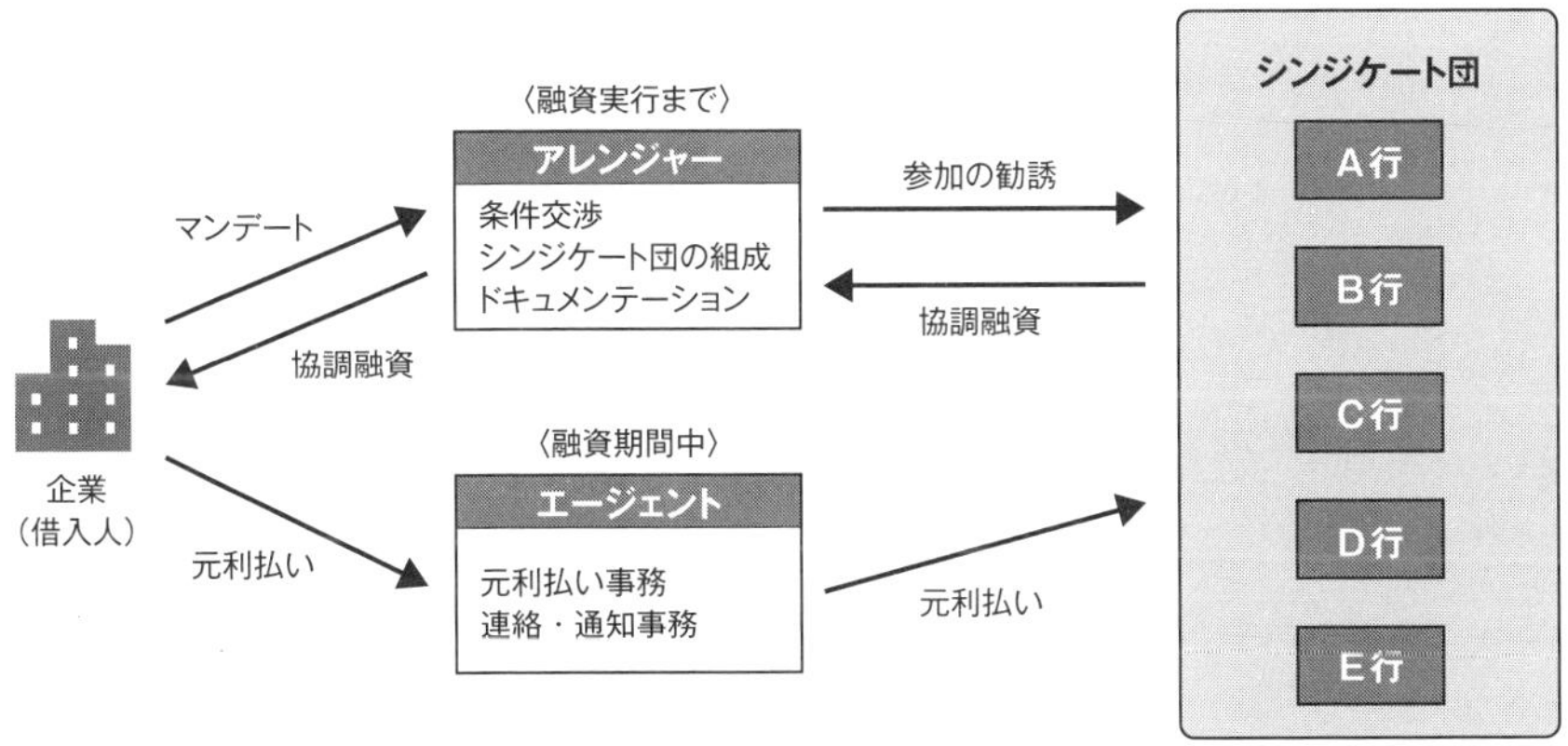

を「コミットメント・ライン」という。

　コミットメント・ラインは、上述した当座貸越に類似した融資の方法であるが、①極度額の設定に対しては「コミットメント・フィー」という手数料が必要なこと、②担保は不要であること、などが違いとなっている。この方式は、企業の自由度が高いことから、突発的な資金需要に対応するための予備的な融資枠として、中堅・大企業を中心に利用が広がっている。

(2) シンジケート・ローン

　「シンジケート・ローン」とは、複数の銀行がシンジケート団（シ団）を組成し、同一の契約書に基づいて、同一の貸出条件で行う貸出であり、「協調融資」とも呼ばれる。大型のプロジェクトなど、比較的大規模な借入れが必要な場合に、複数の銀行が協同でこうした資金ニーズに対応するために用いられる。シンジケート・ローンでは、「アレンジャー」と呼ばれる主幹事銀行が、借入企業の依頼（マンデート）を受けて、参加銀行を募集してシンジケート団を組成するとともに、貸出条件の設定や契約書の作成を行う。また、融資の実行後は、アレンジャーが「エージェント」として、各参加行への元利払いなどの事務手続きを行う（図2-10参照）。

為替の由来＝鎌倉・室町時代には、今日の為替手形に当たる「割符《わりふ》」を用いて、現金をやりとりしないで隔地者の間の貸借を決済する仕組みを「かわし」と呼んでいたのが由来。

③ 貸出先の規模別構成

国内銀行の貸出先の規模別構成をみると、大企業向けが直接金融の利用拡大などから二二%に減少している一方で、中小企業向けが四五%と大きな割合を占めており、主たる貸付先となっている。また、企業の借入需要の低迷を受けて個人向けの貸出業務に注力していることから、個人向け貸出の割合が四分の一（二六%）を占めている（図2−11参照）。

図 2-11 国内銀行の規模別貸出の構成比（2022年3月末）

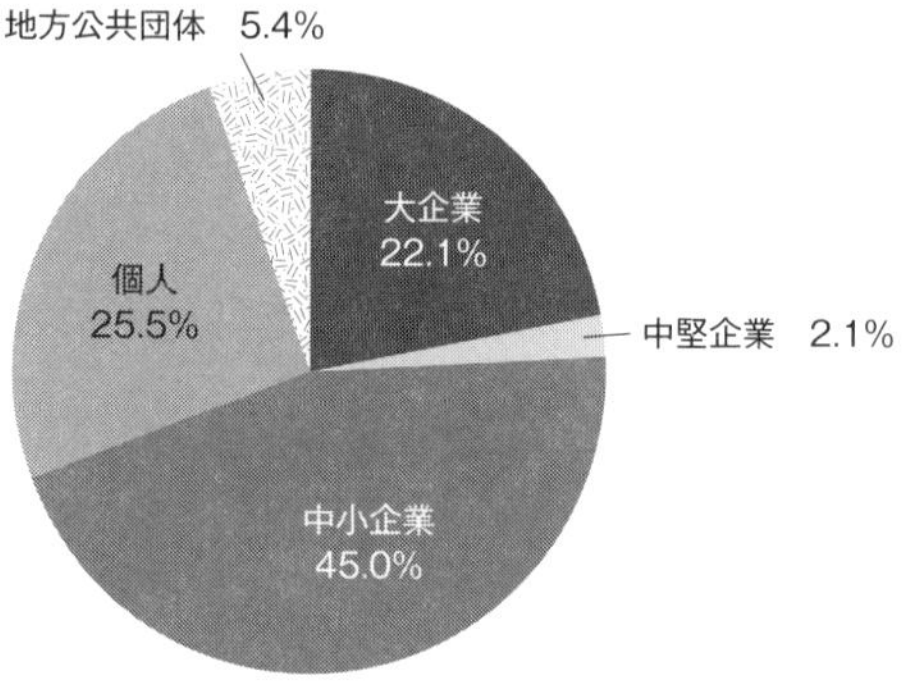

（出所）　日本銀行.

第3節　為替・決済業務

① 為替とは

「為替《かわせ》★」とは、資金の移動を、現金の受渡しを行わずに、金融機関（銀行）を介して行う仕組みであり、一般には「送金」「振込」「口座振替」などと呼ばれている。為替業務は、上述した預金業務や貸出業務と並ぶ「銀行の固有業務★」とされてきたが、最近では、銀行以外の「資金移動業者★」も、少額の為替取引（送金）を行うことが認められている。

為替業務のうち、国内における送金は「内国為替」（内為《ないため》と略称）、海外へ（または海外から）の送金は「外国為替」（外為《がいため》と略称）と呼ばれる（外国為替については、第14章を参照）。

銀行法における為替業務＝「銀行法」では、為替取引は、①預金の受入れ、②貸付または手形の割引と並んで、銀行の「三大業務」の一つとして位置づけられている。

資金移動業者＝「資金決済法」（二〇一〇年施行）により誕生した業種であり、銀行以外で為替業務を営む業者のこと。当初は、一回当たり一〇〇万円以下の送金に限定されていたが、改正法（二〇二一年施行）により、①上限金額がなく、一〇〇万円超の送金が可能な第一種、②一回当たり一〇〇万円以下の送金を行う第二種、③少額（数万円程度）の送金を行う第三種に分類されている。

図 2-12 国内送金の仕組み

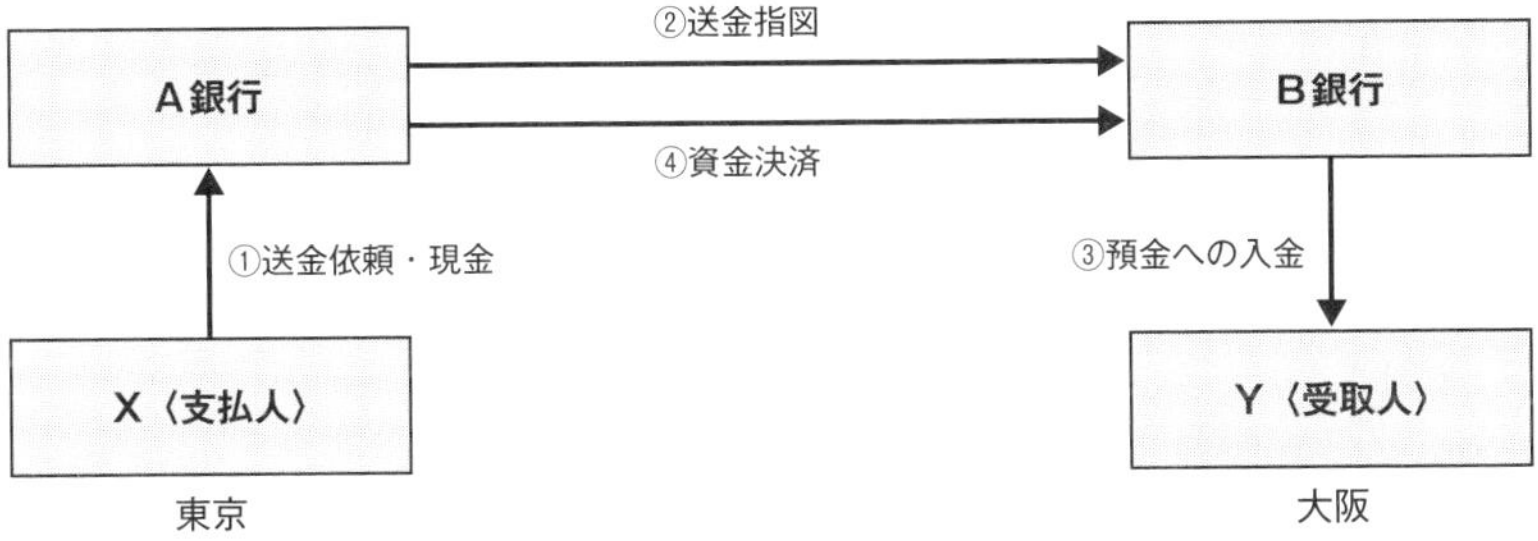

❷ 国内送金の事例

国内の送金（内国為替）について、具体例で説明しよう（図2-12参照）。東京在住の支払人Xが大阪在住の受取人Yに対して、一〇〇万円を送金する必要があるものとする。この場合、Xは取引先のA行に行って、Yの取引先であるB行にあるYの口座に一〇〇万円を振り込むよう依頼して、一〇〇万円を支払う（①）。振込の依頼を受けたA行では、B行に対して、Yの預金口座に一〇〇万円を入金するように指図する（②）。これを受けて、B行はYの預金口座に一〇〇万円を入金する。これによって、受取人Yは支払人Xから一〇〇万円を受け取ったことになる（③）。

なお、B行はA行から一〇〇万円を支払ってもらう必要があるが、こうした銀行間で受払いが必要となる額は、「全銀システム」によって算出され、日本銀行の当座預金において決済される。これを「内国為替制度」という（第7章で後述）。

❸ 為替と決済サービス

為替は、もともとは遠隔地の間で送金を行うためのものであったが、現在は便利な支払方法として同一地域内でも盛んに行われており、遠隔地間ということに大きな意味はなくなっている。給与振込や公共料金（電気代・ガス代など）の口座振替も為替と同じ性質の

預貸率と預証率＝金融機関が顧客から受け入れた預金のうち、貸出金として運用している割合を「預貸率」という。また、預金のうち、有価証券投資で運用している割合を「預証率」という。たとえば、一〇〇の預金を受け入れ、七〇を貸出に、三〇を有価証券で運用していたとすると、預貸率は七〇％、預証率は三〇％となる。

ものである。これらの為替業務は、近年急速に拡大しており、「決済業務」とも呼ばれている。

第4節　金融商品の販売業務

金融機関（銀行）では、上述した「銀行の三大業務」のほかに、近年では、投資信託、保険、国債などの個人向け金融商品の販売にも力を入れるようになっており、「金融商品販売業者」としての側面も有している。これらは、家計の資産運用ニーズが多様化していることに対応するとともに、自らの手数料収入の増加を目指したものである（各金融商品については後述）。

こうした金融商品の銀行窓口での販売のことを「銀行窓販」または「窓販」というが、規制緩和により、国債、投資信託、保険などの窓販は、次第に対象が拡大されてきている。銀行は、気軽に相談でき、かつ信頼感がある存在として、金融商品の販売チャネルとして重要な役割を果たすようになっている。

第5節　有価証券投資

金融機関（銀行）の資金運用方法として、前述した貸出と並んで重要なのが有価証券（債券や株式など）への投資である。★貸出が伸び悩むなかで、こうした有価証券への投資も、経営上、重要な位置づけを占めるようになっている。

「債券」とは、簡単にいえば借り手が発行する借用証書であり、借り手別には、国債（国）、地方債

（地方自治体）、社債（企業）などがある。債券には、償還期間が一年以内の「短期債」もあるが、その多くは償還までの期間が一年超の「長期債」である。債券には、流通市場があって、必要なときにはいつでも現金化できるため、流動性という点では、前述の貸出よりも優れている。ただし、債券価格は日々変動するため、価格変動リスクがある。

❶ 国債

政府が、歳入の不足を補うために発行する債券を「国債」という。国債は、国の信用をもとにしているため、債券のなかでは最も信用度が高く、また発行残高が多いことから売買も最も活発である。金融機関では、安全性や流動性の高い資産として、多くの国債を保有している。国債は、その償還期間の長さによって、国庫短期証券★、中期国債★、長期国債★、超長期国債★などに分けられる。また、利払い方式によって、「利付債」と「割引債」とに分けられる（詳細は第4章で後述）。

❷ 地方債

地方公共団体（県・市など）が発行する債券を「地方債」という。地方債には、市場で公募される「公募地方債」と、非公募の「非公募地方債」とがある。非公募債は、地元の金融機関によって引き受けられるのが一般的であり、「縁故地方債」とも呼ばれる。

❸ 政府関係機関債

政府関係機関（公庫、独立行政法人など、「財投機関」ともいう）が、その事業資金を調達するために発行する債券を「政府関係機関債」という。このうち、政府が元利金の支払いを保証した債券を「政府保証債」という。一方、元利払いに政府の保証が付かずに、財投機関が個別に発行するものを

国庫短期証券＝償還期間が一年以内の国債。償還期間は、二カ月、三カ月、六カ月、一年の四種類がある。T-Billともいう。

中期国債＝償還期間が二～五年の国債。

長期国債＝償還期間が五年超一〇年以下の国債。一〇年物利付国債は、発行残高が最も多く、その金利は長期金利の指標となっている。

超長期国債＝償還期間が一〇年を超える国債。期間一五年、二〇年、三〇年、四〇年のものがある。

「財投機関債」という。

❹ 民間債

上記のような国、地方公共団体、政府関係機関の発行する債券はまとめて「公共債」と呼ばれる。一方、民間の主体が発行する「民間債」としては、社債や金融債がある。

(1) 社債 企業が長期資金を調達するために発行する債券を「社債」という。電力会社の発行する「電力債」のほか、一般事業会社の発行する「一般事業債」がある。社債には、広く一般に募集される「公募債」(不特定多数の投資家を対象)と、少数の投資家向けに発行される「私募債」(少数または特定の投資家を対象)がある。金融機関は、取引先との関係から、多くの社債を引き受けている。

(2) 金融債 金融機関が資金調達のために発行する債券を「金融債」という。金融債は発行方法によって、「利付金融債」と「割引金融債」に分かれる。金融債は、かつては大きな役割を果たしたが、最近では資金調達手段の多様化などにより、発行を取りやめる金融機関が相次いでおり、その存在意義は薄れてきている。

❺ 株式

「債券」が発行者の借用証書であるのに対し、「株式」は、企業(株式会社)が資金調達のために発行するものであり、株式会社の財産に対する持ち分を示す証書である。株式の所有者を「株主」といい、「利益配当請求権」「議決権」「残余財産分配請求権」という三つの権利を有する。債券の保有者が受け取るのは「利子」であるが、株主が受け取るのは「配当」である。配当は、企業があげた利益の一部を株主に分配するものであり、債券の利子が確定しているのに対し、配当は企業の業績によっ

株式の含み益と時価評価＝銀行の所有株式は、かつては決算時に取得価格（簿価）または時価のいずれか低いほうの価格で評価することになっていた。銀行所有の株式は簿価が低いものが多く、このため多額の「含み益」が発生していた。しかしその後、その時点の市場価格で価値を評価する「時価評価」に移行したため、保有株式の株価が値下がりすると、評価損が発生し、銀行の収益を押し下げることになる。

信託業務の担い手＝信託業務は、長らく銀行によって営まれてきたが、「改正信託業法」（二〇〇四年施行）により、一般の事業会社である「信託会社」も信託業務を行うことができるようになった。

て変動する。つまり、配当は企業の収益状況によって「増配」や「減配」されるし、また赤字になって「無配」となる場合もある。また、株式は、価格の変動が大きいため価格変動リスクがあり、取得時より価格が下落すると、損失が発生する。★

株式は価格変動が大きいため、原則的には銀行の投資対象としては適当ではないとされてきたが、取引先との関係（株式の相互持ち合い）などから、銀行は依然かなりの株式を保有している。株式の相互持ち合いの変遷については後述する（第4章）。

なお、銀行による産業支配を防止する観点から、銀行が一つの企業の株式を五％を超えて所有することは、原則として禁止されている（いわゆる「五％ルール」）。また、株式の価格変動リスクによって銀行経営の健全性が損なわれないようにするため、「銀行等株式保有制限法」（二〇〇二年施行）により、「自己資本に相当する額」を超える株式の保有は禁止されている。

第6節　信託業務

「信託」とは、財産の所有者が、自分の所有する財産（金銭や土地など）を自分の信頼する人に委託して、一定の目的のために財産の管理や処分をさせる制度である。財産の管理等を任せる人を「委託者」、任される人を「受託者」という。信託された財産から生じる利益は、委託者が指定する「受益者」（多くは委託者と同一人）のものとなる（図2-13）。こうした三者の関係のなかで、金融機関は受託者として「信託業務」を行う。★

信託を行う銀行は、もっぱら受益者の利益のために信託業務を遂行する義務（「忠実義務」という）を負うが、その対価として「信託報酬」を受け取る。信託業務を行う銀行については後述する（第3

包括信託＝金銭と有価証券など、二種類以上の財産を引き受ける信託のこと。

貸付信託＝信託銀行が受益証券（五年ものなど）を売り出して資金を集め、これを長期貸出で運用する信託商品。「ビッグ」の名称で広く利用され、信託銀行の有力な資金源となっていた。しかし、企業向け融資の低調などから残高が落ち込み、二〇〇九年には各行が新規募集を停止してその役割を終えた。

GPIF＝公的年金（厚生年金および国民年金）の積立金の管理・運用は、「年金積立金管理運用独立行政法人」

図 2-13 信託の仕組み

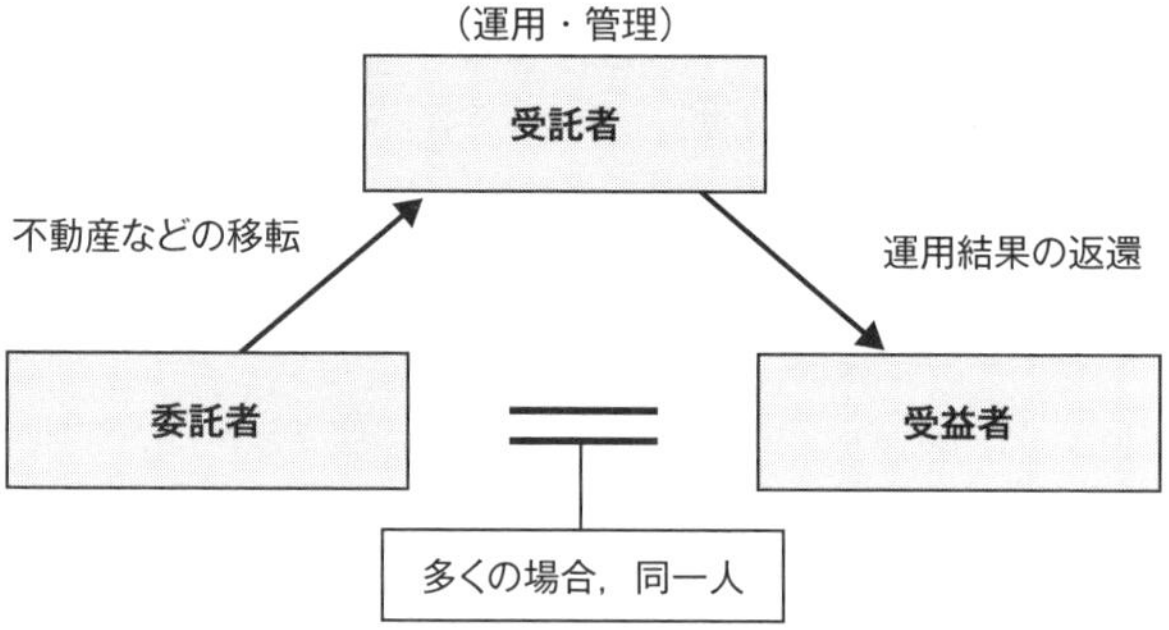

章）。銀行が信託業務を行う場合には、銀行は信託業務の管理を銀行業務の勘定とは区別して、「信託勘定」で行わなければならない（「分別管理義務」という）。

信託業務は、「金銭の信託」と「金銭以外の信託」（有価証券、土地、動産など）に大別され★、さらに目的によって細かく区分される。これらのうち、金融上重要なものとして、金銭信託、年金信託、投資信託、資産継承信託などがある。このほかに、かつては主力商品として「貸付信託★」があったが、すでに役割を終えている。なお、これらに信託された資金は、主として有価証券（債券、株式等）への投資によって運用される。

❶ 金銭信託

「金銭信託」は、委託者が信託業務を営む銀行に金銭の運用を委託し、委託を受けた銀行がこれを運用して、一定期間後に委託された元本と運用利益とを受益者に返還するものである。

金銭信託には、①指定金銭信託と②特定金銭信託とがある。

「指定金銭信託」は、委託者が運用対象（有価証券、貸付等）をおおまかに指定し、具体的な運用方法（貸出先、銘柄等）は信託銀行が判断して運用を行うものであり、予定配当率が事前に公表される。一方、「特定金銭信託」は、委託者が運用方法について個別具体的な指図（有価証券の場合、銘柄、数量、価額、売買時期など）を行い、それに基づいて運用するもので、元本保証はなく、実績に応じた配当が行われる。

❷——年金信託

「年金信託」は、企業年金の資金を管理・運用する信託である。企業年金は、民間企業などが従業員に対して退職後の所得を保障するために行う年金制度であり、国などが行う「公的年金★」（国民年金、厚生年金）を補完するための「私的年金」である。年金信託は、大きく二つに分けられる。

（1）確定給付企業年金信託　「確定給付企業年金」は、企業と従業員との間で決めた規約等に基づき、あらかじめ決められた給付額について、退職後に給付を受ける年金である。将来の年金給付額は、企業が保証しているため確定している。年金資産の運用は、企業が一括して行い、信託銀行や生命保険会社などに委託する。

（2）確定拠出企業年金信託　「確定拠出企業年金」は、企業が従業員のために掛け金を拠出するが、その運用は従業員個人が行う年金制度であり、「日本版四〇一k★」とも呼ばれる。掛け金（拠出額）はあらかじめ決められているものの、それをどのような金融商品で運用するかは個人が選択することができる（加入者による運用指図）。このため、将来の給付額は、積立期間中の運用結果によって変動する。★一方、企業では、将来の年金額を保証する訳ではないため、運用リスクを回避することができる。また、転職に際して、転職先にそれまでの積立分を移管することができる（「ポータビリティ」という）といったメリットもある。確定拠出型についても、信託銀行や生命保険が受託を行っている。このタイプの企業年金を導入する企業が増えてきており、確定拠出型の加入者数は、七五〇万人と確定給付型の加入者数（九三三万人）に近づきつつある（二〇二〇年度末）。

（GPIF）が行っている。同法人は、日本最大の機関投資家であり、Government Pension Investment Fundを略してGPIFと呼ばれる。

日本版四〇一k＝米国の企業年金制度（内国歳入法四〇一k条項）をモデルとしたため、このように呼ばれる。「確定拠出年金法」（二〇〇一年）によって導入された。拠出された掛け金は、個人ごとに区分され、各人の運用方法によって将来の給付額（年金）が決定される。

iDeCo（イデコ）＝個人が掛け金を拠出する「個人型確定拠出年金」のこと。公的年金に上乗せされる私的年金制度であり、税制優遇のメリットが大きい。運用は加入者が配分を決定して行い、その運用結果に応じて、年金額が決定される。

自益信託と他益信託＝委託者と受益者が同じである信託を「自益信託」、委託者と受益者が異なる信託を「他益信託」という。

❸ 投資信託

「投資信託」とは、投資信託委託会社が、証券会社や銀行を通じて受益証券を一般の投資家に売り出して資金（ファンド）を集め、これを株式、債券、不動産等で運用するものである。信託銀行は、受託者として投資信託財産の管理を行っている。ただし、資金の運用方法やタイミングの指図は、もっぱら投資信託委託会社が行っており、受託者である信託銀行は、その運用指図に従った株式や資金の受渡しなどを行い、財産管理機能を果たしている（投資信託の詳細については、第3章で後述）。

❹ 資産継承信託

高齢化の進展や資産相続の拡大につれて、次世代への円滑な資産継承を進めるための信託に対する注目が集まっている。こうした資産継承信託は、典型的な「他益信託★」であり、主なものとして、以下のような信託がある。

（1）教育資金贈与信託　孫などの教育資金として祖父母等が信託銀行に金銭等を信託した場合に、受贈者一人につき一五〇〇万円まで贈与税が非課税になる信託である。

（2）遺言代用信託　あらかじめ受け取る相手を指定してお金を預けておくと、本人の死後に指定した者（特定の相続人など）が簡潔な手続きでお金を受け取れる信託である。「遺言に代わって用いられる信託」として、このように呼ばれる。

（3）暦年贈与信託　年間一一〇万円までは非課税で贈与を行うこと（生前贈与）が認められているが、これは、毎年の贈与手続きを贈与者に代わって信託銀行が遂行する信託商品である。面倒な贈与手続きが不要で、確実に非課税で贈与できる点がメリットである。

証券取引法＝一九四八年に、米国の証券取引法を踏襲するかたちで作られ、わが国の証券取引全般を規定する法律として大きな役割を果たした。

金融商品取引業＝「金融商品取引法」では、証券業務のことを「金融商品取引業」と呼んでいる。同取引業は、証券取引法で規定されていた証券業のほか、金融先物取引業、投資顧問業、投資信託委託業などを含む幅広い概念となっている。

第7節　証券業務

「証券業務」とは、有価証券の発行や売買に関する業務のことである。証券業務は、長年「証券取引法★」に基づいて行われていたが、法律改正により、現在は「金融商品取引法」（二〇〇七年施行）に基づいて行われている。★

❶証券会社の役割

証券業務は、主として「証券会社」によって担われている。証券会社は、株式、債券、投資信託などを取り扱う会社であり、資金を必要とする主体が、市場（投資家）から直接、資金の調達を行う「直接金融」を支援することをその役割としている。証券会社は、新たに有価証券（株式、債券等）を発行する場所である「発行市場」（プライマリー・マーケット）と、すでに発行された有価証券を売買する場所である「流通市場」（セカンダリー・マーケット）の両方において、有価証券の発行・売買に深く関与している。

❷証券業務の分類

証券業務は、大きく以下の五つに分類される。

（1）ブローカー業務　顧客から受けた株式などの売買注文を、流通市場に取り次ぐ業務であり、「委託売買業務」ともいう。取扱件数に応じた売買委託手数料が証券会社の収入となる。

（2）ディーラー業務　証券会社自身が自己勘定（自己資金）で、株式や債券の売買を行う業務であり、「自己売買業務」ともいう。自社の資金を使うというリスクを負う反面、売買により得られた利益は証券会社の収入となる。

（3）アンダーライター業務　新たに発行される証券を買い取って、投資家に販売する業務であり、「引受業務」ともいう。売れ残りが生じたときには、それを引き取る義務（募残引受義務）を負う。引受け手数料が証券会社の収入となる。

（4）セリング業務　新たに発行される証券を、投資家に対して買い入れるように勧誘する業務であり、売却した分の手数料が収益となる。「売出し業務」ともいわれ、上記のアンダーライター業務に似ているが、売れ残りのリスクを負わない点が異なる。

（5）投資銀行業務　企業の資金調達やM＆A★について、サポートやアドバイスを行う業務を投資銀行（インベストメント・バンキング）業務という。

❸ 銀行の証券業務

証券業務は、証券会社が中心となって担ってきており、銀行の証券業務については、長年にわたり「証券取引法」第六五条によって禁止されてきた。しかし、その後の法律改正等により、銀行においても、①国債や投資信託を顧客に販売する「窓口販売」（略して「窓販」という）、②国債等の自己売買を行う「ディーリング業務」、③国債等の取次販売を行う「ブローキング業務」、④顧客の有価証券の売買注文を提携する証券会社に取り次ぐ「金融商品仲介業務★」、⑤私募債の取扱い、など一定の証券業務を行うことができるようになっている。ただし、株式については、引受業務や窓口での直接販売等を行うことは、引き続き禁止されている。

M＆A＝企業の合併・買収のこと。英語のMerger（合併）とAcquisition（買収）の頭文字をとって、このように呼ばれる。

金融商品仲介業＝銀行が顧客からの株式等の売買注文を証券会社に取り次ぐ業務。

第8節　金融機関の収益

❶ 金融機関の収益源

金融機関（銀行）が以上のような業務を行うのは、それによって利益をあげるためであるが、その方法としては、大きく次の三種類がある。

（1）利ざや

一つは資金運用の金利と資金調達の金利との差である「利ざや」から利益を得る方法である。利ざやは、より厳密にいうと「資金運用利回り」と「資金調達費用」の差である。前者は、貸出、証券投資、コールローン★などの利回りであり、後者は、預金、債券、借用金、コールマネーなどのコストである。なかでも、預金と貸出が銀行の代表的な業務であるため、そこから生じる収益（貸出金利息－預金利息）が利ざや収入のなかでも大きなウェイトを占める。利ざやによる利益は、銀行経理では「資金利益」と呼ばれ、金融機関の収益の主たる源泉となる。

（2）手数料収入

もう一つは、各種の手数料によって利益を得る方法である。従来、金融機関の利益の大部分は利ざやによるものであったが、近年になり、各行では、金融サービスに対する対価として手数料を受け取る「フィービジネス」に力を入れており、為替手数料のほか、投信・保険販売手数料などの手数料収入（「役務《えきむ》取引等収益」と呼ばれる）のウェイトが高まってきている。

（3）有価証券売買益

債券、株式などの有価証券や外貨の売買を行うことによって得られる利益も、金融機関の収益に寄

コールローンとコールマネー＝資金運用のために コール市場に放出される資金が「コールローン」であり、資金調達のためにコール市場から取り入れられる資金は「コールマネー」と呼ばれる（詳細は第4章）。

与する。こうしたトレーディング目的の取引による利益は、「特定取引利益」と呼ばれる。ただし、この収益は、市場の動向に左右される面が大きい。

❷ 金融機関の収益指標

銀行の本来業務による収益力を表す指標として注目されるのが「コア業務純益」である。コア業務純益は、具体的には、銀行の本業（預金・貸出業務、為替業務等）による利益（上記の三つの利益の合計、「業務粗利益」という）から、経費（人件費・物件費等）を差し引き、そこからさらに一時的な変動要因である債券売却益等を除いたものである。一般の企業でいう「営業利益」に相当し、一時的な要因に左右されない銀行の基礎的な収益力を表す銀行特有の指標である。

第3章 各種の金融機関

金融機関は前章で述べたような金融業務を行っているが、業態によって、取引先の業種や規模が違っているほか、資金の調達・運用の方法も異なっている。本章では、金融機関について概括的に説明したのち、金融機関の各業態についてその特徴を述べる。

第1節 金融機関は何をしているか

1 金融仲介機能

銀行を中心とした金融機関では、預金者から預かった預金を、資金を必要とする企業等に提供している。金融機関は、こうした仲介機能を担うなかで、同時に金額の変換、満期の変換、リスク負担などの機能も果たしている。また、金融機関は、リスクを反映した適正な金利設定により、資金の効率的な配分を行い、経済の発展に貢献する役割を果たしている。さらに、専門知識を使って金融取引に伴うリスクやコストを軽減させる機能も担っている。こうした金融機関の果たしている幅広い役割を全体として「金融仲介機能」という。金融仲介機能は、以下のように分けて考えることができる。

満期変換＝金融機関が短期で調達した資金（主に預金）を、長期で運用する（融資など）ことであり、銀行の重要な機能の一つとされる。英語では「マチュリティ・トランスフォーメーション」という。

(1) 資金仲介機能　資金の供給者は、資金を貸したいと思っても、どこに資金需要者（資金を借りたい人）がいるかはわからない。一方、資金の需要者にとっては、どこに資金供給者がいるかを知るのは困難である。そこで、金融機関（銀行）が資金需要者と資金供給者との間に入り、両者を仲介することにより、資金の流れは格段に円滑なものとなる。これを「資金仲介機能」という。金融機関のこうした仲介機能により、資金の供給者も需要者も、金融機関に行けばよいことになる。いわば、借りたい人と貸したい人との橋渡しの役割である。

(2) 資産変換機能　金融機関（銀行）は、こうした橋渡しの役割を果たすだけではなく、実はその過程で資金の性格を変換するという役割を果たしている。その一つが「資金の大口化」である。預金者の個々の預金は、さほど大きな額でなくても、金融機関では、これらの小口資金をまとめて大口の資金とし、多額の資金を必要とする企業などの資金需要者に供給することができる。また、もう一つの変換が「資金の長期化」であり、「満期変換★」ともいう。個々の預金者が、資金を預けている期間は、比較的限られた期間である。しかし、預金者の引出しはバラバラの時期に行われ、すべての人が一度に預金引出しに来ることはない。このため、預金の一定割合は常に金融機関にとどまり、金融機関は、この部分を比較的長期の貸付に充てることができる。このようにして、金融機関は「小口資金を大口資金へ」、「短期資金を長期資金へ」という資金の変換機能を果たしている。

(3) 資金再配分機能　金融機関（銀行）は、専門的な審査能力やリスクを反映した金利設定などにより、経営が良好な企業や高い成長の見込まれる企業に対しては、資金を手厚く配分する。一方で、業績が悪い企業や財務状況が悪化した企業に対しては、融資を抑制したり、貸出を回収したりする。こうした機能を通じて、金融機関は、社会のなかで「資金を再配分」する機能を果たしている。つまり、金融機関は、生産性の高い企業や利益率の高い事業には多くの資金を振り向け、それによって、社会全体の高い経済成長を導いたり、必要な経済構造の改善に貢献することができる。

債務不履行＝支払いの義務を負っている債務者（借り手）が債権者（貸し手）に対して、返済の義務が果たせなくなること。

情報の非対称性＝取引を行ううえで重要な情報を、当事者の一方が知っているが、他方は知らないという状態を「情報の非対称性」という。銀行が貸出を行う際には、「借り手は、自分の返済能力についてよく知っているが、貸し手は十分に知ることができない」という「情報の非対称性」が存在する。銀行は、情報収集や融資審査により、こうした情報の非対称性を減らすように努めている。

（4）リスク負担機能　資金の借り手が借入金を返済しないという「債務不履行★」（デフォルト）を起こした場合には、金融機関（銀行）はそのリスクを負う（これを「信用リスク」という）。資金の供給者と需要者が相対《あいたい》で直接、貸し借りを行う場合には、借り手が資金を返さないリスクは貸し手が負うが、金融機関が両者の間に入ることによって、金融機関は、貸し手に代わってこのリスクを負担する。つまり、金融機関は、貸し手（＝預金者）のリスクを削減する役割を果たしている。これによって、預金者は安心して銀行に預金を預けることができ、また預金の「元本《がんぽん》保証」が確保されることになる。

（5）情報生産機能　金融機関（銀行）は、貸出を行う際には、借り手の情報を収集・分析して、事業の収益性や経営者の能力などの点から、返済能力について「審査」を行う。また、貸出を行ったあとも、借り手が適切に行動しているかどうかについて「モニタリング」（監視）を行う。金融機関では、長期的・継続的な取引関係のなかで、こうした審査や監視により、借り手についての情報を生み出し、蓄積していく。これを金融機関の「情報生産機能」という。こうした情報生産は、貸し手と借り手の間にある「情報の非対称性★」を減らすうえで大きな役割を果たしている。

2　決済機能

上記のような金融仲介機能に加えて、金融機関（銀行）は、すべての経済活動を支える「決済機能」の担い手となっている。すなわち金融機関は、相互に結びついてネットワークを形成しており（前述の手形交換制度、内国為替制度など）、このネットワークを使って、ネットワークに参加している金融機関の間や、その顧客同士の間で資金の決済を行う機能を果たしている。こうした金融機関の決済機能により、個人や企業は、全国のどの銀行の顧客との間でも資金を送ったり、受け取ったりすることが可能となっている。

図 3-1 信用創造のメカニズム

本源的預金100万円，現金準備率10%のケース

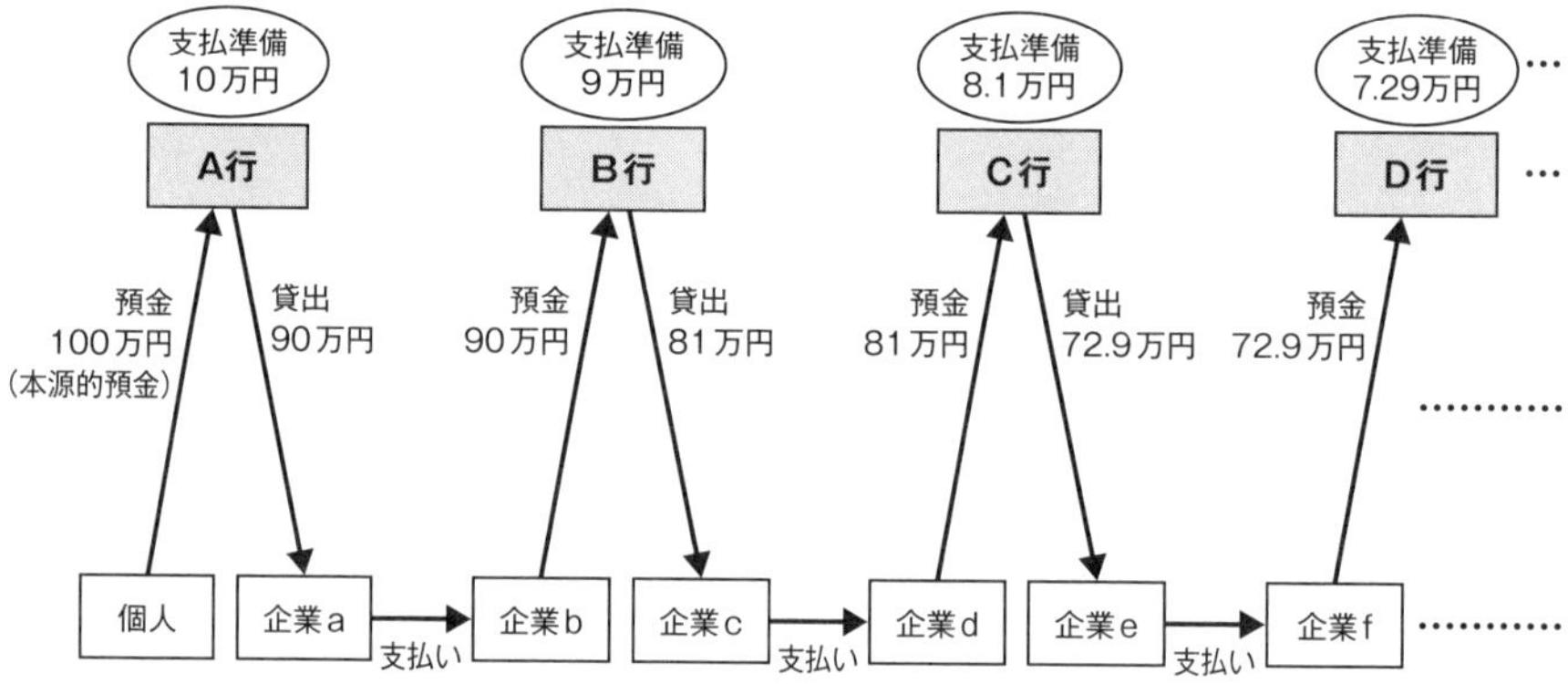

3 信用創造機能

以上のように、金融機関（銀行）は資金の需要者と供給者との仲介において重要な役割を果たしているが、単に資金の仲介を行うだけではなく、預金の受入れと貸出を連鎖的に繰り返すことにより、銀行全体として預金を増やすという機能を果たしている。つまり、預金を引き出した人は、その資金を誰かに支払い、受け取った人はそれをまた銀行に預金するというかたちで、引き出された預金は、再び別の預金として戻ってきて、さらに次の貸出の原資になるのである。こうして預金と貸出のプロセスを繰り返すことによって預金が増えていくメカニズムのことを「信用創造機能」という。預金と貸出を通じた信用創造機能は、預金を取り扱っている銀行のみが持つ固有の機能であり、保険会社や証券会社には存在しない。

（1）信用創造の仕組み　信用創造の仕組みを、具体的にみてみよう（図3-1参照）。はじめにA行に一〇〇万円の預金が現金で預け入れられたとする。この最初に預入された預金のことを「本源的預金」という。A行の現金準備率★が一〇％であるとすると、A行は一

現金準備率＝預金残高に対して、支払準備として用意しておく現金の比率のこと。銀行が預金者からの払戻し要求にいつでも応じられるようにしておくためには、一定の現金準備を保有しておく必要がある。「預金準備率」や「支払準備率」ともいう。

部分準備銀行制度＝銀行が預金の一部のみを現金準備として保有するシステムのことを「部分準備銀行制度」(fractional-reserve banking) という。銀行が信用創造を行うことができるのは、この部分準備の制度をとっているためである。

図 3-2 信用創造乗数と預金累計額
(本源的預金が100万円，現金準備率が10％の場合)

$$\text{預金累計額}=100\text{万円}+100\text{万円}\times0.9+100\text{万円}\times0.9^2+100\text{万円}\times0.9^3+\cdots\cdots$$
$$=100\text{万円}\times(1+0.9+0.9^2+0.9^3+\cdots\cdots)$$
$$=100\text{万円}\times\frac{1}{1-0.9}=100\text{万円}\times\frac{1}{0.1}$$
$$=\text{本源的預金}\times\frac{1}{\text{現金準備率}}=1000\text{万円}$$

〇〇万円の預金増加に対し、一〇万円だけ支払準備(現金)を残し、九〇万円をa社に貸し出す。貸し出した九〇万円はさしあたりa社の預金となるが、a社は支払いに必要なために借入れを行ったのであるから、すぐにこの預金を現金で引き出してb社への支払いに充てる。b社では、受け取った九〇万円の現金をB行へ預金する(この貸出によって生み出された二次的な預金を「派生的預金」という)。B行では、九〇万円の預金増加に対し、支払準備の九万円だけを残して、八一万円をc社に貸し出す。c社は八一万円をd社への支払いに充てる。d社は八一万円をC行に預金する。こうした過程を繰り返すと、最初の一〇〇万円の預金をもとに次々に新たな預金が生み出され、A行、B行、C行……等にある預金は、合わせると総額で一〇〇〇万円にのぼることになる。図3－1にあるような一連のプロセスにより、多くの銀行が貸出の実行と預金の受入れを繰り返すことによって、銀行全体として、最初に受け入れた預金額の何倍もの預金通貨を作り出すことを金融機関の「信用創造機能」という。

(2) 信用創造乗数 信用創造によって生み出される「銀行全体としての預金総額」は、最初の本源的預金の額に「一を現金準備率で割った数字」を乗じたものになる。この数値を「信用創造乗数」と呼ぶ。

たとえば、銀行の現金準備率が一〇％(〇・一)のとき★、最初の本源的預金一〇〇万円の預入によって生ずる銀行全体の預金累計額は、図3-2にある算式により一〇〇〇万円となる。つまり、一を現金準備率（〇・一）で割った「一〇」が信用創造乗数となる。同様に、現金準備率が五％の場合には、乗数は二〇となり、現金準備率が二〇％の場合には、乗数は五となる。★

（3）信用創造の政策的な意味　信用創造論によると、現金準備率を引き上げると、信用創造乗数が小さくなって、創造される預金の量は減少する。一方、準備率を引き下げると、信用創造乗数は大きくなって、社会全体として多くの預金が生み出されることになる。こうしたメカニズムを用いると、現金準備率の操作によって、預金などのマネーストックの量を調整することができ、金融引締めや金融緩和につなげることができる。こうした操作を「準備率操作」と呼び、金融政策の手段の一つとなっている（詳細は第11章を参照）。

4　金融機関の公共性と規制

（1）金融機関の公共性　金融機関（特に銀行）について論じる場合には、「銀行は特別な存在か」ということがしばしば問題となる。もし、銀行が特別であるとすると、これを特別なかたちで規制することが必要になる。結論を先取りすれば、金融機関は、一般の事業会社とは異なる特殊な性格（「銀行の公共性」★ともいう）を有しており、このため、事業法人に比して厳しい規制が課されている。銀行の特殊性としては、以下のようなものがある。

イ　破綻による影響の大きさ　金融機関は、広く一般の人々から預金を集めて、それを企業等に貸し出している。このため、もし金融機関が破綻《はたん》すると、広範囲にわたる預金者や取引先企業に影響が及び、その社会的な損失は甚大なものとなる。銀行の口座数は、中規模行でも数百万口座に達しており、破綻した場合の影響はかなり広範囲に及ぶことになる。こうした悪影響を回避し、人々が安心し

信用創造論の前提＝こうした機械的な信用乗数論が成立するためには、①銀行では現金準備分を除いて、必ずすべてを貸出に回す（そのためには、十分な借入需要があることが必要）、②貸し出された資金は、全額が銀行に戻ってくる、という二つの前提が必要である。こうした前提が満たされない場合には、信用創造乗数は理論値よりも低下することになる。

銀行の公共性＝「銀行法」第一条では、同法の目的を「銀行の業務の公共性にかんがみ、信用を維持し、預金者等の保護を確保するとともに金融の円滑を図るため」と規定している。

て銀行と取引できるようにするためには、金融機関の経営を健全なものとしておかなければならない。

ロ　取付け発生の可能性　金融機関は、多くの人々から短期の預金を受け入れ、それを企業に対して長期に貸し出すという「期間のミスマッチ」によって利益をあげている。したがって、何らかのきっかけで大勢の預金者が一斉に預金を引出しにくると、払戻しのための現金が不足して、支払いに応じられなくなるおそれがある。

何らかのきっかけで特定の金融機関に対する信用が失われると、預金者は自分の預金を守るために、その金融機関から我先に預金を引き出そうとする。このように大勢の預金者が一斉に預金の引出しに殺到するパニック的な現象を「取付け」（バンク・ラン）という。取付けは、金融機関の経営悪化がきっかけとなる場合のほか、不確実な情報やデマが引き金★となって発生することもある★。

一つの金融機関に取付けが発生すると、預金者は自分の預金している金融機関も危ないのではないかと心配になり、取付けが他の金融機関にも次々と波及していく傾向がある。万が一、こうした連鎖的な取付けが発生すると、多くの預金者に損害を与えるだけでなく、国全体の経済活動にも深刻な影響が及ぶことになりかねない。このため、金融不安の発生防止に向けては、特別な配慮が必要となる。

ハ　決済システムの混乱の可能性　金融機関は、自行および顧客の資金決済を円滑に行うため、相互に連携してネットワークを形成し、銀行間の資金移動を行う「決済システム」を構築している（第7章を参照）。決済システムでは、各行が複雑に結びつき、多くの金融機関が相互に受払いを行うことから、参加金融機関のうち一行でも支払不能に陥ると、それが連鎖的に波及して決済システム全体が混乱に陥る可能性がある。このため、決済システムの安全性の観点からも、個別の金融機関の健全性を確保しておくことが重要となっている。

豊川信金事件＝古典的な取付け騒ぎとして有名である。一九七三年に、電車内での高校生同士の会話がきっかけとなって、愛知県内の信用金庫で大規模な取付け騒ぎが発生したもの。

見えない取付け騒ぎ＝ATMネットワークの発達により、どこでも預金が下ろせるようになっているため、店頭に行列ができないかたちでも取付けが起きうる環境となっている。

金融機関の参入規制＝新規参入にあたって、銀行は「免許制」、証券会社は「登録制」がとられている。

商業銀行と普通銀行＝商業銀行とは、短期の預金を資金源として、短期の貸出を行う銀行のことを指す。商業銀行は、英国で典型的なかたちで発達してきた。この商業銀行に相当する銀行のことを、わが国では「普通銀行」と呼んでいる。ただし、日本の普通銀行は、長期金融も含め多様な業務を行うようになっており、伝統的な商業銀行の域を超えている。

（2）金融機関に対する規制　こうした金融機関の特殊性から、厳格な経営ルールにより金融機関の経営を健全なものにするため、各種の規制が課されている。規制としては、①一定の条件を備えたものしか金融業を営めないようにすること（「参入規制★」）、②金融機関が行える業務の範囲を制限すること（「業務分野規制」）、③金融機関が、不動産業など他の種類の事業は行えないようにすること（「兼業規制」）、④銀行、証券などの業態ごとに守らなければならない規則を決めること（「業態規制」）、などがある。一般の事業会社は、自由に設立でき、事業内容も自由に決められるのに対して、金融機関は、公共性の観点から、法律によってこうした厳しい規制が課されている。その反面、金融機関の経営悪化や破綻を防止するために、さまざまな政策的な配慮がなされている（詳細は第12章を参照）。

5　金融機関の種類

（1）活動分野による業態分類　金融機関は、活動の対象分野によって、いくつかに分類することができる。具体的には、①日本銀行を、金融の中枢にあって政府や金融機関をもっぱら取引先としているので「中央銀行」といい、②一般の銀行を、企業全般を主たる取引の対象としているので「普通銀行」（あるいは「商業銀行★」）という。また、③信用金庫、信用組合などは、会員の相互扶助を目的とした非営利の組織であるため「協同組織金融機関」といい、④農業協同組合、農林中央金庫などを、農業を主たる取引の対象としているため「農業金融機関」といっている。さらに、⑤長期信用銀行や信託銀行は、主として長期の資金を集め、長期の資金を供給してきたので「長期金融機関」という。これらの金融機関は、間接金融の分野でそれぞれの役割を果たしている。一方、直接金融の分野においては、証券会社、投資信託委託会社などが、主な担い手となっている。

（2）政府系金融機関と民間金融機関　金融機関は、政府系金融機関と民間金融機関とに分けられる。一般の企業や個人が日常的に取引を行っている銀行、信用金庫、信用組合などは、いずれも民間資本による「民間金融機関」である。一方、日本政策投資銀行、日本政策金融公庫などのように、政府の出資によって設立されている金融機関を「政府系金融機関」という。政府系金融機関は、民間金融機関が十分に対応できない分野（中小企業金融、農業金融など）の政策金融を行い、民間金融機関を補完することを目的としている。

（3）預金取扱金融機関と非預金取扱金融機関　民間金融機関は、預金の受入れを行うかどうかによって二つに分類される。「預金取扱金融機関」は、一般の企業や個人から預金の受入れを行っている金融機関であり、銀行や信用金庫、信用組合などが含まれる。一方、「非預金取扱金融機関」は、預金の受入れを行わない金融機関であり、証券会社、保険会社、ノンバンクなどが含まれる。この分類は、「預金者保護」の観点から重要な区分となる。つまり、預金を受け入れている金融機関に対しては、経営が破綻すると多くの預金者に影響が及ぶため、相対的に厳しい規制・監督が行われている。

（4）銀行と協同組織金融機関　預金取扱金融機関は、銀行と協同組織金融機関とに分けられる。「銀行」は、いわゆる銀行として営業しているものであり、高い公共性を有しているが、あくまでも営利を目的としており、組織形態は株式会社となっている。具体的には、普通銀行（都市銀行、地方銀行、第二地方銀行など）や信託銀行などがこれに当たる。一方、「協同組織金融機関」は、会員の相互扶助を目的とした金融機関であり、主に中小・零細企業向けの金融機関である。具体的には、信用金庫、信用組合、労働金庫、農業協同組合などがこれに含まれる。これらには、①非営利（利潤追求を目的にしない）、②会員制（会員に対して貸出を行う）、③営業区域に制限あり（市などの単位）、④税制の優遇（法人税率の軽減）、などの特徴がある。

以上のような、わが国における金融機関の種類を一覧で表示したものが、図3-3である。以下では、各業態について解説していくこととする。

図 3-3 日本の金融機関の種類

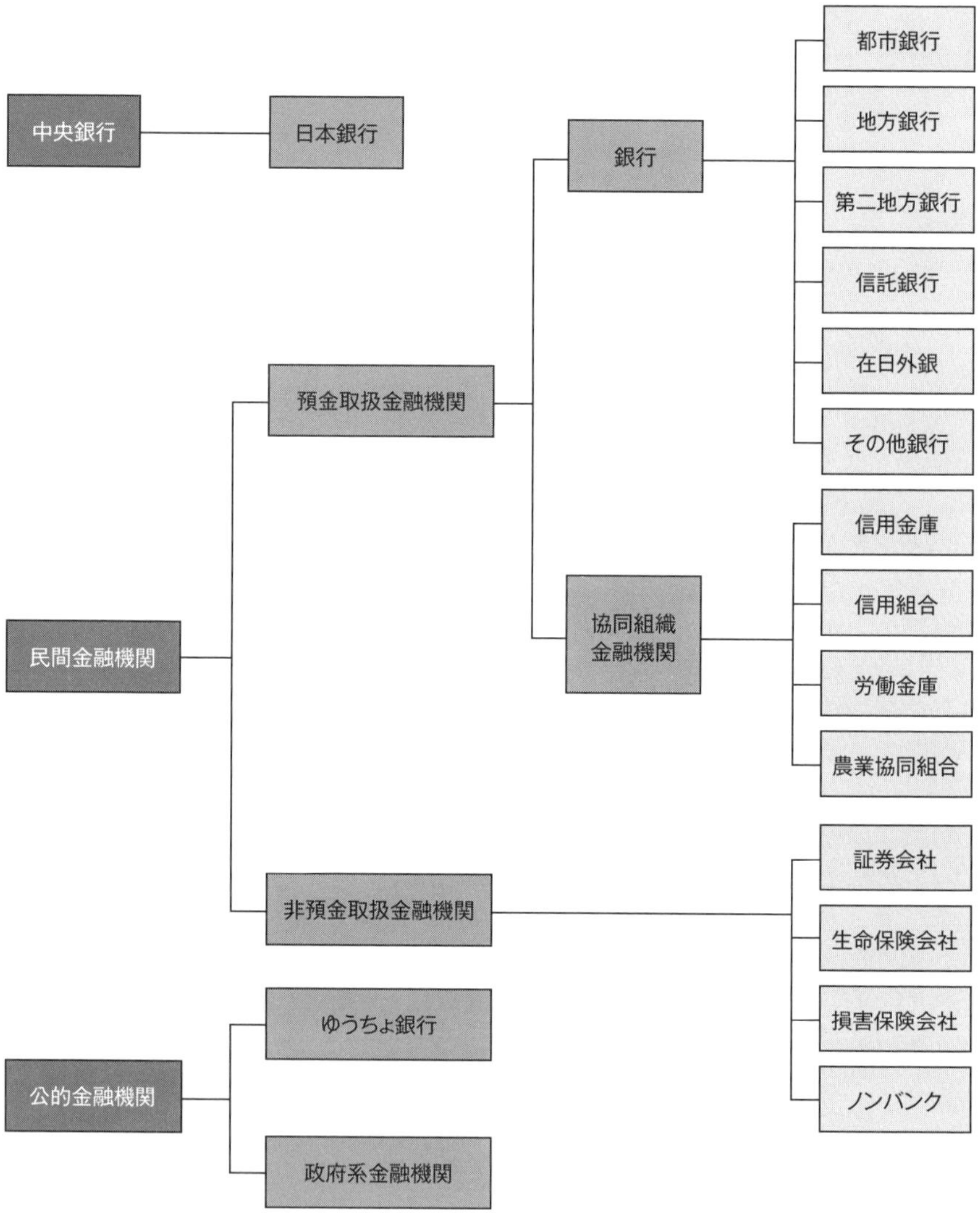

第2節　日本銀行

❶ 日本銀行の概要

(1) 日本銀行の根拠法　日本銀行は、わが国の中央銀行★として一八八二年に「日本銀行条例」に基づいて設立された★。その後、一九四二年に「日本銀行法」の制定によって改組されたが、当時は戦時下であり、政府の日銀への業務命令権が定められるなど国家統制色の濃い内容となっていた。戦後は、この戦時立法に部分的な修正が行われて運営されてきたが、中央銀行の独立性強化の見地から、一九九七年に全面的な改正が行われ、新しい「日本銀行法」(以下、新日本銀行法と呼ぶ)が一九九八年に施行された。日本銀行の法的性格は、日本銀行法に基づく認可法人であり、政府機関ではない。

(2) 日本銀行の資本構成　日本銀行の資本金は一億円であり、そのうち五五%が政府出資、残りの四五%が民間出資となっている。出資への配当は、年五%以内に制限されている。また、出資者総会(株式会社の株主総会に相当)の制度は設けられておらず、出資者の経営参加権は認められていない。

(3) 日本銀行の意思決定機関　日本銀行の最高意思決定機関は「政策委員会★」である。政策委員会は、新日本銀行法により権限が強化され、高い独立性を持って金融政策の運営方針の決定を行うほか、日本銀行の業務執行方針を決定している。政策委員会の会合のうち、金融政策について審議・決定する会合を「金融政策決定会合」という。金融政策決定会合は、年に八回の頻度で開催されている。

(4) 日本銀行の本支店　日本銀行の本店は東京にあり、一五の局室研究所を置いている。また、

中央銀行＝各国において、金融システムの中核となる公的な機関であり、銀行間の決済、銀行券の発行、金融政策の運営などを行う。

世界最古の中央銀行＝世界で最も古い中央銀行は、スウェーデンのリクスバンク(一六六八年に設立)であり、二番目に古いのが英国のイングランド銀行(一六九四年に設立)である。日本銀行は、このほか、独・仏などに次いで、主要国では七番目に設立された中央銀行である。

政策委員会＝総裁、副総裁二名、審議委員六名の計九名によって構成される。この九名は、両議院の同意を得て内閣によって任命される。任期は五年で、任期中の身分保障が規定されている。

本店のほかに、国内に三二の支店と一二の事務所を、海外に七つの駐在員事務所を置いている。

2 日本銀行の目的と独立性

（1） 日本銀行の目的　新日本銀行法では、日本銀行の目的は「物価の安定」と「金融システムの安定」であることが明確に規定されている。

（2） 日本銀行の独立性　中央銀行の金融政策には、歴史的にみてもインフレ的（＝金融緩和的）な運営を求める圧力がかかりやすい。こうした圧力に屈せずに適切な金融政策を行うためには、中央銀行が高い独立性を持って政策を運営していくことが重要である。新日銀法では、「日本銀行の行う金融政策と業務運営の自主性は尊重されなければならない」と規定し、そうした独立性を保障する仕組みとして、①「役員の身分保障」（政策委員会のメンバーは、政府と意見を異にすることを理由に解任されることはない）、②「業務の自主性」（政府は日本銀行に対して業務を命令することはできない）などが確保されている。こうした高い独立性は、「金融政策は政府から独立した中央銀行が担うべき」とする世界的な潮流に沿ったものである。

（3） 独立性と説明責任　ただし、中央銀行に独立性があるということは、中央銀行が独善的に何をやってもよいということではなく、政策の決定内容や決定過程についての「透明性」を維持する必要がある。これを中央銀行の「説明責任」あるいは「アカウンタビリティ」という。日本銀行では、金融政策決定会合について議事要旨などを公表している★ほか、国会報告（年に二回）や総裁の記者会見（金融政策決定会合の終了後）などにより、政策についての透明性を確保するよう努めている。

3 「発券銀行」としての機能

中央銀行の果たす機能は、伝統的に①「発券銀行」、②「銀行の銀行」、③「政府の銀行」の三つと

金融政策決定会合に関する情報公開＝①会合の一週間後に、主なポイントをまとめた「主な意見」が公表されるほか、②次の決定会合のあとに、議論された内容をまとめた「議事要旨」が公表される。また③一〇年後には、より詳細な「議事録」が公表される。

硬貨の発行＝硬貨（補助貨幣）については、銀行券と異なり、発行主体は政府である。造幣局で製造されたのち、日本銀行に交付され、この時点で政府が発行したことになる。ただし、日本銀行の窓口を通じて供給される点は、銀行券と同じである。なお、政府が発行主体となっているのは、各国共通である。

日本銀行券の種類＝現在、日本で発行されている銀行券は、一万円券、五千円券、二千円券、千円券の四種類である。

日本銀行券の改刷＝日本銀行券は、偽造防止対策などのため、二〇二四年度上期を目途に、改刷される予定である。新札の肖像画には、渋沢栄一（一万円券）、津田梅子（五千円券）、北里柴三郎（千円券）が用いられる。

されており、日本銀行もこうした機能を果たしている。まず発券銀行としての日本銀行の機能について述べよう。

（1）日本銀行券の発行・鑑査　日本銀行は、わが国で唯一の「発券銀行」であり、銀行券を独占的に供給している。★すなわち、日本銀行の発行する「日本銀行券」は、日本で流通する唯一の銀行券である。★日本銀行法では「日本銀行券は、法貨として無制限に通用する」（第四六条）とされている。つまり、無制限の「強制通用力」（受取人がその受取りを拒否できない効力）を与えられており、このため「法貨」（リーガルテンダー）と呼ばれる。発行された銀行券は、日本銀行のバランスシートでは、日本銀行の「負債」として計上される。

銀行券は、国立印刷局で製造され、日本銀行が製造費用を支払って引き取る。その後、金融機関が日本銀行に保有している当座預金を引き出して、銀行券を受け取ることによって世の中に供給される。銀行券は、日本銀行の窓口から出て、金融機関が受け取った時点で、発行されたことになる。

日本銀行では、民間銀行から戻ってきた銀行券のチェックを行っており、これを「鑑査」という。これは、銀行券のクリーン度を保つためであり、汚損や損傷が激しいものは裁断し、処分される。銀行券には、すかし、ホログラム、マイクロ文字など、さまざまな偽造防止技術が盛り込まれている。★

（2）銀行券の特徴　銀行券は、さまざまな支払いに用いられており、特に金額の小さい小口取引、現金を直接手渡しする対面取引などにおいて幅広く利用されている。銀行券は、誰にでも受け取ってもらえるという性質があり、これを「一般的受容性」という。これは、法貨としての「強制通用力」と、銀行券に対する人々の信認によって支えられている。銀行券は、その受渡しによって、当事者間の決済（債権・債務の解消）を最終的に完了させることができるという性質があり、これを「支払完了性」あるいは「ファイナリティ」と呼ぶ。さらに、銀行券は、いつ、どこで、誰が、何のために使ったかがわからないという性質があり、これを「匿名性」という。

最近では、クレジットカード、デビットカード、電子マネーなど、銀行券に代わる電子的な小口決済の手段が普及してきているが、以上のような特徴から、銀行券は依然として幅広く用いられている。なお、わが国では、他の先進国に比べて、小口決済における現金決済の比率が高い（＝キャッシュレス決済の比率が低い）ことが特徴である。

4 「銀行の銀行」としての機能

日本銀行は、金融機関との間で、①金融機関から預金を受け入れる、②金融機関に貸出を行う、③金融機関との間で債券の売買を行う、といった取引を行うことによって中央銀行としての責務を果たしている。こうした日本銀行の業務は、一般に「銀行の銀行」としての機能といわれる。これらの業務内容は、一見すると、民間金融機関が行っている預金・貸出・市場取引などの業務と同じようにみえる。しかし、日本銀行の業務は、①営利目的ではなく、金融政策・金融調節などのために実施されていること、②一般企業や個人との取引は行わず、取引相手が金融機関に限定されていること、などの点で、民間金融機関の業務とはかなり異なった性格を有している。

（1） 預金取引　日本銀行では、取引先の金融機関★から預金を受け入れている。これらは、原則として無利子の当座預金であり、「日銀当預《とうよ》」（日本銀行当座預金）と呼ばれる（利子の付く「補完当座預金制度」や当座預金に対するマイナス金利については、第11章を参照）。

金融機関では、顧客のために銀行券が必要になると、日銀当預を取り崩して、銀行券を日本銀行から引き出す。また、日銀当預は、他の金融機関との資金の受払い（資金決済）のために用いられる。さらに、金融機関は準備預金制度（第11章第2節を参照）によって、日本銀行に一定の準備預金を積まなければならないが、それはこの日銀当預に置かれる。

このように日銀当預は、①金融機関の銀行券の支払準備、②金融機関相互間における決済の手段、

日本銀行の取引先金融機関＝資金決済や証券決済、短期金融市場取引などで主要な担い手となっている先のなかから日本銀行が選定する。現在、約五〇〇の金融機関が取引先となっている（なお、個別の信用組合、労働金庫、農業協同組合などは、会員のための組織との性格から取引先とはなっていない）。

③準備預金制度のもとでの準備預金、といった重要な役割を担っている。

（2）貸出取引　日本銀行は、金融システムの安定性などのため、必要な場合には金融機関に対して貸出（「日銀貸出」）を行う。この際に適用される金利が「公定歩合《こうていぶあい》」★である。公定歩合は、かつては金融政策において中心的な役割を果たしていたが、時代とともにその役割は低下している（詳細は第11章第2節を参照）。

（3）債券の売買取引　金融政策決定会合で金融政策の方針が決まると、日本銀行では、その方針を実現するために金融機関との間で国債などの債券の売買を行う。金融調節のためのこうした売買操作を「オペレーション」（公開市場操作）と呼んでいる。現在、日本銀行は、主としてこのオペレーションによって金融調節（金融市場における資金の供給や吸収）を行っている。

金融機関が保有している国債等を日本銀行が買えば、金融機関にその代金を支払うため、金融市場に資金を供給することになる（このため「買いオペ」または「資金供給オペ」という）。一方、日本銀行が保有している国債等を金融機関に売却すると、逆に、金融市場から資金を吸収することになる（このため「売りオペ」または「資金吸収オペ」という）。

このように日本銀行は、オペレーションによって金融市場に資金を供給・吸収し、その資金量を調節することによって、短期金融市場の金利を誘導している（詳細は第11章第2節を参照）。

5　「政府の銀行」としての機能

政府は、唯一の預金口座である「政府預金」を日本銀行に開設しており、日本銀行は、わが国の中央銀行として、国の資金である「国庫金」を管理している。税金や社会保険料などとして受け入れる国の資金は「歳入金」、公共事業費や年金などとして支払われる国の資金は「歳出金」と呼ばれるが、いずれも受払いは、最終的にはすべて日本銀行にある政府預金を通じた受払いに集約される。また、

公定歩合＝日本銀行が金融機関に貸出を行う際に適用される金利のこと。その役割が低下したことから、日本銀行では、政策金利ではないことを明確化するために、二〇〇六年から公定歩合という用語に代えて「基準貸付利率」という用語を使うようになっている。

日本銀行の代理店＝国庫金や国債の業務は、全国に広がっており、また事務量も膨大であるため、日本銀行本支店だけでは円滑に行うことができない。このため国庫金や国債に関する事務を民間金融機関に代行してもらっており、こうした民間金融機関の店舗のことを「日本銀行の代理店」という。代理店には、一般代理店、歳入代理店、国債代理店などの種類があり、取り扱う業務の内容が異なっている。

日本銀行は、国が資金調達を行うための国債に関する業務を行っている。こうしたことから、日本銀行は「政府の銀行」と呼ばれる。

日本銀行の「政府の銀行」としての業務には、（1）国庫金の管理、（2）国債の管理、（3）為替介入などが含まれる。

（1）国庫金の管理　日本銀行は、国の資金である「国庫金」を「政府預金」として受け入れている。政府預金は、金融機関からの預金と同様、無利子の当座預金である。税金など政府の受け入れた資金は、すべて政府預金に預け入れられる。一方、年金や公共事業費などの政府支払いは、政府預金から受取人が口座を有する金融機関に振り込まれる（これを「国庫送金」という）。日本銀行では、こうした政府預金の受入れと支払いを管理するほか、歳入・歳出を官庁別・会計別に集計・整理している。

（2）国債の管理　日本銀行は、国債の発行、元利金の支払いなど、国債に関する業務を行っている。また、国債の振替機関として、国債の決済を行っている。なお、上記の国庫業務や国債業務を全国において円滑に行うため、全国各地の多数の金融機関を日本銀行の「代理店★」として指定している。

（3）為替介入　為替相場が乱高下した場合に、その安定化を図るために、外国為替市場で通貨間（円とドルなど）の売買を行うことを「為替介入」という。日本銀行は、財務大臣の代理人として、その指示に基づいて為替介入の実務を遂行している（詳細は、第14章第5節を参照）。

（4）政府に対する信用供与の禁止　「財政法」（第五条）および「新日本銀行法」（第三四条）は、日本銀行が国債の直接引受けを行うこと、および政府に対して貸付を行うことを原則として禁止している。このうち、国債の直接引受けの禁止のことを「国債の市中消化の原則」という。このため、すべての国債（国庫短期証券を含む）は、いずれも市中公募方式で発行されている。

このように、日本銀行による政府への直接の信用供与が禁止されているのは、中央銀行がいったん国債の引受けによって政府への資金供与を始めてしまうと、政府の財政節度が失われ、通貨の発行に歯止めがかからなくなって、結果的に激しいインフレを招いてしまうことが多いためである。過去においては、いくつかの国でこうした中央銀行による財政ファイナンスが行われ、その結果、悪性インフレを招いてしまったという歴史的な苦い教訓がある。このため諸外国においても、中央銀行による政府への信用供与は厳しく制限・禁止されている。

6 日本銀行の主要勘定

(1) 日本銀行の資産と負債　日本銀行の主要勘定は表3-1のとおりであり、日本銀行の政策（国債の買入れなど）によって変化する部分と、民間・政府の経済活動によって変化する部分（銀行券の増発など）とがある。異次元の金融緩和（二〇一三年に導入）以降、日銀では国債を大量に買い入れる金融政策をとっている（詳細は第11章を参照）ことから、日本銀行のバランスシートの規模は急速に拡大している（二〇一二年末の一五八兆円から二一年末には七二四兆円へと四・六倍に増加）。こうした政策により、資産面では、国債の保有が五〇〇兆円を上回るに至り、全体の七割以上の割合を占めている。また政策の一環として、ETF、社債、CPなどの「リスク性資産★」を保有するようになっている。一方、負債面では、大量の国債買入れに見合うかたちで、当座預金が七割と大きな割合を占め、発行銀行券★が二割弱でこれに次いでいる。

これらの項目のうち、資産サイドにおける国債、社債、ETF等は、民間からの買入れによって変動する。一方、負債サイドにおける当座預金や政府預金は、金融機関や政府との取引によって変動する。また、銀行券は、基本的に市中の銀行券ニーズに応じて発行されるが、経済規模の拡大につれて、年々増加する傾向にある。

(2) 資産・負債の変動要因　日本銀行のバランスシートは、日本銀行が、金融機関や政府との取

リスク性資産＝市場の動向によって価格が変動し、元本割れの危険性がある資産のこと。中央銀行がこうしたリスクの高い資産（特に株価に連動するETF）を保有することは希である。

発行銀行券の勘定処理＝企業や金融機関では、銀行券の保有はバランスシート上の「資産」に計上されるのに対し、日銀のバランスシート上では、発行された銀行券は「負債」に計上される。

通貨発行益に関する俗説＝銀行券は日本銀行にとっては負債である。このため、銀行券の製造コストと額面の差額が通貨発行益となっているという俗説は、完全な誤りである。すなわち、一万円札を二〇円で仕入れて一万円で発行することによって、九九八〇円を儲けているという説は誤解に基づくものである。

表 3-1 日本銀行の主要勘定（2021年末）

（単位：兆円，カッコ内は構成比%）

資産		負債および資本	
国　債	521.1　(72.0)	当座預金	543.0　(75.0)
貸付金	144.8　(20.0)	発行銀行券	122.0　(16.9)
ETF（注1）	36.3　(5.0)	政府預金	17.7　(2.4)
社　債	8.3　(1.1)	引当金	6.9　(1.0)
CP等（注2）	3.0　(0.4)	準備金	3.4　(0.5)
その他とも計	723.8 (100.0)	その他とも計	723.8 (100.0)

（注）1. 指数連動型上場投資信託.
　　　2. コマーシャル・ペーパーおよび短期社債等.
（出所）日本銀行.

引を行うことによって変動する。たとえば、日本銀行が国債を買い取って市場への資金供給量を増やすと、資産サイドでは国債が増加し、負債サイドでは当座預金が増加する。また、金融機関が日本銀行から銀行券を引き出すと、負債サイドにおいて、当座預金が減少する一方、発行銀行券の項目が増加する。

(3) 通貨発行益　日本銀行は、銀行券を独占的に発行する権限を有することによって収入を得ており、これを「通貨発行益」（シニョレッジ）という。シニョレッジが発生する原因は、日本銀行のバランスシート（表3-1）をみれば理解できる。

すなわち、負債サイドで大きな割合を占めている銀行券や当座預金には、原則として金利は支払われない（無利子）。その一方で、資産サイドで大きなウェイトを占める国債や貸付金には利子が支払われる。つまり、日本銀行のバランスシートは、無利子で調達した資金によって、利子が付く巨額の資産を保有する構造になっており、このため、毎年、利益が出ているのである。★なお、この通貨発行益は、日本銀行のものとなるわけではなく、日本銀行が業務遂行に必要とする経費を差し引いたうえで、国庫に納付される。

第3節　銀行

銀行とは、「銀行法」（一九八二年）に基づいて設立されている金融機関である。

❶ 銀行の根拠法

（1）銀行法の規定　銀行に関する基本的事項は、「銀行法」によって規定されている。その要点は次のとおりである。

第一条では、銀行法の目的を規定し、「銀行の公共性」に言及している。

第五条では、銀行の資本金は、政令で定める額（二〇億円）以上でなければならないとしている。

第六条では、銀行は、その商号のなかに「銀行」という文字を使用しなければならないとしている。

第一四条の二では、内閣総理大臣は、銀行業務の健全な運営に資するため、自己資本比率など、銀行経営の健全性を判断するための基準を定めることができる、としている。

（2）銀行の業務の種類　銀行法では、銀行が行うことができる業務として固有業務と付随業務を定めている。「固有業務」とは、①預金業務（預金の受入れ）、②貸出業務（資金の貸付）、③為替業務の三つである。これらは銀行のいわば「本業」であり、①と②を合わせて行う場合、または③を行う場合には、原則として銀行業の免許を取得することが必要とされている。一方「付随業務」としては、債務保証、手形の引受け、国債の引受け、両替などが限定列挙されているほか、「その他の銀行業に付随する業務」という項目が設けられており、解釈により営むことができる。

銀行は、上記に定められた以外の他の業務を行うことは禁止されている（他業禁止の原則）。こうした禁止の趣旨は、①銀行の公共性に鑑み、その本業に専念すべきこと、②他の業務を営むことによ

為替業務＝お金の受渡しを現金ではなく、銀行口座間の資金移動等によって行う業務のこと。送金のための銀行振込や、公共料金等の銀行口座からの引落しなどが、これに含まれる。

他業種による金融サービス＝資金の貸付は「貸金業」の登録により、また為替業務については「資金移動業」の登録により、それぞれ行うことができる。

その他の付随業務＝これまでに認められたものとしては、①個人の財産形成に関する相談業務、②電子マネーの発行業務、③取引先企業に対するコンサルティング業務、④ビジネスマッチング業務、⑤登録型人材派遣、などがある。

るリスクが銀行業に悪影響を及ぼすことを避けること、③利益相反取引★を防止すること、④優越的地位の乱用★を防止すること、などにあるものとされている。

2　銀行の種類

以下では、「銀行法」に準拠して設立されている銀行について述べる。

（1）都市銀行　大都市に本店を置き、全国に多数の支店を展開して全国規模で業務を行う大銀行のグループであり、民間金融機関のなかでも中核的な役割を果たしている。都市銀行は、①預金量や貸付金額などの規模が大きいこと、②全国的な営業基盤を持つこと、③預金・貸出業務以外にも、国際業務や証券業務などを幅広く手がけていること、などが特徴である。

都市銀行は、一九八九年時点では、一三行★（外国為替専門銀行★であった東京銀行を含む）があったが、その後、経営統合によって再編が進み、現在は、五行・四グループに集約化されている（図3-4）。これらは、それぞれが金融持株会社★の形態での金融グループの中核銀行となっている。このうち、三菱ＵＦＪ銀行、三井住友銀行、みずほ銀行の三行は特に規模が大きいため、一般に「メガバンク」と呼ばれている。

①三菱ＵＦＪ銀行（三菱ＵＦＪフィナンシャル・グループの中核）
②三井住友銀行（三井住友フィナンシャルグループの中核）
③みずほ銀行（みずほフィナンシャルグループの中核）
④りそな銀行、埼玉りそな銀行（りそなグループを形成）

（2）地方銀行　地方の中核都市（県庁所在地が多い）に本店を置き、通常一つの県を営業基盤としている銀行であり、地方銀行協会に加盟しているグループである。地方銀行のルーツは、明治時代に作られた「国立銀行★」にある。免許交付の順に、第一銀行、第二銀行のように、番号で行名を付け

利益相反取引＝銀行が行う取引に伴い、顧客の利益が不当に害されるような取引のこと。①銀行と顧客の利害が対立する取引（利害対立型）、②銀行と顧客が同一の対象に対して競合する取引（競合取引型）、③銀行が顧客との関係を通じて得た情報を利用して利益を得る取引（情報利用型）などがありうる。

優越的地位の乱用＝銀行が貸し手としての優越的な地位を利用して、取引先に対して、不当な要求をしたり、不利益を与えたりすること（金融商品の購入を強要したり、不利な取引条件を押し付けたりすることが、これにあたる）。

都銀一三行＝当時の都市銀行は、第一勧業銀行、住友銀行、富士銀行、三菱銀行、三和銀行、東海銀行、三井銀行、太陽神戸銀行、大

和銀行、埼玉銀行、協和銀行、北海道拓殖銀行、東京銀行の一三行であった。

外国為替専門銀行＝「外国為替銀行法」に基づいて、外国為替取引および貿易金融を主たる業務とする銀行のこと。旧東京銀行がそれに該当したが、一九九六年に、同行が三菱銀行と合併したことにより、外国為替専門銀行は姿を消した。

金融持株会社＝銀行、証券会社、保険会社などの金融機関を子会社として保有する持株会社。自らは実質的な事業活動を行わず、グループ各社の経営管理や統括を行う。

日本最初の銀行＝日本で最初に開業した国立銀行は、渋沢栄一が設立した「第一国立銀行」である（旧第一勧業銀行、現みずほ銀行）。

図 3-4 都市銀行の4グループへの集約化

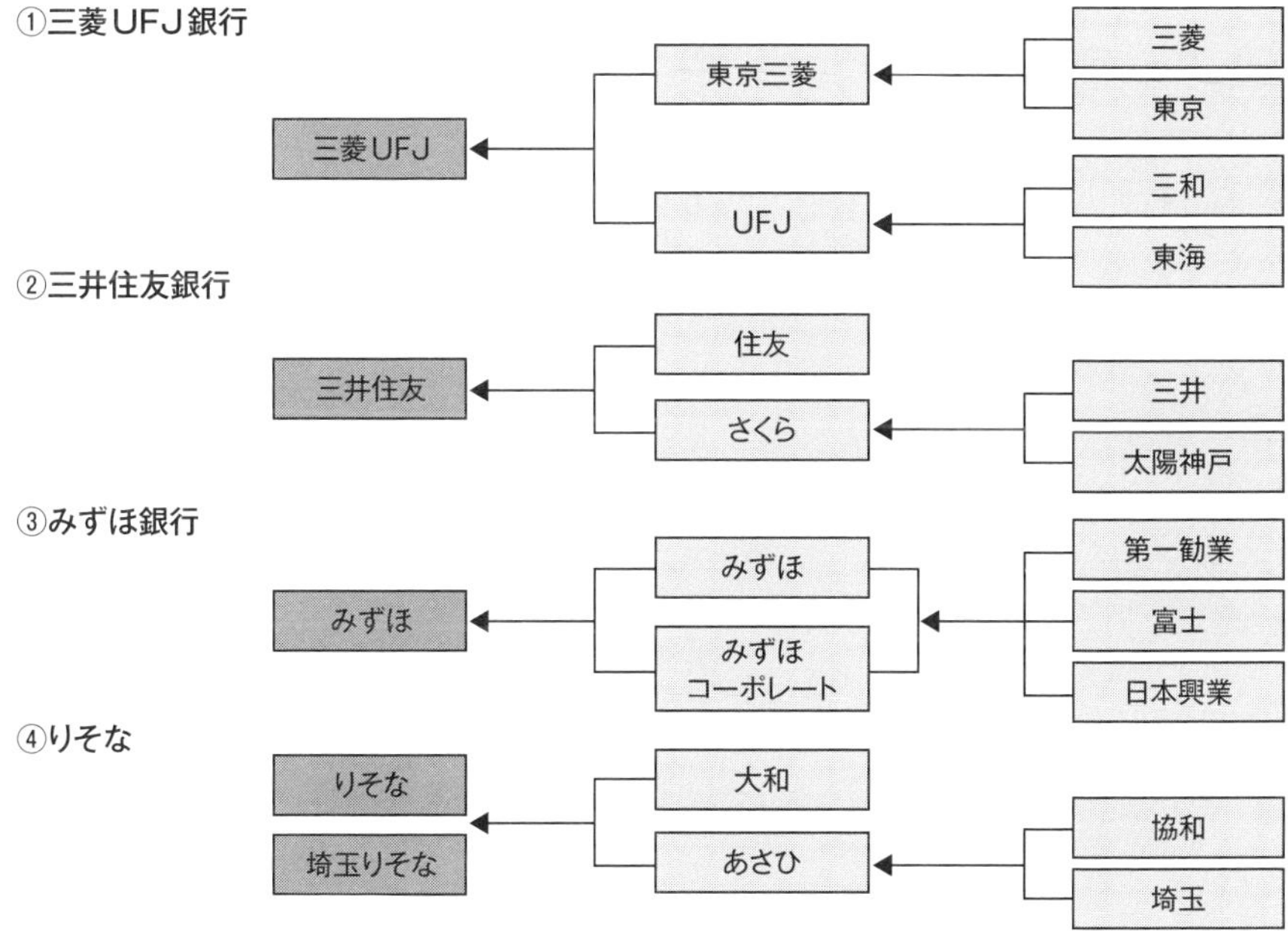

ため「ナンバー銀行★」とも呼ばれ、当初、約一五〇行が設立された。国立銀行は、民間銀行であったが、当時の米国の制度（ナショナル・バンク）をモデルにしたため、銀行券を発行することができた。その後、銀行券の発行権限のない「私立銀行」も設立され、合わせて「普通銀行」となった。普通銀行の数は、昭和初期には約一三〇〇行にまで増加していたが、二度にわたる政府の「一県一行主義★」によって、終戦までに現在の姿に近い約六〇行にまで集約化された。

地方銀行の融資先は、県内の中堅・中小企業が多く、地域金融の担い手となっている。近年では、地方における人口減少や地方経済の地盤沈下などから、経営環境が厳しくなってきている。このため、生き残りをかけた経営統合の動きがみられており、持株会社の設立などにより、県境を越えて経営統合を行う例が増えてきている。こうした統合によってできた、複数の県にまたがる地銀のことを「広域地銀★」という。

地方銀行は、二〇二二年一二月現在、六二行ある。バブル崩壊による影響等から、都銀や第二地銀、信用金庫などが軒並み大幅に数を減らす中で、地方銀行は一九八〇年代から長年「六四行体制」を維持してきたが、ここにきて生き残りをかけた再編により銀行数の減少が始まっている。

（3）第二地方銀行　もともとの発祥は「無尽《むじん》★」という江戸時代の庶民金融の仕組みであり、その後、無尽会社が戦後の「相互銀行法」により「相互銀行」という業態となって発展してきた。相互銀行は、「相互掛金★」を主力の商品として資金を調達し、その資金によって中小企業向けの融資を行い、行名にはすべて「相互銀行」が付いていた。その後、普通銀行との業務の同質化が進んだことなどから、法律改正を受けて、一斉に普通銀行への転換を行った★。この際に「第二地方銀行協会」を作ったことから、その加盟先を「第二地方銀行」や「第二地銀」などと呼んでいる（正確には「第二地方銀行協会加盟銀行」）。

第二地銀は、一つの県を営業基盤として、地元中小企業などへの地域密着型の金融を行っており、地方銀行より規模が小さい先が多い。一九八九年末には六八行の第二地銀があったが、その後は合併や経営統合により、二〇二二年一二月現在では三七行にまで減少している。

なお、地方銀行と第二地方銀行は、合わせて「地域銀行」と呼ばれる。経営環境が厳しくなるなかで、地域銀行同士の再編（合併・統合）や包括的な業務提携（アライアンス）の動きが活発になっており、なかにはこれまでライバルであった同一県内の銀行同士が経営統合に動く例★もみられている。

（4）信託銀行　銀行法に基づく銀行のうち、「兼営法（金融機関の信託業務の兼営等に関する法律）」（一九四三年）により信託業務を営む銀行である。普通銀行が信託業務を兼営する（銀行業務に加えて信託業務も営むことができる）という形をとっているが、多くは、信託業務が主たる業務と

ナンバー銀行の現在＝当時の行名をいまだに残している銀行もある。十六銀行（岐阜県）、七十七銀行（宮城県）、百五銀行（三重県）、百十四銀行（香川県）など。

一県一行主義＝普通銀行の数を各県ごとに一〜二行に集約するという政府の方針。昭和初期と第二次世界大戦中の二度にわたって実施された。

広域地銀＝ふくおかFG（福岡県、熊本県、長崎県）、ほくほくFG（北海道、富山県）、山口FG（山口県、広島県、福岡県）、九州FG（熊本県、鹿児島県）、コンコルディアFG（神奈川県、東京都）、じもとHD（宮城県、山形県）、フィデアHD（秋田県、山形県）、トモニHD（徳島県、香川県）、めぶきFG（茨城県、栃木県）など（FGはフィナンシャルグループ、HD

はホールディングス）。

無尽＝一定の集団を作って、参加者から掛け金を集め、抽選などにより一部の人が資金の給付を受ける仕組み。江戸時代に、庶民金融の手段として発達した。

相互掛金＝毎週や毎月ごとに、一定の金額を積み立てていく預金（一種の積立て預金）であり、相互銀行の職員が訪問して定期的に集金を行った。

相互銀行の普銀転換＝相互銀行は、一九五一年に「相互銀行法」に基づいて、中小企業金融の専門機関として設立された。その後、「合併転換法」により、一九八九年から一九九〇年にかけて、一斉に普通銀行に転換した。

同一県内での経営統合＝第四北越銀行（第四銀行＋北越銀行、新潟県）、十八親和銀行（十

なっている（信託業務については、第2章第6節を参照）。

信託銀行のタイプとしては、①信託業を主業とする「専業信託」のほか、②金融機関の子会社信託、③外資系信託、④地銀が兼業するケース、⑤有価証券の保管・管理事務に特化した資産管理専業信託銀行（「マスタートラスト」と呼ばれる）、などがある。

二〇二二年一二月現在で、信託を主たる業務としているのは一三行である。このほか信託業務を兼営する銀行や信託会社★も含め、信託協会の加盟会社は八五社となっている。信託銀行では、長年にわたり「貸付信託」という商品を取り扱い、これによって個人から調達した資金を企業向けの長期貸出に向けることにより、長期金融の一端を担っていた。しかし、長期資金の需要低迷による運用難などからその残高は減少の一途をたどり、各行とも、二〇〇九年までに貸付信託の取扱いを順次停止した。これにより、信託銀行には、長期金融機関としての役割はなくなっている。現在では、顧客から預かった信託財産を債券や株式などの有価証券で運用する形態が主となっている。

(5) 長期信用銀行　「長期信用銀行法」（一九五二年）に基づいて設立された長期金融機関として、日本興業銀行（興銀）、日本長期信用銀行（長銀）、日本債券信用銀行（日債銀）の三行があった。これら三行は、「金融債★」の発行によって資金を調達し、これをもとに長期貸出を行った。高度成長期には、大企業向けの設備資金の供給に重要な役割を果たし、「産業金融の雄《ゆう》」と呼ばれて、産業界・金融界に大きな影響力を持った。

しかし、その後、高度成長期の終焉により設備資金の需要が減少するとともに、主たる融資対象であった大企業が資本市場での調達にシフトするという二つの構造的な問題に直面した。これに対して、長期信用銀行では、社会開発分野である不動産プロジェクト向けの融資や不慣れな中小企業融資へと傾斜していった。こうしたバブル時代にとった行動は、バブル崩壊後には結果的に不良債権につながり、長期信用銀行三行は、いずれも巨額の不良債権を抱えて経営難に陥った。こうした危機的な

八銀行＋親和銀行、長崎県)、三十三銀行（第三銀行＋三重銀行、三重県)、プロクレアHD（青森銀行＋みちのく銀行、青森県)、あいちFG（愛知銀行＋中京銀行、愛知県)、八十二銀行＋長野銀行（長野県)、福岡銀行＋福岡中央銀行（福岡県）などの例がみられる。

信託会社＝「信託業法」に基づき、免許または登録を受けて信託業を営む事業者。二〇〇四年の法律改正により、信託業の担い手が金融機関以外の一般事業会社にも拡大されて参入が可能となった。

金融債＝金融機関が資金調達のために発行する債券のこと。五年物の「利付金融債」と一年物の「割引金融債」がある。かつては長期信用銀行による長期資金の調達手段として重要な役割を果たしたが、その後は発行を停止す

表 3-2 国内銀行の銀行勘定（2021年末）

（単位：兆円，カッコ内は内数）

資産				負債および資本			
			構成比%				構成比%
現金・預け金		375.6	28.3	預金		908.1	68.4
貸出金		561.1	42.3		当座預金	〈74.2〉	〈5.6〉
有価証券		247.3	18.6		普通預金	〈568.6〉	〈42.8〉
	国債	〈85.2〉	〈6.4〉		定期預金	〈222.3〉	〈16.7〉
	地方債	〈27.0〉	〈2.0〉		外貨預金	〈24.5〉	〈1.8〉
	社債	〈29.0〉	〈2.2〉	譲渡性預金		35.2	2.7
	外国証券	〈62.9〉	〈4.7〉	借用金		150.1	11.3
	株式	〈20.0〉	〈1.5〉	社債		5.5	0.4
コールローン		8.3	0.6	コールマネー		18.1	1.4
その他とも計		1,327.3	100.0	その他とも計		1,327.3	100.0

（注） 1. 国内銀行は，都市銀行，地方銀行，第二地方銀行，信託銀行を含む（ゆうちょ銀行は含まない）．
2. 在外支店勘定は含まない．
（出所） 日本銀行．

状況を受けて、興銀は、二〇〇二年に都銀二行と統合し、みずほフィナンシャルグループを創設した。また長銀と日債銀は、その後の不良債権額の増大から、一九九八年に至って相次いで経営が破綻し、政府による特別公的管理（一時国有化）のもとに置かれた。★ その後、両行の後継銀行がいずれも普通銀行に転換したため、長期信用銀行は業態としては存在しなくなった。★ このように長期信用銀行は、高度成長期には日本経済を牽引する存在として大きな役割を果たしたが、経済の構造変化に対応することができず、結果的には姿を消すこととなった。

(6) 在日外国銀行　在日外国銀行とは、外国の銀行が、わが国の銀行法に基づいて営業の免許を受けて設置している在日支店のことである。米系、欧州系、アジア系など、世界各地から進出してきている。在日外銀は、それぞれの営業所が独立のものとみなされ、支店ごとに免許を受けている。二〇二二年一二月現在で五六行がある。本国からの進出企業のサポートをメイン業務としている先が多く、日本企業とは、格付けの高い優良企

る金融機関が増え、その位置づけは低下している。

長銀と日債銀の再出発＝その後、長銀は新生銀行、日債銀はあおぞら銀行として再出発している。

長期信用銀行の業態消滅＝新生銀行は二〇〇四年に、あおぞら銀行は二〇〇六年に、いずれも普通銀行に転換した。このため長期信用銀行は、業態として姿を消すこととなった。

インストアブランチ＝スーパーマーケットやショッピングモールなどの商業施設内に窓口を持つ銀行の店舗のこと。

表 3-3 国内銀行の信託勘定（2021年末）

（単位：兆円）

資　産		負債および資本	
現金・預け金	26.4	投資信託	252.8
有価証券	587.1	金銭信託	164.2
金銭債権	117.4	有価証券の信託	66.1
コールローン	15.2	金銭信託以外の金銭の信託	60.7
銀行勘定貸	28.9	年金信託	33.2
貸出金	5.6		
その他とも計	1,443.9	その他とも計	1,443.9

（出所）　日本銀行.

表 3-4 外国銀行（在日支店）の主要勘定（2021年末）

（単位：兆円）

資　産		負債および資本	
現金・預け金	27.1	預　金	12.2
本支店勘定	8.7	本支店勘定	31.4
貸出金	8.7	譲渡性預金	1.0
有価証券	1.9	借用金	1.7
特定取引資産（注）	0.5	特定取引負債（注）	0.5
コールローン	1.1	コールマネー	2.3
その他とも計	55.4	その他とも計	55.4

（注）　トレーディング用の資産および負債.
（出所）　日本銀行.

業に限定した取引となっている。また、支店数が少ないことから、基本的に個人取引（リテール業務）には取り組んでいない。

（7）新たな形態の銀行　二〇〇〇年ごろから、新たな銀行を設立する動きがみられるようになった。これらの銀行では、インターネット専業（第8章を参照）、ATMによる決済専業（セブン銀行、ローソン銀行）、インストアブランチ★戦略（イオン銀行）など、従来の伝統的な銀行とは異なるビジネスモデルを目指しており、それぞれに特徴のある業務展開を行っている。

3 銀行の主要勘定

（1）国内銀行　国内銀行（都市銀行、地方銀行、第二地方銀行、信託銀行）について、「バラ

銀行勘定貸＝信託銀行の勘定は、「銀行勘定」と「信託勘定」とに分かれている。資金調達は主として信託勘定で行っている一方、銀行勘定では資金が不足しているため、信託銀行内で信託勘定から銀行勘定への貸付が行われている。これを「銀行勘定貸」という。

図 3-5 民間金融機関における預金・貸出金シェア（2022年3月末）

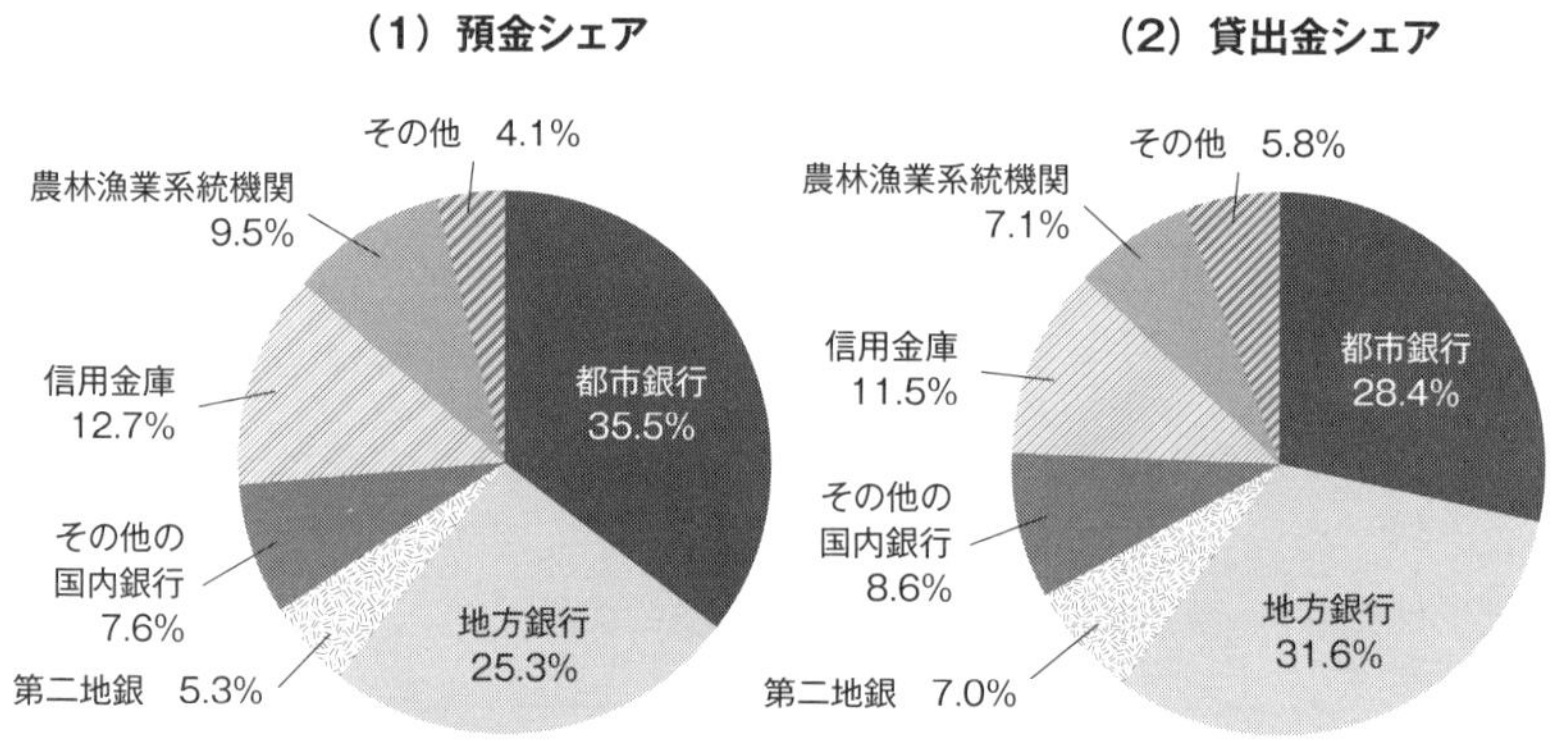

（注） 1. 預金・貸出金とも銀行勘定.
2. その他の国内銀行は，ゆうちょ銀行を除く.
（出所） 日本銀行，全国地方銀行協会.

ンスシート」（貸借対照表）で資産・負債の構成をみると（表3−2参照）、資金調達面（負債）では、預金が約七割と圧倒的な比重を持っている。一方、資金運用面（資産）では、貸出金（約四割）のほか、国債・地方債・社債・株式などの有価証券（約二割）がかなりのウェイトを占める。

（2）信託銀行　信託銀行では、投資信託や金銭信託のかたちで受託した資金（信託財産）の多くを、株式や債券などの有価証券で運用しており、貸出のウェイトは、一％未満ときわめて小さい（表3−3参照）。また、コール市場では有力な資金の出し手となっているほか、「銀行勘定貸★」も行っている。

（3）在日外国銀行　在日外国銀行では、貸出業務と有価証券投資が柱となっている。国内に支店網を持っておらず、預金による資金調達が困難なため、海外の本店（本支店勘定経由）やコール市場から資金を調達し、これに一定の利ざや（スプレッド）を加えて貸出を行っている（表3−4参照）。

4 業態別の預金・貸出金シェア

業態別の預金・貸出金のシェアをみると、都市銀行と地方銀行がそれぞれ約三割のウェイトを占めており、預金・貸出金ともに、この二つの業態で約六割と大きなシェアを占める。これに、後述する信用金庫（一割強）が次いでおり、第二地銀のウェイトは一割を下回っている（図3-5）。

第4節　協同組織金融機関

❶ 協同組織金融機関とは

（1）中小企業金融の特徴　中小企業を対象とした金融（特に融資）のことを「中小企業金融」という。対象となる中小企業は、①一般に自己資本比率が低く、外部からの資金調達に頼らざるを得ないこと、②株式や社債によって資本市場から資金を調達することが困難なため、主に金融機関からの借入れによって必要資金を賄う必要があること、などの特徴がある。しかし中小企業は、一般に利益率が低く、業績の振れも大きいという性格から、資金調達に苦労するケースが多く、全般に資金繰りは苦しいのが実態である。

（2）協同組織金融機関の必要性　中小企業は、日本経済において重要な地位を占めているにもかかわらず、このように中小企業の資金調達は厳しい状況に置かれている。そのため、中小企業金融の円滑化を目的とした専門的な金融機関がいくつか設けられており、これらを「協同組織金融機関」という。代表的なものに、信用金庫、信用組合、労働金庫などがある。

銀行が「営利目的の株式会社」として運営されているのに対し、協同組織金融機関は、「非営利の協同組織」として運営されており、①会員の相互扶助を目的とすること、②利益追求を第一目的とし

表 3-5 銀行・信用金庫・信用組合の比較

	銀行	信用金庫	信用組合
根拠法	銀行法	信用金庫法	中小企業等協同組合法
組織	株式会社組織の営利法人	協同組織の非営利法人	
営業区域	制限なし	制限あり（広域）	制限あり（狭域）
出資金・資本金の最低限度	20億円	2億円（大都市） 1億円（その他）	2千万円（大都市） 1千万円（その他）
出資者の名称	株主	会員	組合員
預金の制限	制限なし		組合員以外からの受入れは全体の20%以内
貸出金の制限	制限なし	会員以外への貸出は全体の20%以内 （卒業生金融あり）	組合員以外への貸出は全体の20%以内 （卒業生金融なし）

ないこと（非営利）、③出資して会員になった人だけに貸出が行われること（会員制）、④営業区域に制限があること（地域密着性）、などが特徴となっている。

なお、このほか、日本政策金融公庫や商工組合中央金庫（商工中金）などの政府系金融機関も、中小企業金融において一定の役割を果たしている。

❷ 信用金庫

（1）信用金庫とは

信用金庫は、「信用金庫法」（一九五一年）に基づいて設立されている非営利の金融機関であり、一定の地域内の中小企業や個人を「会員」（出資者）とする相互扶助的な協同組織金融機関である。

具体的には、「地域のお金を地域に還元する」ことを目的として、①一定の地域内の居住者、②その地域内に事業所を有する事業者（従業員三〇〇人以下または資本金九億円以下）、③その地域内で勤労に従事する者、などを会員とする会員組織となっている。会員になるためには、一定額以上の出資を行うことが必要である。信用維持と預金者保護のため、出資金の総額には最低限度（大都市に本店のあるものは二億円、その他は一億円）が定められている（表3－5）。

信用金庫の海外融資＝二〇一三年より、信用金庫は、取引先が海外に設立した現地法人に対しても、直接融資を行うことが可能となっている。

卒業生金融＝信用金庫は、一定規模以下の中小企業にしか貸出を行えないが、取引先が成長してこの規模を上回った途端に一切の取引ができなくなるのは不合理である。このため、規模が会員資格の範囲を超えても、信用金庫の会員であった期間に応じて、一定の期間（五～七年）は引き続き融資を受けることができる。

表 3-6 信用金庫の主要勘定（2022年3月末）

（単位：10億円，カッコ内は内数）

資　産		負債および資本	
現金・預け金	48,850	預金・積金	158,870
貸出金	78,801	当座預金	(4,149)
有価証券	48,688	普通預金	(73,113)
国債	(8,418)	定期預金・定期積金	(79,081)
社債・地方債	(24,554)	借用金	9,108
外国証券	(8,753)	純資産	8,974
投資信託	(5,540)		
その他とも計	180,041	その他とも計	180,041

（出所）　全国信用金庫協会.

（2）信用金庫の業務

信用金庫の業務は、①一般からの預金・定期積金の受入れ、②会員に対する貸付および手形割引、③為替取引、などである。このうち預金・為替業務については、会員以外との取引が広く認められているが、貸出については、原則として会員に限定されている。★ ただし、会員以外に対する貸付★も、制限付き（総貸出の二〇％以内）で認められている。

信用金庫では、預金・積金に占める定期預金・定期積金の割合が五割と、銀行（国内銀行三割弱）より高くなっている（表3-6参照）。信用金庫の貸出を業種別にみると、銀行に比べて、建設業・不動産業や個人に対する貸出の比率が高い。

（3）信用金庫の経営環境

信用金庫は、地域の中小企業を支える金融機関として重要な役割を果たしているが、資金コストが銀行より高いことから、貸出金利は銀行よりやや高めである。信用金庫では、取引先との地域的な密着性が強みであるが、その反面、地盤とする地域において地場産業の衰退や人口減少が進むと、厳しい経営を強いられる場合もある。

地域経済の地盤沈下などから、信用金庫の経営環境は全般に厳しさを増しており、これを受けて合併・集約の動きが進展している。信用金庫数は、二〇二二年一二月現在で二五四庫であり、一九九九年三月末（三九六庫）に比べて、三分の二にまで減少している。

信金中央金庫＝全国の信用金庫を会員とする協同組織形態の金融機関である。信金業界の中央機関として、①会員信用金庫の余裕資金の運用機関や②為替の集中決済機関としての機能を果たしている。

全信組連＝全国信用協同組合連合会の略称。すべての信用組合が会員となっている。信組業界の中央機関として、会員信用組合の余裕資金の運用機関や為替の集中決済機関としての機能を果たしている。

商工組合中央金庫＝中小企業に対する金融の円滑化を目的とする政府系金融機関。二〇〇八年に、政府系金融機関改革の一環として、株式会社化（民営化）された。

労働金庫＝「労働金庫法」（一九五三年）に基

表 3-7 信用組合の主要勘定（2022年3月末）

（単位：10億円，カッコ内は内数）

資　産		負債および資本	
現金・預け金	8,672	預金・積金	22,981
貸出金	12,986	当座預金	(251)
有価証券	5,423	普通預金	(6,810)
国債	(860)	定期預金・定期積金	(15,743)
社債・地方債	(2,991)	借用金	2,664
外国証券	(887)	純資産	1,486
その他とも計	24,019	その他とも計	24,019

（出所） 全国信用組合中央協会.

（4） 信用金庫の中央機関　信用金庫の中央金融機関として「信金中央金庫」★（略称、信金中金）があり（図3-6参照）、個々の信用金庫から余裕資金を預金として受け入れ、有価証券などでまとめて運用を行っている。

3 信用組合

（1） 信用組合の経緯　信用組合は非営利の組合であり、「中小企業等協同組合法」（一九四九年）に基づいて設立されている。戦前からあった信用組合のうち、比較的規模が大きかった先は信用金庫として再出発した一方、小規模で組合的色彩が強かったものは、信用組合として残った。これが、現在の信用組合のスタートである。

（2） 信用組合の業務　信用組合は、一定地域内の中小・零細企業や個人を「組合員」（出資者）とする相互扶助的な協同組織の金融機関である。その性格は、信用金庫とほぼ同様であるが、さらに地域性が強く、より小規模な取引先が多い。信用組合の主な業務は、①地域、業域、職域を対象とする組合員からの預金・定期積金の受入れと、②組合員に対する貸付である。業務は、原則として組合員に対するものに限定されているが、組合員以外からの預金受入れ（預金総額の二〇％以内）と組合員以外への貸付（総貸出の二〇％以内）も制限付きで認められている。信用組合にも、出資総額の最低限度（大都市に本店のあるもの二〇〇〇万円、その他一〇〇づいて設立されている非営利の組織であり、一定の地域内に事務所を持つ労働組合、消費生活協同組合等やその地域内に居住する労働者を会員とする。主として、会員（組合等）と会員の構成員を対象とした預金の受入れと個人向け貸付を行っている。かつては全国に四七庫あったが、地域統合により、二〇二二年一二月現在で一三庫に集約されている。中央機関として労働金庫連合会がある。

信用保証協会＝「信用保証協会法」に基づいて設立され、二〇二二年一二月現在で五一の協会がある。中小企業が金融機関から貸付を受ける際に信用保証協会から保証を受けると、融資を受けやすくなる（中小企業の資金繰りの円滑化を目的）。保証を受けるためには、保証料が必要である。一方、融資を受けた中

図3-6 協同組織金融機関の中央機関

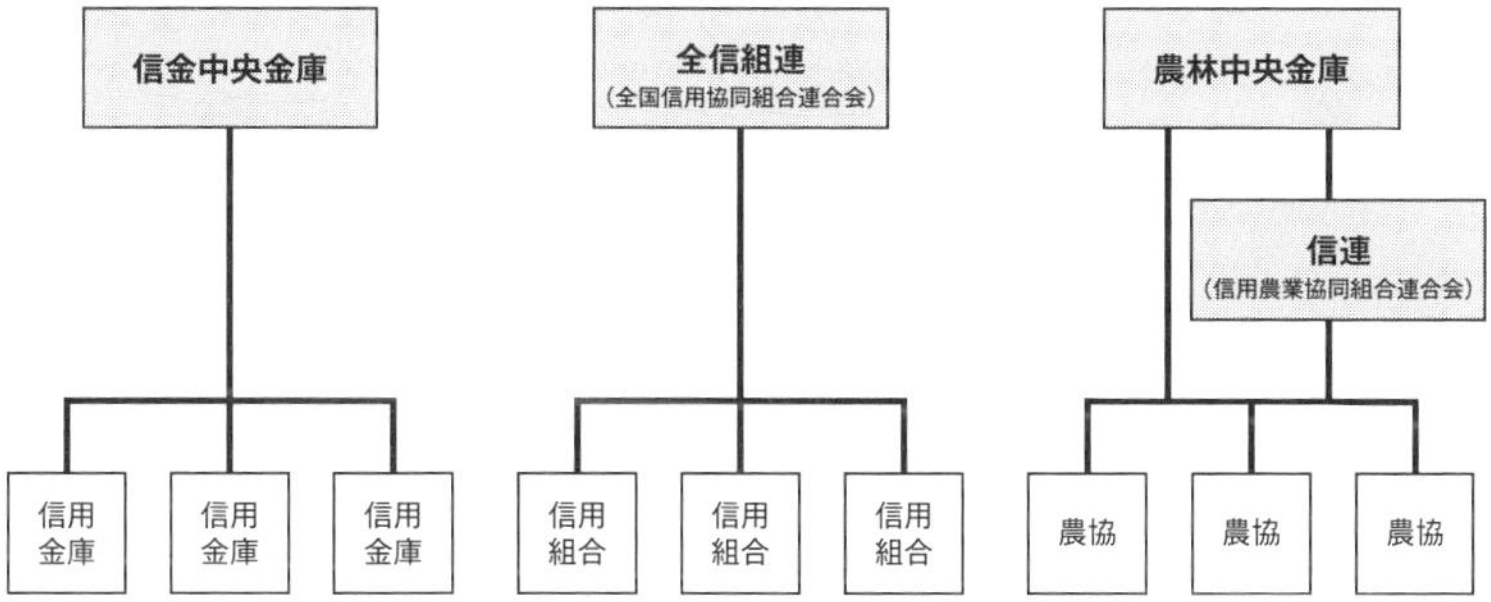

〇万円）が法定されているが、最低額は信用金庫より低い（表3−5参照）。全体としての信用組合の資産規模は、信用金庫の約七分の一となっている（表3−7参照）。

（3）信用組合の経営環境　信用組合の主たる取引先である中小・零細事業者の業況の低迷などから、経営環境は一段と厳しくなっており、このため合併・集約化の動きが進んでいる。信用組合の数は、二〇二二年一二月現在で一四五組合となっており、一九九九年三月末（三二二組合）に比べて、半分以下にまで減少している。

（4）信用組合の中央機関　信用組合の中央金融機関として「全国信用協同組合連合会」（略称、全信組連★）がある（図3−6参照）。

このほか中小企業のための機関としては、商工組合中央金庫★（商工中金）、労働金庫★、信用保証協会★などがある。

第5節　農業金融機関

1 農業金融とは

「農業金融」とは、農業を対象とする金融である。農業には、

小企業者が、借入れを返済できないときには、協会は金融機関の請求によって債務者に代わって債務を返済する(「代位弁済」という)。

農協共済事業＝農業協同組合は、組合員を対象として保険事業(生保・損保)を行っており、これを「農協共済事業」という。

預金と貯金＝農協やゆうちょ銀行に預ける資金は、根拠法の規定により、預金ではなく「貯金」と呼ばれる。預金と貯金の両方を合わせて「預貯金」という。

①担い手である農家の規模が零細である、②農業生産は自然条件に大きく左右されるため、天候の変動による豊作と凶作などのリスクが高い、③他の産業に比べて生産期間が長い、といった特殊性があるため、一般の金融機関にとっては融資対象として適さない場合も多い。そこで、農業金融を円滑化するため、「農業協同組合」(略称は「農協」または「JA」)、「信用農業協同組合連合会」(略称は「信連」)、および「農林中央金庫」(略称は「農林中金」)が設けられている。これらの金融機関は、一連のタテの関係にあるため(図3‐6参照)、一括して「農業系統金融機関」もしくは「系統金融機関」と呼ばれる。また、農協(JA)、信連、農林中金を合わせて「JAバンク」と呼ぶこともある。

❷ 農業協同組合

(1) 農協とは　農業協同組合は、「農業協同組合法」(一九四七年)に基づいて設立されている組合である。略称は「農協」であり、「JA」とも呼ばれる。農協も、協同組織金融機関の一つである。農業協同組合では、「信用事業」(貯金・貸出などの銀行業務)や「保険事業★」を行うとともに、「経済事業」(農産物の販売や農業生産資材の購買等)も併営している。金融機関のなかで、金融以外の事業を兼業することができるのは農業協同組合だけである。

農業協同組合の信用事業の主な内容は、①組合員(農家など)から貯金や定期積金を受け入れること、②組合員の事業・生活に必要な資金を貸し付けることである。組合員以外とも貯金・貸出取引を行うこともできるが、限度が設けられている。

(2) 農協の調達・運用　農業協同組合の資産・負債の構造をみると(表3‐8参照)、主として定期性の貯金★によって資金を調達しているが、そのうち七五%の資金を系統預け金として信用農業協同組合連合会や農林中央金庫に預託している。このため、貯金のうち農協が自ら貸出を行っている割合(貯貸率)は約二割と低く、しかも近年にあっては、住宅ローンなど農業金融以外のものが多い。こ

表 3-8 農業協同組合の主要勘定（2021年3月末）

（単位：10億円，カッコ内は内数）

資　産		負債および資本	
現金・預け金	80,956	貯金	106,686
系統預け金	(80,272)	当座性	(43,249)
貸出金	22,383	定期性	(63,620)
有価証券・金銭信託	4,742	借入金	637
国債	(1,906)		
その他とも計	126,990	その他とも計	126,990

（出所） 農林中金総合研究所.

れに加えて、農業に従事する「組合員」が減少傾向にある一方で、農業者以外の「准組合員」が増加して組合員を上回る状況となっており、農業者の相互扶助組織としての性格が徐々に薄れてきている。

（3） 農協の統合の動き　農協では、規模拡大による体質強化を目指した「広域合併」を進めており、すでに「県ごとに一つの農協」（一県一ＪＡ）となる県も出てきている。このため、農協の数は、二〇二二年一二月時点で五五一と、一九九九年三月末（一七一四）に比べて約七割もの減少となっている。今後も「一県一ＪＡ」を目指す動きなどから、さらなる減少が見込まれている。

3 信用農業協同組合連合会

都道府県レベルでの農業協同組合の上部機関が「信用農業協同組合連合会」（略称は「信連」）である。信連の主な業務は、①会員である個別の農業協同組合から貯金を受け入れること、②会員に対して事業資金の貸付を行うことである。

信連は、かつては都道府県ごとに一つずつ設けられていた。しかし、信連では、傘下の農協から預けられた資金の六割以上を、再び農林中央金庫へ余裕金として預けており、中二階のような立場にある。こうした三段階の系統組織を二段階にして効率化するため、都道府県レベルの信連を解散して、個別農協と農林中央金庫とを直結する「信連統合」の動きが進められている。この統合により、信連の数は二〇

金融商品取引法による業界横断的な規制＝同法により、証券業、投資顧問業、金融先物取引業などが「金融商品取引業」として横断的に規制されている。同法において、証券会社は「第一種金融商品取引業」として位置づけられている。

金融サービス提供法＝幅広い金融商品の販売に関する投資家保護のための法律。①顧客への重要事項（元本割れリスクの存在など）の説明義務、②断定的な判断（「絶対に儲かります」など）の提供禁止などを定めている。

地場証券＝主に個人投資家を対象に、地元を営業エリアとして活動している小規模な証券会社のこと。

投資銀行業務＝投資銀行業務は、①有価証券の発行による資本市場からの調達についての

二二年一二月現在で三二にまで減少している。

④ 農林中央金庫

農林中央金庫は、農業系統金融機関の最上部にあり、系統内の親銀行的な役割を果たしている（図3-6参照）。農林中央金庫は、農協などを会員とする協同組織の全国機関であり、一九八六年の法改正によって政府出資がなくなり、民間法人となった。農林中央金庫では、傘下の農業団体から預金を集め、これらの資金を出資団体や農林水産業者に対して貸し出すほか、余裕資金については、国債、株式などの有価証券で運用を行っている。運用内容をみると、貸出金のウェイトは約二割にすぎず、約六割が有価証券での市場運用となっており、巨額の資金を運用する機関投資家としての性格が強まっている。

第6節　証券市場に関連する金融機関

ここまで述べてきた金融機関は、いずれも預金を受け入れることができる「預金取扱金融機関」であり、「間接金融」にかかわっている。これに対して、証券市場に関連する金融機関としては、①証券会社、②投資信託委託会社、などがある。いずれも、「直接金融」にかかわる金融機関であり、証券市場の担い手となっている。

① 証券会社

（1）証券会社の根拠法

証券業務にかかわる基本法は「金融商品取引法★」（二〇〇七年施行）であ

助言、②M&A（企業の合併・買収）についての助言、③不動産の流動化やローン債権の証券化に関する業務、④未公開株ファンドの組成、など幅広い業務の総称。米国には、「投資銀行」(investment bank)という、こうした業務に特化した業態があるが、わが国では、証券会社が業務の一部として行っている。

グラス・スティーガル法＝一九三三年に制定された米国の金融を規制する法律。大恐慌の経験から、銀行業務と証券業務との明確な分離を定めた。わが国の「証券取引法」も、この影響を受けて銀証分離を定めた。

利益相反＝ある行為が、一方の利益にはなるが、他方へは不利益となる行為のこと。たとえば、①銀行が、業績悪化した自行の貸出先の企業に、証券部門によって

る。これは、長年にわたり証券業を規制してきた「証券取引法」（一九四八年）を横断的な投資者保護などの観点から改正したものである★。同法により、有価証券の範囲が定められ、またその有価証券の取扱いは、原則として証券会社が行うこととされている。

証券会社は「登録制」がとられており、資本金など一定の要件を満たしていれば営業が認められる。証券会社は、規模や業務内容により、大手証券、準大手証券、中堅証券、地場証券★、ネット証券（インターネット専業証券）などに分類される。証券会社の数は、長年約三〇〇社の体制が続いたが、近年は、小規模な先の合併や撤退などから減少傾向にある。日本証券業協会の会員数はピーク時（二〇〇八年末）の三二二社から、二〇二一年一二月には二六九社へと約二割の減少となっている。

（2）証券会社の業務　証券会社の業務は、①「ブローカー業務」（有価証券の委託売買）、②「ディーラー業務」（有価証券の自己売買）、③「アンダーライター業務」（「引受業務」ともいわれ、新たに発行される有価証券を引き受け、販売する業務であり、売れ残りが生じたときは残額を引き取る）、④「セリング業務」（「売出し業務」ともいわれ、新たに発行される有価証券を投資家向けに販売する業務であり、売れ残りの責任は負わない）、⑤「投資銀行業務★」（株式・債券による資金調達やM&Aについてのアドバイス業務など）である。証券会社が取り扱う有価証券は、株式、国債、地方債、政府保証債、社債、投資信託受益証券、CP（コマーシャル・ペーパー）など多岐にわたる。

銀行などの金融機関は、「証券取引法★」により、原則として株式等の引受売買等を行えず、証券会社が行うこととされていた（国債等を除く）。こうしたいわゆる「銀証分離」は、①銀行経営の安定性を維持すること（株式市場の暴落があっても、その影響を受けないようにする）、②「利益相反★」の発生を防ぐこと、などが目的とされた。その後、この銀行・証券の分離制度は緩和され、①銀行等が「証券子会社」を設立すること、②「金融持株会社★」のもとで、銀行と証券会社が同じグループ内で業務を行うこと、などが可能となっている。

株式や債券を発行させ、その資金で自行の貸出を回収するといったケースや、②銀行が取引銀行として知った情報（インサイダー情報）をもとに、証券部門がその企業の株式を大量に買い付けて巨額の利益を得るといったケース、などがありうる。

金融持株会社＝銀行、証券会社、保険会社などの金融機関を子会社として持つ持株会社。

投信の窓販＝投信の販売は、かつては証券会社に限定されていたが、現在は銀行による「窓

証券会社の主な収益源の一つは、株式売買の委託手数料であるが、委託手数料は自由化されており、各社が独自に手数料を設定することができる。

（3）証券業界内の動き　バブル崩壊後は、株式市況の低迷から厳しい経営状況が続き、一九九七年には、中堅の三洋証券や、大手四社の一角であった山一證券が経営破綻《はたん》した。その後も、中小証券会社の合併や廃業の動きが進んでいる。業界内では、大手証券会社である野村證券、大和証券、ＳＭＢＣ日興証券の「三大証券」が主要な地位を占めている。また、みずほ証券、三菱ＵＦＪモルガン・スタンレー証券など銀行系の証券会社がこれに次ぐ位置づけとなっている。この間、低い売買手数料を武器としたインターネット専業証券が、個人投資家を集めて台頭してきている。

❷ 投資信託と投資信託委託会社

（1）投資信託と投資信託委託会社　「投資信託」とは、多くの一般投資家から少額の資金を集めて大口の資金（ファンド）とし、「ファンド・マネージャー」と呼ばれる資産運用の専門家が株式や債券に投資を行って、それらの運用によって得られた収益を投資家に還元する金融商品であり、略して「投信」と呼ばれる。この投信を設定し、運用を行うのが「投資信託委託会社」であり、「投資信託運用会社」とも呼ばれ、社名に「アセットマネジメント」がついている場合も多い。二〇二二年一二月現在で二〇四社がある（投資信託協会の正会員）。証券会社の子会社が多いが、銀行系、独立系、外資系などもある。

投資信託委託会社では、運用方針などを決めて投資信託を作り（設定し）、販売会社（証券会社・銀行★）を通じて個人などに販売する★。そして集めた資金を、信託銀行に預けて資産管理を行わせたうえで、信託銀行に対して、どの株式等にどのように投資するのかといった運用指図を行う（図3−7）。信託銀行では、この「運用指図」に従って、実際に国内や海外の株式や債券などでの運用を行う。

販」（窓口販売）が可能となっており、投信販売の有力なチャンネルとなっている。

目論見書《もくろみしょ》＝投資信託の重要事項を説明した書類。ファンドの目的・特色、リスク、運用実績、手数料などが記載されている。販売会社では、販売前に目論見書を投資家に必ず交付しなければならない。

図 3-7 投資信託の仕組み

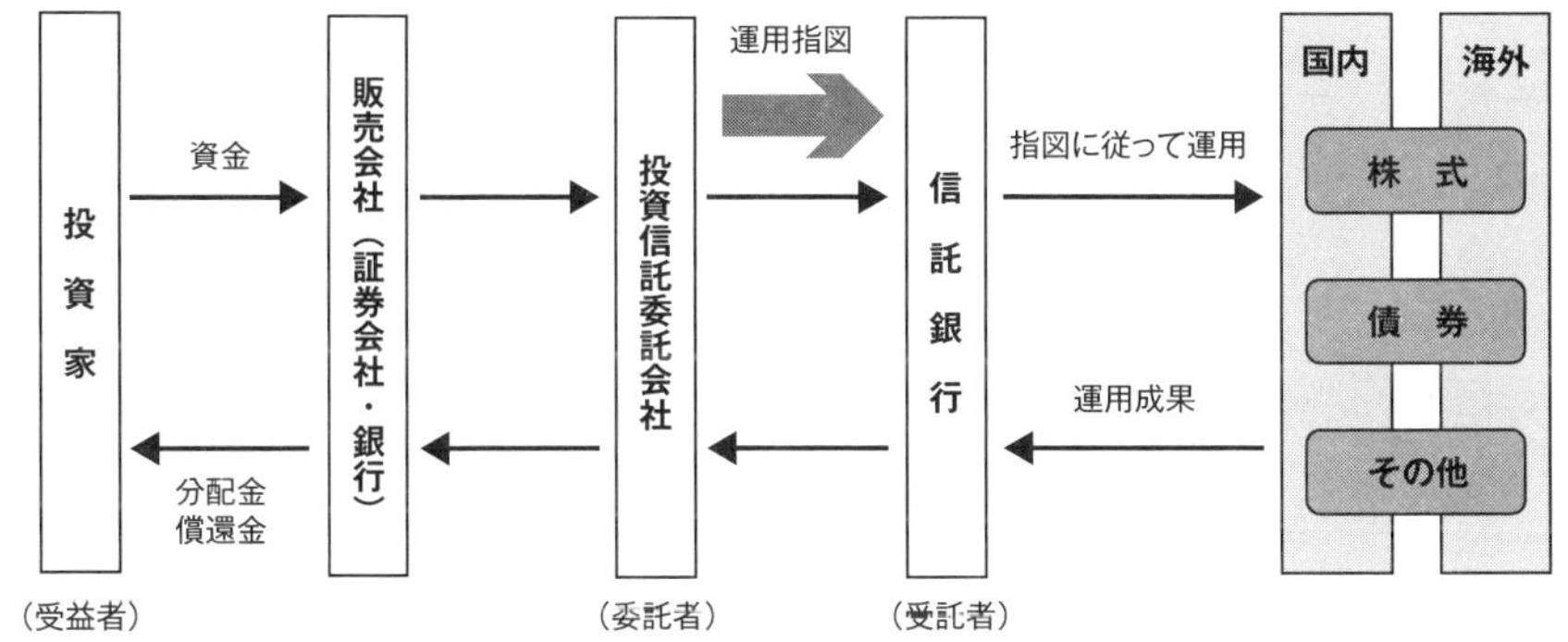

（2）投資信託のメリットとコスト　投資信託のメリットとしては、①株式投資には、ある程度まとまった資金が必要になるが、投資信託であれば、一万円程度から手軽に始めることができること、②投資の専門家である「ファンド・マネージャー」が運用してくれること、③さまざまな資産に「分散投資」をすることができ、リスクを軽減できること、などがあげられる。

一方、投資信託にかかるコストとしては、①投信の購入時に販売会社に支払う「販売手数料」や、②投資信託を管理・運用してもらうための経費である「信託報酬」などがある。販売手数料の支払いは、購入時の一回のみであるが、信託報酬は、保有期間中、毎年必要となる。信託報酬は、投資家が保有するファンド資産額に対して何パーセントというかたちで決まっており、投資信託によって率が異なる。信託報酬率の違いは、長期的な運用成績にも影響するため、注意が必要である。

（3）投資信託の種類　投資信託には、以下のような種類がある。

イ　単位型と追加型　「単位型」（ユニット型）とは、投信が運用を始める時期（募集期間）にのみ購入できるものである。「追加型」（オープン型）は、投信の運用期間中いつでも

投資地域と投資資産の組合せ＝投資信託は、投資地域と投資資産の組合せによって、「国内の株式型」、「海外の債券型」などに分類できる。

分配型ファンド＝分配金が年金の補塡となることや、元本はそのまま運用して、収益部分のみを使うという安心感などから、特に高齢者に人気が高い。ただし、元本を切り崩して分配金が支払われている場合もあり（「タコ足ファンド」と呼ばれる）、注意が必要である。

購入できる投信である。追加型は、投信の名称が「○○オープン」となっていることが多い。

ロ　投資対象資産による区分　「株式型」は、主として株式で運用する投信である。一方「債券型」は、主として債券で運用するものである。このうち、株式を一切組み入れないものを「公社債投信」という。また、株式と債券を組み合わせて運用する投信を「バランス型」という。

ハ　投資対象地域による区分　「国内型」は、投資先が日本の市場である投信であり、「海外型」は、海外の資産に投資を行う投信である。また、国内と海外の資産を組み合わせて運用するタイプを「グローバル型」という★。

ニ　株式型投信のタイプ　株式型投信は、投資戦略によっていくつかのタイプに分かれる。まず、日経平均や東証株価指数（ＴＯＰＩＸ）などの株式指数をベンチマーク（運用の目標）とし、これに連動する成績を目指す「インデックス型投信」（または「パッシブ型投信」）と、積極的な運用によりベンチマークを上回る成績を目指す「アクティブ型投信」とに大別される。アクティブ型のうち、時価総額が大きい銘柄に投資するものを「大型株ファンド」、中小規模の企業に投資するものを「中小型株ファンド」という。また、割安と判断される銘柄に投資するものを「バリュー株ファンド」、成長性の高い銘柄に投資するものを「グロース株ファンド」、配当が高い企業に投資を行うものを「好配当株ファンド」という。また、医薬品株、資源株、消費関連株など、特定の業界の株式に投資を行う「業種別ファンド」もある。

ホ　分配型ファンド　投資信託の運用によって得た利益の一部を定期的（毎月、一カ月ごとなど）に投資家に分配するファンドを「分配型ファンド」★という。定期的に分配金を受け取りたいというニーズの高齢者に人気が高いが、一方で得られた利益を再投資することによる複利効果が得られない（資産が増えにくい）というデメリットもある。

（４）特徴的な投信　上記のような分類のほかに、以下のような特徴的な投信もある。

ＲＥＩＴ＝Real Estate Investment Trustの略で、「リート」と読む。

ＥＴＦ＝Exchange Traded Fundの略である。

証券総合口座＝証券会社が個人の顧客向けに提供する、顧客の資産を一元的に管理するための口座のこと。この口座に入金された資金は、自動的にＭＲＦで運用される。株式や投資信託を買い付けると、ＭＲＦが解約されてその買付代金に充当される一方、株式の売却代金や分配金が出た際には、自動的にＭＲＦが買い付けられる。

イ　ＲＥＩＴ《リート》★　投資家から集めた資金を不動産に投資し、賃貸料や売却益などの収益を得て、それを投資家に配分する「不動産投資信託」である。投資対象としては、オフィスビル、マンション、商業施設、ホテル、物流施設などがある。特定の種類の不動産（たとえばマンション）のみに絞って運用を行う「特化型ＲＥＩＴ」と、複数の種類の不動産（たとえばオフィスビルと商業施設）に投資する「総合型ＲＥＩＴ」とがある。ＲＥＩＴは、証券取引所に上場されており、株式と同様に売買が可能である。

ロ　ＥＴＦ★　証券取引所に上場されている「上場投資信託」のことで、株価指数などの指標に連動するように運用される投資信託である。①上場されているため、株式と同様にいつでも売買が可能であること、②株価指数に連動するように運用を行うため、運用コストが低いこと、などの特徴がある。代表的なＥＴＦとしては、ＴＯＰＩＸや日経平均株価に連動するＥＴＦがある。また、米国の株式指数である「Ｓ＆Ｐ５００」や「ナスダック１００指数」に連動するＥＴＦなど、海外市場の指数に連動するＥＴＦも存在している。株価指数に連動するＥＴＦは、株式市場全体の動きに連動するため、投資の初心者にとってもわかりやすいのがメリットである。

ハ　ＭＲＦ　マネー・リザーブ・ファンド（ＭＲＦ）は、安全性の高い国債や短期債券を中心に運用される公社債投信である。元本保証はないが安全性が高く、銀行の普通預金に類似した性格を持つ。換金する場合にも手数料はかからない。「証券総合口座★」において、株式投資などへの待機資金を置いておくために利用される。

第7節　保険会社

保険会社は、「保険業法」に基づいて設立され、大きく「生命保険会社」と「損害保険会社」に分けられる。★保険会社は、多数の保険加入者から「保険料」を徴収しておいたうえで、特定の条件を満たす事象★（死亡、事故など）が発生した場合には、加入者に対して「保険金」を支払う。★保険料を受け入れてから保険金を支払うまでには、通常かなりの期間があるため、保険会社では、受け入れた資金の大部分を将来の支払いに備えた準備金として積み立て、これを有価証券などで運用している。このため、保険会社は、機関投資家としての性格を有する。

❶ 生命保険会社

（1）生保の主要商品　生命保険の最も一般的な形式は、加入者が生命保険会社に定期的に保険料を払い込み、加入者が死亡した場合には、その家族が会社から保険金を受け取るという「死亡保険」である。死亡保険には、保険期間（死亡保険金が支払われる期間）が一定の期間のみの「定期保険」や老と、保険期間が生涯続く「終身保険」とがある。このほかに、貯蓄機能を付加した「養老保険★」や老後に備えるための「個人年金保険★」などがある。

（2）責任準備金　生保会社では、将来の保険金の支払いを確実に行うために、保険料や運用収益などを財源として「責任準備金」を積み立てておく。生命保険は契約期間が長く、契約者が保険料を支払い始めてから、実際に保険金が支払われるまでは、かなりの期間となる。この間、生保会社は、顧客から預かった資金を運用して、将来の保険金の支払いに備える。このため、生保会社は、巨額の資金を運用する機関投資家としての性格を有する。

第三分野の保険＝生命保険が「第一分野」、損害保険が「第二分野」とされるのに対して、入院や手術などを対象とする医療保険は「第三分野」と呼ばれ、生命保険会社と損害保険会社の双方が取り扱うことができる。

大数の法則＝母集団の数が増えれば増えるほど、ある事柄（死亡や事故）の発生する割合は、それが発生する確率に等しくなるという法則。保険会社では、この法則に基づいて、死亡率や事故率を推計し、保険料を算出している。

共済＝相互扶助を目的とした保険類似の事業のこと。掛け金を支払って万が一の事態に備える点は保険商品と同じであり、生保商品（生命共済など）と損保商品（自動車共済など）の両方を取り扱う。一般に保障は限定的であ

(3) 生保の資産運用

生命保険会社では、長期貸出や有価証券投資によって資金を運用している。高度成長期には、企業の旺盛な設備資金需要から、長期貸出が主体となっていた。その後は、企業の設備資金需要の減退や資金調達手段の多様化から貸出は減少し、貸出の比率は一割未満にまで低下している。貸出に代わって比率を高めているのが有価証券投資であり、最近では全体の八割以上を占めている。有価証券投資の内訳は、国債が四六％、外国証券が三二％、社債が八％、国内株式が七％などとなっている（二〇二一年度末）。

(4) 逆ざやと経営悪化

一九九〇年代には、債券の金利低下や株価の低迷など運用環境の悪化から、契約者に約束した利回りである「予定利率★」より実際の運用利回りが下回る「逆ざや」の状態が発生し、生保会社は厳しい経営状況に陥った。このため、一九九七年から二〇〇一年までの間に七社が経営破綻に追い込まれた★。

その後、こうした「逆ざや」問題に対処するために、経営破綻前に予定利率を引き下げることが可能となっている。また、経営破綻の発生を受けて、生命保険会社にも銀行と同様に「早期是正措置」が導入されている。これは、「ソルベンシー・マージン★」（保険金支払い余力）比率が一定比率を下回った場合には、金融庁が業務改善などの命令を発動し、早期に経営改善への取組みを促す仕組みである。

❷ 損害保険会社

(1) 損保の主要商品

損害保険は、火災、交通事故、自然災害などにより生じた損害を補償することを目的とする保険であり、事故にあった人の損失を保険加入者全体でカバーするという相互扶助の仕組みである。予想される事故の発生頻度や損害額などに応じて保険料が定められる。損保会社では、「自動車保険★」の比重が全体の約五割を占めているほか、火災保険（地震保険を含む）、傷害保険

るが、その分、掛け金の負担が小さいのが特徴である。ＪＡ共済、全労済、県民共済などがある。

養老保険＝一定期間の死亡保障と将来に向けた貯蓄機能を兼ね備えた保険。保険期間中に万が一のことが起こった場合には「死亡保険金」が、生存して満期を迎えたときには死亡保険金と同額の「満期保険金」が受け取れる。

個人年金保険＝加入者があらかじめ保険料を拠出しておき、これを元手にして自分の生きている間（終身年金）または一定期間について（確定年金）、保険会社から年金を受け取れる保険である。

予定利率＝保険契約者が保険会社に払い込む保険料は、①予定死亡率、②予定利率（運用利回り）、③予定事業費率（保険会社の経費）

（不慮のけがに備える）などを提供している。

（2）損保の資産運用　生命保険とは異なり、損害保険の契約は通常一年ごとであり、年間の保険金支払いに必要なだけの保険料を徴収する仕組み（いわゆる「掛け捨て」）である。このため、損保会社が運用する資金量は、生保会社よりはかなり小さく、主として有価証券（国債、株式、外国証券など）で運用されている。二〇〇〇年から二〇〇一年にかけては、経営環境の悪化から、中堅の二社が経営破綻に追い込まれた。

3 保険会社の形態

保険会社の形態には、相互会社★と株式会社とがあるが、「新保険業法」（一九九六年施行）によって相互会社から株式会社への組織変更が可能となっている。また、同法により、子会社方式による生保・損保の相互乗入れも可能となっている。

保険会社の社数は、二〇二二年一二月現在で生保が四二社（かんぽ生命を含む）、損保は五五社である（いずれも外資系を含む）。このほか、保険会社を子会社とする保険持株会社が一五社設立されている。

第8節　短資会社

1 短資会社とは

短資会社は、短期金融市場において、金融機関が短期の資金取引を行う際に媒介（仲介）を行う専

の三つの予定率に基づいて算出されている。つまり保険会社は、責任準備金の運用による運用収益を見込んで保険料を設定しており、予定利率が高いほど保険料は安くなるという関係にある。

保険契約者保護機構＝保険会社が破綻した場合の契約者保護のために、生保については「生命保険契約者保護機構」が、損保については「損害保険契約者保護機構」が設けられている。これらは、救済保険会社への資金援助や保険契約の承継などにより、銀行における預金保険と同様の役割を果たす。

ソルベンシー・マージン比率＝保険会社が「通常の予測を超えるリスク」に対して、どの程度の支払い余力（マージン）を有するかを示す健全性の指標。支払い余力（自己資本、

準備金など）の額を通常の予測を超えるリスク額（大規模災害、運用環境の悪化などのリスク）の二分の一で割って算出する。この比率が二〇〇％を下回った場合には、早期是正措置が発動される。

自動車保険＝すべてのドライバーに加入が義務づけられている「自賠責保険」（対人賠償のみ、限度額あり）と、自賠責保険ではカバーされない損害を補償するために任意で契約する「自動車保険（任意保険）」（対人賠償、対物賠償など）とがある。

相互会社＝保険会社の独特な組織形態であり、保険契約者が「社員」（株式会社での株主に当たる）となり、「社員総会」が会社の意思決定機関（株式会社の株主総会に相当）となる。保険業法に基づく非営利法人である。

図 3-8 短資会社の役割

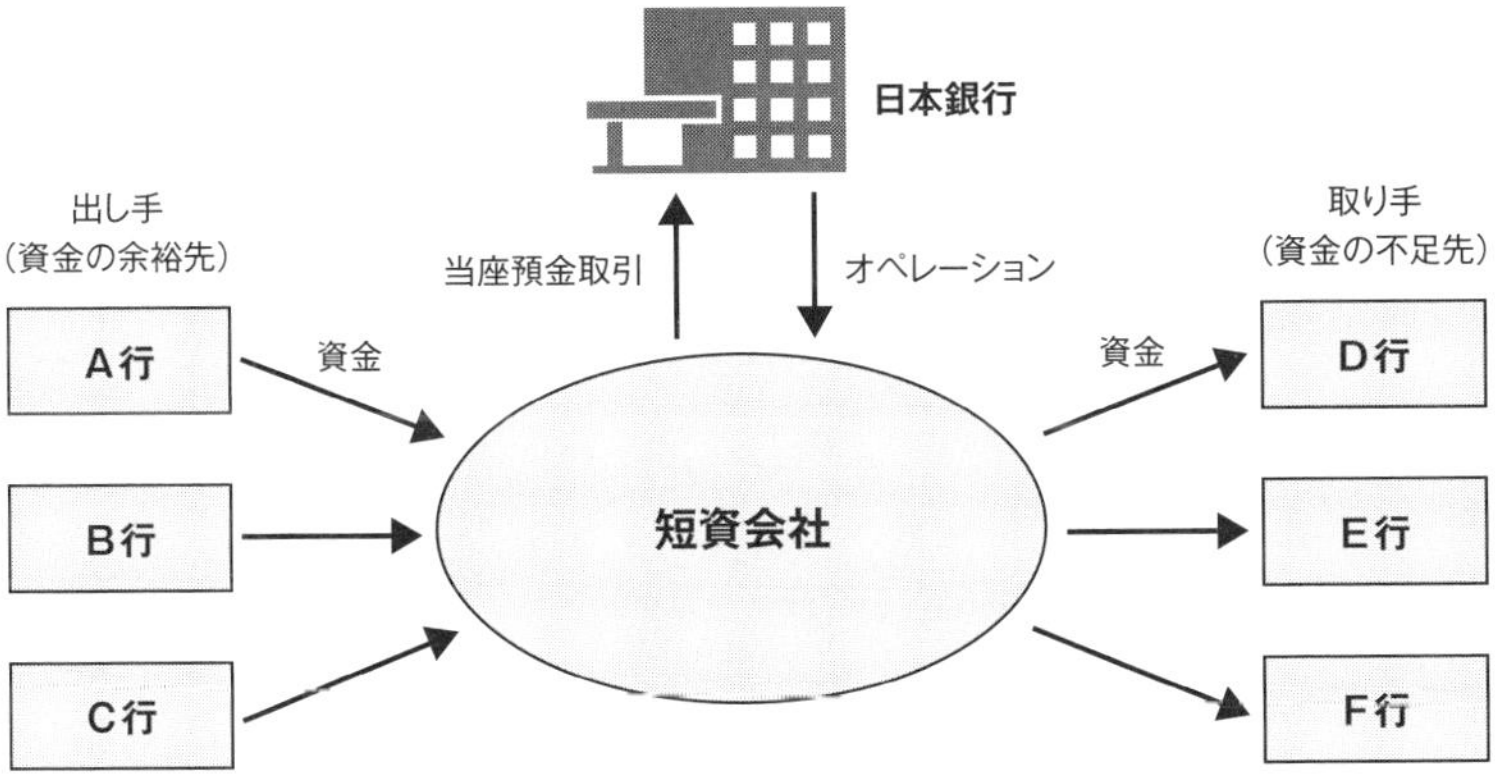

門機関である。一九九〇年代には東京市場には七社があったが、市場規模の縮小などから、現在は、上田八木短資、セントラル短資、東京短資の三社となっている。

❷ 短資会社の業務

短資会社の主な業務は、短期金融市場における金融機関間の仲介業務である。①インターバンク市場において、コール資金の仲介を行っているほか、②オープン市場においても、CD取引、CP取引、国庫短期証券（T-Bill）取引、レポ取引などの仲介を行っている（図3-8）。

取引の種類によって、資金の出し手と取り手との約定《やくじょう》の仲介を行う「ブローキング業務」と、自己勘定で取引を行う「ディーリング業務」とがある。これらの市場取引は、特定の建物において行われるのではなく、短資会社と金融機関とは、電話やオンライン端末を用いて取引の連絡を行っている。

短資会社は、日本銀行との間で当座預金取引を行っているほか、日本銀行が金融調節のために行うオペレーション（公開市場操作）の対象先にもなっている。

第9節　ノンバンクと金融サービス仲介業

❶ ノンバンクとは

預金の受入れを行わないで、個人や企業に対して、さまざまな与信業務（貸出）を行う広義の金融業者のことを「ノンバンク」と総称する。消費者向けのノンバンクとしては、①消費者金融会社（サラ金）、②クレジットカード会社、③信販会社などがある。また、事業者向けのノンバンクとしては、①事業者金融会社（商工ローン）、②リース会社★、③ベンチャー・キャピタル★などがある。

これらノンバンクでは、貸付の原資を銀行借入などで賄っているため、貸出金利は銀行に比べて高目となる。一方で、銀行などの金融機関から借入れを受けるのが難しい借り手にとっては、コストは高いものの、借入れの審査の基準が緩く、お金が借りやすいというメリットがあり、それがこうした業態の存在理由となっている。

❷ 金融サービス仲介業とは

「金融サービス提供法」により、二〇二一年に「金融サービス仲介業」が創設された。これまで、銀行・証券・保険の分野には、個別の法律があり、それぞれの分野で仲介業を行うには個々に許可や登録を行う必要があったが、金融サービス仲介業として登録を行えば、銀行・証券・保険のすべての分野の商品やサービスをワンストップで提供できるようになった。利用者にとっては、さまざまな金融機関の多くの金融商品を横断的に比較して取引ができるというメリットが期待されている。

リース会社＝リースとは、企業がリース会社から機械・設備を長期にわたって賃貸してもらい、その対価をリース料として支払う仕組みである。機械や設備の費用をリース料として分割して支払っていくため、企業からみれば、銀行から借入れを受けて設備の購入を行うのと類似の効果がある。銀行の周辺業務とされており、多くの銀行系リース会社が設立されている。

ベンチャー・キャピタル＝高い成長性が見込まれる未上場企業（ベンチャー企業）に対して、成長のための資金を、株式への投資というかたちで提供する専門の金融会社。

以上に述べたような各種の民間金融機関のほかに、政府からの出資によって設けられた金融機関があり、「政府系金融機関」と総称される。

第10節　公的金融機関

❶ 政府系金融機関

政府系金融機関は、公益性が高いが、民間金融機関による融資が困難な分野（社会資本整備、中小企業育成、地域開発など）において資金を供給するために設けられたものであり、民間金融機関を補完するために、政策誘導的な金融活動である「政策金融」を担っている。日本の政策金融は、戦後復興期から高度成長期にかけて大きな役割を果たしてきたが、二〇〇八年に政府系金融機関の組織が見直され、現在は、①日本政策金融公庫、②日本政策投資銀行、③国際協力銀行、④沖縄振興開発金融公庫、⑤商工組合中央金庫、⑥住宅金融支援機構の六つに再編されている。

これらの政府系金融機関による融資は、国の利子補給などにより優遇された条件で行われていたことなどから、規模が肥大化して「官業による民業の圧迫」との批判を受けるようになった。このため、以下の二つの改革が行われた。

（1）財政投融資の改革　公的金融に用いる資金は、かつては「財政投融資」という仕組みによって集められた。これは、郵便貯金や簡易保険などのかたちで集められた資金を「資金運用部」（大蔵省〈現財務省〉が所管）に強制的に預託させ、それを政府系金融機関などに供給する制度であった。この制度では、郵便局に集まる資金が増えると、それによって公的金融が自動的に拡大していく仕組みとなっており、その結果、公的金融の肥大化を招いてしまった。このため、公的金融の「入口改革」

住宅金融公庫の改組＝同公庫は、二〇〇七年に住宅資金の融資業務から撤退し、金融機関から住宅ローン債権を買い取って証券化を行う「住宅金融支援機構」に改組された。

日本政策金融公庫の設立＝二〇〇八年に、国民生活金融公庫、農林漁業金融公庫、中小企業金融公庫、国際協力銀行の機能を統合して、同公庫が設立された。その後、国際協力銀行は、再び分離・独立した。

図 3-9 日本郵政グループの組織図（2022年9月時点）

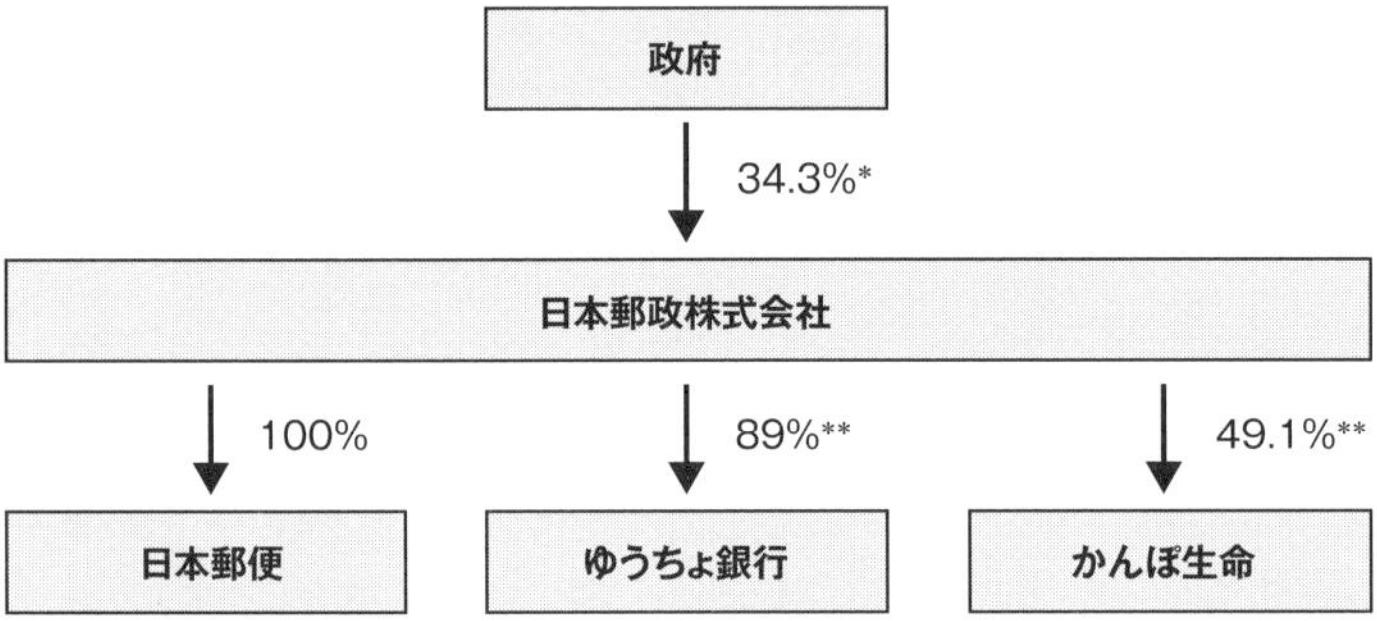

（注）　数字は出資比率.
＊　3分の1超へ減らす（郵政民営化法）.
＊＊　全株の処分を目指す（同法）.

として「財政投融資改革」が行われ、①資金運用部を廃止し、強制的な預託の仕組みをなくす（郵貯等は自主運用に移行）、②政府系金融機関などは、「財投機関債」の発行により必要な資金を「自主調達」するというかたちに改められた（二〇〇一年に実施）。

（2）政府系金融機関の改革　一方、公的金融の「出口改革」として、数多く存在していた政府系金融機関の改組、統合、民営化などが進められた。具体的には、①住宅金融公庫の「住宅金融支援機構」への改組★、②四機関の統合による「日本政策金融公庫」の設立★などが行われた（二〇〇七～〇八年に実施）。また、日本政策投資銀行と商工組合中央金庫については、株式会社化が行われ、今後、政府の保有株をすべて売却して「完全民営化」を進めることとされている。

2 郵政事業

（1）郵政民営化の動き　郵便局が取り扱う「郵便貯金」および「簡易保険」については、長年、政府系金融機関が融資を行うための資金の調達元となっていたが、「官業による民業の圧迫」との批判を受けて民営化が進められた。二〇〇七年に、郵政事業の民営化が行われ、郵便貯金は「ゆうちょ銀行」に、簡易保険は「かんぽ生命保険」に衣替えした。また、二〇一五年には、ゆうちょ銀行、かんぽ生命と両社の親会社である日本郵政の三社が、同時に東証に上場した。ただし、依然として郵政関連株の売却は、目標とする保有比率に達しておらず、郵政民営化はいまだ道半ばである（図3-9参照）。

（2）郵政金融事業の規模　ゆうちょ銀行の貯金額は一九三兆円、かんぽ生命保険の運用額は六七兆円となっている（いずれも二〇二一年度末）。これらは、それぞれの業界における民間の最大手とほぼ同規模またはそれを上回っており、国内最大規模となっている。

（3）ゆうちょ銀行のビジネスモデル　ゆうちょ銀行は、全国津々浦々の郵便局のネットワークを通じて個人預金を幅広く集める一方で、運用面では、法人向けの融資を行わず、国債を中心とした有価証券運用が中心となっており、民営化前の経緯もあって、他の銀行とは大きく異なる特異なビジネスモデルとなっている。郵便貯金は、もともと個人のための小口の貯蓄手段であったが、預入の限度額が数次にわたって引き上げられ★、かなりの大口貯金も可能となっている。ちなみに個人預貯金におけるウェイトをみると、国内銀行（都銀、地銀、第二地銀、信託などの合計）をすべて合わせて約五割であるのに対して、ゆうちょ銀行は一行のみで約二割を占めている（図3-10参照）。

図3-10　家計の金融機関別預金ウェイト（2022年3月末）

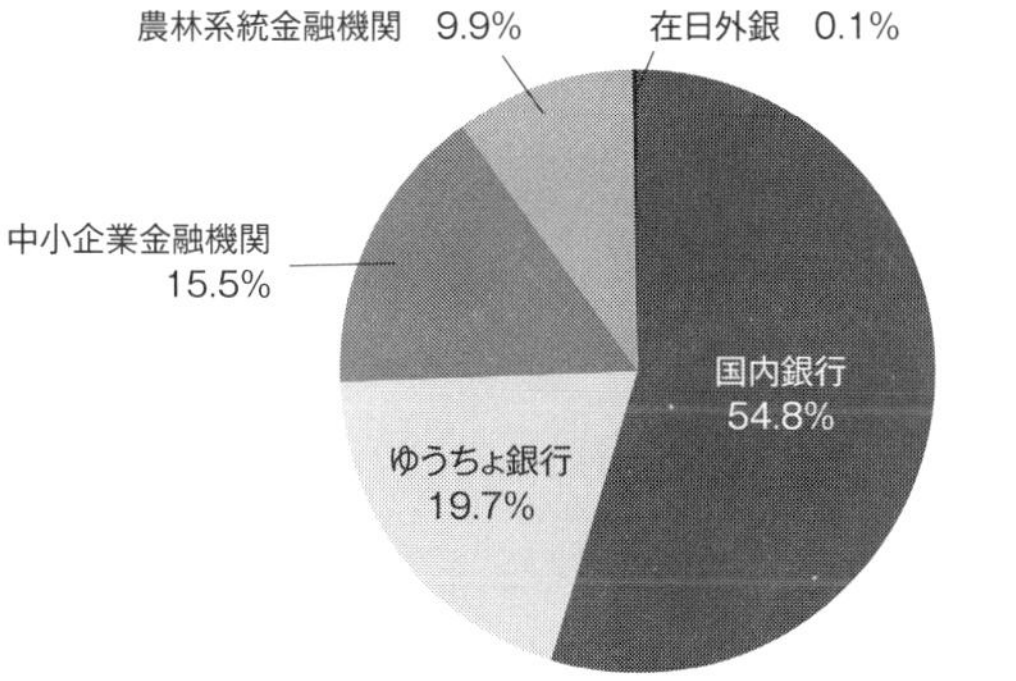

（注）1. 国内銀行には，都市銀行，地方銀行，第二地方銀行，信託銀行，その他国内銀行を含む．
2. 中小企業金融機関には，信用金庫，信用組合などを含む．
（出所）日本銀行「資金循環統計」，ゆうちょ銀行．

預入限度額の引上げ＝ゆうちょ銀行への預入限度は、二〇一六年四月に、一〇〇〇万円から一三〇〇万円に引き上げられたあと、二〇一九年四月には、それまでの二倍となる二六〇〇万円に引き上げられた（通常貯金と定期性貯金の上限がそれぞれ一三〇〇万円）。「民業圧迫」との批判があるとともに、「運用収益の確保」への懸念を指摘する声もある。

【補論1】わが国における金融機関の歩み（戦前）

❶ 明治時代の金融機関の設立

わが国における近代的金融業は、明治初頭の「国立銀行」から始まっている。その国立銀行に先立つこと三年、一八六九年に政府の肝いりで、三井・小野・島田・鴻池組などの両替商を中心に「為替会社《かわせがいしゃ》」が設立された。為替会社は、同じ時期に設立された「通商会社」（半官半民の株式会社）を金融面から支援することを目的として、預金、貸付、為替などの業務を行い、銀行業のいわば先駆的な存在であった。しかし、営業不振により、多くはほどなく解散を余儀なくされ、代わって国立銀行が登場した。

明治政府は、貨幣制度の刷新のため「新貨条例」を制定し（一八七一年）、貨幣単位をそれまでの「両」から「円」に切り替えるとともに、当時乱発されていた「政府紙幣」（政府自身が発行した紙幣）の整理を目的として「国立銀行条例」を制定した（一八七二年）。この国立銀行は、米国のナショナル・バンクにならったもので、民間銀行でありながら、銀行券の発行権限を有しており、一五三行が設立された。

その後も、西南戦争の戦費調達の必要から、政府紙幣の乱発が止まず、これに加えて国立銀行も自らの不換銀行券を増発した結果、激しいインフレーションが起こり、新通貨制度は早々に混乱状態に陥った。こうした混乱を収めるために、一八八二年に「日本銀行条例」が制定され、中央銀行である「日本銀行」が設立された。日本銀行では、乱発されていた政府紙幣および国立銀行券の整理にあたった。その後、一八八三年には国立銀行条例が改正され、国立銀行は、自ら発行した国立銀行券を消却したうえで、一定期限内に私立銀行に転換するものとされた。

私立銀行は、銀行券を発行しない銀行として発達した（一八七六年設立の三井銀行が始まり）。一八九〇年に「銀行条例」が制定され、旧国立銀行と旧私立銀行は、一括してこの条例に基づく「普通銀行」となった。また、当時、小口預金を扱う零細な銀行も発達してきており、そうした銀行のために「貯蓄銀行条例」が制定され、同条例に基づく銀行は「貯蓄銀行」と呼ばれた。

殖産興業を旗印とした政府は、「特殊銀行」の設立にも力を入れた。一八八七年に、貿易金融を目的とする「横浜正金《しょうきん》銀行条例」が制定され、横浜正金銀行は、同法を根拠とする特殊銀行となった。また、一八九七年から一九〇二年にかけて、それぞれの特別法により債券発行権を持つ特殊銀行として、日本勧業銀行、北海道拓殖銀行、日本興業銀行が設立された。各県には、不動産抵当による長期貸付機関である農工銀行も設立された。さらに、農村部における金融円滑化のため、一九〇〇年に「産業組合法」が制定され、産業組合が活動を開始した。その後、第一次世界大戦にかけて日本経済は目覚ましい発展を遂げ、普通銀行数は、一九二二年には約一八〇〇行に達した。この間、一九一五年には「無尽会社」（相互銀行の前身）の根拠法として「無尽業法」が制定された。一九一七年には「産業組合法」が改正され、「市街地信用組合」（信用金庫の前身）も設立された。

2 昭和の金融恐慌から戦時統制へ

第一次世界大戦後の不況に続き、関東大震災の影響も加わって、一九二七年には深刻な金融恐慌が起こった。大規模な預金取付けが発生して三二行が休業し、全国一斉の「モラトリアム」（支払停止）と日銀の特別融資によって収拾されるという異常事態に発展した。弱小銀行のうちには、営業不振、破産などによって大銀行に吸収・合併されるものも多かった。政府は、一九二七年に銀行条例を廃止して「銀行法」を制定し、資本金の最低額を定めることにより零細銀行の営業を認めないこととした。

一九二九年以降は、わが国も世界的不況の悪影響を余儀なくされたが、緊縮財政や「金解禁政策」（金輸出禁止措置の解除、旧平価による金本位制への復帰）が裏目に出て、日本経済は深刻な不況に陥った。この間、一九二三年に信託会社の根拠法として「信託業法」が施行され、また一九二四年には、産業組合の親銀行的な機関として、「産業組合中央金庫」（農林中央金庫の前身）が設立された。

深刻な経済苦境は、一九三一年の金本位制からの離脱、満州事変の勃発を転機に次第に好転していった。満州事変の勃発後に始められた「日本銀行引受け」による赤字国債の発行は、経済が回復した一九三五年以後も続けられ、日中戦争、太平洋戦争を通じてますます増大した。軍需生産拡大のための資金供給も膨張した。こうした国債の日銀引受けの結果、激しいインフレーションが発生し、戦争末期に近づくにつれて苛烈さを増した。この間、数々の戦時立法がなされた。主なものは、一九三七年の「臨時資金調整法」、一九四〇年の「銀行等資金運用令」、一九四二年の「金融統制団体令」、そして「日本銀行法」である。政府は、戦費を賄うための赤字国債の市中消化の必要性から、「一県一行主義」を打ち出し、民間銀行の大合同を強力に推進した。

③ 戦前の証券会社と証券市場

近代化を急いだ明治政府は、株式会社制度の導入にあわせて、一八七八年には早くも「株式取引所条例」を制定し、東京と大阪に株式取引所を設立した。そこでは、在来の米穀取引所ならびに洋銀取引所の取引業者が、株式、社債、公債などの売買に携わった。もっとも、資力に乏しかったため、起債は銀行資金に依存することが多く、また株式発行は、財閥傘下の大会社にあっては持株会社による非公開所有であったことから、本格的な証券市場の形成には至らなかった。

第一次世界大戦後は、証券市場も発展期を迎えて、有力な証券業者も登場した。しかし、戦時経済の時代に入ると、企業の資金調達は、指定金融機関制度などによる統制された銀行融資が主となった。このため、証券市場は低迷し、直接金融による資金調達の位置づけは低下した。

【補論2】わが国における金融機関の歩み（戦後）

1 戦後金融体制の形成

戦後、わが国の金融機関は、インフレの激化による経済の混乱と、占領軍の指示による特殊銀行や財閥系銀行の解体などにより、大きな打撃を受けた。しかし、一九五〇年代になって、インフレが収束し、金融機関の再編・整備が大々的に行われ、この時期に、戦後の金融体制の基礎がほぼ形成された。すなわち、①各種の政府系金融機関（日本開発銀行、日本輸出入銀行、各種金融公庫など）が次々と設立されるとともに、②民間金融機関についても、一九四七年に「農業協同組合法」（農協等の根拠法）、一九四九年に「中小企業等協同組合法」（信用組合等の根拠法）、一九五一年に「信用金庫法」「相互銀行法」、一九五二年に「長期信用銀行法」、一九五四年には「外国為替銀行法」が制定された。③信託会社は、銀行法に基づく銀行に転換し、信託業務を兼営する銀行となっていたが、さらに当局の行政指導により、信託専業の「信託銀行」に特化する体制となった。

一方、戦後の証券業界は、米国にならって、銀行と証券の業務分離の原則のもと、一九四八年に制定された「証券取引法」によって再発足した。一九四九年以降、証券取引所も、東京、大阪など主要都市で再開された。

こうして形成された戦後の金融体制は、次のような特徴を持っていた。すなわち、①銀行業務と証券業務の分離（銀証分離）、②長期と短期の金融業務の分離（長短分離）、③銀行業務と信託業務の分離（銀信分離）、④分野別の専業体制（農業金融、中小企業金融、外国為替金融など）、⑤政府系金融機関による広範な支援体制、などである。金融当局は、こうした縦割り体制を基軸に、それぞれの分野で金融機関が安定的に存続できるように、「金利規制」「業務規制」「市場分断規制」といった競争制限的な行政指導を行う体制を整えていった。このうち金利規制については、戦後の産業復興に向けて、金利水準を資金の需給関係によって本来決まる水準よりも低利に維持することを目的として「人為的低金利政策」がとられた。この結果、金利による資金需給の調整機能が十分に働かず、銀行が企業に資金を割り当てる「信用割当」が発生した。

❷ 高度成長期の金融環境の変化と金融自由化

日本経済は、一九五五年から七四年ごろにかけて高度成長期を迎えた。この間、踊り場といわれた一九六五年の証券不況（投信ブームの反動）も、山一證券等に対する日銀特融などのてこ入れにより短期間のうちに収束した。日本経済は、一九七〇年代には、国際通貨危機、石油危機といった激動期も乗り切って、なおも発展を遂げたが、この間、国内での金融資産の蓄積が進み、企業の資金調達も多様化する一方、国際金融取引も活発になるなど、金融環境が変化し、これらを受けて金融機関間の競争が激化した。一九七〇年代から八〇年代にかけては、金融機関の効率化や金融の自由化・国際化の見地から、金融体制全般について幅広く見直すべきとの機運が生じた。そして、一九六八年に「金融機関合併転換法」、一九七一年に「預金保険法」、一九八〇年に「改正外国為替法」、一九八一年には「改正銀行法」が成立した。ここに本格的な制度改革への道が開かれ、大手銀行の合併、相互銀行の普銀転換、金利の自由化、業務分野の規制緩和などが急速に進展した。こうした一連の金融自由化は、金融界に過保護からの脱皮を迫った反面、競争意識をも駆り立て、一九八〇年代から九〇年代にかけてのバブル経済の生成に向けた意図せざる一因ともなった。

❸ バブル経済の崩壊と金融危機の発生

総じて順調に推移してきた日本経済であったが、一九八〇年代後半の「バブル経済」の発生とその崩壊によって、戦後最大の金融危機に見舞われた。バブル崩壊後は、膨大な不良債権の重荷から経営破綻に追い込まれる金融機関が続出した。信用組合・信用金庫や住宅金融専門会社の倒産から始まって、経営破綻は、地銀や大手の都銀や長期信用銀行にまで波及した。その影響は、証券会社や生損保会社にも及び、未曽有の金融危機となった。一九九七年から九九年にかけては、山一證券、北海道拓殖銀行、日本長期信用銀行、日本債券信用銀行など、大手金融機関の経営破綻が相次いで発生し、金融危機は最悪の局面を迎えた。

この間、当局は、一九九八年に「金融再生関連法」や「金融機能早期健全化法」、二〇〇四年には「金融機能強化法」などの特別法を制定し、公的資金の導入、ペイオフの全面凍結、さらには、日銀特融の実施、銀行保有株式の買入れなど、異例ずくめの緊急救済措置を発動して対応に努めた。

4 金融ビッグバンの潮流

一九九〇年代、バブル崩壊不況のなかで、行政主導型の旧制度が機能不全の様相を呈し、自主自立型の構造改革への取組みが叫ばれた。一九九六年には、海外の動きにも影響を受けて、「日本版金融ビッグバン」が打ち出され、「フリー、フェア、グローバル」を基本理念として、市場原理を基軸にすえ、国際標準に適合した金融システムを目指した改革が行われた。この改革は、一九九八年に「金融システム改革法」として制度化された。

二〇〇〇年代に入り、民間金融界が再編（業務分野の集約、経営統合、異業種による参入など）に向けて大きく動く一方で、改革の波は公的金融にも及んだ（財政投融資改革、政府系金融機関の改革、郵政民営化）。この間、新日銀法のもとでの日本銀行が新たなスタートを切り（一九九八年）、また、大蔵省からの分離により、金融行政を一元的に担う金融庁が発足した（二〇〇〇年）。

第4章 金融市場と金利

本章では、各種の金融市場とそこで成立する金利について述べる。そのうえで、金利の変動や金利の構造に関する理論について説明する。

第1節 金利と利回り

1 金利とは

資金の借り手が、貸し手に返済を行う際に、借り入れた額（元本《がんぽん》）に上乗せして支払うお金のことを「利子」または「利息」という。これは、一定の期間、資金を利用させてもらったことへの対価（使用料）にあたるものである。

「金利」とは、この利息の「借入額に対する割合」であり、「利率」や「利子率」とも呼ばれる。金利は、通常、一年当たりの利率として計算され（これを「年利」という）、年何％で表す。たとえば、一〇〇万円の借入れ（または預金）に対して、一年で三万円の利息がついた場合の金利は三％となる。

利率と利回り＝利率は「額面金額に対する利子の割合」であるのに対し、利回りは「投資元本に対する収益の割合」であり、両者は異なる概念である。例えば、額面一〇〇万円の債券に対する毎年の利子が二万円であれば利率は二％であるが、この債券を九八万円や一〇二万円で購入した投資家にとっての利回りは、二％ではない（詳細は第6節を参照）。

広義の金融市場＝広義の金融市場としては、このほかに、外貨の売買を行う「外国為替市場」（第14章を参照）や金融派生商品の取引を行う「デリバティブ市場」（第10章を参照）などがある。

❷ 利回りとは

投資した金額（投資額）に対する利益の割合を示すのが「利回り」であり、金利（利率）と同様に、一年間について計算される。債券や株式に対する投資では、この利回りによって収益性が判断される。★利回りは、利息だけでなく、売却益なども入れた収益全体を考えて計算を行う。たとえば、一〇〇万円の債券に投資して、二年後に売却し、この間に一万円の利息を受け取り、三万円の売却益があったものとする。この場合、二年間の収益は全体で四万円であり、一年当たりに直すと二万円の収益となる。この一年当たりの収益（二万円）の投資金額（一〇〇万円）に対する収益率を計算すると、利回りは二％となる。

第2節　金融市場の分類と金利

主な金融市場としては、①預金市場、②貸出市場、③短期金融市場、④債券市場、⑤株式市場などがある。★またそれぞれの市場に対応して、ⓐ預金金利、ⓑ貸出金利、ⓒ短期金融市場金利、ⓓ債券利回り、ⓔ株式利回りなどの金利がある。これらの金融市場および金利の間には、相互にかなり密接な関係がある。

以下では、金融市場を性質別に分類し、それぞれの基本的な特徴について述べる（図4–1）。

❶ 公開市場と相対市場

金融市場は、取引の性質によって、「公開市場」と「相対《あいたい》市場」とに分けられる。

図 4-1 金融市場の類型

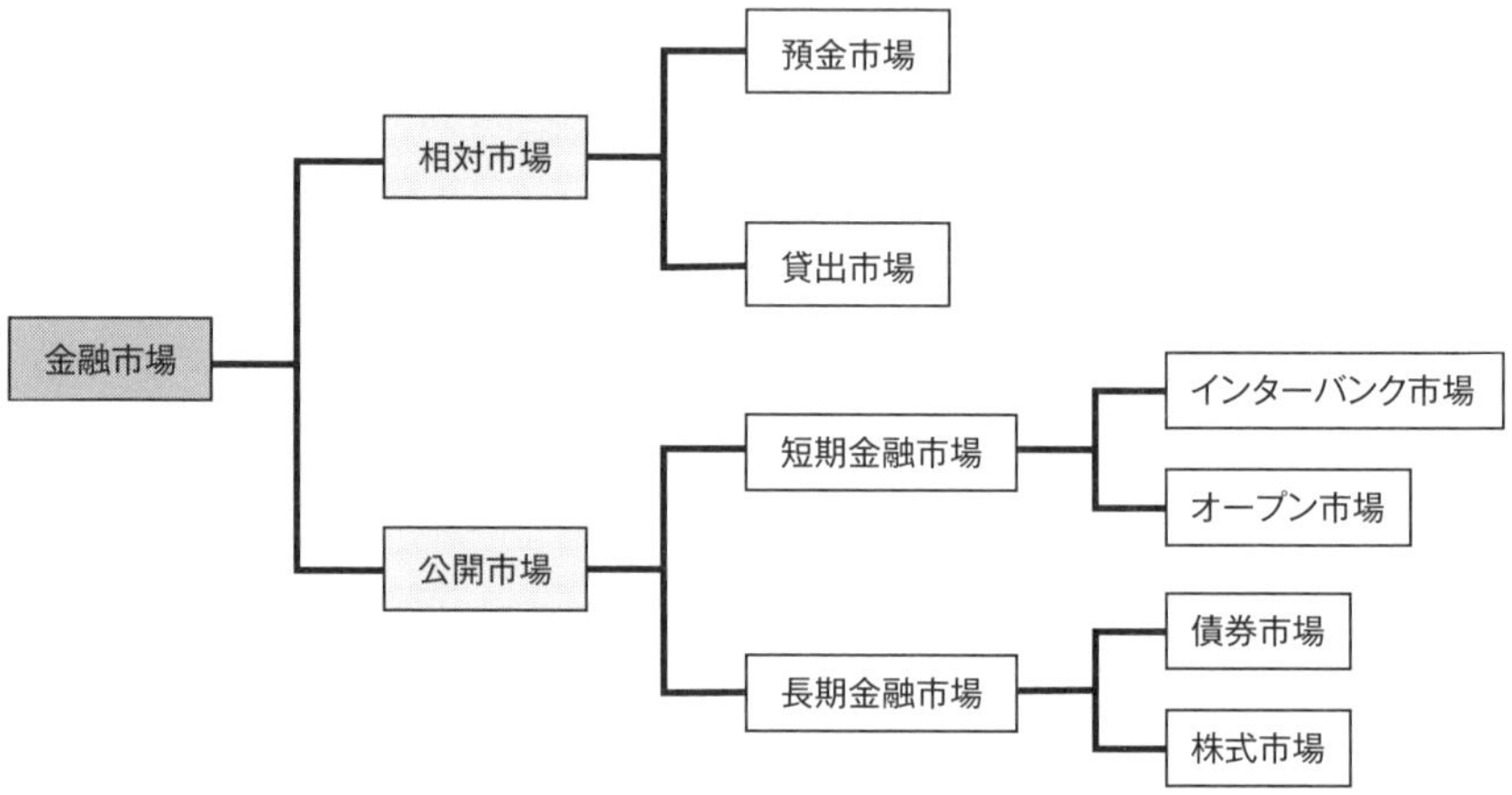

（1）公開市場　不特定多数の市場参加者によって取引が行われ、その需給関係によって、利回りや価格が変動する市場であり、「市場型取引の市場」ともいわれる。公開市場は、①取引相手を探したり、取引条件について個別に交渉するなどの「取引費用」を削減しているほか、②刻々と変化する需給（売りと買い）のバランスを反映して、公正な価格を形成するという「価格発見機能」を持っている。公開市場の代表的なものとしては、株式市場や債券市場があり、そこでは多くの投資家によって毎日、株式や債券が売買され、その価格や利回りが公表されている。一般に「金融市場」という場合には、こうした市場型取引の市場を指すことが多い。

（2）相対市場　「相対型取引の市場」とも呼ばれ、取引所などの仲介者を介さず、特定の需要者と供給者との間の個別交渉によって、一対一で取引内容が決められる。当事者同士の交渉が必要なため、市場取引よりも時間がかかるが、個々の取引ごとに価格や取引条件を柔軟に決めることができる。代表的な相対市場としては、預金市場や貸出市場があり、取引は顧客（個人や企業）と銀行との間で個別に行われ、個々の取引条件は対外的に公表されない。

❷短期金融市場と長期金融市場

（1）短期市場と長期市場　市場型取引による金融市場は、一年以内の金融取引が行われる「短期金融市場」と、一年超の取引が行われる「長期金融市場」とに大別される。この二つの市場を分けて考えるのは、短期金利と長期金利の水準や金利の動き方に違いがあるためである。短期金融市場は、金融機関だけが参加できる「インターバンク市場」と事業法人なども参加できる「オープン市場」に分かれる。また長期金融市場には、債券市場と株式市場とがある。これらの市場では、証券（債券や株式）の売買が行われ、また長期資金（資本）を調達する場であることから、「証券市場」または「資本市場」とも呼ばれる。

（2）短期金利と長期金利　一般的には、長期金利の水準は短期金利よりも高くなる。資金の供給者にとっては、長期に貸すほど返済まで長い間待たなければならないため、それに応じた対価を求めようとする。一方、資金の需要者の立場からすると、長期に借りることができれば、長い間、資金を利用することができるため、必要な場合には、高い対価を支払ってでも長期の資金を選好する。こうした両者の関係によって、長期金利は短期金利より高くなる。

これに加えて貸出市場や債券市場では、期限が長いほど「信用リスク」（借り手が返済できないリスク）が大きくなることも影響する。返済までの期間が長いと、その間の状況の変化により、借り手が元本や利息の支払いができなくなるおそれがある。このため、長期金利は、そのリスクの対価である「リスク・プレミアム」の分だけ、短期金利より高くなるのである。

（3）代表的な長短金利　代表的な短期金利は、コール市場（第5節で後述）の金利である「コールレート」であり、長期金利の代表的なものは「一〇年物国債の流通利回り」である。短期金利は、中央銀行の金融政策によって大きく左右される。一方、長期金利の動きには、将来の景気・物価変動や短期金利の水準についての人々の「予想」が大きく影響する。このため、両者の動きは、必ずしも同じとは限らない。

第3節 預金市場と預金金利

❶ 預金市場

(1) 預金市場とは　金融機関と預金者との間には「預金市場」がある。これは、金融機関と顧客との間で取引条件（金利）が決められる相対市場である。預金市場は金融市場のなかで、資金量の面からは最大の市場である。預金をする場合には、その金融機関が公表している金利（店頭表示金利）が自動的に適用されるのが一般的であるが、顧客の取引状況（住宅ローンや給与振込の利用など）に応じて、金利が上乗せされる場合（優遇金利）もある。また最近では、通常の定期預金のほかに、複雑な仕組みの「仕組預金★」もみられている。

(2) 預金の内訳　第2章でみたように、預金種類別にみると、普通預金が約六割、定期預金が約三割を占める。また、預金者別には、個人預金が約六割、法人預金が約三割を占めている（図2-4参照）。

❷ 預金金利

(1) 単利と複利　預金金利の計算方法には、単利型と複利型がある。「単利」は、元本に対しての

仕組預金＝満期日を決める権利を銀行が持つなど、銀行に有利な（預金者に不利な）特約を付ける代わりに、金利が上乗せされた預金のこと。一般的な定期預金よりも金利が高いが、リスクも高い。

一年複利と半年複利＝複利には、「一年複利」と「半年複利」があり、同じ利率でも半年複利のほうが、利息が付与される回数が多い分、収益性が高くなる。たとえば、元本一〇〇万円、利率年五％、一年複利であれば、一年後の元利合計は一〇五万円となるが、半年複利であれば、同じ五％の利率でも、元利合計は、まず半年後に一〇二万五〇〇〇円となり、一年後には一〇五万六二五円となって、一年複利より有利となる。

表 4-1 銀行の預金金利

①普通預金金利 （%）

30万円未満	0.001
30万円以上	0.001
1,000万円以上	0.001

②定期預金金利 （%）

期間	スーパー定期（300万円未満）	スーパー定期300（300万円以上）	大口定期（1,000万円以上）
1カ月	0.002	0.002	0.002
6カ月	0.002	0.002	0.002
1年	0.002	0.002	0.002
3年	0.002	0.002	0.002

（注） メガバンクの店頭表示金利，2022年12月時点.

み利息を付ける計算方法であり、たとえば元本一〇〇万円を年利一〇％で単利運用した場合には、毎年一〇万円の利息がついていく（元利の合計額は、一年後に一一〇万円、二年後には一二〇万円となる）。一方「複利」★は、元利合計額に対して利息を付ける計算方法であり、同様に元本一〇〇万円を年利一〇％で複利運用した場合には、一年目には利息が一〇万円つき、二年目には、この一〇万円と元本の一〇〇万円を足した一一〇万円が元本となって、二年後の元利合計額は一二一万円となる。このように、運用で得た利息を再び運用に回すことで、いわば、利息が利息を生んで増えていく効果のことを「複利効果」という。単利と複利の違いは、運用する利率が高いほど、また運用期間が長期になればなるほど、大きくなる。多くの預金は単利型であるが、銀行の定期預金の一部と、ゆうちょ銀行の定額貯金は複利型となっている。

（2）預金金利の水準　最近の預金金利の水準をみると、日本銀行による超緩和的な金融政策を受けて、普通預金で〇・〇〇一％、一年定期でも〇・〇〇二％とほぼゼロ金利に近い歴史的な低金利状態にある。また、預入金額や預入期間による差もみられない状態となっている（表4－1、図4－2）。

図 4-2 1年物定期預金金利の推移

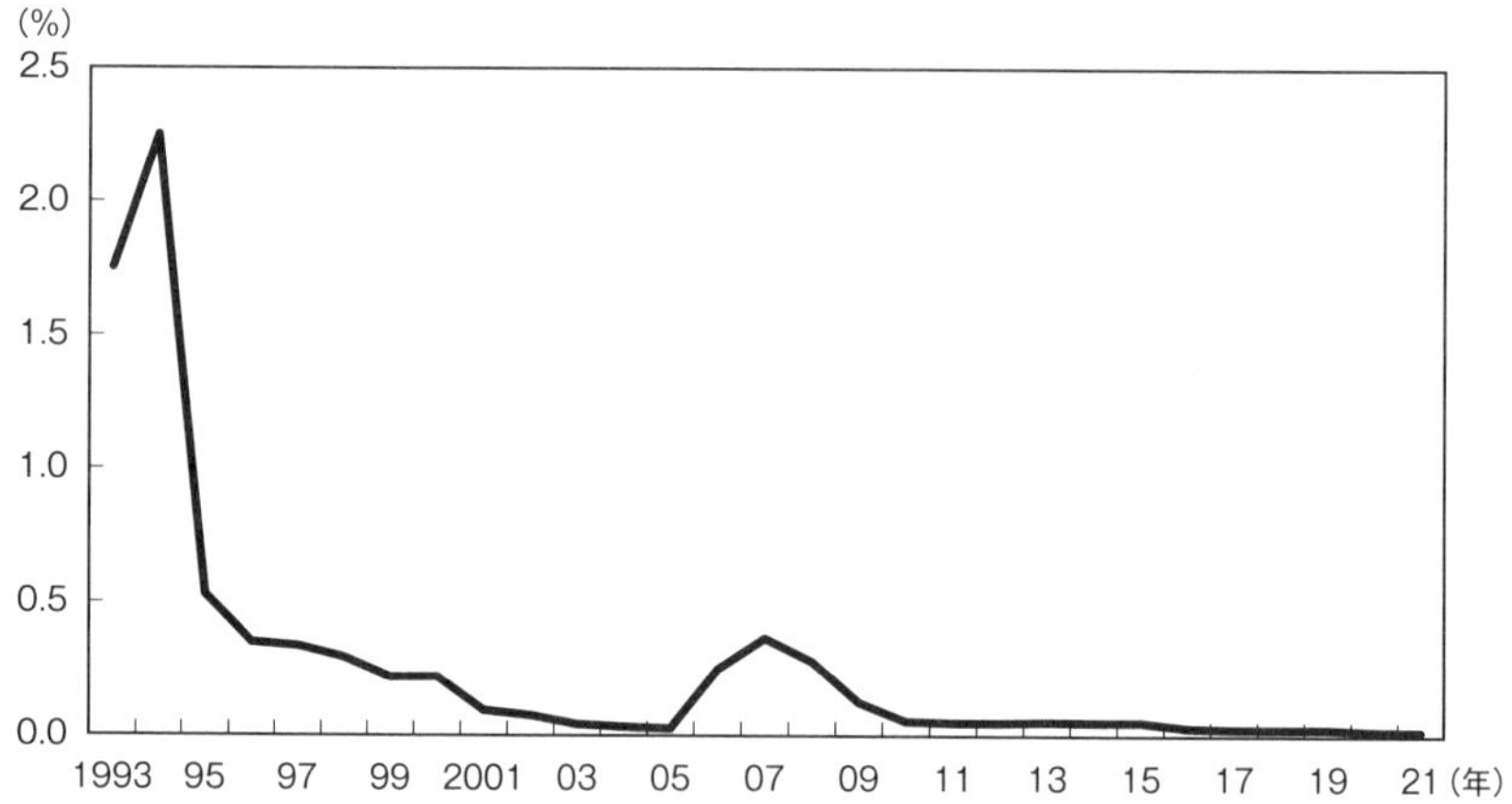

（注） 1．定期預金金利（預入金額300万円未満，1年物）．
2．各年末の金利（1993～2021年末）．
（出所） 日本銀行．

第4節 貸出市場と貸出金利

1 貸出市場

貸出市場は、金融機関と顧客（企業、個人）との間で資金の貸借が行われる市場である。貸出の期間の長さによって、短期貸出市場と長期貸出市場とに分けられる。

（1） 短期貸出市場と長期貸出市場　貸出市場は、貸出期間が一年以内の「短期貸出市場」と一年超の「長期貸出市場」とに大別される。ただし、形式上は短期貸出であっても、借入れを繰り返し継続すること（「短期ころがし」という）によって、事実上の長期貸出となっている場合もある。貸出の期限別内訳をみると、短期貸出が四分の一、長期貸出が四分の三の割合となっている。

（2） 担保・保証の内訳　貸出の担保・保証内訳をみると、「有担保貸付」が二割、「保証付貸付」が三割、担保も保証も付いていない「信

動産担保融資＝企業が保有する事業資産を担保にして行う融資である。事業資産には、在庫や機械設備、売掛金などが含まれる。「アセット・ベースト・レンディング」（ABL）とも呼ばれる。

知的財産権担保融資＝特許権や著作権などの知的財産権を担保とする融資である。不動産などの物的資産に乏しいベンチャー企業が資金を調達する際に利用される。

図 4-3 貸出金の担保・保証内訳（国内銀行）（2021年度末）

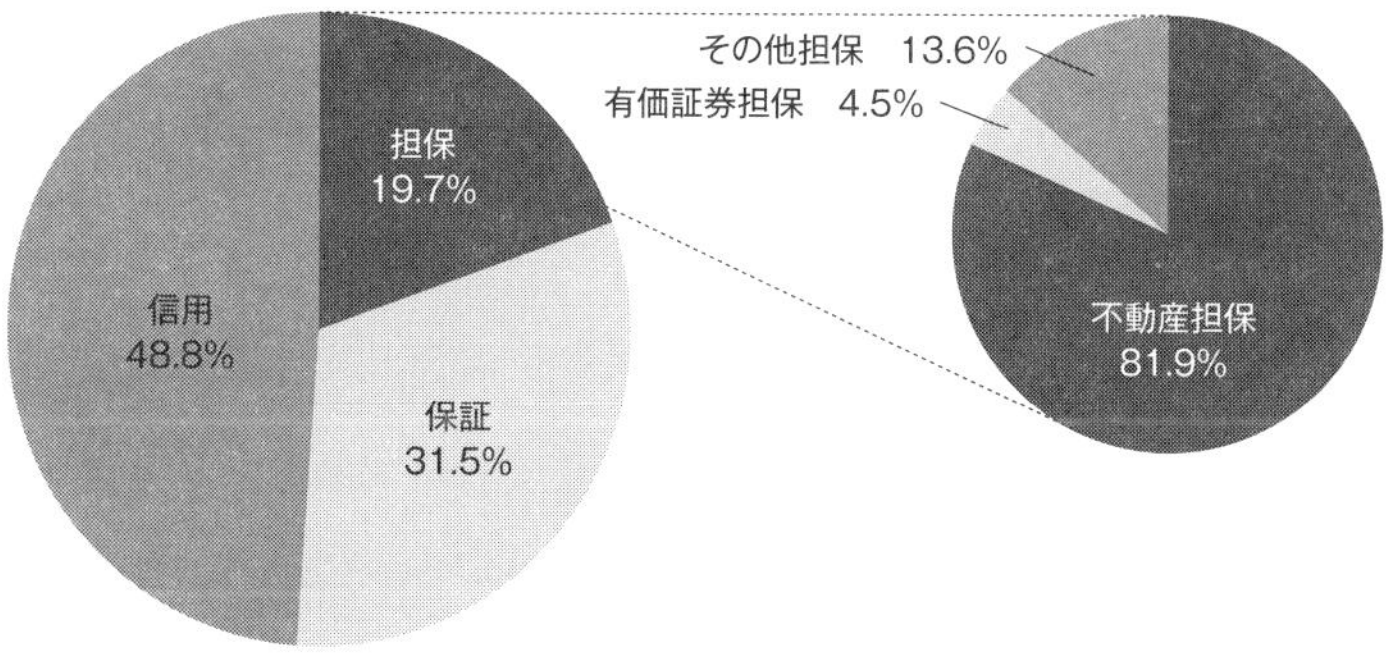

（出所） 日本銀行.

用貸付」が五割となっている（二〇二一年度末）。有担保貸付の担保内訳をみると、不動産担保が八割以上と大部分を占めており、依然として不動産担保に大きく依存した状態が続いている。最近、「動産担保融資★」や「知的財産権担保融資★」などが注目を集めているが、こうした「その他担保」が有担保貸付に占める割合はまだ一割程度と小さい（図4-3）。

2 短期貸出金利

（1）短プラ　短期貸出（期限一年以内）の金利については、各銀行は、優良企業に対する最優遇金利である「短期プライムレート」（「短プラ」と略称）を自主的に決めている。短プラは、かつては日本銀行の公定《こうてい》歩合《ぶあい》と連動していたが、一九八九年以降は、各行の資金調達金利（預金や短期金融市場での調達コスト）に基づいて、各行が独自に決定する方式となっている。この方式は、「新短期プライムレート方式」（新短プラ）と呼ばれる。短プラは、二〇〇九年以降、一〇年以上にわたって一・四七五％で据え置かれており（二〇二二年一二月現在）、形骸化が指摘されている。

（2）約定金利　個別の貸出先に対する実際の貸出金利

約定金利＝銀行と貸出先との交渉によって決められる実際の金利を「約定金利」という。日本銀行では、利率別貸出残高を集計のうえ、金利の加重平均値を「貸出約定平均金利」として公表している。

図 4-4 銀行の貸出金利の推移

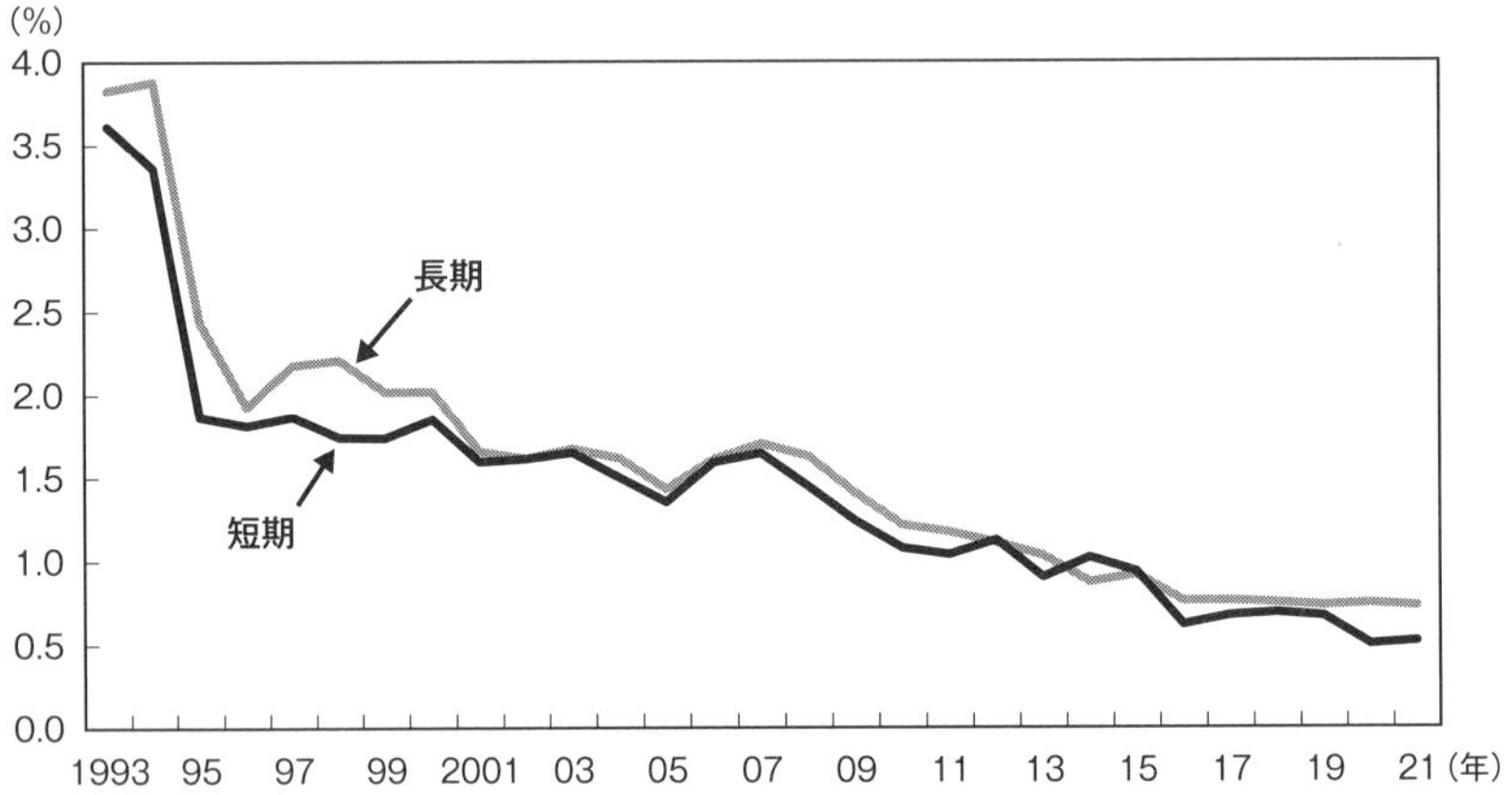

（注）　1．貸出約定平均金利，国内銀行，新規貸出の短期と長期．
　　　　2．各年末の金利（1993〜2021年末）．
（出所）　日本銀行．

は「貸出約定《やくじょう》金利★」と呼ばれ、プライムレートを基準として、貸出先の信用度、取引関係、担保の確実性などを考慮して、個々に決定される。貸出金利の水準は、日本銀行による低金利政策の影響から、過去最低水準にまで低下している（図4-4）。また、貸出競争の激化から、自行の短プラを下回る金利である「アンダープライム」による貸出が増えており、約定平均金利がプライムレートを下回る状況が続いている。

3 長期貸出金利

(1) 従来の長プラ　長期貸出の最優遇金利である「長期プライムレート」（「長プラ」と略称）については、かつては長期信用銀行が決めてきた。この方式の長プラは、金融債（五年物）の表面利率と連動しており、表面利率＋〇・九%の水準に決定された。

(2) 新長プラ　一九九一年以降は、短期プライムレートを基準として、これに貸出期間に応じた一定のスプレッドを上乗せする方式がとられるようになっている。長期の貸出は、返済期間が長い分、貸し倒れのリスクが高いため、それに対応する「リスク・プレミアム」が上乗せされている。この方式による長プラは、「新長期プライムレート」（新長プラ）と呼ばれる。

❹ 市場金利連動型貸出の金利

上述の短プラ・長プラに基づいた貸出以外に、以下のような市場金利に連動した貸出がある。

（1）スプレッド貸出 銀行間の取引市場からの資金調達金利に一定の利ざや（スプレッド）を乗せて貸し出す方式である。★たとえば、一億円を市場から調達する金利が一・〇%で、銀行のスプレッドを〇・六%とすると、企業はこの方式により一・六%で借り入れることができる。ただし、スプレッド貸出を受けられるのは、優良企業（大企業）のみであり、また貸付金額も大口（一億円以上）となっている。上述の短プラ方式では、「銀行全体の調達コスト」をもとに短プラを決めているのに対し、スプレッド貸出は、「一件ごとの貸出」について、「調達コスト＋スプレッド」で貸出金利を決めるのが特徴である。借入企業にとっては、短プラ基準の借入れよりも低金利での借入れができることがメリットであり、銀行にとっても安定的なスプレッドが得られる。

（2）変動金利貸出 「変動金利貸出」とは、借入期間の途中で金利の見直しがある貸出であり、一定期間ごとに金利が変動する貸出である。固定金利の場合には、借入れの期間中、借入金利は一定であるが、変動金利の場合には、市場金利の変動に伴って途中で金利が変わる。借り手は、先行きの金利動向を予想して、固定金利型か変動金利型かを決めることになる。

（3）インパクトローン 国内企業に対する外貨による貸出を「インパクトローン★」という。インパクトローンでは、貸出に必要な外貨資金を銀行が海外市場で調達するため、その金利は外貨の調達コストに一定のスプレッド（利ざや）を上乗せしたものとなる。貸付通貨は、銀行が調達可能な範囲

スプレッド貸出の基準金利＝東京における主要銀行間の取引金利である「TIBOR（タイボー）」が用いられる。

インパクトローン＝かつては資金使途を限定した外貨貸出を「タイドローン」と呼んでおり、これと区別する意味で「使途制限のない外貨貸出」をインパクトローンと呼んだ。近年では、外貨貸付の全般を指すようになっている。

で、主要通貨により行うことができる。借入企業は、借入れを外貨で返済するため、為替レートの変動リスクを負うが、こうしたリスクを回避するため、為替予約（返済日の為替レートをあらかじめ取り決めておく）を付けた「予約付インパクトローン」がある。一方、返済時の為替予約を行わない「オープン・インパクトローン」もある。

第5節　短期金融市場と短期市場金利

❶ 短期金融市場とは

「短期金融市場」は、取引期間が一年以内の金融市場であり、「マネー・マーケット」とも呼ばれる。

（1）短期金融市場の参加者　短期金融市場には、銀行、証券会社、保険会社、事業法人、政府、地方公共団体など、多くの主体が参加している。また、中央銀行である日本銀行も金融調節の立場から参加しており、「金融政策が働きかける場」ともなっている。

（2）インターバンク市場とオープン市場　短期金融市場は、市場参加者の範囲によって、インターバンク市場とオープン市場とに分けられる。「インターバンク市場」は、参加者が金融機関（銀行、証券など）に限定された市場であり、コール市場がこれに当たる。一方、「オープン市場」は、参加者に限定がなく、一般の事業法人なども参加できる市場であり、CD市場、CP市場、国庫短期証券（T-Bill）市場、債券現先市場、レポ市場などがある（図4-5参照）。

コールの名称＝コールの名称は、「マネー・アット・コール」（呼べば直ちに戻ってくる資金）に由来する。

コール市場の主な出し手と取り手＝（二〇二一年度中、無担保コール・平均残高、単位：兆円）

出し手		取り手	
信託	5.9	地銀	8.1
都銀	2.2	証券	3.0
地銀	2.1	都銀	0.8
農林系	1.1	第二地銀	0.7
信金系統	0.9	信託	0.4

短資会社＝短期金融市場において、金融機関の間の資金の運用・調達の仲介を行う機関である。現在、上田八木短資、東京短資、セントラル短資の三社がある。

図 4-5 短期金融市場の分類

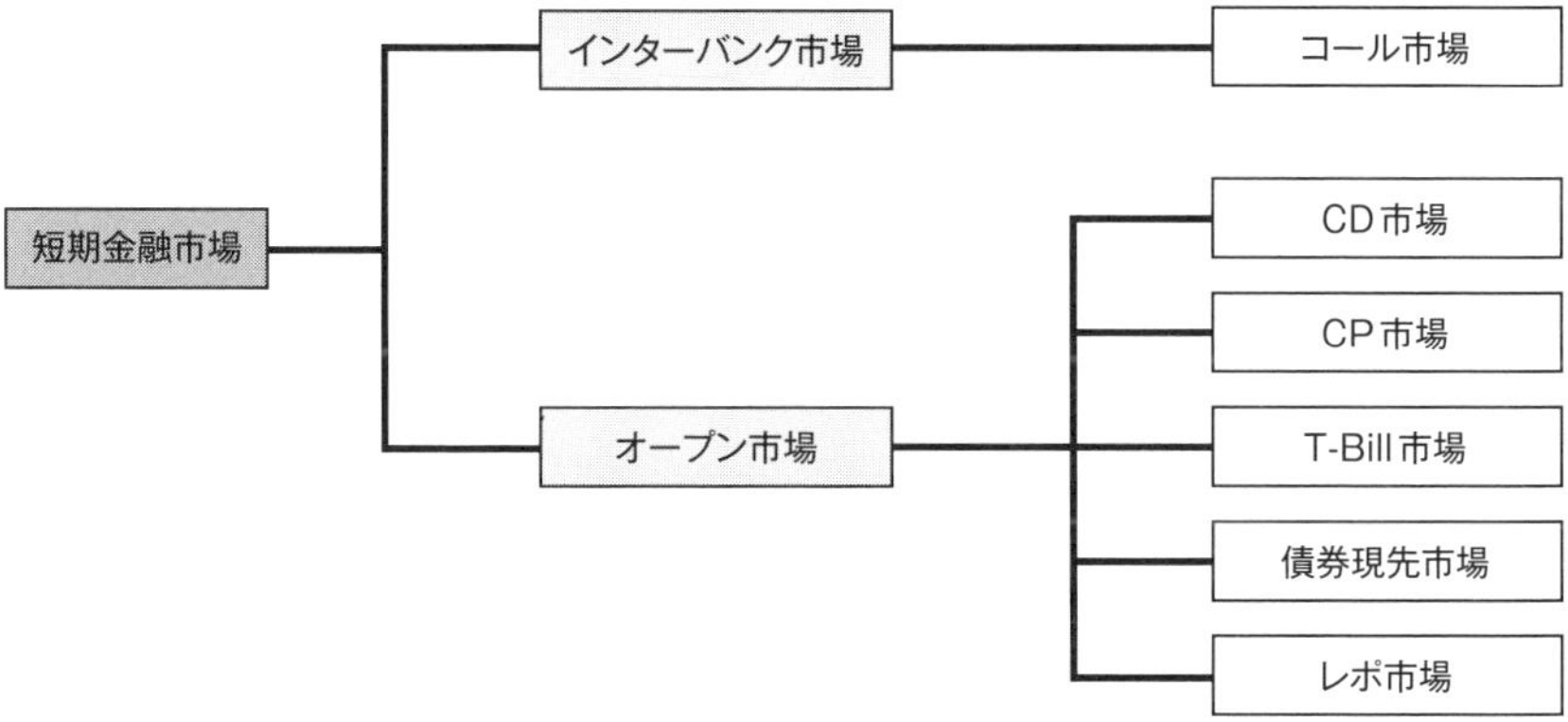

2 コール市場

（1）コール市場とは　「コール市場★」は、金融機関が一時的な資金の過不足を調整するための市場であり、一日から三週間程度のごく短期の資金の貸借が行われる。コール市場に放出される資金は「コールローン」、市場から調達される資金は「コールマネー」と呼ばれる。

イ　出し手・取り手と媒介機関　コール市場では、信託銀行（投資信託の余裕資金が主）が全体の五割を占める最大の「出し手」となっており、都銀や地銀がこれに次ぐ。一方、地銀・第二地銀のほか、証券会社、都銀などが資金の「取り手」となっている★。

取り手と出し手とを仲介する媒介機関となっているのは「短資会社★」である。出し手と取り手がそれぞれ希望する取引条件（金額、期間、金利など）を短資会社に伝え、両方の条件が合致した取引を短資会社が成立させる「オファー・ビッド制」という仕組みがとられている（図4-6）。

ロ　有担保コールと無担保コール　コール市場には、取り手が資金を借りる際に担保（国債など）を差し入れることが必要である「有担保コール市場」と、担保の差

クレジットライン＝無担保コールでは、相手が資金を返せないと全額が損失となる。このため、出し手はリスク管理上、相手先ごとに信用度に応じた与信枠（クレジットライン）を設定し、その範囲内で資金を提供する。取引が成立する前に、出し手の与信枠を確認することを「ライン・チェック」という。

図 4-6 コール市場の構成

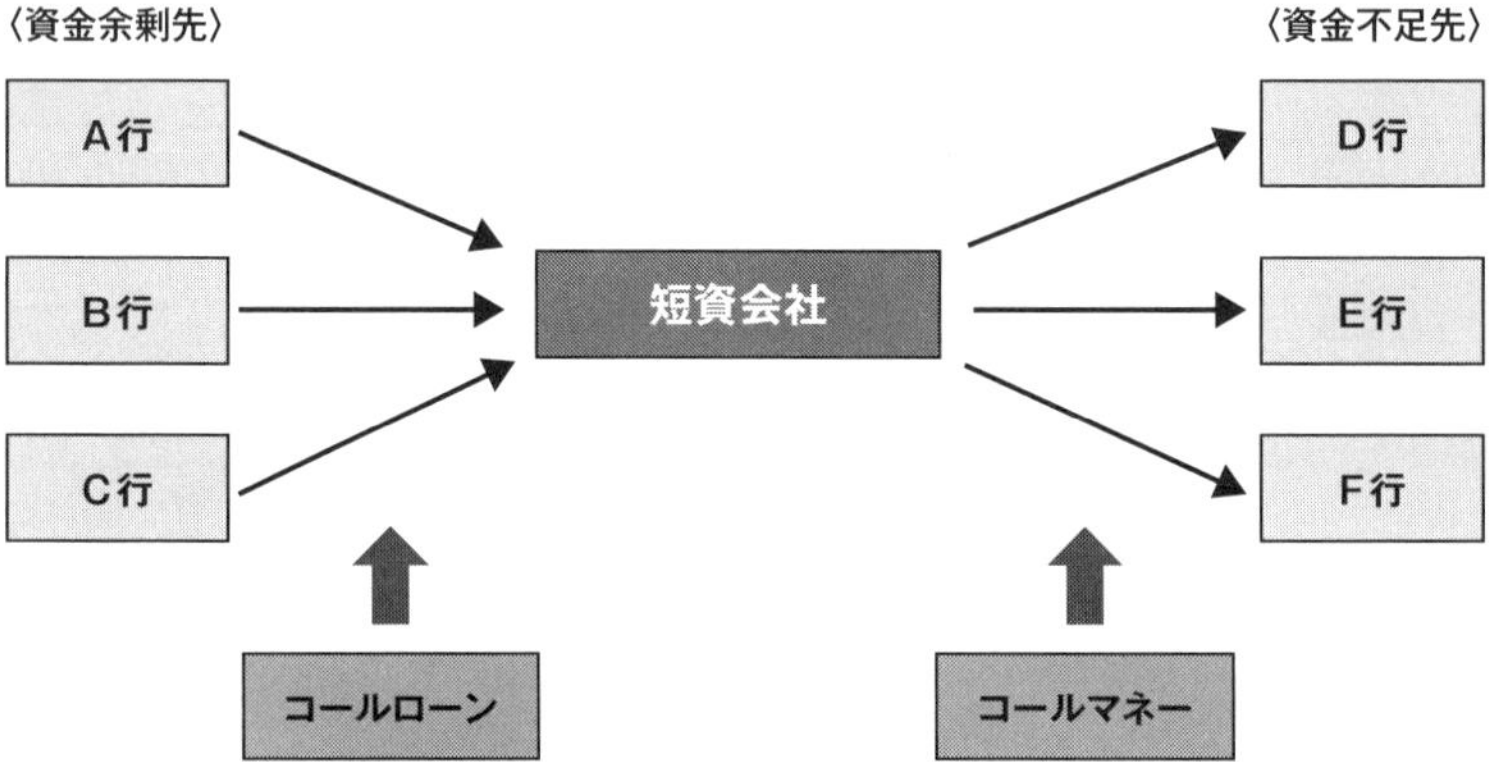

入れが不要な「無担保コール市場」の二種類がある。★ リーマン・ショック後はリスク認識の高まりから、安全性の高い有担保コール市場のほうが、規模が大きくなっていたが、その後は、事務負担が少なく機動性が高い、無担保コール市場のほうが、残高が多くなっている。

ハ　コール取引の期間　コール取引は、オーバーナイト物と期日物に大別される。「オーバーナイト物」は、資金を借りた翌日に返済する取引であり、コール市場の中心的な取引（五割程度）となっている。一方、「期日物」は、一定期間後に資金を返済する取引であり、二〜六日物、ウィーク物（一〜三週間）、マンス物（一〜一二カ月）などがあるが、一カ月未満の取引が多く、ほとんどが三カ月未満の取引となっている。

(2)　コールレート　コール市場の金利である「コールレート」は、短期金融市場の代表的な金利となっている。有担保市場の「有担保コールレート」と無担保市場の「無担保コールレート」があり、それぞれ期間によってもレートが異なる。このうち、無担保コール市場における最も期間の短い金利である「無担保コールレート・オーバーナイト物」が、日本銀行が市場金利を調節する際のターゲットとなる「政策金利」となっている。

表 4-2 短期金融市場の金利（2022年9月末）

	金利水準（%）
公定歩合（日本銀行，基準貸付利率）	0.30
コールレート（無担保・オーバーナイト物）	△0.073
国庫短期証券（3ヵ月応募者利回り）	△0.1913
譲渡性預金（新規発行，30日未満）	0.003

（出所）日本銀行，財務省．

イ　コール取引と日銀当預《とうよ》　コール取引に伴う資金の受払いは、日銀当座預金における出し手と取り手の口座間で行われる。すなわち、出し手は日銀当預（日本銀行当座預金）を払い出してコールローンを放出し、取り手はコールマネーを受け取って、日銀当預を積み上げる。このためコール取引は、取り手と出し手との間における日銀当預の過不足の調整であるとみることができる。

日銀当座預金の総額（各金融機関が保有する残高の合計）は、日本銀行の金融調節のやり方によって、必要な準備預金に対して余剰気味になったり、不足気味になったりする（詳細は第11章）。市場全体として資金が余剰気味のときには、需給がゆるんでコールレートは低下する。一方、資金が不足気味のときには、市場の需給が逼迫《ひっぱく》し、コールレートが上昇する。すなわちコールレートは、日本銀行の金融調節を敏感に反映して変動する。このため、コールレート（特に無担保・オーバーナイト物の金利）は、そのときどきの資金需給や日本銀行の金融調節スタンスを反映する金利として注目される。現在は、日本銀行がマイナス金利政策をとっていることから、コールレートはマイナス圏での推移となっている（表4-2）。

ロ　コールレートと公定歩合との関係　過去においては、コールレートの水準は、日本銀行の公定《こうてい》歩合《ぶあい》より高く、公定歩合を下限として推移してきた。しかし、金融調節方法の変更などにより、コールレートと公定歩合との関係は逆転し、現在では、コールレートのほうが低くなっている。特に、金融機関が希望する額を借りられる「補完貸付制度」（第11章で後述）

CDの導入＝CDは、金利が自由な預金の先駆けとして、一九七九年に導入された。当初は、発行単位が五億円以上、預入期間は三カ月以上六カ月以内とされていたが、現在では発行単位や預入期間の規制はなくなっている。

が導入され、その適用金利となったことにより、公定歩合はコールレートの上限を画するという機能を持つようになった（コールレートが公定歩合を上回った場合には、借り手はコール市場での借入れに換えて、日本銀行から貸出を受ければよいため、コールレートは公定歩合より高くならない）。

❸ 手形市場

手形市場は、期間二カ月以上のやや長めの資金の過不足を金融機関が調整するための市場として、一九七一年に開設された。したがって、その性質は「長めのコール取引」のための市場といえ、手形の売買により一年以内の取引が行われた。インターバンク市場の一つであり、市場参加者は、金融機関に限られていた。ただし、企業の手形取引の減少や日本銀行の手形買入オペの廃止などから、手形市場での取引は皆無となっており、実質的には消滅している。

❹ CD市場

（1）CD市場とは　「CD市場」は、第三者への譲渡が可能な定期預金である「譲渡性預金」（CD：Certificate of Deposit）を発行・売買する市場であり、オープン市場の一つである。★ 通常の預金は他人に譲渡することはできないが、CDは預金でありながら、第三者に譲渡できる（市場で自由に売却できる）という「譲渡性」や「流通性」を持つ点が特徴である。CD市場は、都市銀行を中心とする金融機関が資金を調達する手段として、また事業法人が余剰資金を運用する場として利用されている。CDの多くは、三カ月までの短期である。

（2）CDの発行市場　CDの発行方法には、購入者が金融機関と直接に発行条件を交渉して発行する「直接発行」と、ディーラー（短資会社、金融機関など）が当初の預金者となって発行される「ディーラー発行」とがある。CDによる調達者・運用者は、他の短期金融市場の金利と比較を行いながら有利な選択をしようとする。このためCDレートは、後述する現先レート、レポ・レートなどと連動して動く。

(3) CDの流通市場　CDは、譲渡が可能であるため、流通市場での取引も行われている。流通市場での売買形態は、ほとんどが現先形式（後述）の「CD現先」によって行われており、主として短資会社や金融機関が仲介を行っている。

5 CP市場

(1) CP市場とは　「CP」（コマーシャル・ペーパー）を発行・売買するオープン市場である。CPは、①信用力のある優良企業が、②短期資金を、③無担保で調達する、ための手段であり、古くから米国で発達した。日本でも、一九八七年からCPの発行が開始された。当初は、無担保の約束手形（「手形CP」）として発行されていたが、二〇〇二年からは、電子的に発行・売買が行われる「短期社債」として発行されるようになっている。

(2) CPの発行市場・流通市場　CPの発行は、ディーラー（銀行、証券会社、短資会社など）がいったんCPを引き受けたうえで、投資家へ販売する「引受発行」が一般的である（投資家への「直接発行」も可能である）。短期債であるため、付利は、金利分を引いた額で売り出し、額面で償還する「割引方式」である。CPの金利は、発行企業の信用力を反映して決まる。また、発行時のディーラーが、同時に流通市場における仲介業者となっている。

(3) バックアップ・ライン　発行企業では、CPが満期を迎えると、再び次のCPを発行して借換えを行うケースが多い。ただし、金融市場の混乱などによって円滑な借換えができない可能性があることから、償還資金のために「バックアップ・ライン」（銀行からの借入枠）を設定しておくことが多い。

(4) 資産担保CP　近年では、こうした優良企業による無担保のCPのほかに、企業の売掛債権などを担保にして発行される「資産担保CP」（ABCP：Asset Backed CP）も発行されている。ABCPは、証券化の手法を使ったものであり、有担保であるため、優良先以外の企業でも発行が可能となっている。

6 国庫短期証券（T-Bill）市場

(1) T-Bill市場とは　「国庫短期証券市場」とは、「国庫短期証券」（T-Bill★）を売買するオープン市場である。T-Billは、国（政府）が短期資金を調達するための短期の国債である。償還期間は一年以内であり、二カ月物、三カ月物、六カ月物、一年物の四種類がある。T-Billは、①国の債務であるため信用度が高いこと、②発行規模が大きく、流動性が高いこと、などからオープン市場のなかでも有力な市場となっている。

(2) T-Billの発行市場・流通市場　T-Billの発行は、他の国債と同様に、公募入札によって行われる。割引債であるため、額面から利子分を割り引いた価格で発行され、満期時には額面で償還される。最低額面金額は、一〇〇〇万円である。流通市場は、ディーラー（証券会社等）が売り手と買い手の間に介在するかたちで行われ、単純な売切り・買切りを行う「売買市場」（「アウトライト市場」という）と、一定期間後に反対売買を行うことを約束して売買を行う「現先《げんさき》市場」とがある。

7 債券現先市場

(1) 債券現先市場とは　「債券現先市場」は、最も歴史の古いオープン市場であり、証券会社を中心に自然発生的に発達したものである。★「現先取引★」とは、「条件付売買」のことであり、一定期間後にあらかじめ定められた価格で売り戻す（あるいは買い戻す）ことを約束して行う買入れ（または売

T-Bill＝Treasury Discount Billの略。

現先市場の発生＝一九六〇年代初頭に投資信託の解約が急増した際に、証券会社が資金繰りのために保有債券を買戻し条件付きで売却する動きが広まり、現先市場が発生した。

現先の語源＝「現先」は、その取引が「現物取引」と「先物取引」をワンセットとしたかたちで行われることから、このように呼ばれる。

自己現先と委託現先＝証券会社が、自社の保有する債券を買戻し条件付きで売却する取引を「自己現先」といい、証券会社の資金調達のために用いられる。一方、事業会社等が保有する債券を、証券会社が仲介して行う現先取引を「委託現先」という。

図 4-7 現先取引の仕組み

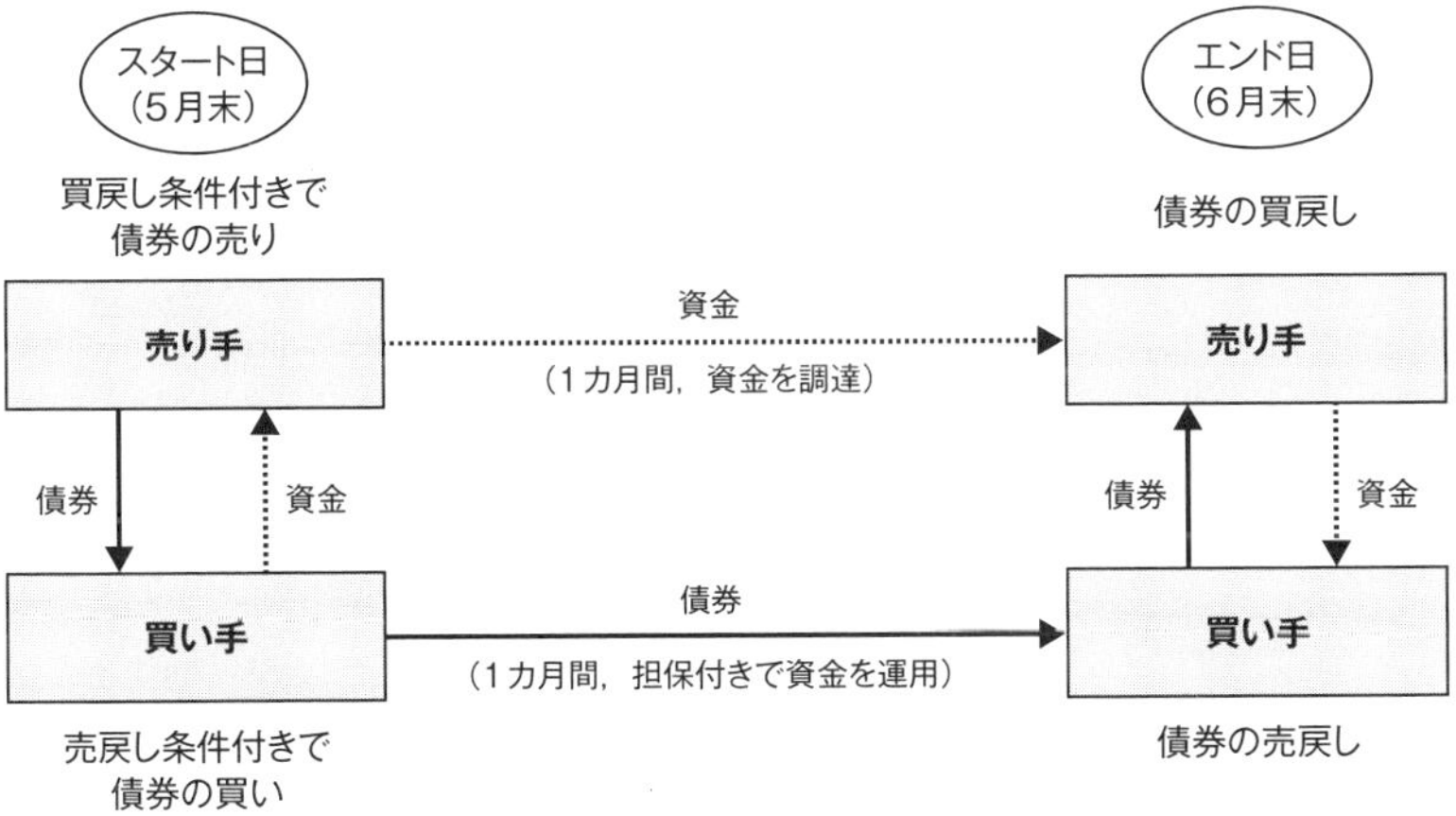

却）取引であり、債券現先市場では債券（主に国債）を対象にして条件付きで売買を行う。「売戻し」や「買戻し」といった「反対売買」の条件が付いている点が、「アウトライト取引」（「買切り」や「売切り」などの売買取引）とは異なっている。

　売戻し条件付きの債券の買入れを「買い現先」といい、買い手の「資金運用」のために用いられる。一方、買戻し条件付きの債券の売却を「売り現先」といい、売り手の「資金調達」のために行われる。たとえば、債券の保有者は、一カ月後の買戻し条件付きで債券を売却すれば、現金を入手して、買戻しまでの一カ月間、その資金を利用することができ、資金を調達したことになる。一方、資金の余剰者は、この取引で債券を条件付きで購入すれば、売戻しまでの一カ月間、担保付きで資金を運用できたことになる（図4-7参照）。このように現先取引は、債券を二回売買するという形式（売買形式）をとっているが、実質的には、売買する債券を担保として、売り手が資金調達、買い手が資金運用を行う取引となっている。

（2）現先市場の特徴★　現先市場は、証券会社の重要な資金調達手段として機能しており、資金の運用者としては、投資信託や事業会社が重要な地位を占めている。売買の対象となる債券は、大部分が国債であり、取引期間は三カ月未満が中心である。

(3) 現先レート　現先市場の金利を「現先レート」といい、他の短期金融市場の金利と連動して変動する。当初の売買価格と一定期間後の反対売買の価格の差が、現先レート★に相当する。つまり債券の売り手（資金の調達者）は、債券を買い戻す際に金利相当分を上乗せして買い戻すことになり、この差額が現先レートとなる。

(4) 新現先取引　二〇〇一年に「新現先取引」が導入された。新現先取引では、リスクコントロール条項や「サブスティテューション」（取引期間中に取引の対象証券を差し替える仕組み）などが整備され、欧米でのレポ取引とも整合的な取引方法となっている。リスク管理強化などのため、新現先に一本化する方針であり、新現先取引へのシフトが進んでいる。

8 レポ市場

(1) レポ市場とは　「レポ市場」は、資金と証券とを一定期間にわたり交換する取引の市場であり、一九九六年に発足したオープン市場である。債券（国債等）を貸借するという形式で資金のやりとりが行われる。米国のレポ市場★をモデルとして創設されたため、「日本版レポ市場」ともいう。正式には「現金担保付債券貸借取引」（略して「現担取引」）と呼ばれており、「現金を担保とする債券の貸借取引」（債券の借り手が貸し手に担保として現金を差し出す）として設計されている。レポ市場の金利である「レポ・レート」は、現金担保に対する「付利金利」から、債券の「品貸料」を差し引いたものである。

(2) レポ市場と現先市場の違い　レポ取引では、貸し手は、債券を貸し出して担保として現金を受け取るため、実質的には資金の調達者（借り手）となる。一方、債券の借り手は、債券を借り入れ

現先レート＝当初の売買価格と一定期間後の反対売買（売戻しまたは買戻し）の価格の差が、現先取引の金利に相当する。現先レートは、この差額を利回り（投資金額に対する収益率）に換算したものである。現先レートは、短期金融市場での需給によって決まり、売買の対象となる債券の種類や表面金利とは、直接的な関係はない。

米国のレポ市場＝レポとは、「リパーチェス・アグリーメント」（re-purchase agreement）の略。米国では、従来からレポ取引（債券の条件付き売買）が活発に行われている。

る担保として現金を差し出すため、実質的には資金の運用者（貸し手）となる。前述した現先取引が「債券の売買」という形態であるのに対して、レポ取引は「債券の貸借」という構成をとっている点が大きな違いとなる。しかし、取引形態こそ違うものの、現金と債券が一定期間交換され、それによって資金の調達・運用が行われるという意味では、両取引は実質的に同じ経済効果を有する。このため現先市場とレポ市場は、ほぼ同様な取引として、合わせて「広義のレポ市場」とも呼ばれる。現先市場が、主に証券会社の資金調達の場として利用されるのに対し、レポ市場は、幅広い参加者が自由に参加している点が違いであり、このため、類似の機能を果たす二つの市場が併存している。

（3）取引形態の一本化　欧米のレポ市場が売買形式をとっているのに対して、わが国のレポ市場は債券の貸借取引という形態であり、国際的にみるとやや異質な仕組みとなっている。このため、レポ取引を新現先取引に移行し、一本化を図っていく予定であり、レポ取引のウェイトは減少傾向にある。二〇二一年度末時点で、現先取引が八割、レポ取引が二割の割合となっている。

表 4-3 短期金融市場の規模（2022年3月末）

	残高（兆円）	構成比（%）
インターバンク市場計	11.8	3.1
コール市場	11.8	3.1
有担保コール	(1.4)	(0.4)
無担保コール	(10.4)	(2.7)
手形市場	0.0	0.0
オープン市場計	374.6	96.9
CD市場	36.0	9.3
CP市場	19.8	5.1
T-Bill市場	86.2	22.3
債券現先市場	178.5	46.2
レポ市場	54.1	14.0
短期金融市場計	386.4	100.0

（出所）　コール市場とCD市場は日本銀行，CP市場は証券保管振替機構，債券現先市場とレポ市場は日本証券業協会調べ.

上述したいくつかの短期金融市場の規模をみたのが、表4-3である。インターバンク市場とオープン市場を比べると、オープン市場が九七%と圧倒的なウェイトを占めている。また、オープン市場においては、債券現先市場とT-Bill市場という国債を取引する市場が中核的な市場となっていることがわかる。

9 裁定取引と金利

(1) 裁定取引とは　上記のように、短期金融市場には多くの金利（レート）が成立しているが、それぞれが独立して無関係に決まっているわけではない。各市場の金利の間には連動関係があり、たとえばCDレートが上昇すれば、他のオープン市場金利も上昇する。このときに重要な働きをするのが裁定取引である。「裁定取引」（アービトラージ）とは、類似の商品が別々の市場で異なる価格で取引されているときに、割安な市場で買い、割高な市場で売るという一連の取引を行うことによって、利益を得ようとする取引である。

(2) 金利裁定　金利について、こうした裁定取引を行うことを「金利裁定」という。たとえば、三カ月のCDレートが三・一％、同じく三カ月の現先レートが二・九％であったとする。このとき金利の低い現先市場で資金を調達し、それを金利の高いCD市場で運用するという取引をすれば、〇・二％のさやを抜くことができる。

こうした金利裁定取引が行われると、割安であった現先レートは上昇し（調達が増えるため）、割高であったCDレートは低下する（運用が増えるため）。そして、両方のレートがほぼ等しくなったところで金利裁定取引は行われなくなる。このように、裁定取引が存在することによって、複数の市場の金利が連動して動くことになる。

第6節　債券市場と債券利回り

前述のように、長期金融市場としては、債券市場と株式市場とがある（図4－8）。このうち、ここではまず、債券市場について述べる。

❶ 債券市場の特徴

「債券」は、発行体（国、企業など）が、主として長期の資金を調達するために発行する債務証書であり、「債券市場」はこれを取引する市場である。発行体は、投資家に債券を買ってもらい、必要な資金を調達する。債券には「満期」が定められており、満期日になると、額面金額が投資家に払い戻される（これを「償還」という）。発行体は、資金を借りる見返りとして、満期までの間、決められた利子の支払いを行う。債券市場は、長期金融市場の一つであり、特に「一〇年物国債の利回り」は代表的な長期金利とされている。

（1）発行市場と流通市場　債券市場には、①債券が新たに発行される「発行市場」と、②発行されたあとの債券が売買される「流通市場」とがある。発行市場では、債券の発行者と投資家との間を証券会社や銀行等が仲介しており、「プライマリー・マーケット」とも呼ばれる。流通市場では、債券の売り手と買い手との間を証券会社や銀行等が仲介しており、「セカンダリー・マーケット」と呼ばれる。

（2）店頭取引　債券は、銘柄数が多数にのぼることもあって、証券

図 4-8 長期金融市場の分類

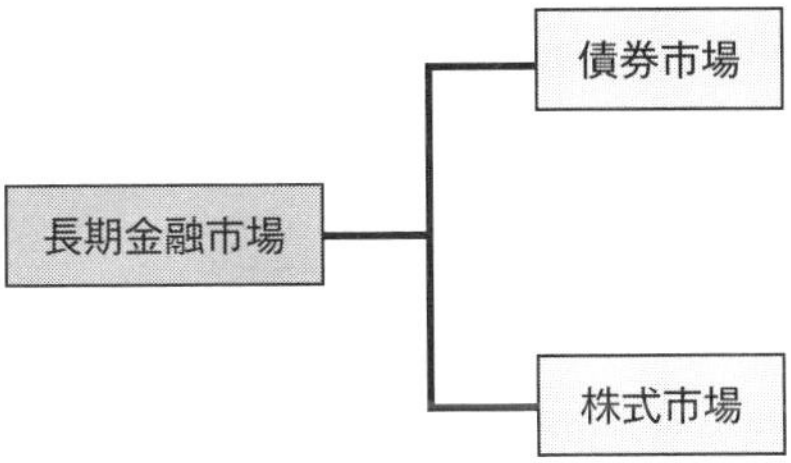

OTC取引＝オーバー・ザ・カウンター取引の略。取引所を介さずに、売り手と買い手が直接取引する「相対取引」のことを指す。顧客と証券会社がカウンター越しに取引するイメージでこのように呼ばれる。

日本相互証券＝債券の業者間取引の仲介業者。証券会社では、投資家のニーズに応えるために在庫を保有するが、それだけではすべての銘柄をカバーできないため、顧客の要望に応じて、業者間で売買（銘柄の仕入れ）を行う必要がある。同社では、証券会社や銀行のみが参加する電子的な「業者間市場」を運営しており、業者（ブローカー）間の仲介を行う「ブローカーズ・ブローカー」（BB〈ビービー〉）と呼ばれる。

図 4-9 債券の利払い方法

①利付債
（5年物の債券，額面100万円，クーポン3%のケース）

②割引債
（額面100万円の債券を98万円で発行したケース）

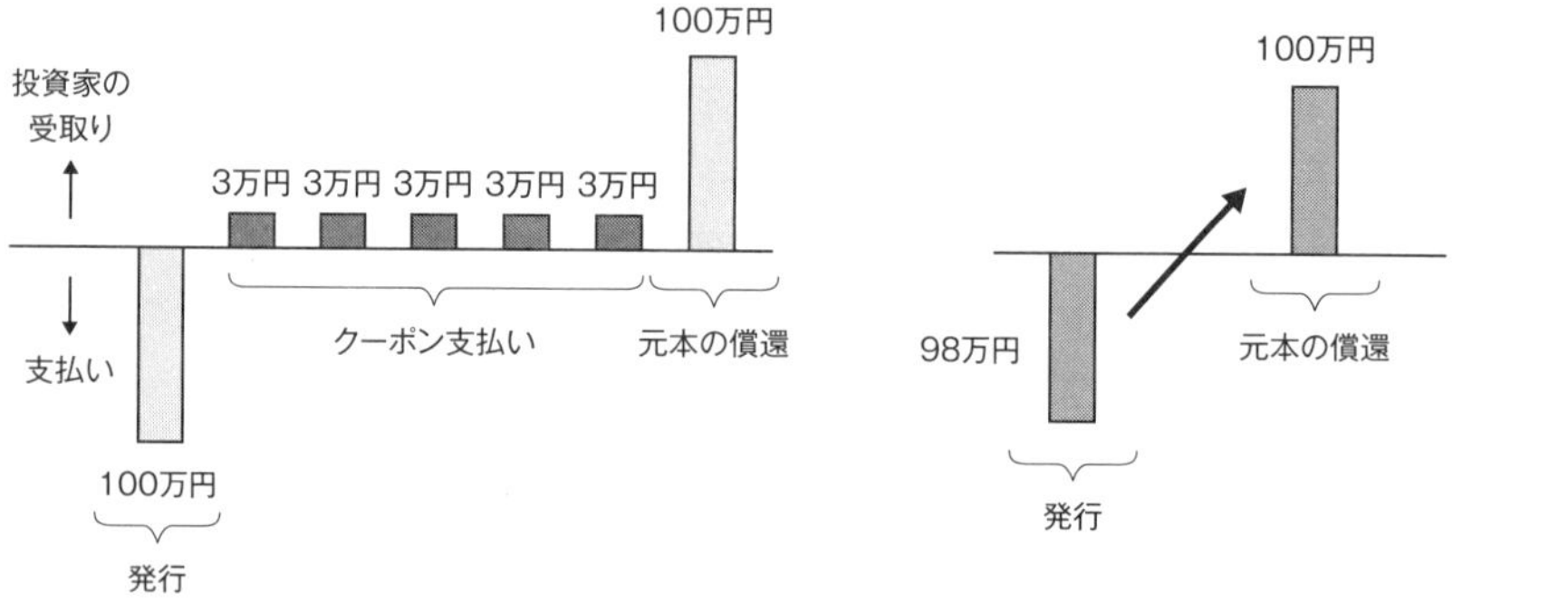

会社と投資家の間で、相対で取引条件を決めて売買が行われている。こうした取引形態を「店頭取引」または「OTC取引★」と呼ぶ。つまり、証券会社では、保有する債券や資金を利用して、投資家からの売買注文に対応するのである★。株式が証券取引所に注文を集めて行われる「取引所取引」として行われるのに対比して、OTC取引の形態で行われるのが、債券市場の大きな特徴となっている。

（3）長期債市場　債券には、「長期債」と「短期債」とがあるが、長期債が多いため、一般に債券市場という場合には、長期債市場を指す（短期債は、前述した短期金融市場の一部として扱われる）。貸出市場が、個々の取引条件が公表されない「相対市場」であるのに対して、債券市場（特に流通市場）は、不特定多数の売り手と買い手が金利を中心に競争している「公開市場」であり、債券の流通市場の主な金利は公表されている。

（4）債券の発行体　債券を発行体別にみると、国債、地方債、財投機関債、政府保証債などの公的主体による「公共債」と、社債、金融債など民間主体による「民間債」とがある。また、海外の政府や企業が発

債券の単価＝債券の価格を意味する「単価」は、額面一〇〇円当たりいくらとして表示する。これは、債券には銘柄によってさまざまな額面のものがあるためである（一万円、一〇〇万円、一億円など）。たとえば、額面一〇万円の債券を単価一〇〇・二〇円で購入する場合には、必要な金額は一〇万二〇〇円になる。

行するものは「外債」と呼ばれる。

（5）利付債と割引債　債券は、利払いの方法によって、利付債と割引債に分かれる。「利付債」では、一定期間ごと（一年ごと、半年ごとなど）に利息の支払いが行われ、満期になると元本の償還が行われる（図4-9の①）。一方、「割引債」の場合には、購入時に債券の額面から利息相当額を差し引いた価格で発行され、満期時には額面で償還される（図4-9の②）。一般的には、中長期債の場合には利付債、1年以下の短期債の場合には割引債として発行される。

❷ 債券利回り

（1）債券利回りとは　債券市場の金利は、一般に「利回り」で表される。債券の利回りとは、債券を購入した際の「投入金額に対する収益率」のことである。利回りは、債券の表面利率（クーポン）とは異なる。これは、債券が流通市場では額面で取引されるとは限らないためである。

（2）アンダー・パーとオーバー・パー　債券価格が額面を下回ることを「アンダー・パー」、額面を上回ることを「オーバー・パー」という。債券は、最終的に償還期限を迎えると、必ず額面で償還される。このため、アンダー・パーで買った投資家は、償還時には、購入価格と償還価格との差額にあたる「償還差益」を得ることとなり、一方、オーバー・パーで買った投資家は差額分の「償還差損」を被ることとなる。たとえば、額面一〇〇円★の債券を九八円で買った投資家は満期時に二円の償還差益を得る一方、同じ債券を一〇二円で買った投資家は二円の償還差損を被る。債券の利回りを計算するためには、この償還差益（または差損）を「残存期間」（満期までの期間）で割って、年間利息に増減して調整するという計算を行う必要がある（図4-10参照）。

（3）応募者利回り　発行市場における利回りを「応募者利回り」という。これは、新規に発行される債券（新発債）を発行日に購入し、満期日まで保有した場合の利回りである。

期近債＝すでに発行されて市場に出回っている「既発債」のうち、償還期限が近づいて残存期間が一年未満となったものを「期近債《きぢかさい》」という。

図 4-10 債券の利回り算式

$$利回り＝\frac{年間利息 ＋（償還差損益^{(注)} ÷ 残存期間）}{購入価格} × 100$$

（注）償還差損益 ＝ 額面 － 購入価格

発行市場においては、額面価格で発行されるケースが多く、この場合、表面利率（クーポン）と応募者利回りは等しくなる。ただし、需給によっては、額面で発行されない場合もある。たとえば、額面一〇〇円、表面利率一％、満期五年の債券が一〇一円で発行されると、上記の利回り計算式より、応募者利回りは〇・七九二％となる。つまり、投資家にとっては、オーバー・パー発行（額面を上回る価格での発行）の場合には、応募者利回りは表面利率を下回ることとなる。逆に、アンダー・パー発行（額面を下回る価格での発行）の場合には、応募者利回りは表面利率を上回ることになる。

（4）流通利回り　流通市場において取引されている「既発債★」の利回りを「流通利回り」という。債券の価格（「債券相場」という）は常に変動するため、額面を上回るオーバー・パーで取引されたり、額面を下回るアンダー・パーで取引されることもあり、それにつれて流通利回りも変動する。市場で債券価格が上昇すると、流通利回りは低下する一方、債券価格が低下すると流通利回りは上昇する。つまり、債券価格と利回りとは反対の関係にある。たとえば、表面利率一％、残存五年の債券の価格が一〇〇円から一〇一円に値上がりすると、流通利回りは一％から〇・七九％に低下し、九九円に値下がりすると、利回りは一・二一％に上昇する。

3 国債市場

債券市場の中心となっているのは、国債市場である。国債は、政府の信用を背景とする最も信用度の高い債券であり、発行高が多額にのぼり流動性が

債券売買高＝債券売買高は次のとおりであり、国債が圧倒的に多い（二〇二一年度中、単位：兆円、カッコ内は構成比％）。これは国債が、流動性が高いことからディーリング（売買による利益追求）や現先取引の対象となっているのに対し、それ以外の一般債は長期保有（バイ・アンド・ホールド）されるケースが多いためである。

国債	22,706 (99.81)
うち国庫短期証券	3,256
地方債	11 (0.05)
政府保証債	8 (0.04)
社債	24 (0.10)
金融債	1 (0.00)

建設国債と赤字国債＝建設国債により調達した資金で建設する社会資本（道路や港湾など）

表 4-4 債券の発行額と発行残高

（単位：兆円，カッコ内は構成比%）

	2019年度	2020年度	2021年度	残高（構成比）
国債	143.0	221.4	215.4 (88.1)	1,095.8 (83.0)
地方債	6.4	7.0	7.3 (3.0)	64.0 (4.9)
政府保証債	1.8	1.4	1.1 (0.5)	22.8 (1.7)
財投機関債	4.8	6.2	4.0 (1.6)	42.6 (3.2)
普通社債	15.8	15.6	14.9 (6.1)	81.9 (6.2)
金融債	1.1	1.0	1.0 (0.4)	5.4 (0.4)
非居住者債	1.1	0.5	0.8 (0.3)	7.0 (0.6)
合　計	174.0	253.1	244.5 (100.0)	1,319.6 (100.0)

（注） 残高は2021年度末.
（出所） 日本証券業協会.

高いためである。国債の大量発行が続いていることから、国債は、年間の発行額や発行残高でみて、債券市場全体の八割以上を占めるガリバー的な存在となっている（表4−4）。また債券売買高★でみると、九九％と圧倒的なウェイトを占める。二〇二一年度末における国債残高は、一〇九六兆円と一〇〇〇兆円の大台を超える巨額なものとなっている。

(1) 国債の種類

イ 発行目的別 国債を発行目的別にみると、①公共事業を行うために発行される「建設国債」、②歳入の不足を埋めるために発行される「赤字国債」、③過去に発行した国債を償還するために発行される「借換国債」などに分けられる。このうち、赤字国債は「公債特例法」を制定して発行されるため「特例国債」とも呼ばれる★。

ロ 満期別 国債を満期別にみると、①「短期国債」（一年以内）、②「中期国債」（二〜五年）、③「長期国債」（六〜一〇年）、④「超長期国債」（一〇年超：一五年物、二〇年物、三〇年物、四〇年物）などに分かれる。このうち、一〇年物国債の利回りは、長期金利を代表する指標となっている。

ハ 利払方法別 国債を利払い方法別にみると、①利付国債と②割引国債に大別できる。「利付国債」は、半年ごとに利子が支払われ、満期になると額面金額で償還されるものでは、長期間残るため、後の世代も利用することができる。これに対して、赤字国債で調達した資金は、その年度の支払いに使ってしまうため、将来の世代は便益を得られず、負担だけが残ることになる。このため「財政法」では「赤字国債は原則禁止」とされており、本来は発行ができない。しかし実際には、「公債特例法」を制定して、特例（例外）としての発行が続けられている。

個人向け国債＝購入者を個人に限定した国債。個人が購入しやすくするために、①少額での投資が可能（一万円から購入可）、②中途解約が可能（額面一万円単位、ペナルティあり）、③最低利率が保証される、などの工夫がなされている。固定金利型の三年物、五年物と変動金利型の一〇年物がある。

表 4-5 国債の発行条件と応募者利回り

	期間	表面利率（年%）	発行価格（円）	応募者利回り（年%）
国庫短期証券	3カ月	—	100.0535	△0.1913
中期国債	5年	0.005	99.83	0.040
長期国債	10年	0.2	99.66	0.235
超長期国債	30年	1.3	101.41	1.235

（注）　2022年9月発行分.
（出所）　財務省.

あり、中長期の国債はこの形態をとる。一方、「割引国債」は、利子に相当する金額が額面から割り引いて発行され、満期になると額面金額を受け取ることができるもので、一年以内の短期国債はこの方式をとる。

二 固定利付債と変動利付債　国債のほとんどは「固定利付債」であり、発行時に定められた利子が償還まで変わらず、利払いは一定である。これに対して、一部の国債（一五年物、個人向け国債★の一〇年物など）は「変動利付債」となっており、利払い時の金利水準に応じて、支払われる金利が変動する。また、物価の変動に対応して利払いや償還額が変動する「物価連動国債★」も発行されている。

（2）国債の発行方式　国債の発行は、長らく、幅広い金融機関に広く薄く国債を消化させるという「シンジケート団方式」がとられてきたが、二〇〇六年に廃止された。現在は、主要な市場参加者を中心に国債の安定的な消化を図る「プライマリー・ディーラー制度★」（国債市場特別参加者制度）がとられている。国債は、「価格競争入札」（表面利率を決めたうえで、入札者に希望する価格と金額を入札させ、発行条件と発行額を決定するもの）によって発行されており、高い価格で入札を行った金融機関から順に落札（購入）できる。国債の応募者利回りは、日銀の長短金利操作（イールドカーブ・コントロール）の影響により、国庫短期証券から長期国債までの金利がせまい範囲に収まっている（表4-5）。

物価連動国債＝消費者物価指数（CPI）の上昇率に応じて、元本が増加する国債。たとえば、CPIが二％上昇したら、元本額も一〇〇万円から一〇二万円へと同じ率だけ増える。物価の上昇に連動して元本が増えるため、それにつれて利払い額や償還額が増加する。このため、インフレになっても資産価値が目減りしない債券となっている。

プライマリー・ディーラー制度＝大手の市場参加者に対して、財務省が特別な資格を与えて、国債の安定的な消化を図る仕組み。特別参加者は、一定以上の応札責任（発行予定額の五％以上）や落札責任（同一％以上）を負うが、一方で、財務省との意見交換会への参加や非価格競争入札への参加などの特典が与えられる。

4 一般債の市場

国債以外の債券（地方債、財投機関債、社債、金融債など）は、「一般債」と総称される。国債市場に比べると、一般債の市場規模は比較的小さい。国債の大量発行が、一般債の発行を圧迫しているともみられる。債券の発行額でみると、国債が全体の約九割を占めるのに対して、国債以外の「一般債」は合わせても一割強となっている（二〇二一年度、表4-4）。

（1）地方債　「地方債」は、地方公共団体（都道府県や市町村）が発行する債券であり、従来は、すべての発行体の債券が同じ条件で発行されていた（統一条件決定方式）。現在では、道府県や政令指定都市が共同で発行する「共同債」（共同発行市場公募地方債）と、各地方公共団体が単独で発行する「個別債」（全国型市場公募地方債）とに分かれている。

（2）財投機関債と財投債　政府系金融機関や公団・公庫などの政府関係機関は、「財政投融資」（政府が政策的見地から行う投融資活動）を担っており、「財投機関」と呼ばれる。活動に必要な資金は、各財投機関が個別に「財投機関債」を発行して調達することとされている。財投機関債は、政府が元本や利子の支払いを保証していない債券である。一方、それで不足する分については、国の特別会計が「財投債」を発行して一括して調達し、特殊法人などの財投機関に融資する。財投債は、政府が返済を保証する「政府保証債」であり、国債と同様の信用力を持つ。

（3）社債　「社債」は、企業が資金調達のために発行する債券である。社債の発行にあたっては、発行会社が複数の証券会社に発行条件（発行価格や表面利率）の提示を求め、そのなかから主幹事証券会社を選び、主幹事証券会社が証券会社による引受シンジケート団を結成するという方式（「プロポーザル方式」という）がとられている（図4-11参照）。

社債には、従来は、担保を必要とする「有担保原則」があったが、近年では、無担保社債が主流と

金融債の発行主体＝農林中央金庫、商工組合中央金庫、信金中央金庫の三機関に発行が認められている。かつては長期信用銀行（三行）も発行を行っていたが、それらを前身とする普通銀行ではすでに発行を停止している。

SDGs＝二〇三〇年までに、世界中にある環境問題、差別、貧困、人権問題といった課題をなくし、持続可能でよりよい世界を目指すための国際目標のこと。SDGsは、Sustainable Development Goalsの略であり、「エス・ディー・ジーズ」と読む。

図 4-11 社債の発行方法（プロポーザル方式）

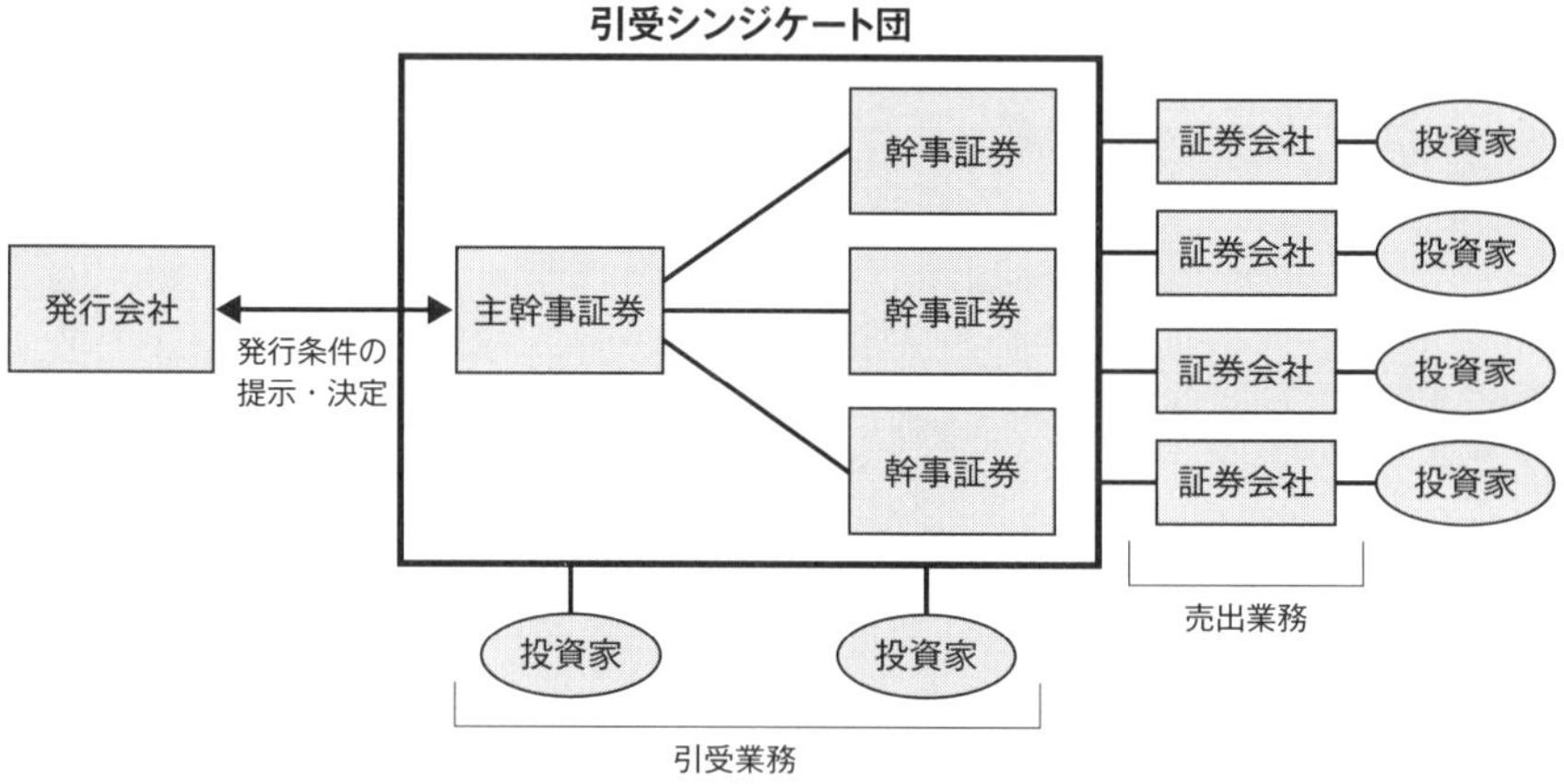

なっている。また長年、一定の厳格な発行要件を満たした企業のみに社債の発行が許可される「適債基準」という規制があったが、一九九六年に廃止され、現在は「格付け」に基づく発行が行われている。

（4）金融債　「金融債」は、金融機関が資金調達のために発行する債券であり、特定の金融機関にのみ発行が認められている。★五年物の「利付金融債」と一年物の「割引金融債」がある。かつては、長期信用銀行などの資金調達手段として重要な役割を果たしていたが、近年では、資金調達の多様化などから、発行を取りやめる金融機関が増えており、その位置づけは低下している。

（5）SDGs債　気候変動や社会課題への対応など、SDGs★（持続可能な開発目標）に貢献する事業のための資金調達として発行される債券のことを「SDGs債」という。このうち、環境分野への取組み（地球温暖化対策や再生可能エネルギーなど）のために発行されるものを「グリーンボンド」（環境債）、社会的な課題（教育・福祉・地域活性化など）の解決に取り組むためのものを「ソーシャルボンド」（社会貢献債）、環境問題と社会課題解決の双方に資するプロジェクトのために発行される債券を「サステナビリティボンド」（環境および社会貢献債）と呼ぶ。SDGs債を発行するのは、国、地方公共団体、金融機関、企業などのケースがある。一般に、外部評価機関から認証を受けて発行され、資金使途、プロジェクトの選定プロセス、資金管理などの情報を投資家に開示することが求められる。

第7節　株式市場

❶ 株式市場の特徴

（1）キャピタル・ゲインの重視　債券市場と株式市場とは、いずれも長期資金の調達・運用が行われる場であり、一括して「証券市場」または「資本市場」と呼ばれる。しかし両市場の性質は、かなり異なる。債券市場では利回りを中心として売買が行われているのに対し、株式市場では「配当利回り」（株価に対する配当の割合）よりも、株式の値上がり・値下がりが重要な関心事となっている。債券価格も金利の変動につれて変動するが、株式の場合には、景気動向や個別企業の業績によって株価が大きく変動するため、価格変動の大きさは債券の比でない★。このため、株式への投資に際しては、配当収入（「インカム・ゲイン」という）よりも、株式の値上がり益（「キャピタル・ゲイン」と呼ばれる）が重視されることが多い。

（2）株式と企業経営権　株式への投資は、値上がり目的の単純な投資だけではない。株主は、その持ち分に応じて株主総会における「議決権」を有するため、経営参加や経営支配を目的として株式を取得する場合がある。また、長期的に安定して株式を保有する「安定株主」の比率を高めるために、

リスク＝一般的には「危険」を意味するが、金融における「リスク」という用語は、将来の価格や収益率の不確実性が大きいことを指す。したがって、ダウンサイド（損失）のリスクだけではなく、アップサイド（利益が出る）のリスクを含む。

株式を相互に保有し合うこともある。これを「株式の持ち合い★」といい、こうした目的で保有する株式を「政策保有株式」と呼ぶ。従来は、金融機関や事業法人による持ち合いが多かったが、最近は減少しており、代わって海外投資家（外国法人）の保有が増えている。★このように、株式投資の目的が複雑であることから、株式市場は、金利の変動によって相互に結びついている他の金融市場とは、性質をかなり異にしている。

（3）増資と配当政策　資金調達のための株式の追加的な発行のことを「増資」といい、一般に市場価格（時価）に基づく「時価発行」によって行われる。株主への利益還元としての配当政策については、従来は、業績が良くても悪くても一定の配当を維持する「安定配当」が主流であったが、最近では、「配当性向★」（当期利益に対する配当の割合）を一定以上に維持するといった「自主ルール」が設けられることも多く、株主への利益還元を重視して、業績に応じた配当を行う傾向にある。

2 証券取引所

株式の取引は、ほとんどが証券取引所において行われる。★証券取引所は、大量の売買注文を集中させることによって、株式の流動性を高める（売り買いをしやすくする）とともに、公正な価格形成を図るために設けられている。

証券取引所で株式を取引できるようにするためには、証券取引所が定める「上場基準」（株主数、株式数、時価総額、純資産額など）をクリアして、「上場会社」となることが必要である。未上場企業が、新規に株式を証券取引所に上場する「株式の新規公開」のことを「ＩＰＯ」(Initial Public Offering) という。

わが国の証券取引所としては、東京証券取引所（東証）、名古屋証券取引所（名証）、福岡証券取引所（福証）、札幌証券取引所（札証）の四つがあるが、ほとんどの取引（売買高シェアで九九％）は

株式持ち合い＝金融機関や事業法人が互いに持ち合っている株式が占める割合は、バブル前のピーク時には全体の五割を上回っていた。その後、株価下落による損失リスクへの認識の高まりや政策保有株式の圧縮を求める東証の「コーポレートガバナンス・コード」の影響などから持ち合いの解消が進められ、持ち合い比率は一割以下にまで低下している。

株式の保有構成＝証券取引所の上場株式の保有者別の構成比は次のとおりである（二〇二一年度）。

外国法人	30.4%
信託銀行	22.9%
事業法人	20.0%
個人	16.6%
都銀・生保等	7.1%

配当性向＝企業があげた利益のうち、株主へ

の配当に充てた割合を示す指標。わが国では、これまで業績の好不調に関係なく毎年同水準の配当を行う「安定配当」の考え方が主流であり、配当を抑えて内部留保に回す傾向が強かった。しかし最近では、外資系ファンドなどからの圧力もあって、株主配分をより重視するようになっている。東証上場企業の配当性向は、以下のとおり（各年の三月期決算企業）。

2020年	47.39%
2021年	37.06%
2022年	33.08%

私設取引システム（PTS）＝証券取引所を通さずに株式の売買を行うことができる証券会社の私設取引システムのこと。PTSは、

図 4-12 東証の市場再編

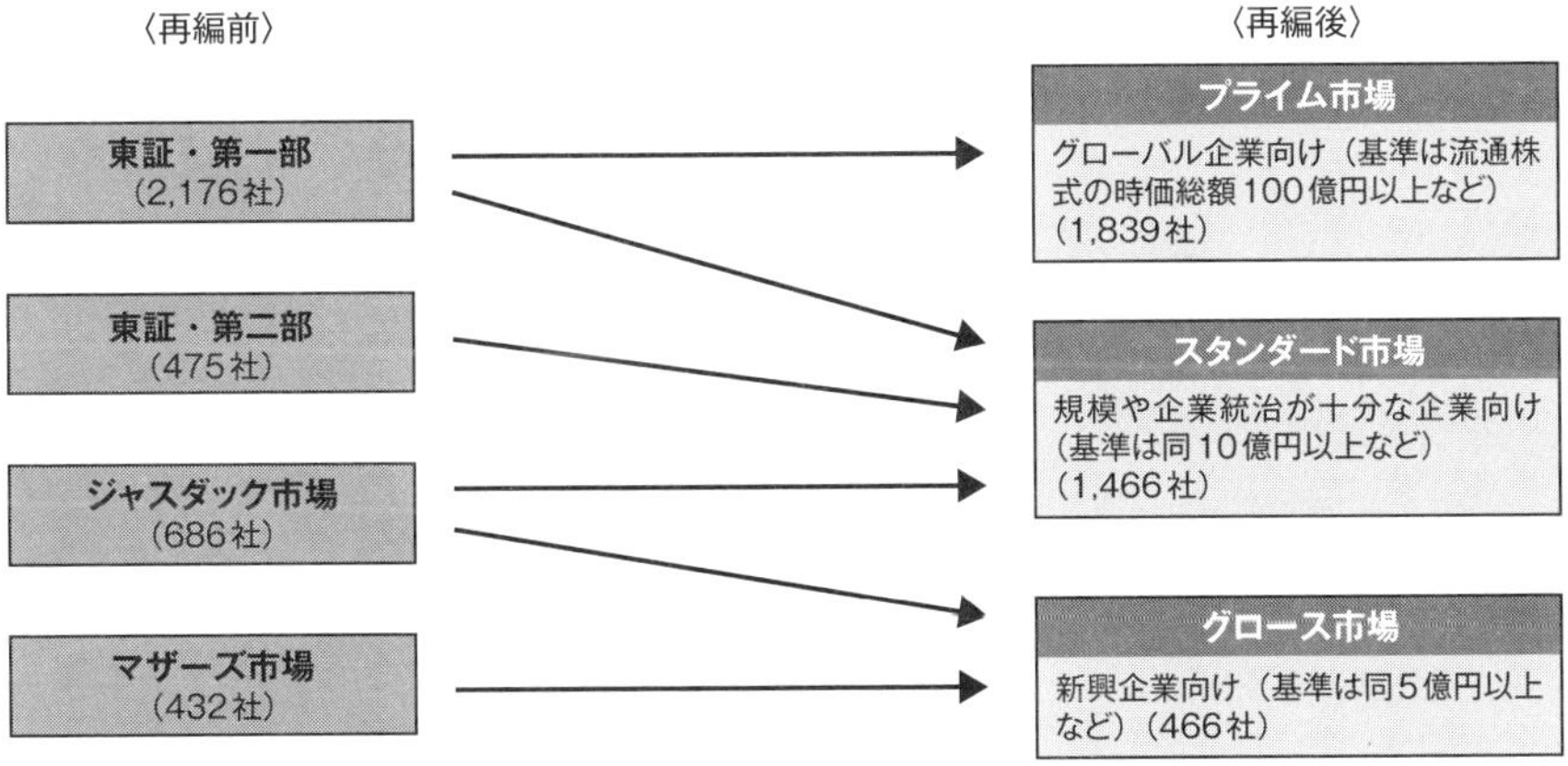

（注）再編後の社数は，再編実施の2022年4月初時点.

東証において行われている。このほかに大阪証券取引所（大証）があったが、現在では株式を取り扱っていない★。

東証の上場会社は、約三八〇〇社である。これに対し、名証は約二八〇社、福証は約一一〇社、札証は約六〇社となっている（その多くは、東証との「重複上場」である）。

3 東証の市場再編

東証では、これまで本則市場（一部、二部）と新興企業向け★の「マザーズ」と「ジャスダック」という四つの市場を運営してきた。二〇二二年四月に、これを「プライム市場」「スタンダード市場」「グロース市場」の三市場に再編した（図4-12）。この市場再編は、各市場のコンセプトや位置づけを明確にし、国内外から幅広く投資マネーを呼び込むことを目的として行われた。プライム市場は、海外投資家にとっても売買の対象となる「グローバル企業」向けであり、流通株式★の時価総額★が一〇〇億円以上などの条件を満たすことが必要とされる。スタンダード市場は、規模や企業統治が十分な企業向けとされ

Proprietary Trading System の略。証券会社が独自に取引システムを構築して、東証での取引が終了したあとの夜間取引などを可能としている。

大阪取引所＝東証と大証は、二〇一三年に持ち株会社（日本取引所グループ）のもとで経営統合を行った。その際に、大証は株式取引を東証に移管してデリバティブの専門市場となり、名称を「大阪取引所」に変更した。

新興市場＝成長性の高い新興企業（ベンチャー企業）に資金調達の場を提供するための市場。東証の旧マザーズやジャスダックのほか、名証の「ネクスト」（旧セントレックス）、札証の「アンビシャス」、福証の「Qボード」がある。いずれも、本則市場よりも上場基準が緩く、株主数や時価総額など一定

ており、時価総額が一〇〇億円以上などの条件をクリアする必要がある。グロース市場は、成長性の高い新興企業向けである。ただし、①旧一部上場企業の八割以上がそのままプライム市場に移行したこと、②基準を満たしていなくても、改善に向けた計画書を提出すればプライム市場に移行できる経過措置が用意されたこと、などから改革が中途半端なものになったとの批判もある。

4 取引所取引の概要

ここで、証券取引所における株式取引の概要についてみることとしよう。

（1）立会時間　証券取引所では、一定の時間を定めて取引を行う。これを「立会時間」という。東証の場合、午前中の取引は九時〜一一時三〇分（これを「前場《ぜんば》」という）、午後の取引は一二時三〇分〜一五時（これを「後場《ごば》」という）となっている。★ それぞれの時間帯の取引の始値は「寄り付き」（前場は寄り付き、後場は後場寄り付き）、取引の終わりの価格は「引け」（前場は前引け、後場は大引け）という。寄り付きと引けの間に継続的に行われている取引は「ザラ場」と呼ばれる。

（2）売買単位　株式の売買単位のことを「単元株★」といい、原則として株式の売買は、単元株の整数倍で行われる。単元株は、従来、上場企業が決めることができ、企業によってまちまちであったが、二〇一八年に、すべての上場企業の売買単位が一〇〇株に統一された。このため、各銘柄の最低購入金額は、「株価×一〇〇」で計算できる（たとえば、株価が八〇〇円の銘柄は八万円で購入できる）。

（3）発注方法　証券取引所に注文を出すことができるのは、会員となっている証券会社のみである。このため、一般の投資家が株式を売買したい場合には、証券会社に注文を出すことになる。注文の方法としては、値段を指定しない「成行《なりゆき》注文」（銘柄・数量と売買の別のみを指定）と、売買を行う銘柄・数量と価格を指定する「指値《さしね》注文」とがある。また、普通の取引（現物取引）のほかに、証

券会社からお金や株券を借りて取引を行う「信用取引★」という手法もある。

(4) 売買の成立方法　証券取引所における株式の売買は、かつては人手により行われていたが、現在は取引所の売買システム★により、コンピュータで処理されている。売買の成立は、「オークション方式」と呼ばれる方法により行われ、以下の三つの原則によって、売り注文と買い注文を付け合わせて、売買が成立する仕組みとなっている。

イ　成行優先の原則　成行注文は、指値注文よりも優先される。

ロ　価格優先の原則　指値注文の場合には、買い注文については高い価格の注文が優先され、売り注文については低い価格の注文が優先される。

ハ　時間優先の原則　同じ値段の指値注文については、先に出された注文が優先される。

5 株価指数

株式市場では、日々、数多くの株式が取引されるため、値上がりする株式がある一方で、値下がりする株式もある。このため、株式相場が全体として上昇したのか下落したのかという市場全体の動向を把握するためには、個々の株価を総合化した「株価指数」が用いられる。代表的な株価指数としては、以下のようなものがある。

(1) 日経平均株価指数　東証プライム市場の上場銘柄のうち、市場を代表する二二五銘柄を対象とした株価平均型の株価指数である。「日経平均」「日経225」などとも呼ばれ、日本経済新聞社が算出している。ニュースや新聞で報道されることが多く、最も代表的な株価指数となっている。日経平均株価指数の長期的な推移は、図4-13のとおりである。

(2) TOPIX（東証株価指数）　旧東証一部に上場する全銘柄の「時価総額」（株価×上場株式数）の合計金額を、基準日（一九六八年一月四日）を一〇〇とした指数で示した時価総額型の指数であり、

の要件を満たしていれば、設立間もない企業や赤字の企業でも上場ができる。

流通株式＝上場株式のうち、大株主や役員等の所有分や発行企業が持つ自己株式など、その所有が固定的でほとんど流通可能性が認められない分を除いた株式のこと。

時価総額＝「株価×発行済株式数」で計算され、その企業の規模を示す。

取引時間の延長＝東証では、二〇二四年度に、取引時間を三〇分延長して一五時三〇分までにする予定である。これにより、一日の取引時間は五時間三〇分となる。

単元株制度＝従来、株式には「額面」が定められていたが、現在はすべて「無額面株式」となっている。代わり

に、企業が売買単位を決めることのできる「単元株制度」が導入され、企業は一定数の株式を「一単元」として定めることができる。一単元の株式に対して、一つの議決権が付与される。

信用取引＝現金や株式を「委託保証金」として証券会社に預け、証券会社からお金を借りて株式を買ったり、株券を借りてそれを売ったりする取引のこと。①手持ち金額以上の取引ができる（保証金の最大三・三倍まで）、②「空売《からう》り」（手元に持っていない株式を借りて売ること）により株価下落時にも利益を出せるといったメリットがある。信用取引は、予想したとおりの値動きになれば大きなリターンが期待できるが、反対の値動きとなった場合の損失リスクも大きい。

図 4-13 日経平均株価指数の長期推移（月終値，1985年1月～2022年12月）

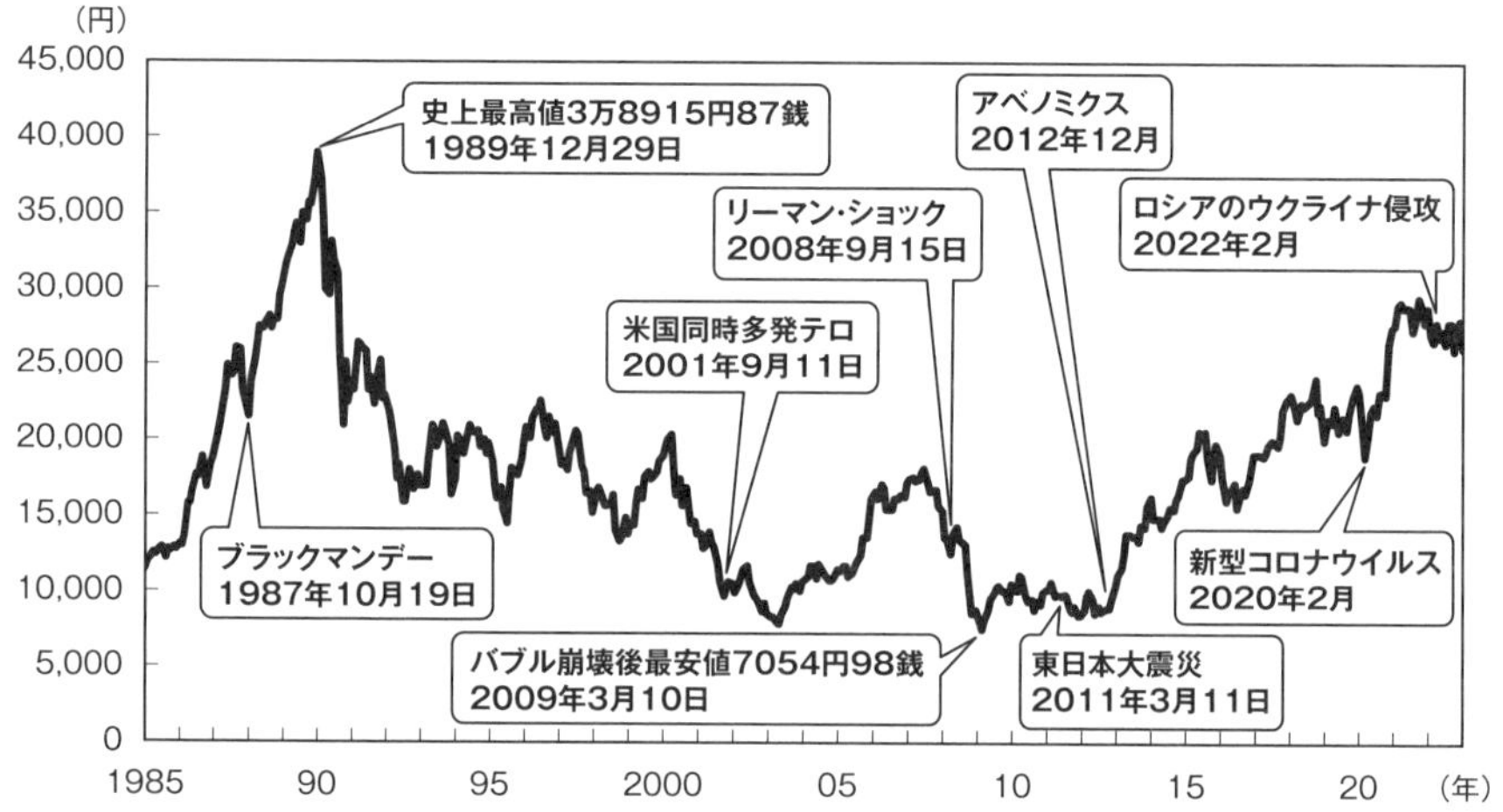

（出所） 日銀HP，日経平均資料室HPほか.

東証が公表している。日経平均株価に比べて、①対象としている株式の範囲が広い、②サブ・インデックス（規模別、業種別など）が設けられている、などの特徴がある。TOPIXは、市場全体の動きを反映する指数であるため、ファンドなどの運用成績を判断する「ベンチマーク」としても利用される。なお、上述した東証の市場再編によってTOPIXも見直され、「流通株式時価総額」が一〇〇億円未満の企業については、構成比率を段階的に引き下げたうえで、最終的には指数から除外されることになっている。

6 株価水準の尺度

株価が割安であるか割高であるかを判断するうえでは、いくつかの尺度（投資指標）が用いられる。このうち、最も代表的なものとして、配当利回り、PER、PBRなどがある。

（1） 配当利回り 株価に対する配当金（年間）の割合を示す指標であり、投資金額（株価）とリターン（配当）の関係を示す。配当利回り

東証の売買システム＝東証では、「アローヘッド」という売買システムにより取引を処理している。注文処理は、二〇〇マイクロ秒（マイクロは一〇〇万分の一）といった超高速で行われる。

株式の配当利回り＝東証プライム市場の上場企業の平均配当利回り（有配会社）は次のとおりである。

2019年	2.03%
2020年	2.14%
2021年	1.86%

は、一株当たりの年間配当金を現在の株価で割って求める。★たとえば、一株当たりの年間配当額が六〇円であるA社の現在の株価が二〇〇〇円であったとすると、配当利回りは、三％（60円÷２０００円×１００）となる。配当金額が同じであっても、株価が上がると配当性向は下がり、株価が下がると配当利回りは上昇するという関係にある。

（２）ＰＥＲ（株価収益率）　株価が「一株当たり利益」の何倍になっているかを示すものであり、企業のあげる収益と株価との関係を示す。株価を一株当たりの利益（税引き後利益）で割って算出し、一般にPrice Earnings Ratioを略して「ＰＥＲ《ピーイーアール》」といわれる。株価が一〇〇〇円で一株当たりの利益が五〇円であるとすると、ＰＥＲは二〇倍となる。つまり、株式が年間の利益の何倍まで買われているかを示す指標である。一般には、ＰＥＲが低い銘柄は割安、高い銘柄は割高と判断される。具体的には、同業他社との比較や、同一銘柄の過去との比較などにおいて、ＰＥＲを用いて株式が割高か割安かを判断することが多い。

（３）ＰＢＲ（株価純資産倍率）　株価が「一株当たり純資産」の何倍まで買われているかを示すもので、企業の純資産と株価の関係を表す。株価を「一株当たり純資産」で割って算出し、一般にPrice Book-value Ratioを略して「ＰＢＲ《ピービーアール》」と呼ばれる。純資産とは、企業の「総資産から負債を差し引いたもの」であり、もしその企業が解散されることになった場合には、その部分が持ち株数に応じて分配され、株主に返還される。つまり、一株当たり純資産とは、一株を有する株主がもらえる「会社の解散時の価値」を意味する。

一般に、ＰＢＲが低い銘柄は割安、高い銘柄は割高と判断される。特に、ＰＢＲが一倍を下回っている場合には、株価が解散時に受け取れる価値よりも低いことになるため、割安であると判断される。たとえば、一株当たり純資産が一〇〇〇円であるのに対し、株価が九〇〇円である場合には、ＰＢＲは〇・九倍となり、一般的には割安であるとみられる。

第8節　金利の変動

❶ 景気動向に伴う金利の変動

各市場の金利は、相互に連動しつつ、全体として上昇したり低下したりするが、こうした変動のうちで最も重要なのは、景気動向に伴う変動である。景気動向に伴う金利の変動は、主として企業による資金需要の増減によって生ずる。企業が資金を借りるのは、その資金を用いて事業を行うことによって、借入金利を上回るだけの利益をあげることができると考えるためである。したがって、利益を多くあげられるような経済環境になれば、企業の資金需要は増加して、その結果、需給が引き締まり、金利が高くなる。一方、あまり利益が見込めない環境となれば、資金需要は減少し、金利は低くなる。この点を景気変動の局面と関連させて説明すると次のとおりである。

（1）景気の後退局面　景気が悪くなると、企業では売上げが低下するため、生産は減少し、利益も落ち込む。このため、借入れに対する資金需要は減少し、銀行の貸出は減少して、貸出金利は低下する。企業への貸出が減少すると、銀行はその分の資金を債券の買入れに向けるため、債券価格は上昇し、債券の流通利回りは低下する。このように、景気の後退期においては、貸出金利と債券利回りとが、ともに低下する。

（2）景気の回復局面　金利が低下すれば、企業にとっては金利負担が軽くなるため、やがて借入れに対する資金需要は増加する。これに伴って、企業活動が刺激されて景気は回復し、生産活動は活発化する。景気回復の初期においては、供給できる資金が潤沢であるため、金利はただちには上昇しないが、景気拡大が持続すると、やがて資金需給が逼迫し、金利は上昇しはじめる。企業への貸出が

図 4-14 イールドカーブの形状

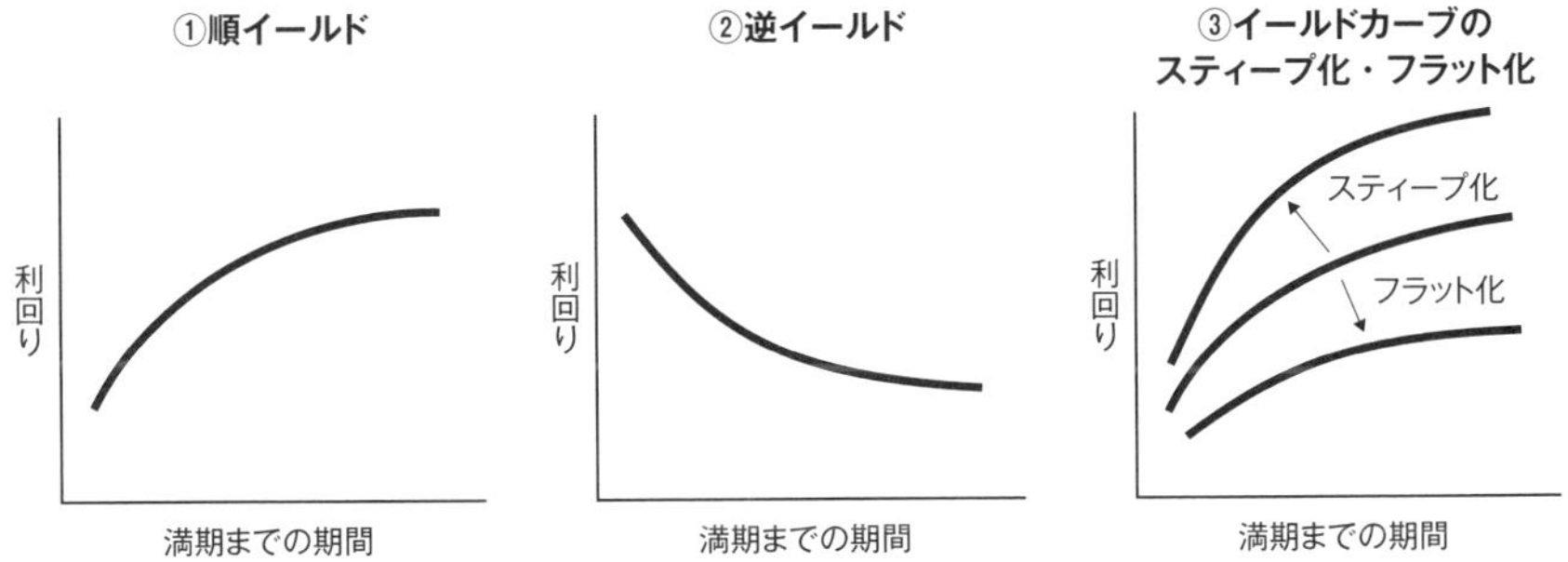

増加すると、銀行は保有していた債券を売却するため、債券価格は下落して、債券利回りは上昇する。このように景気の回復局面においては、貸出金利と債券利回りとが、いずれも上昇することになる。

2 長短金利とイールドカーブ

金利は、一般的に短期金利と長期金利に分けて論じられることが多いが、短期金利と長期金利の関係を考えるうえでの便利なツールとして、「イールドカーブ」がある。

(1) イールドカーブ（利回り曲線） 債券の残存期間（満期までの期間）と金利の関係をグラフで表したものを「イールドカーブ」（利回り曲線）という。縦軸に利回り（金利）、横軸に残存期間をとってグラフにすると、図4-14のような曲線が描ける。これがイールドカーブである。

(2) 順イールドと逆イールド イールドカーブの形状には、順イールドと逆イールドの二種類がある。「順イールド」とは、右上がりの形状のイールドカーブである（図4-14の①）。これは、残存期間が長くなるほど、金利が高くなることを意味しており、通常イールドカーブは、このように右上がりとなることが多い。

一方、右下がりのイールドカーブを「逆イールド」という（図

4-14の②）。これは、残存期間が長くなるほど、金利が低くなることを意味しており、金融引締めのピーク時などに、一時的に現れることがある。近い将来の景気後退を示すサインとしても注目される。

（3）傾きのスティープ化とフラット化　イールドカーブが、同じ右上がり（順イールド）であっても、その傾きにはいろいろな場合がある。イールドカーブの傾きが従来よりも急になることを「スティープ化」という。一方、傾きが緩やかになることを「フラット化」という（図4-14の③）。イールドカーブがスティープ化するかフラット化するかは、先行きの金利の動きを市場参加者がどのように予想するかによって決まってくる。一般的には、景気拡大や金融引締めなどにより先行きの金利が上がると予想されるとスティープ化し、景気後退や金融緩和などの予想により、従来の想定よりも金利先安観が出てくると、フラット化することになる。

❸ 金利の期間構造の理論

では、どうしてイールドカーブには、いろいろな形状や傾きがあるのだろうか。一般に、金利と期間との関係（構造）を「金利の期間構造（ターム・ストラクチャー）」という。この金利の期間構造を説明する理論として、以下では、代表的な二つの理論を説明しておこう。★

（1）純粋期待理論　一つ目の理論が「純粋期待理論」であり、これは「長期債の利回りは、短期債の予想利回りの平均値と同じ水準に決まる」という理論である。たとえば、「現在の一年債」の金利が二%であり、「一年後の一年債」の金利が四%になると予想されているものとする。この場合、純粋期待理論によると、「現在の二年債」の金利（理論値）は、両者の平均である三%に決まることになる（図4-15）。つまり、一年債で一年ずつ二回運用しても、二年債で二年間運用しても同じになるように金利が決まるということである。

★**市場分断仮説**＝このほかに「市場分断仮説」がある。これは、金融市場は短期と長期の二つの市場に分かれており、調達者や運用者が異なっているため、短期金利と長期金利は別々の要因によって、それぞれ独立して決定されるとする理論である。

図 4-15 純粋期待理論の具体例

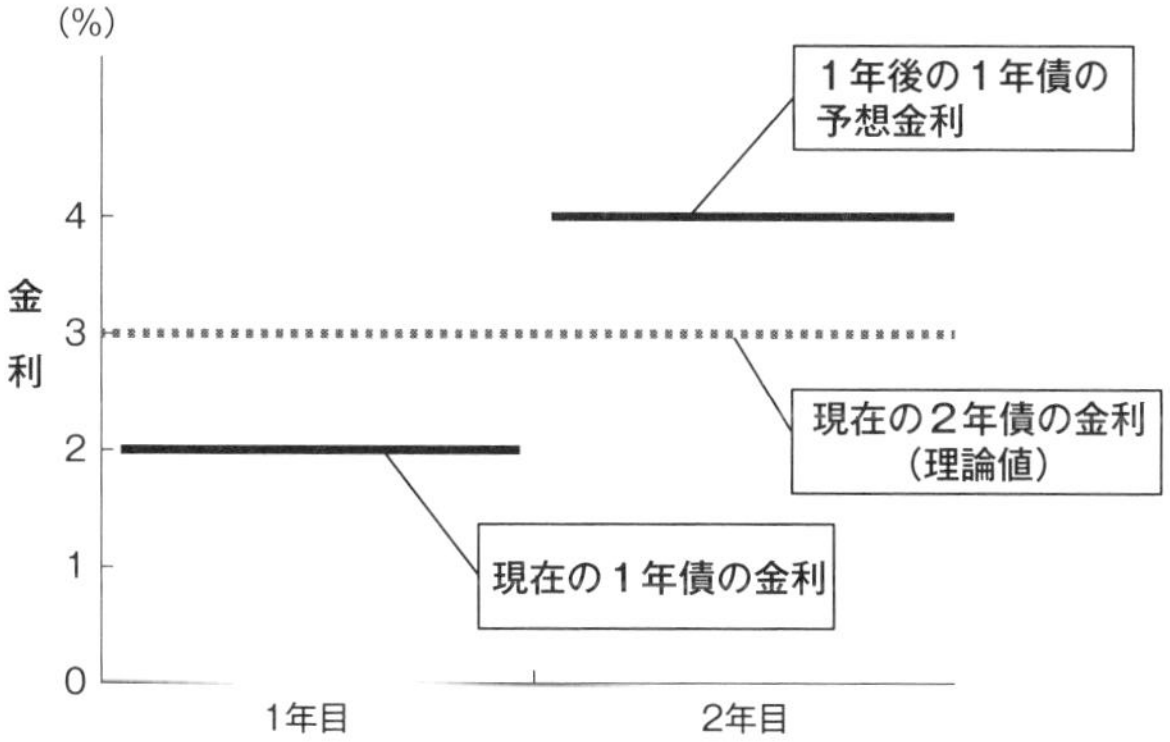

イ　順イールドと逆イールド　この期待理論によると、先行きの短期金利の上昇が予想される場合（景気拡大、金融引締めの予想）には、イールドカーブは右上がりの順イールドになる。上記の例のように、一年目の一年債の金利が二％、二年目の一年債の金利が四％と予想されているとすると、二年債は三％となり、イールドカーブは右上がりとなる。つまり利回りは、満期までの期間が長い債券のほうが高くなるのである。

一方、先行きの短期金利の低下が予想される場合（景気後退、金融緩和の予想）には、イールドカーブは右下がりの逆イールドになる。たとえば、一年目の一年債の金利が四％、二年目の一年債の金利が二％であると予想されているとすると、二年債は三％となって、イールドカーブは右下がりとなる。

ロ　イールドカーブの傾きの変化　期待理論によると、先行きの短期金利の上昇予想が強まった場合には、傾きがスティープ化することになる。たとえば、一年物の金利が一年目に二％、二年目に三％と予想されていれば、二年物の金利は二・五％となるが、二年目の予想金利が四％に上昇すれば、二年物の金利は三％となって、傾きがスティープ化することになる。逆に、将来の金利上昇予想が弱まった場合には、傾きはフラット化することになる。このようにイールドカーブの形状の変化からは、市場関係者の先行きの金利予想の変化を読み取ることができる。

（2）流動性プレミアム仮説　金利の期間構造を説明する二つ目の理論として「流動性プレミアム仮説」がある。これは、資金の運用期間が長くなるほど、不確実性（将来の金利の変動によるリスク）が高まるため、長期金利は不確実性の分だけ短期金利よりも高くなるという理論である。短期金利に上乗せされる部分は「リスク・プレミアム」と呼ばれる。また、このリスク・プレミアムは、期間が長いほど大きくなる傾向があるため、「期間プレミアム」とも呼ばれる。この理論は、将来の運用にはリスクが伴うため、そのリスク分の金利を上乗せしなければ、投資家は長期の投資を行わないという考え方に基づいている。この理論は、実際のイールドカーブが通常「短期金利＜長期金利」となり、順イールド（右上がり）となっていることと整合的である。

（3）二つの理論の組合せ　ここまでみた純粋期待理論と流動性プレミアム仮説を組み合わせると、「長期金利＝予想短期金利の平均＋期間プレミアム」となる。予想される一年物の金利が、各年ごとに二%、四%、六%、八%とし（平均は五%）、期間プレミアムが一%とすると、理論的には、四年物の金利は六%（五%＋一%）に決まることになる。もちろん、現実の市場金利は、理論値どおりに動くとは限らないが、こうした理論を知っておくことは市場金利の動きを考えるうえでの参考となろう。

（4）長短金利の推移　代表的な長期金利である長期国債一〇年物利回りと短期金利の代表であるコールレートの動きをみたのが、図4-16である。日本銀行が、二〇一三年に「異次元の金融緩和」を導入したことにより、長短の金利水準は歴史的な低金利となった。また二〇一六年には、短期金利をマイナスに誘導する「マイナス金利政策」や長短金利を操作する「イールドカーブ・コントロール」の政策を導入したことを受けて（詳細は第11章を参照）、コールレートはマイナス領域、長期国債利

期待インフレ率＝将来、予想される物価上昇率のこと。「予想インフレ率」ともいう。

フィッシャー方程式＝米国の経済学者アービング・フィッシャーが導き出した理論であるため、このように呼ばれる。

図 **4-16** 長短金利の推移

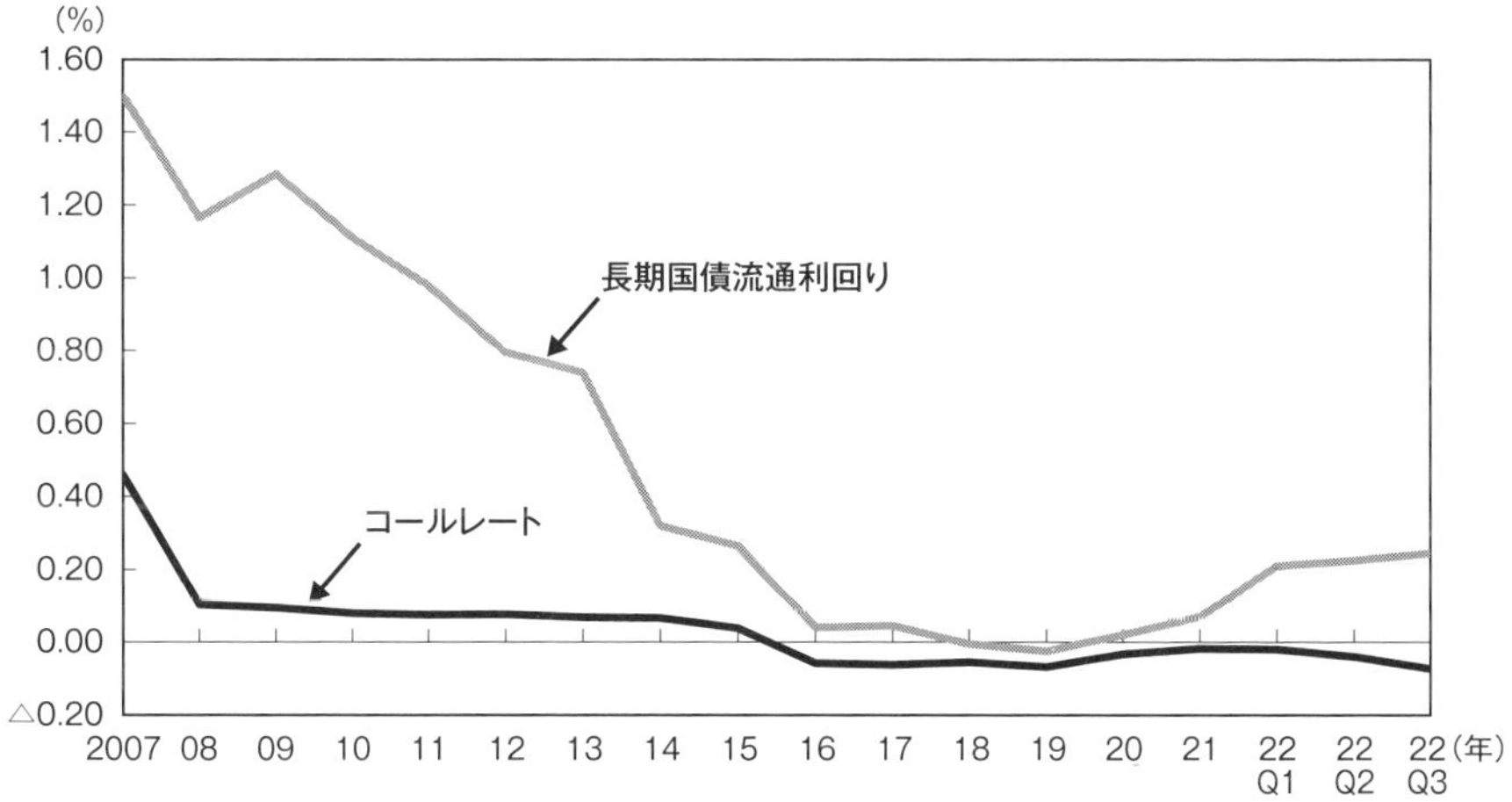

（注） 1. コールレート＝無担保コールレート・オーバーナイト物（年・期末）.
2. 長期国債流通利回り＝長期国債（10年）新発債流通利回り（年・期末）.
（出所） 日本銀行「金融経済統計月報」.

回りは〇・二五％近傍という異例の低金利となっている。

4 名目金利と実質金利

金利に関する重要な概念として、名目金利と実質金利がある。ここまで説明してきた預金金利・貸出金利など、われわれが普段目にしている金利は、いずれも「見かけの金利」という意味で「名目金利」と呼ばれる。一方、名目金利をインフレ率（物価上昇率）で修正した金利のことを「実質金利」という。

（1）フィッシャー方程式　実質金利と名目金利の関係は、「実質金利は、名目金利から期待インフレ率★を引いたものである」という関係にある（図4-17の（a））。これは、「名目金利は、実質金利に期待インフレ率を加えたものに等しい」と言い換えることもできる（図4-17の（b））。これらの式を「フィッシャー方程式★」という。

こうして算出される実質金利とは、何を意味するのだろうか。たとえば、預金の名目金

図 4-17 フィッシャー方程式

(a) 実質金利 ＝ 名目金利 － 期待インフレ率

(b) 名目金利 ＝ 実質金利 ＋ 期待インフレ率

利が五％であったとしても、インフレ率が三％で、その分、通貨の価値が目減りするものとすると、預金者にとっての実質的な手取りの増加は二％にとどまる。一方、企業の借入金利が一〇％であったとしても、インフレ率が七％であり、その分、返済の負担が減るものとすると、企業にとっての実質的な負担は三％にとどまることになる。

(2) 実質金利の重要性　預金や貸出などの取引は、いずれも名目金利によって行われているが、実際の経済活動（企業の投資行動や家計の消費行動など）に影響を与えるのは実質金利であるというのが経済学の教えるところである。たとえば、企業の借入金利（名目金利）が五％であったとしても、返済までの期待インフレ率が同じく五％であれば、実質金利は、ゼロ％（五％－五％）となり、企業にとっての実質的な負担はゼロとなる。こうしたケースでは、企業は、資金をどんどん借り入れて積極的に設備投資をしようとするため、景気は加速する。したがって、景気（経済活動）を考えるうえでは、実質金利をみることが重要となる。

(3) 高インフレ期の実質金利　期待インフレ率が高い場合の実質金利を考えてみよう。たとえば、名目金利が一〇％と高い水準にあったとしても、期待インフレ率が九％と高い場合には、実質金利はわずか一％（一〇％－九％）にとどまることになる。このように高い物価上昇率が続き、人々の期待インフレ率が高い状況では、名目金利が高くても、実質金利は低くなる。こうした状況では、中央銀行が金融引締めを行って、金利（名目金利）を引き上げても、（高いインフレを予想する）借り手にとっての実質金利は低いため、経済活動は引き続き活発に行われ、景気の過熱や高インフレが続く。このように、人々の期待インフレ率が高いと、金融引締めは効きにくくなる。こうした状況は、一九八〇年代の高インフレ期に実際に発生した。

(4) デフレ期の実質金利

次にデフレ期における実質金利について考えてみよう。たとえば、名目金利が一%とかなり低い状態にあったとしても、デフレが続いたことにより、人々の期待インフレ率が△二%とマイナスになっている場合には、実質金利は三%(一%−△二%)と高止まりすることになる。このようにデフレ下で期待インフレ率がマイナスになっている状況のもとでは、中央銀行がいくら金融緩和を行って名目金利を引き下げても実質金利は高止まるため、なかなか景気低迷を脱却することができない。つまり、金融緩和による景気刺激がきわめて難しい状態となる。こうした状況は、わが国における一九九〇年代後半以降の長期デフレ期に実際に発生している。

こうした時期に、中央銀行が何らかの方法で、期待インフレ率を高めることができれば、実質金利は低下し、景気に好影響を与えることができるものと考えられる。たとえば、名目金利が一%のままで、期待インフレ率を二%にまで高められれば、実質金利は△一%(一%−二%)とマイナスの領域にまで低下し、実質的な負担の減った企業は資金を借りやすくなるものとみられる。黒田東彦総裁のもとでの日本銀行の「量的・質的金融緩和」(異次元の金融緩和)では、こうした実質金利の低下による経済効果を目指して大胆な政策が導入された。しかし、その後の経験により、中央銀行が人々の期待形成に働きかけて、期待インフレ率を引き上げることは容易ではないことが明らかとなっている。

(5) 期待インフレ率の測定

上記の説明における「期待インフレ率」は、「予想されている物価上昇率」であって、実績としてのインフレ率ではない。期待インフレ率は、人々の将来予想であって直接観察できないため、①家計や企業に対するアンケート調査を用いる(サーベイベースのインフレ予想）、②物価連動国債★の「ブレーク・イーブン・インフレ率★」（BEI）を利用する（市場ベースのインフレ予想）、などによって推計するという方法がとられる。ただし厳密な計測は困難なことから、実際には、便宜的に「直近の物価上昇率」（実績）を期待インフレ率とみて、実質金利を求めることも多い。

物価連動国債＝元本額（およびそれに応じた利息）がインフレ率に連動して増減する国債。

ブレーク・イーブン・インフレ率＝通常の国債の利回りから物価連動国債の利回りを差し引いて算出する。これは、市場参加者の予想する将来のインフレ率を示す指標として用いられる。

【補論】わが国における金利自由化の歩み

❶ 規制から緩和へ

わが国では、戦後、長らく規制色の強い金融行政(業態別規制と金利規制)が採られてきた。このうち金利規制の面では、「臨時金利調整法」(一九四七年)による「人為的低金利政策」がその中心であった。同法では、当初は貸出金利には最高限度が、預金金利には種類別の上限が設けられていた。その後、前者は民間銀行の自主的な申し合わせに、後者は日本銀行によるガイドライン方式に変更された。

こうした諸規制は、一九八〇年前後から、急速に見直されることとなった。その背景には、①国債の大量発行による国債流通市場の拡大、②企業の手許余裕資金の増加と運用の場としての短期金融市場の発展、③個人金融資産の増加と金利選好意識の高まり、④金融市場に対する海外からの開放圧力の増大、などの諸事情があった。

❷ 預金金利の自由化

預金金利の自由化は、以下のように、約一五年をかけて漸進的に行われ、その結果、各金融機関では、横並びを脱し、自らの判断に基づいて預金金利を自由に設定できるようになった。

(1) 譲渡性預金(CD)の導入　一九七九年に、譲渡性預金(CD)が初めての自由金利の預金として導入された。導入時には最低預入金額は五億円であったが、その後逐次引き下げられ、最終的には制限はなくなった。

(2) 大口定期預金の金利自由化　一九八五年からは、大口定期預金の金利自由化が進められた。金利自由の大口定期の最低預入金額は、当初一〇億円であったが、段階的に引き下げられ、一九八九年には一〇〇〇万円以上の定期預金の金利が自由化された。

（3）小口定期預金の金利自由化　一九八九年からは、一〇〇〇万円未満の小口定期預金の金利自由化が進められた。「スーパーＭＭＣ」（市場連動型預金）に次いで、「スーパー定期」（自由金利型預金）が導入された。いずれも最低預入金額は三〇〇万円であったが、一九九三年には両者の最低預入金額が廃止され、定期預金の完全自由化が達成された。

（4）流動性預金の金利自由化　一九九四年には、普通預金の金利が完全に自由化された。これによって一連の金利自由化が完了したが、ＣＤの導入による自由化の開始からは約一五年を要するという長い道のりとなった。

第2部

金融の包括的構造

第5章　資金循環の構造

わが国では、さまざまな経済活動が行われているが、そうした活動には何らかのかたちで「お金」（資金）のやりとりを伴うことが多い。こうした資金の動きは、家計、企業、政府、金融機関などの「部門」の間でやりとりされ、また内容的には、現金、預金、貸出、株式、債券などの形態（取引項目）で取引が行われる。こうした一国における部門別、取引項目別の包括的な資金の流れをみるための統計が「資金循環統計★」である。

第1節　資金循環統計の概要

❶ 資金循環統計とは

「資金循環統計」は、一国で生じる「金融取引」や、取引の結果として各部門が保有する「金融資産」や「金融負債」の残高を、家計、企業、政府といった「部門ごと」、預金、貸出、株式などの「取引項目ごと」に分けて記録した統計である。

たとえば、家計が消費を行ったり、企業が投資を行ったりすると、現金や預金などのかたちで資金

資金循環統計＝国内の金融機関、法人、家計といった各経済主体の金融資産・負債の残高や増減などを記録した統計。日本銀行が作成している。

調整表＝基本的には、「ストック表」の期初と期末の差額は、「フロー表」の金額に一致する。ただし、期中に株価や為替レートが変化すると、差額がフローの金額に一致しない。こうしたストック表とフロー表の不一致額を調整するために「調整表」が設けられている。

が動く。また、家計が預金によって株式を購入するといった金融取引を行った場合には、家計部門が保有する金融資産の内訳が変化することになる（預金が減って株式が増加する）。このようにすべての経済活動や金融活動は、いずれも部門間の資金循環として捉えることができる。資金循環統計は、こうした一国内における資金の動きを包括的にまとめたものである。

たとえば、家計が企業から商品を購入し、その代金を銀行振込で支払った場合には、家計の持つ預金が減少して、企業の保有する預金が増える。また、企業が設備投資のために金融機関から借入れを行った場合には、金融機関部門の貸出が増える一方で、企業の金融負債が増えることになる。

2 資金循環統計の枠組み

資金循環統計では、こうしたさまざまな資金の動きを、各部門を「列」とし、金融資産・負債の項目を「行」とするマトリックス（表）で表している。

このマトリックス（資金循環統計）には、主に二つの種類がある。一つは、ある期間の資金の流れについて、金融取引によって生じた部門別の資産・負債の増減を記録したものであり、これを「金融取引表」または「フロー表」という。もう一つが、取引の結果として、一定時点で各部門が保有している資産・負債の残高を時価（期末時点の市場価格）で評価したものであり、これを「金融資産・負債残高表」または「ストック表」と呼ぶ。★

3 マトリックスの内容

（1）部門　資金循環統計では、各経済主体を「部門」として分類している。部門は大きく、①金融機関、②非金融法人企業（金融機関以外の民間企業のこと）、③一般政府、④家計、⑤対家計民間非営利団体、⑥海外の六部門に分けられている（表5−1参照）。つまり、資金循環統計は、これらの

債務証券＝国債、地方債、金融債、事業債、CP（コマーシャル・ペーパー）などであり、いわゆる「債券」のことを指す。

（単位：億円）

一般政府 ③		家計 ④		対家計民間非営利団体 ⑤		海外 ⑥	
資産（A）	負債（L）	資産（A）	負債（L）	資産（A）	負債（L）	資産（A）	負債（L）
△139,407		305,748		17,431		5,250	3,270
10,340							
4,515	23,284	△198	66,325	171	1.930	157,077	126,195
66,792	422,757	△10,613		12,986		110,600	
65,947	828	64,934		522	0	15,313	
		2,320					
		295	0			0	0
19,543	2	1,464			0	2,323	27,873
1,939	3,091	714	1,030	2		7,793	10,731
7,733	4,985	27,212	11,324	1,065	29	67,870	96,598
							117,365
△30,943		△9,408					△33,238
51,102	46,103					49,093	189,560
△7,718	△111,061	9,026	5,231	4,462	2,616	0	0
	△340,146		307,584		32,064		△123,035
49,843	49,843	391,494	391,494	36,639	36,639	415,319	415,319

六つの経済部門間で、資金がどのように循環しているのかを示している。

そして、これらの「部門」は、さらにいくつかの「内訳部門」に分けられている。たとえば金融機関であれば、①預金取扱機関、②保険・年金基金、③その他金融仲介機関などに、また一般政府であれば、①中央政府、②地方公共団体などに分けられており、より細かな分析が可能となっている。

（2）取引項目　取引の内容や金融商品は、「取引項目」として分類される。取引項目は、①現金・預金、②貸出、③債務証券★、④株式等、⑤金融派生商品、⑥保険・年金などに分けられている。これを使うと、どのような取引手段によって、部門間を資金が循環したのかを分析することができる。

表 5-1 金融取引表（フロー表）の主要部門と取引項目（2021年度）

		金融機関 ①		非金融法人企業 ②	
		資産（A）	負債（L）	資産（A）	負債（L）
A	現金・預金	339,642	585,410	60,016	
B	財政融資資金預託金	26,967	37,137	△170	
C	貸出	858,840	772,506	43,691	73,856
D	債務証券	167,326	△104,009	19,957	48,300
E	株式等・投資信託受益証券	35,208	151,773	△54,801	△25,478
F	保険・年金・定型保証	△12,992	3,059	532	△13,199
G	金融派生商品・雇用者ストックオプション	0	0	0	295
H	預け金	45,647	53,053	11,956	5
I	企業間・貿易信用	△960	△174	123,781	118,591
J	未収・未払金	33,706	33,524	14,019	5,145
K	対外直接投資	42,579		74,786	
L	対外証券投資	9,230		△2,117	
M	その他対外債権債務	128,731	1,281	9,727	1,709
N	その他	△76,628	40,464	26,420	18,312
Y	資金過不足		23,272		100,261
Z	合計	1,597,296	1,597,296	327,797	327,797

（注） 部門や取引項目の詳細な内訳項目については省略.
（出所） 日本銀行「資金循環統計」.

第2節 フロー面からみた金融構造の変化

資金循環統計からは、わが国における経済活動の動きや金融構造の特徴をみることができる。フロー表（金融取引表）からは、ある期間（四半期、年間など）における部門ごとの資金の調達と運用の動向がわかる。たとえば、企業部門が外部から資金を借り入れた場合には、資金調達（負債）が増加し、家計部門が預金を増やした場合には、資金運用額（資産）が増加する。部門別の資金運用と資金調達の差額を「資金過不足」と呼び、これをみることによって、ある期間における部門ごとの資金余剰（運用超過）または資金不足（調達超過）の程度を知ることができる。

金融とは、資金が余っている人（資金余剰主体）から資金が足りない人（資金

図 5-1 家計貯蓄率の推移

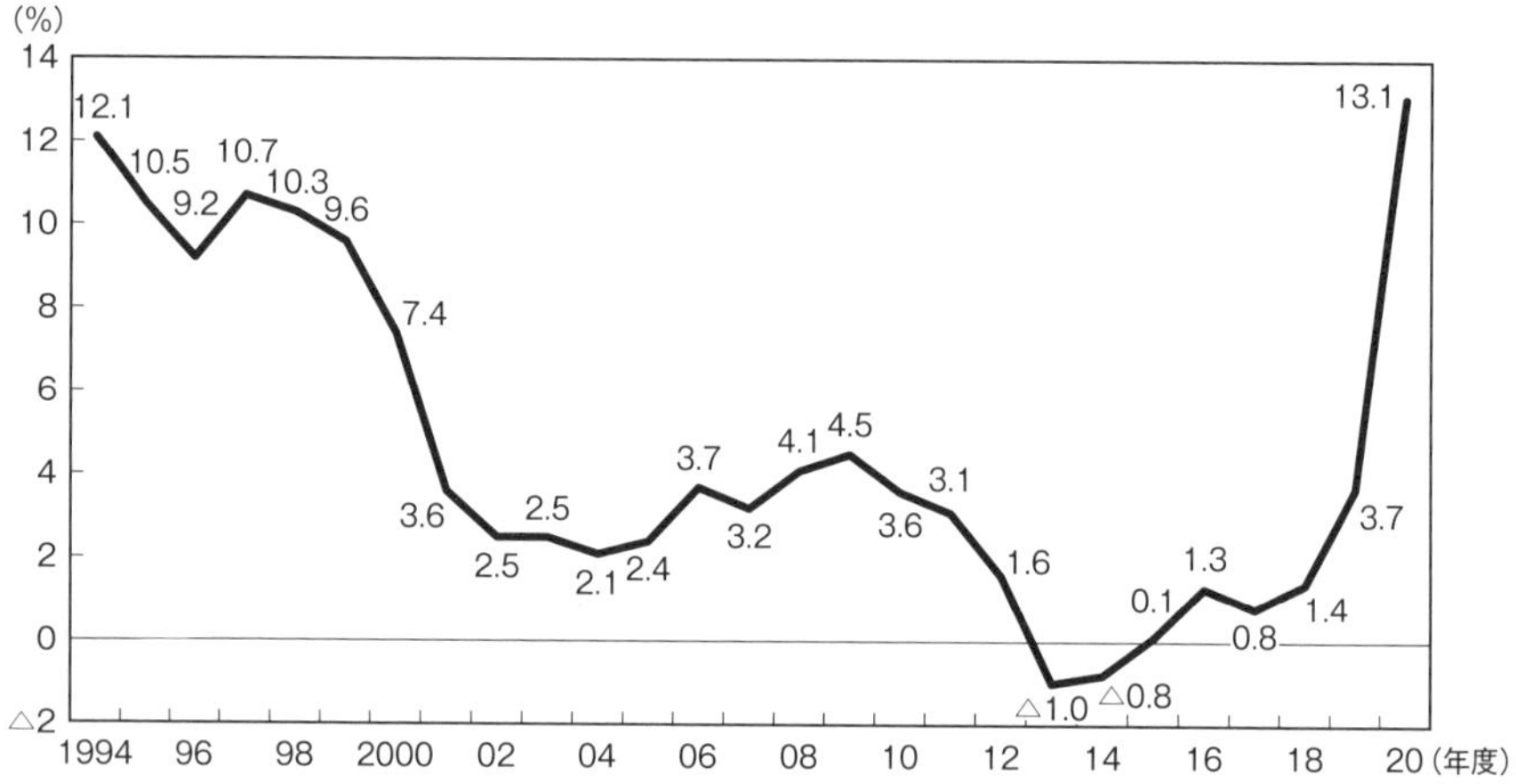

（出所） 内閣府.

不足主体）に対して資金を融通する仕組みであるため、どの部門が資金余剰で、どの部門が資金不足であるかは、資金の流れや金融システムのあり方を考えるうえで、重要な視点である。以下では、各部門の資金過不足の特徴と変化についてみる。

1 家計部門

家計部門は、一貫して資金余剰主体（資金の出し手）となっている。つまり家計では、一般に将来に備えて「消費」を「所得」よりも少なく抑えるため、その差額が「貯蓄」となって、他の部門に対して資金を供給することとなる。日本は、かつて世界で最も貯蓄率が高い国であり、大幅な資金余剰であった。「家計貯蓄率」は、一九七〇年代には二〇％以上の水準にあり、一九九〇年代後半にも一〇％台を維持していた。しかし二〇〇〇年代に入ると、貯蓄率の低下傾向がかなり顕著となり、家計の資金余剰はかつてほど大きくなくなった。こうした趨勢的な貯蓄率の低下には、高齢化の進行が大きく影響しているものとみられて

ライフサイクル仮説＝人々は、若年期には勤労所得の一部を貯蓄に回しておき、老年期には、その貯蓄を取り崩すことによって生活費を賄うという消費行動の理論。

いる。高齢者は若いときに蓄えた貯蓄を取り崩して生活するケースが多く★、一般に高齢者世帯における貯蓄率はマイナスとなる。このため社会における高齢者の割合が高まると、経済全体としての家計貯蓄率が押し下げられることになる。こうした要因により、家計貯蓄率は趨勢的に低下傾向をたどっており、二〇一三年度には特殊要因（消費税率引上げ前の駆込み消費）もあって、史上初めてマイナス（△一・〇％）となった。その後、家計貯蓄率はプラスに復帰したものの、一～三％台の低い水準にとどまっていた（図5‒1参照）。二〇二〇年度には、家計貯蓄率は一三・一％へと大幅に増加したが、これはコロナ禍による特別定額給付金の給付（多くは貯蓄に回った）や外出自粛に伴う消費の減少などの特殊要因が影響したものとみられる。

2 企業部門

一国のなかで、資金が家計部門から企業部門へと流れるのが、通常の金融の姿である。これは、企業部門（統計では「民間非金融法人企業」と呼称）が大きな資金需要を抱えており、家計部門から調達した資金で設備投資などを行うためである。実際、バブル期までは、家計部門が大幅な資金余剰である一方で、企業部門は大幅な資金不足となっていた。しかしバブル崩壊後の一九九〇年代後半には、企業部門は、一転して資金余剰に転じ、その後も二〇年以上にわたって、資金余剰の状態が続いている。これは、設備投資意欲の減退などにより、企業部門の資金需要が減少し、企業が稼ぎ出すキャッシュ・フローの範囲内に収まるようになっていることによるものである（図5‒2参照）。従来は大幅な資金不足であった企業部門が資金余剰に転じているのは、大企業の資金余剰による面が大きい（中小企業は依然として資金不足）が、いずれにしてもわが国は、基調的には「資金余剰の経済構造」になっているものといえる。

図 5-2 部門別資金過不足の推移

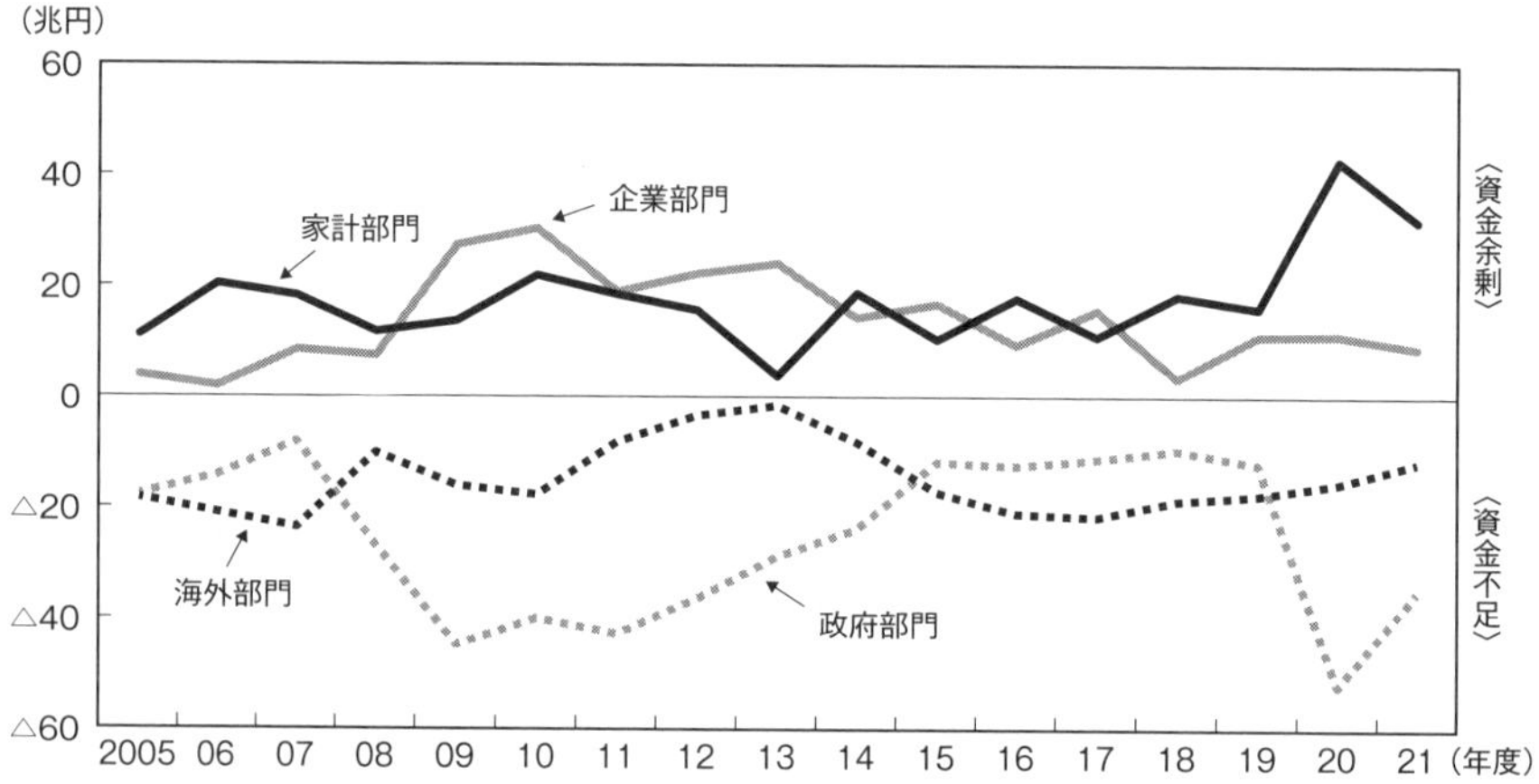

(注) 企業部門は,「民間非金融法人企業」を示す.
(出所) 日本銀行「資金循環統計」.

3 政府部門

企業部門が資金余剰に転じる一方で、政府部門(統計では「一般政府」)は、大幅な資金不足が続いている(図5-2参照)。すなわち、社会保障費などによる財政支出の増大から、わが国では政府部門が大幅な資金不足主体(借り手セクター)となっており、借入れの累積により、政府債務残高の大きさが懸念される事態となっている。このため、現在の日本経済は、国内において、家計部門と企業部門が資金余剰(貸し手)となる一方で、政府部門が最大の資金不足(借り手)であるという「いびつな構造」となっている。二〇二〇年度から二〇二一年度にかけては、コロナ禍に対応するための大規模な経済対策の実施などから、政府部門の資金不足(財政赤字)は一段と拡大した。

4 海外部門

海外部門は、一貫して資金不足となっている。これは、わが国から海外へ資金が流出していることを表している。つまり、海外への証券投資や直

直接投資＝企業が海外の現地企業に対する経営参加や支配を目的として行う投資のこと。

接投資★などにより、海外における金融資産の蓄積が進んでいる状態となっている。このことは、国内部門が、全体として資金余剰（＝貯蓄超過）となっていることを意味しており、また、この余剰額は、わが国の経常収支の黒字（資本流出）に対応するものとなっている。

第3節　ストック面からみた金融構造の変化

「ストック表」（金融資産・負債残高表）からは、ある時点（年度末など）における部門ごとの金融資産・負債の残高やその内訳を知ることができる。たとえば、家計部門の資産サイドに着目すれば、家計がどのようなかたち（預金、株式など）で資産を運用しているかがわかる。また企業部門の負債サイドに注目すれば、企業がどのようなかたち（銀行借入、債券、株式など）で資金を調達しているかがわかる。一方、金融商品に着目すれば、それがどの部門の資産（あるいは負債）になっているかを把握できる。たとえば、わが国の国債を誰が保有しているかを調べたい場合には、「国債」という取引項目に沿って、各部門の資産の項目をみていけば、各部門の保有額を知ることができる。

以下では、資産・負債残高の面から、わが国の金融構造の特徴と変化についてみることとする。

1　家計部門の資産運用

家計部門の金融資産残高は、二〇二一年末時点で二〇二三兆円と過去最高を記録し、初めて二〇〇〇兆円の大台を突破した。これは、新型コロナウイルス禍で個人消費が抑制され、その分、現預金などが積み上がったことによるものである。この家計金融資産を国民一人当たりに直すと、約一四五〇万円の資産を保有していることになる。これらの家計部門の保有資産の運用方法をみると、①現預金

図 5-3 家計部門の保有資産の構成変化

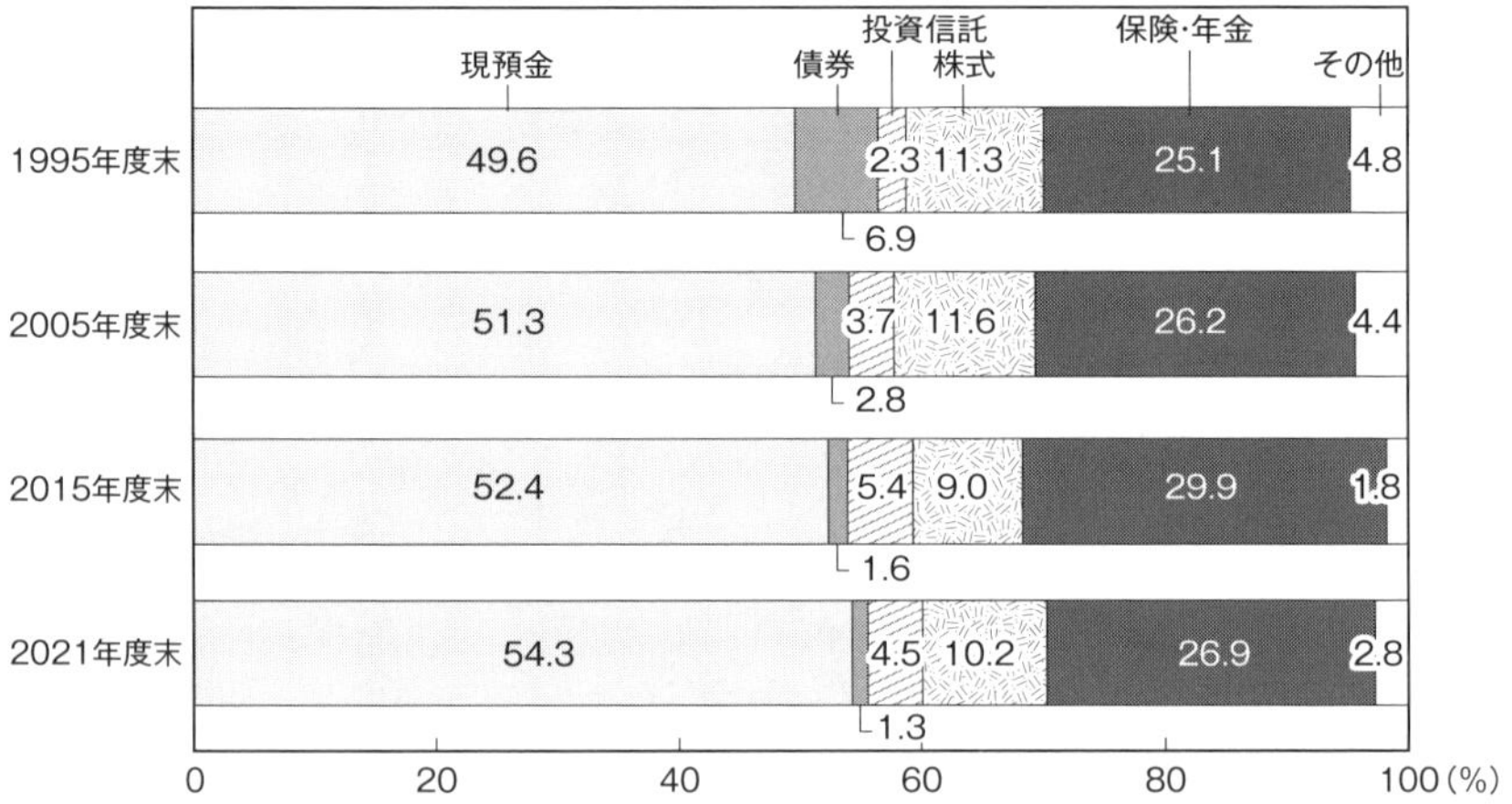

（出所） 日本銀行「資金循環統計」.

図 5-4 日米欧の家計部門保有資産の構成

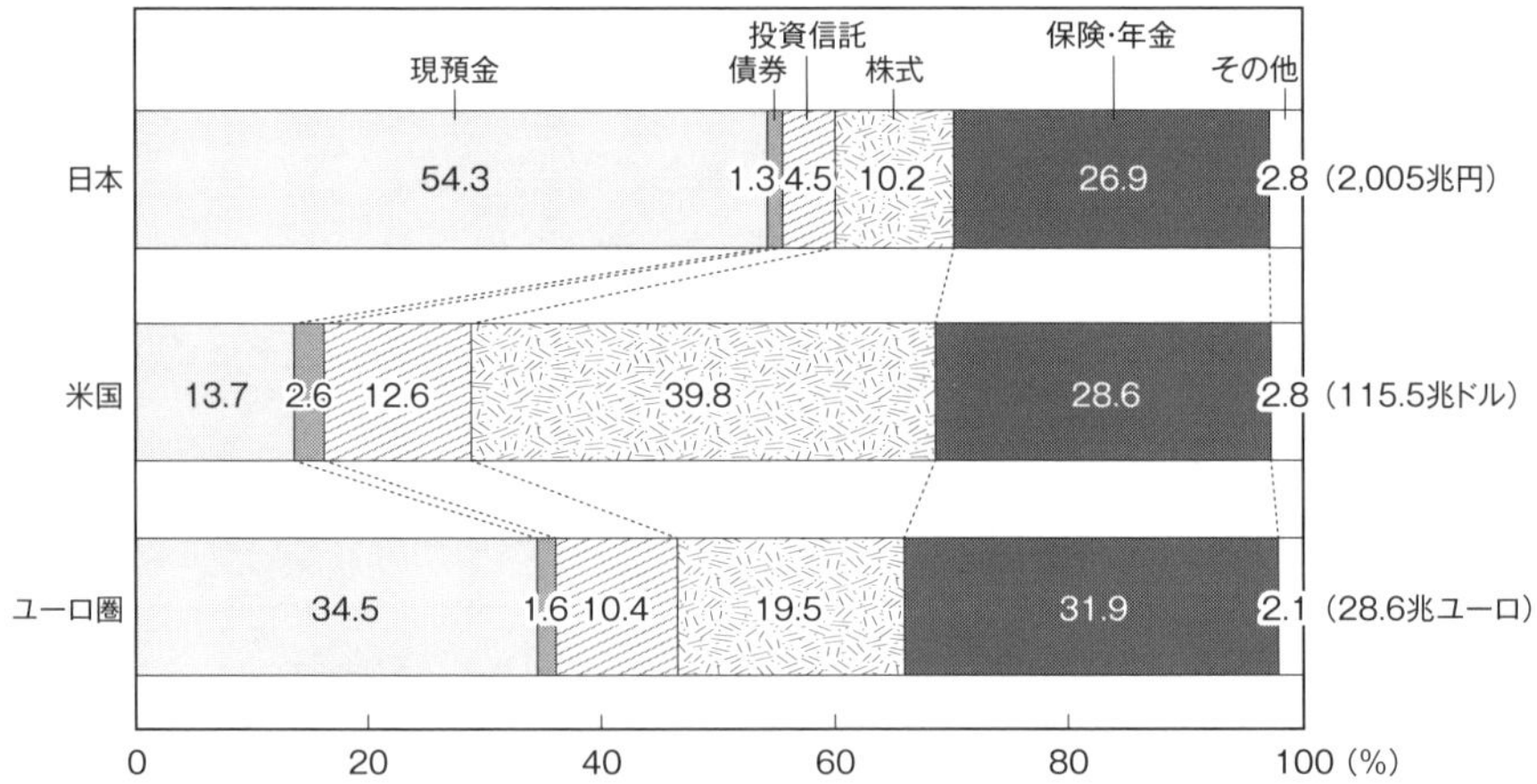

（注） データは，いずれも2022年3月末現在.
（出所） 日本銀行調べ.

が五割以上と高いウェイトを占める一方で、②株式、投資信託、債券などの「リスク資産」の比率が一五％程度と非常に低いことが特徴である。しかも、こうした傾向は、長年にわたってあまり変化しておらず（図5−3参照）、家計の金融資産が成長マネーに回っていない。また、預金などの安全な金融資産だけでは、低い利回りしか得られないことから、わが国の家計金融資産の伸びは欧米に比べて低く、必ずしも安定的な資産形成につながっていないことが指摘されている。このため、預金偏重の資産構成を是正するという政策的な見地から、株式や投資信託への少額の投資を非課税にする制度である「ＮＩＳＡ」★や「つみたてＮＩＳＡ」★が導入されている。

なお、家計部門が保有する資産の構成を日米欧で比較すると、日本では現預金の比率が五割と突出して高い一方で、米国では株式・投信などのリスク資産のウェイトが五割を超えており、両者は対照的な姿となっている。一方、欧州（ユーロ圏）は、日米の中間的な形となっている（図5−4参照）。

❷ 企業部門の資金調達

バブル期までは、企業部門の資金需要が旺盛であったことから、借入れ、株式、社債などによる調達がいずれも増加傾向にあった。しかし、バブル崩壊後は、経済の長期低迷や、バブル期に積み上げた過剰債務の圧縮を進める「バランスシート調整」の動きなどから、借入れの比率が減少してきている。この間、株式や社債による調達のウェイトは、大企業を中心とする資本市場調達へのシフトの動きから、総じて増加傾向が続いている。ただし、二〇二一年度にかけては、コロナ対応の緊急融資制度の利用などから、一転して借入金のウェイトが増加した（図5−5参照）。

❸ 民間と公的金融機関の比率

企業等への貸出を民間金融機関と公的金融機関（政府系金融機関等）に分けて両者の比率をみると、

ＮＩＳＡ＝英国のＩＳＡという制度を参考にして作られた「少額投資非課税制度」であり、愛称は「ＮＩＳＡ」（ニーサ）。毎年一二〇万円までの株式・投資信託への投資について、譲渡益や配当金に対する税金を非課税にする制度である。二〇二四年からは、制度が恒久化され、年間の投資枠が二四〇万円に拡大される予定である。

つみたてＮＩＳＡ＝毎年四〇万円までの投資が、二〇年間にわたって非課税となる投資の非課税制度。長期の積立・分散投資に適した一定の投資信託に対する投資から得られる分配金や譲渡益が非課税となる。二〇二四年からは、制度が恒久化され、年間の投資枠が三倍の一二〇万円に増える予定である。

図 5-5 企業部門の外部資金調達の比率

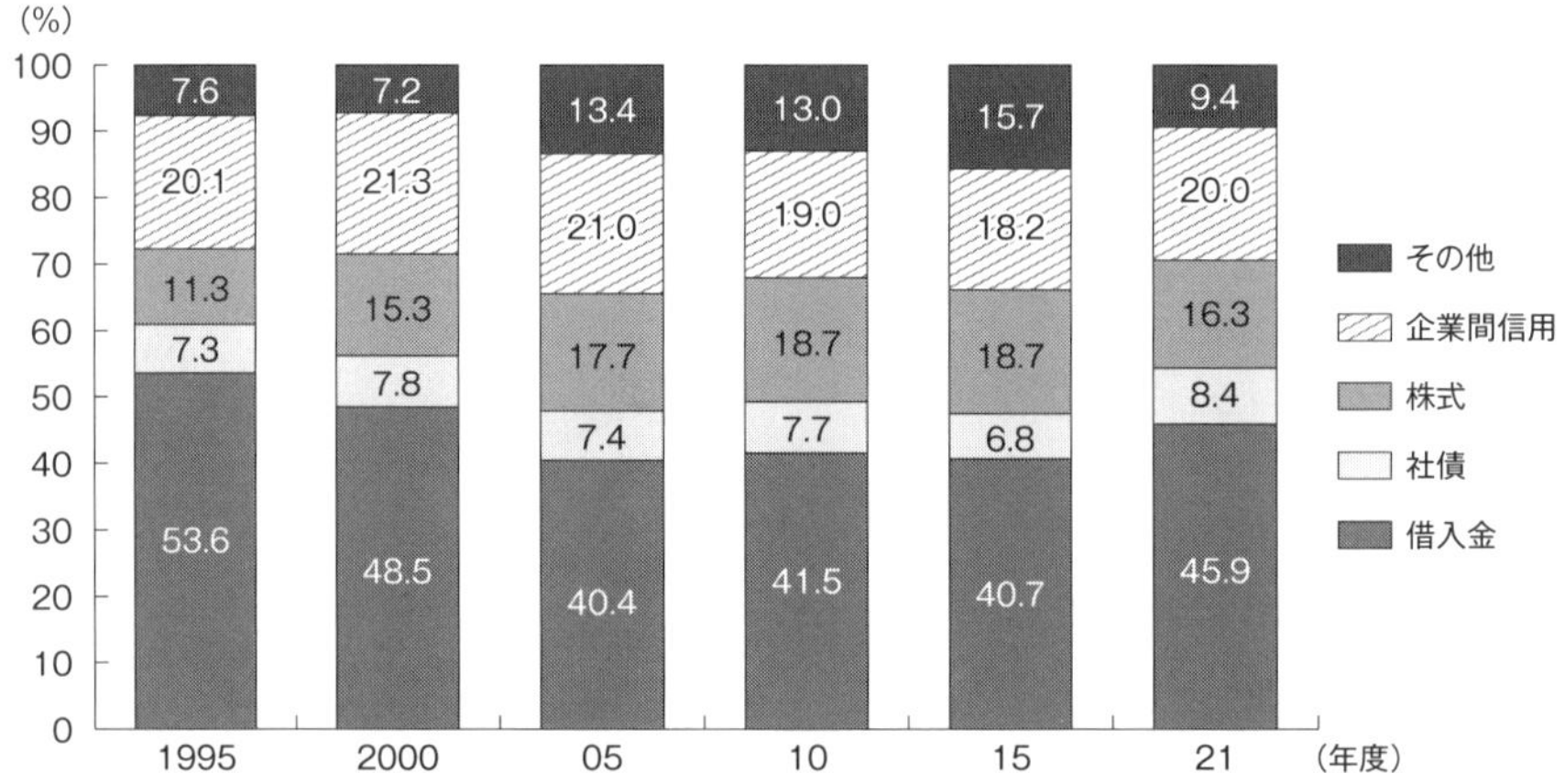

（注） 民間非金融法人．各年度末の残高の比率．
（出所） 日本銀行「資金循環統計」．

図 5-6 国債の保有者内訳の推移

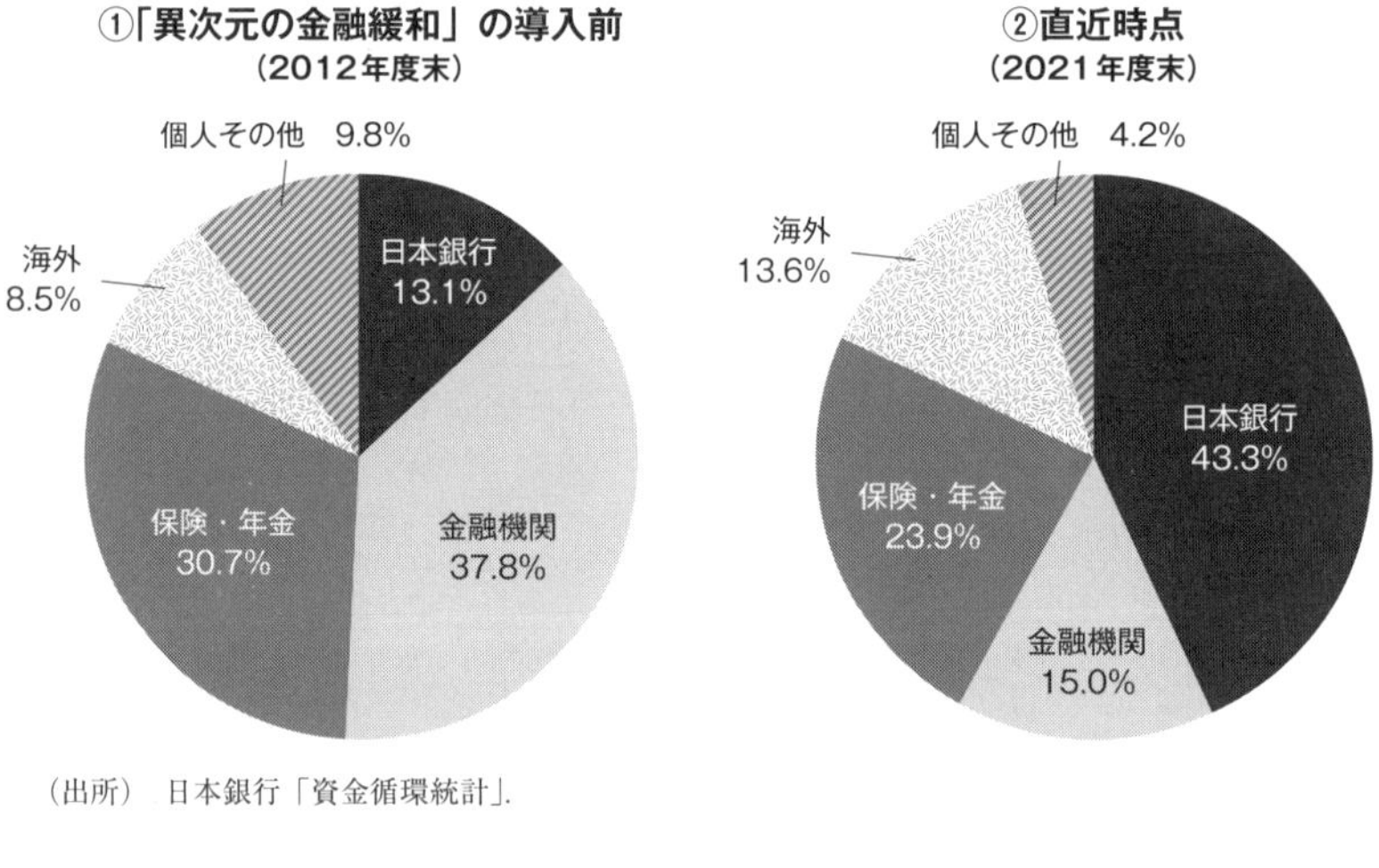

（出所） 日本銀行「資金循環統計」．

二〇〇〇年度に六〇対四〇であったものが、二〇二一年度には七三対二七となっている。従来高かった公的金融機関のウェイトは、政府系金融機関の改革（第3章を参照）を経て、徐々に減少してきている。

4 国債の保有構造

国債の保有構造をみると、日本銀行が二〇一三年以降、「異次元の金融緩和」により国債を大量に買い入れる政策をとっていることから、日銀の保有比率が急速に上昇しており、二〇二一年度末時点で、四三％と既往ピークの水準となっている（図5-6）。日銀の保有割合は、二〇二二年九月末には、国庫短期証券を除くベースで五割を超えており、政府の発行した国債の過半を中央銀行が買い入れるという異常な事態となっている。日銀への売却により、かつては四割以上を保有していた金融機関の保有比率は、一五％へと半分以下に低下している。

第6章 企業金融と個人向け金融

本章では、金融のエンド・ユーザー（最終的な借り手）である企業および家計の観点から、「企業金融」と「個人向け金融」について、解説を加えることとする。

第1節　企業金融

❶ 企業活動と企業金融

企業は、利益をあげるために、モノの生産やサービスの提供を行っている。たとえば、製造業の場合には、原材料を購入し、工場で働く従業員を確保し、また加工のための設備（工場や機械など）を準備したうえで、それらを使って製品を作り、その製品を販売する。こうした生産・販売の過程では、原材料や製品などの「モノの流れ」とともに、仕入れ代金の支払いや販売代金の回収などの「資金の流れ」が発生する。こうした企業活動に伴う資金の流れにかかわる金融のことを「企業金融」という。企業金融は、企業に関する資金の流れ全般を指すが、なかでも、必要となる資金をいかに低コストで、かつ安定的に調達するかという「資金調達」が中心的な課題となる。

図 6-1 企業の資金需要の種類

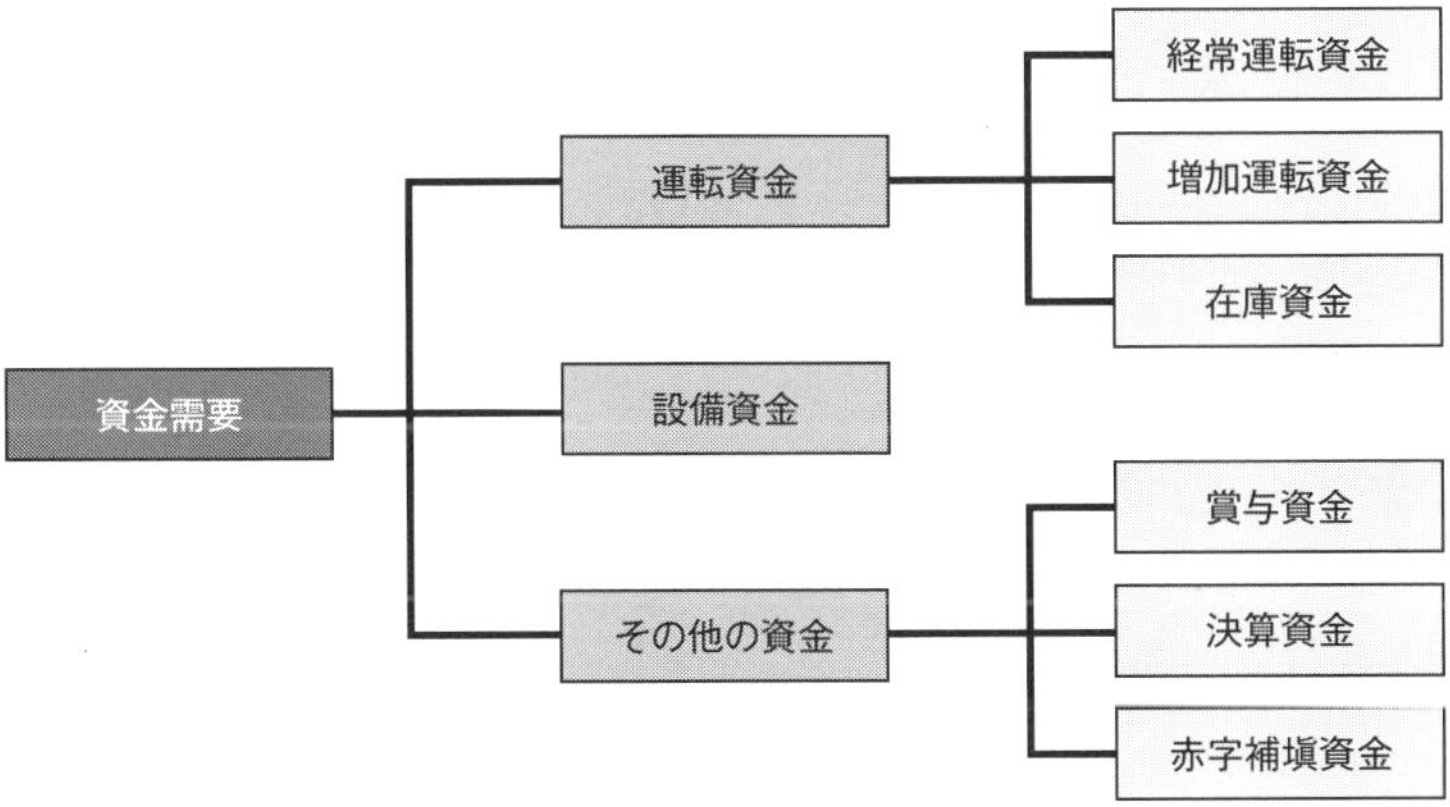

❷ 資金需要の種類

まず、企業が、どのような資金を必要とするかについてみてみよう。一般に、企業が必要とする資金は、大きく「運転資金」「設備資金」「その他の資金」の三つに分類される（図6−1）。

（1）運転資金　企業では、①製造や販売の前に、原材料や商品を仕入れたり、従業員へ給与を支払ったりする必要があり、②また販売のためには、一定の在庫を持つ必要があり、③さらに、製品やサービスを販売してから、実際に売上げの代金を受け取るまでには時間がかかることが多い。したがって、企業は、生産・販売活動を行ううえで、売上げの代金を受け取る前に、支払わなくてはいけない資金が必要となる。このように企業の通常の営業活動に伴って発生する資金需要のことを「運転資金」と呼ぶ。運転資金は、売上げの規模が大きくなればなるほど、それに比例して増えるのが一般的であり、必要な運転資金の規模を「月商（一カ月の売上げ）の何カ月分」といったかたちで表すことも多い。

運転資金のうち、①企業が一定の規模で事業を継続していくために必要な資金のことを「経常運転資金」、②

生産や売上げを増やすために必要となる資金を「増加運転資金」、③在庫を保有するために必要となる資金を「在庫資金」という。運転資金は、売上げによって返済していく資金であるため、短期資金を充てることが多い。

(2) 設備資金　企業は、生産を行うために、工場を建てたり、機械設備を購入したりする。こうした投資のことを「設備投資★」といい、そのために必要な資金のことを「設備資金」という。企業が成長・発展し、競争力を維持していくうえでは、継続的に設備投資を行っていくことが必要である。設備資金は、①一度に巨額の資金が必要となること、②回収までに長期を要すること、などの特徴があり、このため長期資金によって賄われるのが一般的である。

(3) その他の資金　運転資金や設備資金以外にも、企業では資金を必要とする。たとえば、夏季や年末に、従業員にボーナスを支給するために必要となる資金が「賞与資金」である。また、企業の決算に伴って、配当金等の支払いのために必要となる資金が「決算資金」である。賞与資金と決算資金は、ほぼ同じ時期に資金需要として現れるため、まとめて「決賞資金」とも呼ばれる。両者は、いずれも季節性のある資金需要であり、また、景気がよくなって賞与の支給額や配当金が増えると、必要な資金が多くなる。これらの資金も、その性格から短期間のうちに返済すべき資金である。一方、企業の経営が赤字に陥り、これを穴埋めするための資金は「赤字補塡資金★」と呼ばれる。

3 資金調達の形態

上述のような資金需要に対応するため、企業では、必要なタイミングで、必要な資金を調達していくことが必要となる。企業の資金調達方法は、どこから資金を調達するかによって、まず、①内部資金による調達と②外部資金による調達に分けられる。次に、外部資金による調達は、その性格によって、①負債による調達と②資本による調達に分けられる（図6−2参照）。

設備投資の目的＝設備投資は、目的によって、①増産投資、②更新投資、③合理化投資などに分類される。

前向き資金と後ろ向き資金＝増加運転資金や増産のための設備資金などは、業容拡大のための「前向き資金」であるのに対し、赤字補塡資金は、過去に発生した赤字を穴埋めするためのものであるため、「後ろ向き資金」と呼ばれる。

図 6-2 企業の資金調達の分類

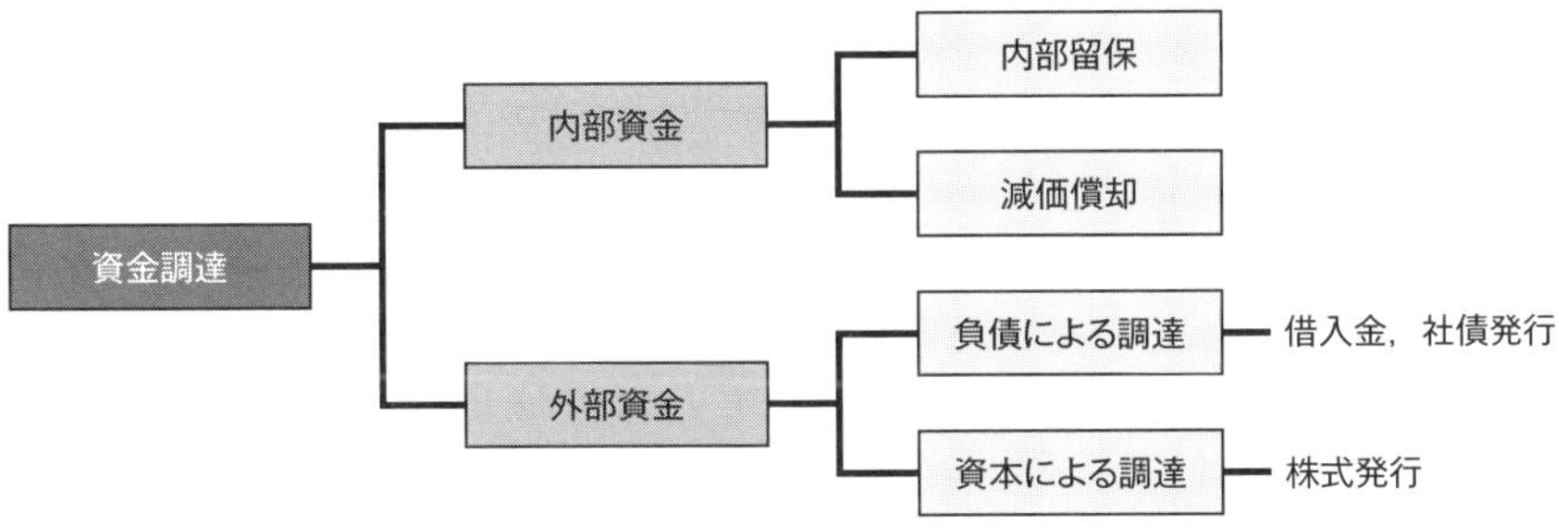

（1）内部資金と外部資金

イ　内部資金による調達　「内部資金」とは、企業が営業活動を通じて生み出した資金のことであり、具体的には、内部留保と減価償却から構成される。「内部留保」とは、企業の最終的な利益である「当期利益」から「利益処分」（配当金）を差し引いたもの、すなわち企業の「儲け」から「社外流出」（株主に支払われる分）を除いたものである。一方、「減価償却」とは、建物や機械など長期にわたって利用するものについて、時間の経過に伴って減っていく価値の減少分を、会計上、毎年の費用（コスト）として計上する仕組みである。ただし、会計上は費用となっても、実際にキャッシュが支払われるわけではない（これを「ノンキャッシュ費用」という）ため、その分が企業の内部に残る。たとえば、一〇〇〇万円の設備を五年で償却すると、毎年二〇〇万円ずつの減価償却が行われ、その分の資金が手元に残ることになる。

こうした内部資金は、①改めて調達する必要がなく、企業が自由に使える資金であること、②返済の必要がないこと、③利子や配当などのコストを支払う必要がないこと、などから、企業金融においては最も本源的な資金となっている。

ロ　外部資金による調達　「外部資金」とは、企業が外部から調達する資金である。調達方法としては、①株式の発行、②社債の発行、③借入金などに大別できる（内容については後述する）。これらの調達に対しては、金利や配当などのかたちで、コストを支払う必要がある。企業では、必要な資金の性格（短期資金か長期資金かなど）、調達コスト、調達の容易さなどを比較して、これらの調達手段のなかから適した方法を選択することになる。

（2）負債による調達と資本による調達　外部資金による調達は、その性格によって、①負債による調達と②資本による調達に分けられる。

イ　負債による調達　「デット・ファイナンス」ともいわれ、金融機関からの借入金や社債の発行がこれにあたる。負債による調達は、①いつまでに返済しなければならないという返済期限が決められていること、②利益があがっているか否かにかかわらず、当初に決めた金利を支払う必要があること、などが特徴である。

ロ　資本による調達　「エクイティ・ファイナンス」ともいわれ、株式の発行など、企業の自己資本★を増加させるかたちでの調達のことを指す。この調達分については、返済の期限はなく、企業が存続するかぎり資本として使うことができる。また、資本に対しては、「利益に応じた配当」を支払えばよく、赤字決算の場合には配当が支払われないこともある（「無配」という）。その意味では、資本を拠出している株主のほうが、負債の貸し手（金融機関や社債権者）よりも、大きなリスクを負っているものといえる。

自己資本比率＝総資産（負債＋自己資本）に対する自己資本の比率を「自己資本比率」といい、企業の経営の安定度をみるための代表的な財務指標として注目される。

4　外部資金の調達方法

外部からの資金調達の方法としては、（1）株式の発行、（2）社債の発行、（3）金融機関からの借入金などがある。また、（4）企業間信用も、企業の資金繰りに影響を及ぼしている。

（1）株式の発行

イ　株式の発行方法　株式の発行は、企業が株式を発行することによって、必要な資金を投資家

（個人、企業等）から集める方法である。株式は、企業にとっては自己資本であるため返済の必要がなく、また利益に応じて配当を支払えばよい。このため、設備投資や各種プロジェクトなど、回収に長期を要し、また収益の予想がつきにくい事業向けの資金に適するものとされている。

会社を新しく設立する場合の株式発行を「新規発行」といい、設立者やその縁故者が引き受けるのが通常である。また、すでに設立されている企業が、資金調達のために追加的に株式の発行を行うことを「増資」という。

増資を行う場合の募集方法としては、①既存の株主に新株を割り当てる「株主割当」、②特定の第三者に対して発行を行う「第三者割当」、③広く一般の投資家から新株の引受け手を募集する「公募」の三つの方法がある。このうち、公募が最も一般的であるが、第三者割当も企業の買収・合併のためにしばしば用いられる。また、公募に際しては、その株式の市場価格を基準にして新株の発行価格を決める「時価発行増資」が行われている。

ロ　株式の種類　株式会社の発行する株式には、いくつかの種類がある。株主としての権利に、何の特典も制限も付いていない通常の株式を「普通株式」という。株式市場で流通している株式のほとんどは、この普通株式である。一方、「会社法」（二〇〇六年施行）では、株主としての権利内容の異なる複数の株式を発行することが認められており、これを「種類株式」という。たとえば、①配当などについて、普通株式より優先的に受け取る権利のある株式を「優先株式」といい、②反対に、配当などの分配が、普通株式より後回しになる株式を「劣後株式」という。また、議決権についても、①議決権がまったくない「無議決権株式」や、②一株で複数の議決権を行使できる「複数議決権株式★」などが認められている。★

（2）社債の発行

イ　社債の特徴　「社債」とは、企業が発行する債券である。社債の発行は、株式の発行と並んで、

複数議決権株式＝一株に多くの議決権を付与する株式のこと。創業者らの経営陣が多くの議決権を確保し、会社を安定的に経営するために利用される。たとえば、普通株の一〇倍の議決権を持つ複数議決権株式を発行し、これを創業者らが多く保有すれば、増資により発行株式数が増えても、経営陣は過半数の議決権を確保することができる。

ストック・オプション＝あらかじめ決めた価格で、自社の株式を買うことができる権利のこと。役員や従業員に対する報酬として付与することが米国で広まり、最近では、日本でも付与される例が増えてきている。

企業が長期資金を調達するための有力な手段である。

社債は、①償還期限（満期日）が決まっており、株式とは異なって返済の義務があること、②毎年支払う金利である「表面金利」（クーポン）が決まっていること、③社債の保有者（社債権者）には議決権がなく、企業の経営には関与できないこと、④返済方法は、満期日に元本を一括して返済する「満期一括償還」が多く、分割返済が多い銀行借入と比べ、期間中の資金繰りに余裕があること、などが特徴である。

ロ　社債の種類　社債の種類には、①通常の確定利付債券である「普通社債」（SB：Straight Bond）のほかに、②三～六カ月といった短期資金を調達するための「コマーシャル・ペーパー」（CP：短期社債）、③一定の条件のもとで、株式に転換できる「転換社債」（CB：Convertible Bond）、④一定の条件のもとで、新株の発行を発行企業に請求できる権利（ワラント）の付いた社債である「ワラント債」などがある。一般に「社債」という場合には、長期の債券である普通社債を指す。

「転換社債」（CB）は、一定の条件で発行会社の株式に転換できる社債であり、株式に転換するときの価格（「転換価格」という）を決めて発行される。また「ワラント債」は、一定の条件で新株式を購入できる権利（「ワラント」）が付けられた社債である。つまり、社債＋ワラント（新株予約権）であり、ワラントを持っていると、あらかじめ定められた価格（「行使価格」という）で、発行企業の株式を買い付けることができる。転換社債もワラント債も、発行企業の株価が転換価格や行使価格を上回って上昇すると、株式を入手してそれを市場で売却することにより利益をあげることができる★という点では共通である。ただし主な違いは、①ワラント債では、株式を取得するために新たに資金が必要であること（転換社債では、社債の価値が株式に転換されるため、追加資金は不要）、②ワラント債では、株式購入によってワラントが消滅しても、社債が残ること（転換社債では、転換により

転換社債＝たとえば、転換価格が一〇〇〇円で、発行企業の株式一〇〇〇株に転換できる権利が付いた転換社債があるものとする。市場で株価が一二〇〇円になった場合には、所有者は転換社債を株式に転換したうえで市場で売却することにより、利益をあげることができる。こういう利点があるため、転換社債の表面利率（クーポン）は、普通の社債より低く設定される。

二重通貨建て債＝二重通貨建て債には、①発行時の払込みと利払いは円建てで行われるが、償還は外貨で行われる「デュアル・カレンシー債」と、②発行時の払込みと償還は円建てで行われるが、利払いが外貨で行われる「リバース・デュアル・カレンシー債」とがある。①は、元本についての為替リスクを投資家が負う。②は、投資家の

社債が消滅する)、などの点である。
また、社債を通貨別にみると、①円で発行される「円建て債」のほかに、②米ドル、ユーロ、英ポンド、スイス・フランなどの外貨で発行される「外貨建て債」、③利払いまたは償還の一方が外貨で行われる「二重通貨建て債★」などがある。

ハ　社債の募集方法　社債を募集方法別にみると、①不特定多数の投資家を対象として発行される「公募債」と、②特定または少数の投資家のみを対象として発行される「私募債」とに分けられる。私募債には、適格機関投資家(金融機関などのプロの投資家)のみを対象として発行される「プロ私募債」と、五〇人未満の投資家に対して発行される「少人数私募債」とがある。私募債は、発行のためのハードルが比較的低く、主として中堅・中小企業の資金調達に利用される。一般的に「社債」という場合には、公募債のことを指す。

ニ　社債の格付け　公募債を発行するためには、「格付け★」の取得が必要とされている。社債の発行条件(金利、発行価格、償還期間等)を決めるうえでは、この格付けが重要な要素となる。格付けは、発行会社が社債の利息や元本を予定どおりに支払えるかどうかの安全性を等級★で示したものであり、AAA格などの高い格付けを得られれば、有利な条件(低い金利)での発行が可能となる。一方、BB格以下の低格付けの社債は、金利は高いがリスクも高いため、一般に「ジャンク債★」(ジャンク・ボンド)と呼ばれる。

(3)　金融機関からの借入金

イ　借入金の概要　銀行、信用金庫など金融機関からの借入れは、負債による調達であり、元本を期限までに返済し、決められた金利を支払う必要がある。「金融仲介機関」(銀行など)を経由した資金の調達であるため、「間接金融」と呼ばれる(これに対して、株式や社債の発行による調達は、市場から直接に資金を取り入れる「直接金融」である)。

負う為替リスクは利払いについてのみとなる。

格付機関＝国際的な格付機関としては、ムーディーズ社やスタンダード・アンド・プアーズ(S&P)社などが有名である。また、国内の格付機関としては、格付投資情報センターと日本格付研究所がある。

格付けの等級＝格付けは、安全性の高いA格(AAA、AA、A)、確実性にやや難があるB格(BBB、BB、B)、デフォルト(債務不履行)の可能性があるC格(CCC、CC、C)などの格付記号で表記される。

ジャンク債＝デフォルト(債務不履行)のリスクが高い分、利回りの高い債券のことであり、ハイリスク・ハイリターンの金融商品である。ジャンクとは「くず」や「がらくた」

の意味。高いリスクに応じて高い金利が付くため、「ハイ・イールド債」と呼ばれることもある。

ABL＝企業が保有する在庫や機械設備、売掛金などを担保とする融資の手法。ABLはAsset Based Lendingの略で、「動産担保融資」ともいう。

借入金には、一年以内に返済する「短期借入金」と、一年を超える長い期間で返済する「長期借入金」とがある。短期借入における最優遇貸出金利が「短期プライムレート」（短プラ）であり、長期借入の優遇金利が「長期プライムレート」（長プラ）と呼ばれる。ただし、プライムレートは、信用力の高い優良企業向けであり、多くの企業が実際に借入れを行う際の金利は、経営状況、財務内容などに応じて、短プラや長プラよりも高めとなる。

ロ　担保と保証　金融機関から融資を受ける場合には、支払いを保証するために、担保や保証が求められることが多い。これらは、万が一、借入企業が融資を返済できなくなった場合にも、金融機関が資金を回収できるようにするための手段である。借入条件（借入期間、金利、担保など）は、借入企業と金融機関との間で、相対《あいたい》の交渉によって決められる。

「担保」としては、不動産、有価証券、預金などが用いられるが、このうち不動産担保の比率が高い。また最近では、在庫や知的財産権を担保とする融資もみられている。

「保証」は、債務者が返済できない場合には、保証人が代わって返済すること（「代位弁済」という）により、金融機関が債権を保全する方法である。債務者が返済しない場合に保証人が返済を約束する「単純保証」と、保証人が主たる債務者と連帯して債務を負う「連帯保証」とがあるが、連帯保証人のほうが格段に責任は重い。個人による保証のほか、「信用保証協会」から保証を受ける場合もある。

ハ　メインバンク制度　わが国においては、企業が特定の銀行との間で特別に親密な関係を築いていることが多く、こうした銀行のことを借入企業にとっての「メインバンク」（主要取引銀行）と呼ぶ。メインバンクは、①多くの銀行のうちで「最大の融資シェア」を有しているのが最大の特徴であり、このほかにも、②借入企業の株式を保有する、③人的な関係を有する（借入企業への役員の派遣）、などを通じて、企業との長期・継続的な取引関係を築いている。

こうしたメインバンク制は、これまでわが国の企業金融において大きな役割を果たしてきた。一つ

委託された監視者＝メインバンクは、借り手企業との間で密接な関係を有していることから、多くの貸し手（金融機関）を代表して、借り手に関するモニタリング活動を行っている。これにより、多くの貸し手が個別に借り手の監視を行うことによるコストの重複を避けることを可能にしており、この役割を「委託された監視者」または「代表的監視者」としての機能という。

トランザクション・バンキング＝企業では、一回の取引ごとに、複数の銀行に融資を打診して最も条件のよい先を選ぶ一方、銀行では、財務諸表などのスコアリングによって、融資の可否を判断し、融資条件を決める。こうした取引は、大企業と大手行との間でみられるドライな関係である。

は、長期・継続的な取引、株式の持ち合いを通じた資本関係、役員の派遣による人的な関係などを通じて、借入企業の経営をチェックする「ガバナンス機能★」である。もう一つは、借入企業が経営難に陥ったときには、率先して資金供与などの救済措置を行い、倒産を回避するという「経営危機時の救済機能」である。近年、大企業については、直接金融のウェイトが高まり、銀行への依存度が低下していることから、メインバンク機能の低下が指摘されている。しかし、資本市場からの調達が困難な中小企業は、依然として銀行借入が中心であり、メインバンクは引き続き重要な存在である。

ニ　リレーションシップ・バンキングとトランザクション・バンキング　銀行と企業との取引手法には、二つのモデルがある。一つは、「リレーションシップ・バンキング」であり、銀行が企業との間で長期・継続的な取引関係を維持するなかで、その企業についての情報を蓄積し、その情報をもとに融資などの取引を行うビジネス・モデルである。地域密着型の地域金融機関では、こうした取引手法をとっている。もう一つが「トランザクション・バンキング★」であり、個々の取引ごとに採算性を重視して取引を行う手法であり、大企業と大手銀行などの間で用いられる。

（4）企業間信用　企業間信用とは、取引関係のなかで発生する企業間での貸し借りの関係のことである。まず、販売先との関係についてみると、商品を販売したが売上金がもらえていない「売掛金」と、売上げを手形で受け取った「受取手形」については、販売先に対して信用を供与している（資金を貸している）のと同じ状況である。これらを合わせて「売上債権」という。一方、仕入先との関係でみると、仕入代金をいまだ支払っていない「買掛金」と、仕入先へ手形で支払った「支払手形」については、仕入先から信用供与を受けている（資金を借りている）のと同じ状況である。これらを合わせて「買入債務」という。

このように企業間信用は、取引関係にある企業の間における一種の資金の貸借であり、買入債務のほうが売上債権よりも大きい場合には、その差額（受信超過）を資金調達しているのと同じ効果を持つことになる。わが国では、大企業が与信超過、中小企業が受信超過となっていることが多く、大企業が取引先の中小企業に対して、取引関係のなかで信用を与えるかたちとなっている。

5 ベンチャー企業向けの金融

近年、新しい技術や独創的なアイデアで市場を切り開こうとする新興企業である「ベンチャー企業」の発展が注目されている。ベンチャー企業は、事業のリスクが高く、十分な担保を持たないケースが多いことから、通常の銀行融資には馴染みにくい面がある。こうした新興企業へのリスク・マネーの供給面で大きな役割を果たしているのが、ベンチャー・キャピタルやエンジェルである。

(1) ベンチャー・キャピタル

「ベンチャー・キャピタル」(VC)は、未上場のベンチャー企業に対する資金供給を主たる業務とする投資会社である。VCは、投資先企業の株式を取得して株主となることによって、資金の提供を行う。そして、ベンチャー企業の事業拡大をサポートしたうえで★、株式が公開(上場)された段階で株式を売却し、株式の値上がり益(キャピタル・ゲイン)によって、投資を回収する(これを「エグジット」という)。VCには、金融機関系、事業会社系、独立系、政府系などがあるが、わが国では、このうち金融機関系が多い。

(2) エンジェル

創業して間もないベンチャー企業に対して、資金の提供と事業の支援を行う個人投資家のことを「エンジェル」という。VCが企業であるのに対して、エンジェルは同様な役割を担う個人投資家である。富裕資産家、創業社長などが、VCより前の段階でスタートアップ期の企業をサポートするケースが多い。米国では、ベンチャー企業の支援にエンジェルが大きな役割を果たしてきたが、わが国ではその層の薄さが指摘されている。★

ハンズオン型ベンチャー・キャピタル＝資金提供を行うだけでなく、積極的な経営支援によって投資先企業の育成を行うベンチャー・キャピタルのことを「ハンズオン型」という。

エンジェル税制＝ベンチャー企業への投資を促進するために、ベンチャー企業へ投資を行った個人投資家に対して税制上の優遇を行う制度。

第2節　個人向け金融

❶ 家計と借入金

家計は、金融市場における「最大の資金供給者」として重要な地位を占めている。一方、住宅や耐久消費財などを購入する際には、借入れを行う場合もあり、資金の需要者としての側面も持っている。二〇二一年度末で、家計の借入金は三五七兆円であり、保有する金融資産残高に対する借入金の割合は約一八％となっている。家計の負債の内訳は、住宅ローンが大半を占めるが、それ以外にも消費者信用（販売信用、消費者ローン）がある。以下では、個人向けの金融として、住宅ローンと消費者信用について述べる。

❷ 住宅ローン

「人生で最大の買い物は家」といわれるように、家計の借入金においては、住宅ローンが約八割と大きなウェイトを占める（図6-3参照）。

（1）住宅ローンの担い手　住宅ローンには、公的ローンと民間ローンがあるが、住宅金融公庫が直接融資を取りやめて以降、民間ローンが中心となっている。

イ　公的ローン　かつては政府系金融機関として「住宅金

図 6-3 家計の借入金の内訳（2022年3月末）

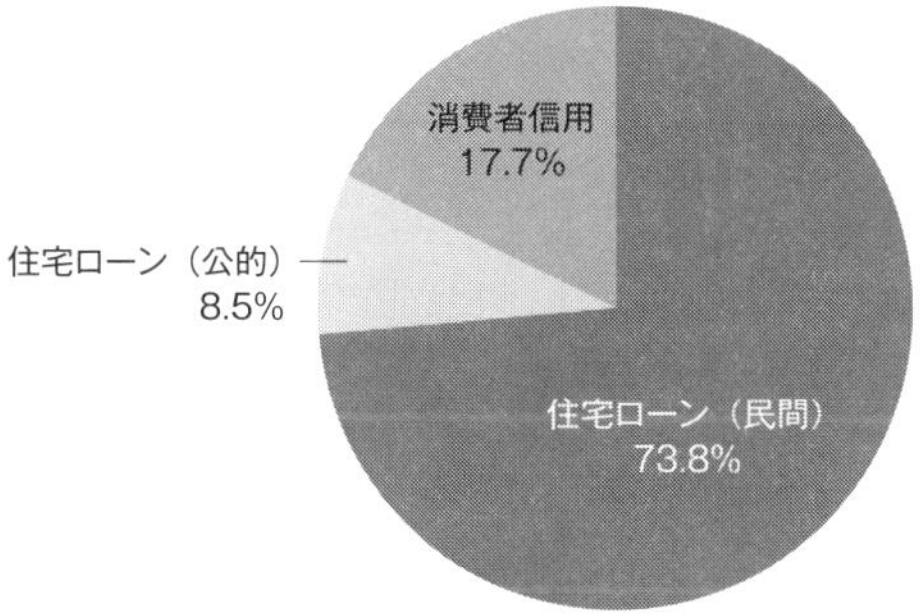

（出所）　日本銀行「資金循環統計」.

住宅金融公庫の見直し＝住宅金融公庫は、二〇〇七年に「住宅金融支援機構」に組織を変更し、業務内容の大幅な見直し（直接融資を取りやめ、証券化支援業務を柱とする）を行った。

財形住宅融資＝財形貯蓄を行っている人に、貯蓄残高に応じて住宅資金を融資する制度。「財形貯蓄」は、給与やボーナスから天引きで積み立てる貯蓄の制度である。

モーゲージバンク＝住宅ローンの貸出を専門とする金融機関であるが、ノンバンクであるため預金を集めることができない。このため、住宅ローンを売却することによって資金を調達し、新たな貸出を実行している。

図 6-4 フラット35の仕組み

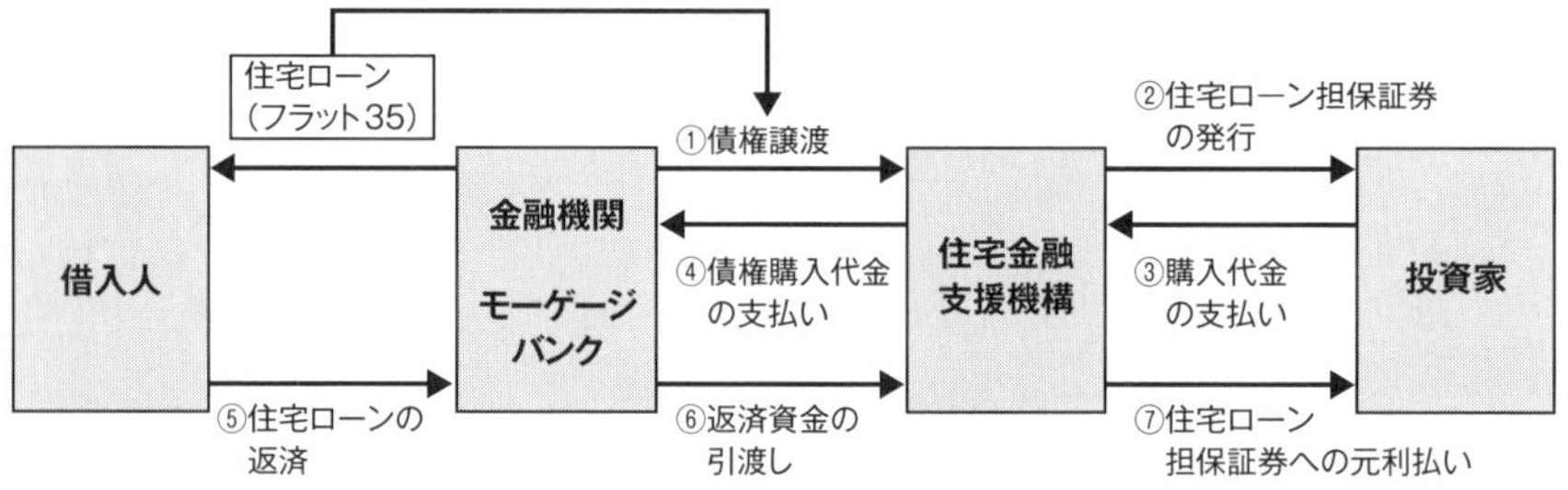

融公庫」があり、長期・固定で低金利の住宅ローンを提供し、住宅ローンにおいては中核的な役割を占めていた。しかし、「官業による民業の圧迫」との批判を浴びて、住宅金融公庫は、二〇〇七年に直接融資の業務を取りやめた。★このため、住宅ローンに占める公的金融機関の割合（残高ベース）は、徐々に低下してきている。残っている公的ローンとしては「財形住宅融資」★がある。

ロ　民間ローン　民間金融機関が、自ら受け入れた預金を原資として資金を貸し付ける各行独自の住宅ローンのことを「プロパー融資」（プロパー・ローン）という。この融資では、住宅ローンの商品性（金利、手数料など）は、銀行によってそれぞれ異なっている。

ハ　フラット35　「住宅金融支援機構」（旧住宅金融公庫）と民間金融機関が提携して提供する住宅ローンを「フラット35」という。これは、最長で三五年間、金利が変わらない固定金利の住宅ローンである。フラット35で融資を行った民間金融機関は、それを住宅金融支援機構に売却し、同機構はそれを担保とする「住宅ローン担保証券」を発行することにより、長期資金の調達を行っている（図6－4）。フラット35については、銀行のほか、住宅ローン専門のノンバンクである「モーゲージバンク」★も、貸し手として大きな役割を果たしている。

（2）住宅ローンの金利タイプ　住宅ローンを借りる際には、

図 6-5 住宅ローンの金利タイプ

①固定金利型

・全期間固定金利型
・借り入れたときの金利が変わらない

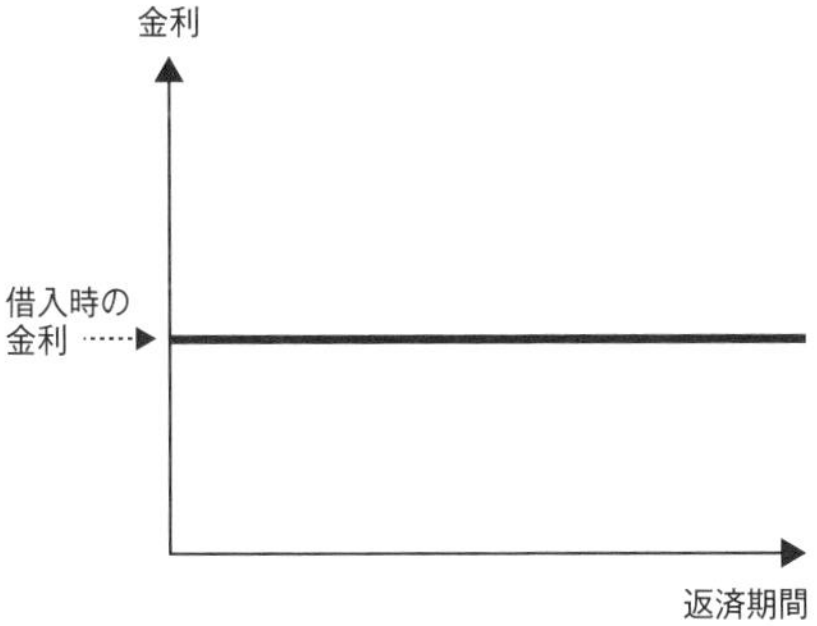

②変動金利型

・返済期間中に，定期的に金利が変動する
・半年ごと

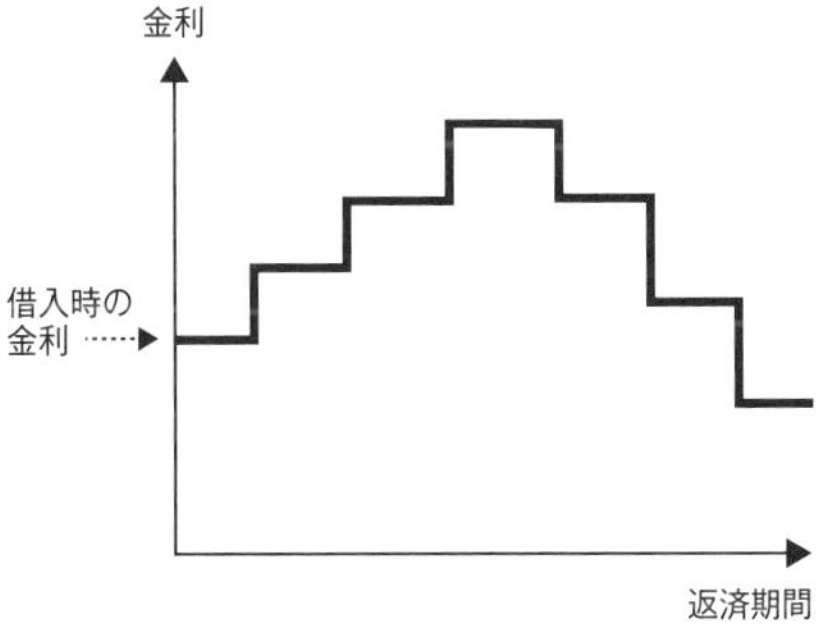

③固定金利期間選択型

・「当初5年間は○%」など，一定期間だけ金利を固定するもの
・固定の期間は，2年，3年，5年，10年など

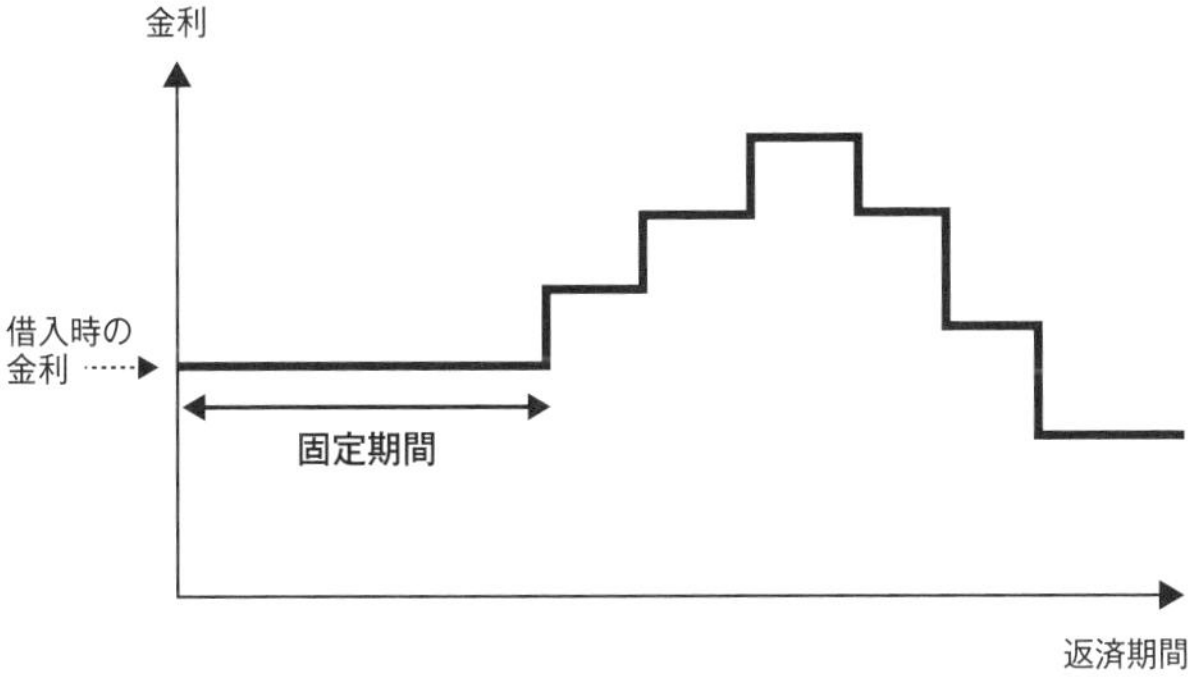

自己資金＝住宅の購入資金をすべて借入れで賄うことは望ましくなく、総費用（住宅価格＋諸費用）の二～三割の自己資金を用意することが必要とされる。

住宅ローンの返済期間＝一〇～三五年といった長期で設定される。長めの返済期間にしたほうが月々の返済額は少なくてすむが、その分、金利の支払いが増える。また、収入が減少する定年を迎えるまでには、ローンを完済することが望ましいとされる。

返済負担率＝年収に対する住宅ローンの年間返済額の比率のこと。一般的には、二五％以内が安全圏とされる。たとえば、年収五〇〇万円で年間返済額が一二五万円の場合には、返済負担率は二五％となる。

ミックスプラン＝固定

自己資金★、返済期間★、返済負担率★などを考えてローンの額を決める必要がある。物件と必要なローンの額が決まると、次にどこから借りるかを決めることになる。住宅ローンを選ぶうえでポイントとなるのが金利のタイプである。住宅ローンの金利には、以下の三つのタイプがある（図6-5）。

イ　固定金利型　「全期間固定金利型」とも呼ばれ、住宅ローンを借りたときの金利が完済するまで変わらないタイプである。

ロ　変動金利型　返済期間中に、金利が定期的に変動するタイプの住宅ローンである。金利の見直しは、通常、長期金利の変動に応じて、半年ごとに行われる。

ハ　固定金利期間選択型　「当初五年間は〇％」というように、一定期間だけ金利を固定するもので、固定する期間は、二年、三年、五年、一〇年などのなかから選択できる。固定期間終了後は、原則、変動金利型となる（固定金利の再選択も可能）。固定金利型と変動金利型の中間的な性格の住宅ローンである。

ニ　各タイプのメリット　返済期間中に金利の低下が見込まれる場合には、変動金利型が有利となる。一方、固定金利型は、借入後に金利が上昇しても返済額が増えることがないため、金利の上昇が見込まれる場合に選好される。また、固定金利期間選択型は、将来の金利動向を見極めたい場合に利用される★。

（3）住宅ローンの返済方法

イ　元金均等返済と元利均等返済　金融機関からの借入れを返済する方法としては、次の二つがある。一つは、「元金均等返済」であり、毎回の元金の返済額を一定とする返済方法である（返済額は、これに利息を加えたものとなる）。この方法は、当初は返済額が多いが、借入残高が一定の割合で減っていくため、それに伴って利払いが減少して毎回の返済額が徐々に減少していき、トータルでの支払総額が少なくてすむというメリットがある（図6-6の①）。

金利型と変動金利型など、異なる金利タイプを組み合わせて住宅ローンを借り入れる方法を「ミックスプラン」という。異なるタイプの組合せにより、各タイプのデメリットを補うことができる。

繰上返済＝借入れをするときに決めた「毎月（およびボーナス）の返済額」に追加して、前倒しで返済を行うことを「繰上返済」という。定期的な返済とは別に、臨時の返済を行うことにより、住宅ローン期間を短縮し、または月々の返済額を少なくできる。

販売信用＝個人が高額の商品（自動車、家電製品、家具など）を購入する際に、業者がいったん立替払いを行い、その後、購入代金の分割払い（「割賦」という）によって返済していく方法。当初は、個々の取引ごとに個別

図 6-6 金融機関からの借入れの返済方法

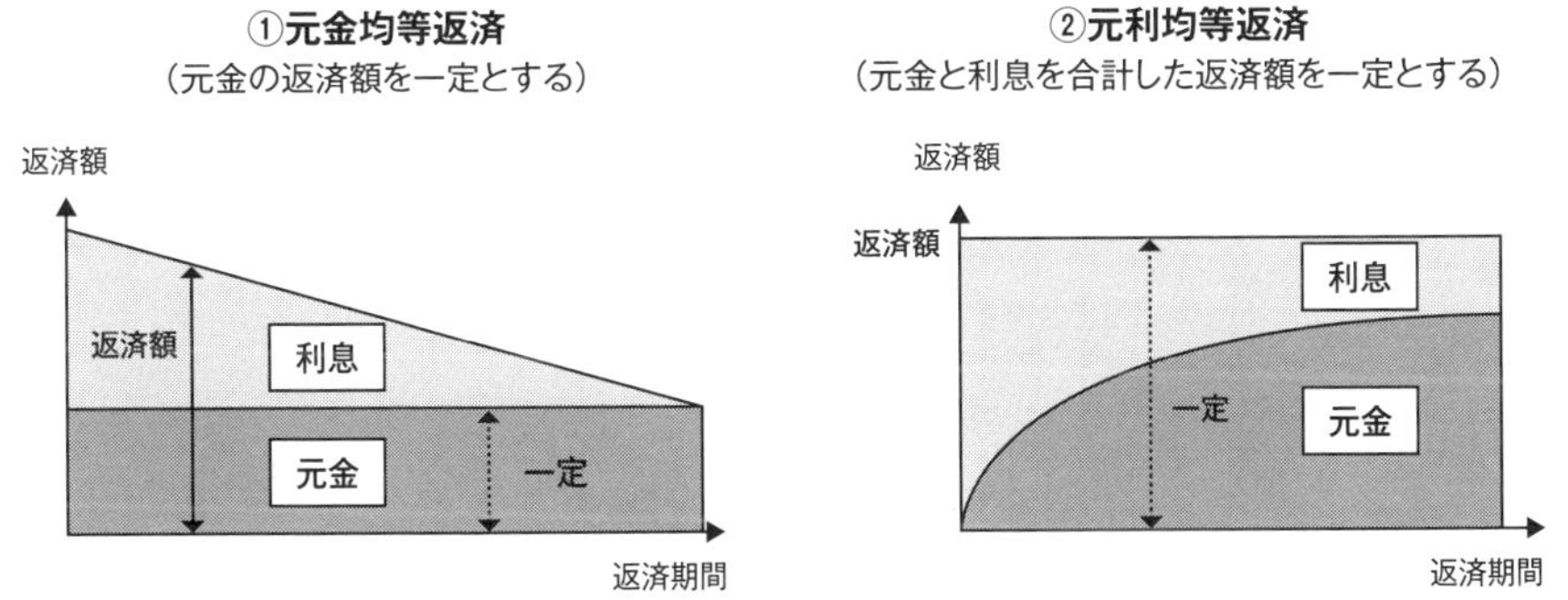

もう一つの返済方法が「元利均等返済」であり、毎回返済を行う元利（元金と利息）の合計（つまり毎回の返済額）を一定とする返済方法である（図6-6の②）。支払総額は多くなるが、毎回の返済額が一定というメリットがある。住宅ローンの場合には、ほとんどの場合、元利均等返済がとられる。これは、借り手の多くが給与所得者（給与がほぼ一定）であることから、返済額が一定の方式が適しているためである。

ロ　ボーナス併用返済　住宅ローンの返済は、毎月の返済に加えて「ボーナス返済」を組み合わせることにより、毎月の返済額を少なくすることができる★。ただし、ボーナスは、景気や企業業績によって左右されるため、あまり多くをボーナス返済に頼りすぎるのは望ましくないものとされる。

3 消費者信用

（1）消費者信用の沿革　消費者に対して貸付を行う金融サービスが消費者信用である。消費者信用は、もともと個人がモノやサービスを買う際に、その場で支払わずにすむように立替払いを行う「販売信用」★の形態で始まった。しかし近年では、販売信用よりもむしろ、消費者に直接、金銭を貸し付ける形態の「消費者金融」（消費者ローン）のウェイトが高まっている。以下では、消費者金融について述べる。

に契約を結ぶ「個品方式」であったが、最近では、カードの提示により幅広い商品を販売する「総合方式」（カード・ショッピング）が主流となっている。

信販会社＝販売信用（代金の立替払い）をメインの業務とする会社。近年では、クレジットカード業務の比重が高まっている。

目的型ローン＝自動車ローン、教育ローン、リフォームローンなど、資金使途が決められた消費者ローンのこと。

多重債務者＝多くの消費者金融会社（五社以上）から融資を受けて、返済が困難となっている借入人のこと。

グレーゾーン金利問題＝利息制限法に定める上限金利を上回る部分は原則無効であるが、超過部分の利息を任意に支払った場合には、

（2）消費者金融の担い手

消費者金融の主な担い手としては、銀行などの金融機関のほか、信販会社★、クレジットカード会社、消費者金融会社などがある。

イ　金融機関　銀行などの金融機関では、企業向けだけでなく、個人向けにも貸出を行っている。金融機関の消費者ローン（住宅ローン以外の個人向け貸出）には、資金の使い道が決められた「目的型ローン★」と資金の使い道が自由なローンとがある。使途自由なローンとしては、必要な資金を一括して借りる「フリー・ローン」や専用カードを使って、限度額の範囲内であれば何度でも借入れができる「カード・ローン」などがある。

ロ　クレジットカード会社　クレジットカードの発行を主たる業務とする会社であり、銀行系のほか、流通系（百貨店、スーパー等）、事業会社系（航空会社、鉄道会社等）などがある。分割払い、リボ払いなどの仕組みや、キャッシング枠（借入枠）を使って、利用者への与信を行っている（第7章で後述）。

ハ　消費者金融会社　個人向けに、無担保、無保証で小口の融資を行う貸金業者である。もともとはサラリーマン金融を略して「サラ金」と呼ばれていた。無人契約機などにより、即座にかつ簡便に借入れができることなどから、業績を伸ばしてきた。しかし、過剰な融資や高金利、強引な取立てなどにより、しばしば社会問題となった。

典型的な問題が「多重債務者問題★」である。借金が返せないと、その返済のためにまた別の業者から借金をして、借金を借金で返済する状態になり、借入額が雪だるま式に膨らんでしまう。こうした背景には、消費者金融会社の貸付金利が高いことがあった。金利規制としては「出資法」に基づく上限金利（年率二九・二％）と「利息制限法」（貸出額に応じて一五〜二〇％）とがあったが、実際には、この中間にある「グレーゾーン金利★」での貸付がほとんどであった。グレーゾーン金利は、「貸金業規制法」の改正（後述）によって廃止され★、現在は「利息制限法」に基づく貸付金利となっているが、

その返還を請求することができないものとされていた。このため、消費者金融業者では、利息制限法の上限金利を上回る（しかし出資法の上限金利以下の）「グレーゾーン金利」で貸付を行っていた。

過払い金＝利息制限法の上限金利を超える高金利で借入れをした借り主が、高金利での返済を行ったために払いすぎた金銭のこと。「強制を受けてグレーゾーン金利を支払った場合には任意の支払とは言えず無効」という最高裁の判決（二〇〇六年）が出たため、消費者金融業者に対して過払い金の返還を求める動きが広まった。この影響により、消費者金融会社は軒並み赤字に陥り、二〇一〇年には、最大手であった武富士が経営破綻した。

ヤミ金融＝貸金業としての登録を受けず、違

図 6-7 消費者金融業者の貸付金利（2021年3月末）

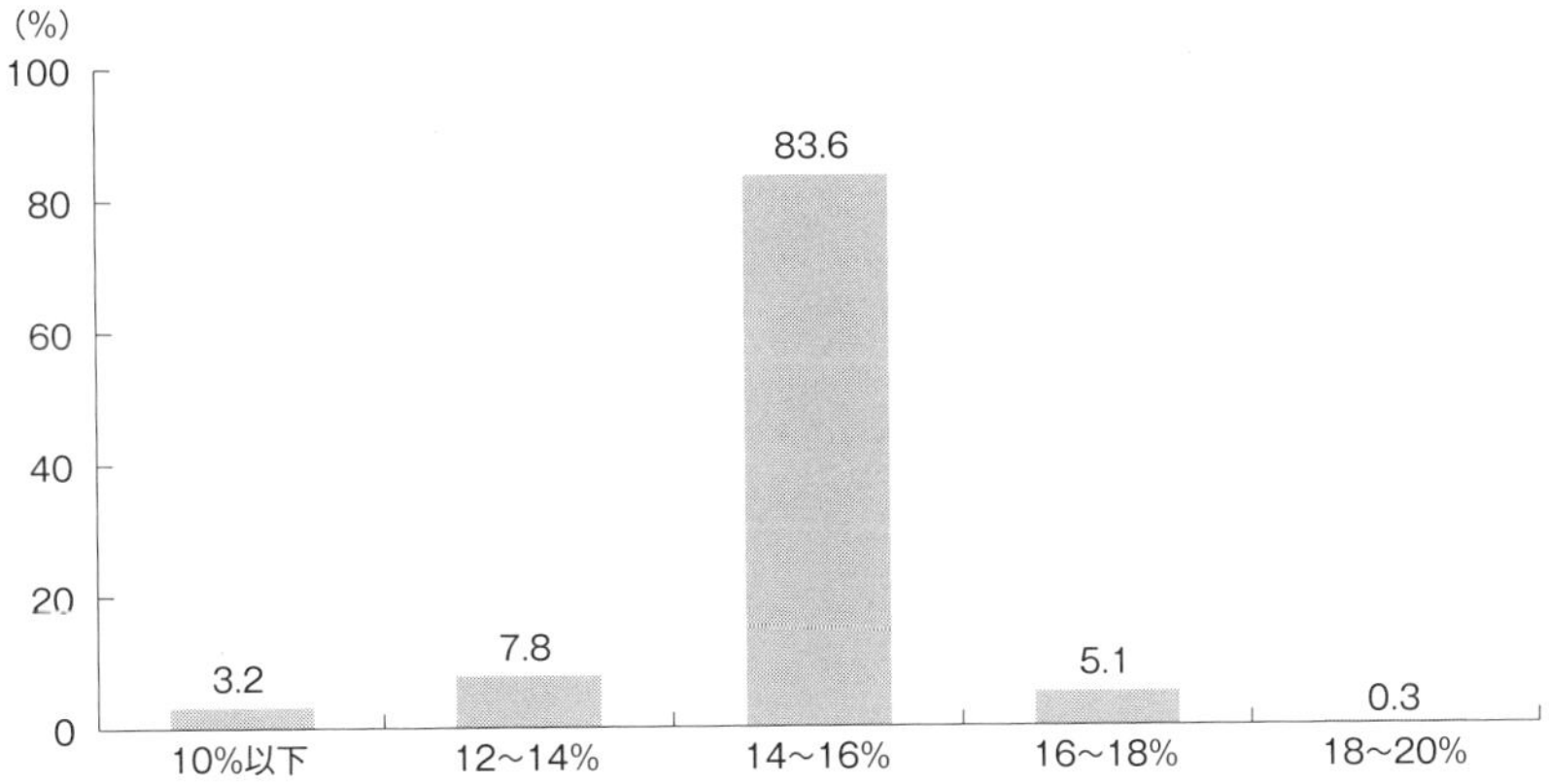

（出所）金融庁「貸金業関係資料集」.

引き続きかなりの高金利であることには変わりはない（図6-7）。消費者金融会社には、銀行系列の大手業者のほか、多数の中小業者がある。★

（3）個人信用情報機関　個人の借り過ぎを防ぐために、貸し手側が借り手の情報を蓄積している機関が「個人信用情報機関」である。銀行や消費者金融会社などの貸し手が会員となっており、会員から借り手の信用情報（借入状況、返済状況など）の提供を受けて蓄積しておき、会員からの照会を受けて、融資申込者の信用情報を提供する。銀行系の「全国銀行個人信用情報センター」のほか、クレジットカード系の「ＣＩＣ」、消費者金融系の「ＪＩＣＣ」がある。これらの情報機関では、「ホワイト情報」（融資残高など、借り手の借入れ状況に関する情報）と「ブラック情報」（借り手の延滞・焦げ付きに関する事故情報）を蓄積しているが、このうちブラック情報については、三センター間で情報共有を行っており、いずれかで延滞等が記録されると、新たな借入れやクレジットカードの新規発行ができなくなる可能性があり、注意が必要である。

（4）貸金業規制法の改正　消費者金融をめぐっ

法に高い金利で貸出を行う無登録貸金業者のこと。一〇日で一割の金利（年利三六五％の金利に相当）をとる「トイチ金融」などが典型的な例である。

ては、多重債務者の多発などが問題となったため、一九八三年に「貸金業規制法」が制定された。その後も再び社会問題となり、二〇〇六年には同法の抜本的改正が行われた（二〇一〇年に完全施行）。この改正では、①出資法の上限金利を利息制限法の上限金利に引き下げることにより「グレーゾーン金利を廃止」する、②借り過ぎ・貸し過ぎを防止するため、年収の三分の一を超える貸付を禁止する「総量規制」を導入する、などの見直しが行われた（法律名も「貸金業法」に変更）。こうした規制の強化を受けて、消費者金融業者の貸付残高は縮小し、また小規模業者の廃業などにより、業者数も大幅に減少している。

第7章

決済システム

一般に、経済取引に伴う「資金の受払い」のことを「決済」という。そして、こうした資金の決済を円滑に行う仕組みを「資金決済システム」と呼ぶ。モノの売買やサービスの購入など世の中のすべての経済活動には、最終的には「お金」の受払いが必要となるため、決済や決済システムは、企業や個人など、すべての経済主体にとって重要な問題である。

一方、国債や株式などの証券が取引された場合に、その証券の受渡しと売買代金の受払いを行うことを「証券決済」といい、証券決済を行う制度的な枠組みを「証券決済システム」と呼ぶ。近年、証券取引が増加してきていることから、安全で効率的な証券決済にも関心が高まってきている。

資金決済システムや証券決済システムは、経済活動や金融取引が円滑に行われるようにするために不可欠な社会生活の基盤（「社会インフラ」という）であり、高い安全性と効率性を維持していく必要がある。

また、消費者が小口の支払いを行う場合には、クレジットカード、電子マネーなど、現金以外の電子的な手段が多く用いられるようになってきている。これらはまとめて「キャッシュレス決済手段」と呼ばれる。

以下では、わが国における資金決済システムと証券決済システムの概略を述べるとともに、主要なキャッシュレス決済手段の仕組みや特徴についてみることとする。

外為《がいため》円決済システム＝このほかに、外為取引に関する円決済や輸出入取引に関する大口の資金決済を扱う「外為円決済システム」がある。

海外の小口決済システム＝海外にも、各国にそれぞれ小口決済システムがある。米国の「ACH」、欧州の「STEP2」、英国の「Bacs」などが代表的な例である。

第1節　資金決済システム

わが国における資金決済システムの代表的なものとしては、中央銀行が運営する「日銀ネット」と、民間が運営する「全銀システム」とがある★（手形や小切手についての差額決済を行う「手形交換制度」については、第2章で述べた）。日銀ネットは、主としてインターバンク（銀行間）の資金決済が行われ、一件当たりの決済金額が大きい「大口資金決済システム」である。一方、全銀システムは、主として個人や企業の間の資金決済を取り扱う「小口資金決済システム★」である。

❶ 全銀システム

まず、われわれの生活に関係の深い全銀システムからみていくこととしよう。全銀システムは、全国の金融機関の間で振込や送金などの資金決済を行うシステムであり、正式名称は「全国銀行データ通信システム」である。全銀システムは、全国銀行協会（全銀協）の傘下にある「全国銀行資金決済ネットワーク」（全銀ネット）が運営している。わが国のほとんどの金融機関（都市銀行、地方銀行、第二地方銀行、ゆうちょ銀行、信用金庫、信用組合、農業協同組合など）が全銀システムに参加しており、全国的な送金のネットワークが形成されている。このため、日本全国のどこの金融機関からどこの金融機関に対しても、送金を行うことが可能となっている。

全銀システムが取り扱うのは、ほとんどが企業や個人の送金であり、一件当たりの決済金額は比較的小さいが、取り扱う決済の件数が膨大である点が特徴である。また、一件ごとの送金に加えて、給与振込や年金の支払いなど、大量の振込にも用いられている。

（1）送金の処理　全銀システムを通じて、どのように送金が処理されるのかについてみることにしよう（図7-1参照）。

まず、加盟銀行では、顧客からの送金依頼（書面、インターネット経由など）を受けて、全銀システムに対して「支払指図」を送る（たとえば、A行の顧客であるXから、B行の顧客であるYへ一〇万円を送金するという指図を送信する）。全銀システムでは、この支払指図をただちに受取銀行に送信する。全銀システムからの通知を受けた受取銀行では、顧客の口座への入金を行う（B行ではYの口座へ入金する）。こうした処理により、送金人Xから受取人Yへの送金はほぼリアルタイムで終了する。ただし、この時点では、送金銀行A行と受取銀行B行との間の資金の受払いはまだ終わっていない。

図 7-1 全銀システムを通じた決済

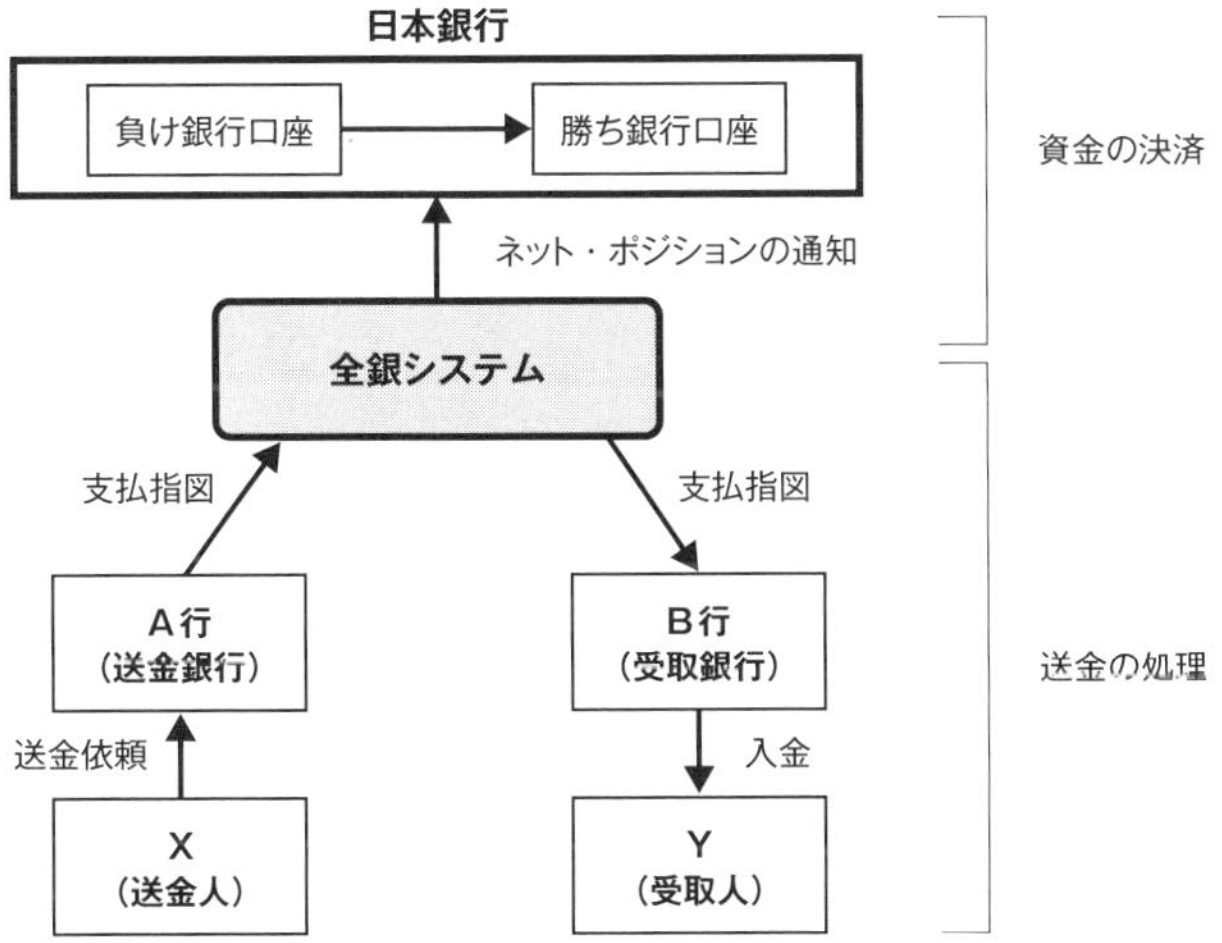

（2）資金の決済　一日の終わりになると、全銀システムでは、加盟銀行ごとの受払いの差額を計算する（たとえば、A行について、当日中の他行への支払いが八〇〇万円あった一方で、他行から自行の顧客あての送金の受取りが五〇〇万円あったものとすると、差引き三〇〇万円を支払う必要がある）。この差額の計算を「ネッティング」といい、この受払いの差額のことを「ネット・ポジション」（受払尻）という。

こうした各行ごとのネット・ポジションは、一日の終わりに全銀システムから日本銀行へ通知さ

時点ネット決済システム＝決済システムに参加する銀行間で、相互の支払いを差引き計算（ネッティング）し、ネットの金額（差引き支払額）のみを決済するシステムであり、特定の時点（通常は一日の終わりの時点）に決済が行われる。少ない流動性（資金）で決済が行える点がメリットであるが、①一日の終わりにならないと決済が完了しない、②連鎖的にリスクが波及する「システミック・リスク」が存在する、といったデメリットを有する。

れ、日本銀行では、「負け銀行」（支払超過の銀行）の口座から引き落として、「勝ち銀行」（受取超過の銀行）の口座への入金を行う。このように、受払い差額の決済は、日本銀行における各銀行の口座間の資金のやりとりによって行われ、送金銀行と受取銀行（上記の例ではA行とB行）との間の支払いは、一日の終わりに完了する。

このように全銀システムでは、一日に一回、受払いの差額についての決済が行われている。こうした一定の時刻に受払いの差額についてのネット決済を行うシステムのことを「時点ネット決済システム★」と呼ぶ。

（3）大口内為取引　一件一億円以上の「大口内為《ないため》取引」については、上記のような時点ネット決済とは別に、日中に全銀システムから日銀ネットに送られて即時に決済される扱いとなっている。これは、大口の資金決済について、一日の終わりまで決済が完了しないと、「決済リスク」（決済が予定どおりに行われない場合のリスク）が大きくなるためであり、日銀ネットで日中に決済を完了させることによって、早期の支払完了性（ファイナリティ）を実現しているものである。

このため、一件一億円以上の大口内為取引については、日銀ネットに送られて日中に決済が完了する一方、一件一億円未満の「小口内為取引」については、上述のように、参加行ごとの受払い差額を算出したうえで、夕刻に一日に一回のネット決済が行われている。

（4）全銀システムの二四時間三六五日化　全銀システムは、従来、平日の昼間のみの稼働であった（つまり平日の営業時間しか送金ができなかった）が、二〇一八年から二四時間三六五日稼働となった。具体的には、平日の日中を担当する既存の「コアタイム・システム」のほかに、夜間と休日を担当する新たな「モアタイム・システム」を稼働させ、両方のシステムを合わせて、二四時間三六五日のいつでも銀行間送金を行うことが可能となった（図7-2）。これを使うと、夜間や休日にも他行に対して即時の送金を行うことができるが、そのためには、送金銀行と受取銀行の両方がその時間帯にモアタイム・システムに接続していることが必要である。モアタイム・システムへの参加は任意であるが、都銀、地銀、第二地銀、信用金庫、信用組合など、多くの先が参加している。

（5）全銀システムのEDI対応

「EDI情報★」とは、企業間の取引にかかる支払明細データ（受発注データ、請求書番号など）であり、こうした商流データを送金電文と一緒に送ることができれば、送金の受取企業では、売掛金の消込み作業の自動化など、業務の効率化を図ることができる。こうした商流データと決済情報との連携を「金融EDI」と呼び、海外では普及が進んでいる。全銀システムでは、二〇一八年に「全銀EDIシステム」（ZEDI）を稼働させ、全銀システムでの送金電文に商流データを添付できる機能を追加した。この機能は、企業の入金消込み作業などの業務の効率化につながるため、今後の利用拡大が期待されている。

図 7-2 全銀システムの24時間365日化

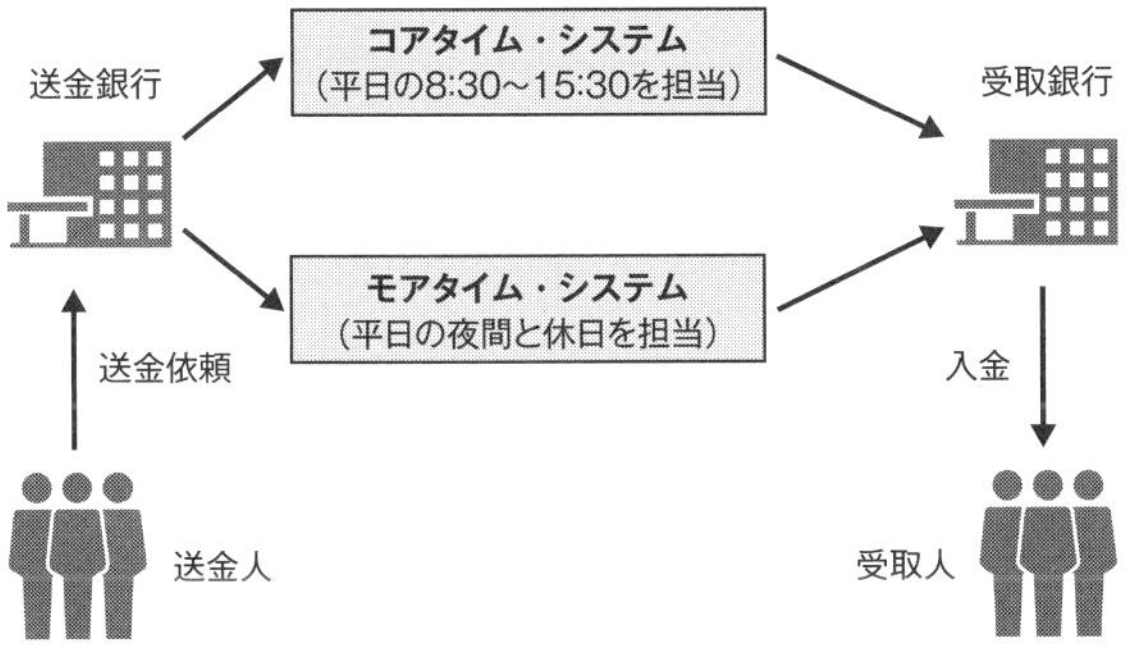

2 日銀ネット

「日銀ネット」は、日本銀行が運営する決済システムであり、正式名称は「日本銀行金融ネットワークシステム」である。日銀ネットには、日本銀行に当座預金口座を有している約四六〇行の金融機関（都市銀行、地方銀行、第二地方銀行、信託銀行、外国銀行、信用金庫、証券会社、短資会社など）が参加している。日銀ネットでは、これらの金融機関の間での資金の決済が行われる。たとえば、コール市場における出し手と取り手との間の資金の受払いや、国債を売買した

EDI＝Electronic Data Interchangeの略であり、企業間の「電子データ交換」を意味する。交換されるデータには、受発注、出荷、請求、支払いなどが含まれる。

海外の大口決済システム＝海外各国にも、それぞれ大口決済システムがある。米国の「Fedwire」や「CHIPS」、欧州の「TARGET2」や「EURO1」などが代表的な例である。

ＲＴＧＳシステム＝ＲＴＧＳは、「リアルタイム・グロス・セトルメント」の頭文字の略。決済がグロス金額により、一件ごとに、即時に決済される決済システムのことである。

日銀ネットのＲＴＧＳ化＝日銀ネットは、従来、一日に四回の決済時点を設けた「時点ネット決済システム」であったが、二〇〇一年に「ＲＴＧＳシステム」に変更された。

システミック・リスク＝一つの銀行が支払い不能に陥ることにより、他の銀行の支払いが連鎖的にストップし、これが金融システム全体

図 7-3 日銀ネットにおける即時グロス決済

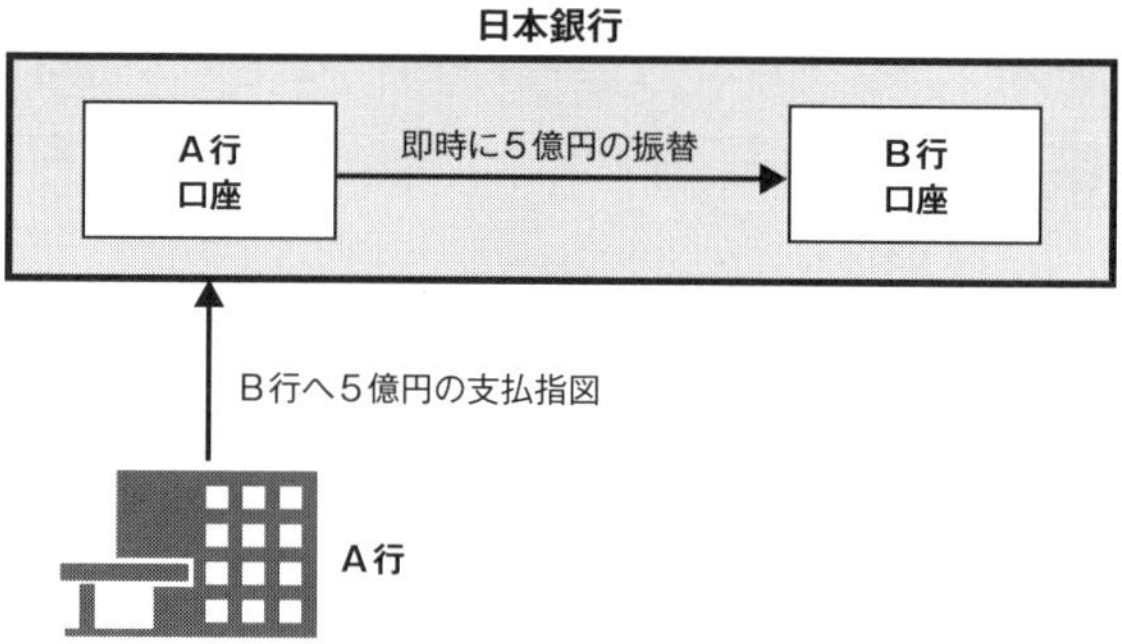

ときの売り手と買い手との資金の受払いなどのインターバンク取引が、日銀ネットを通じて行われる。また、全銀システムや手形交換などのネット決済システムにおけるネット・ポジション（受払尻）の決済も日銀ネットによって行われる。

日銀ネットでは、金融機関が自行のために行う金融機関相互間の資金移動（インターバンク決済）が行われる。このため、大口決済システム★となっており、一件当たりの決済金額は、約二五億円にのぼる。日銀ネットにおける決済の方法は、次のとおりである。

（1）即時グロス決済　日銀ネットでは、参加行から日本銀行に決済指図が送られると、その決済指図の処理は、一件ごとに即時に行われ（リアルタイム決済）、また決済は支払額と受取額の差引き（ネッティング）を行うことなく、その支払指図の金額（グロス金額）により実行される（グロス決済）。こうした手法による決済システムのことを「即時グロス決済（ＲＴＧＳ）システム」★という★。たとえば、A行からB行への五億円の支払指図が日本銀行に送られると、A行の当座預金に五億円以上の残高があれば、すぐにB行への支払いが処理され、即時に決済が完了する（図7−3参照）。

ＲＴＧＳシステムでは、決済指図が一件ごとに処理された段階で、その決済は「最終的に完了した状態」となり、「支払完了性」（ファイナリティ）を有する。このため、ＲＴＧＳシステムは、決済の安全性が高い★。ただし、決済を行うためには、支払指図の金額以上の口座残高（流動性）が口座にな

の混乱に波及するリスクのこと。時点ネット決済システムでは、ある銀行の決済不能が発生すると、それが連鎖的に他行に波及するシステミック・リスクが存在する。日銀ネットのRTGS化の狙いの一つは、こうしたシステミック・リスクを除去することであった。

ければならないため、決済のためには多くの流動性（資金）を必要とする。このため日本銀行では、参加行に対して、日中に口座残高が一時的にマイナスになる「日中当座貸越」（日中O／D）を認めている（無料だが、担保が必要）。

(2) 流動性節約機能　日銀ネットには、上記の即時グロス決済の機能に加えて「流動性節約」という機能がある。この機能は、通常の当座預金のほかに「同時決済口」を設けたうえで、同時決済口の相互間で複数の決済指図を同時に決済する仕組みである（「複数指図同時決済機能」という）。

図7-4 日銀ネットにおける複数指図同時決済機能の例

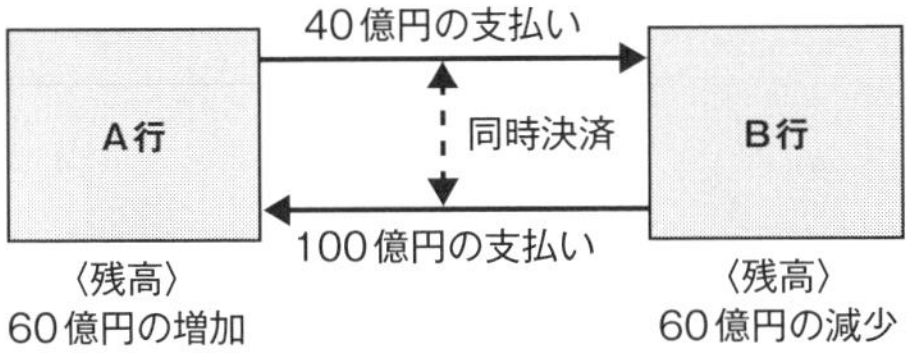

たとえば、A行からB行への四〇億円の支払いと、逆方向のB行からA行への一〇〇億円の支払いがあった場合に、両方向の支払いを同時に履行する仕組みである（図7-4参照）。この結果、両方の支払いの差額分について、両行の残高が増減する（A行の残高は六〇億円だけ増加し、B行の残高は六〇億円だけ減少する）。このように、この機能では両行に差額分のみの増減が生じることになり、結果的にはネッティングと同じ効果が得られるため、少ない流動性によって決済を進めることができるというメリットがある。また、これら二つのグロス決済（A行からB行への支払いとB行からA行への支払い）は、決済処理と同時に完了するため、早期にファイナリティが得られるメリットもある。このように、流動性節約機能では、①少ない流動性による決済と、②早期のファイナリティの確保という二つの要素を同時に両立させている。

このように、日銀ネットは二つの決済モードを有する決済システムとなっており、参加行は支払指図の性格や緊急性を考慮して、二つのモードを使い分けている。一般には、緊急性が高い支払いについては即時グロス決済モードが使われ、少ない流動性で決済を進めたい通常の支払いについては流動性節約モードが用いられる。

❸小口決済インフラ「ことら」

都市銀行五行を中心とする銀行グループでは、二〇二二年一〇月に「ことら」と呼ばれる小口決済インフラを稼働させた（ことらは「小口トランスファー」の略）。これは、送金の上限を「一件当たり一〇万円」とする個人向け少額送金サービスである。従来、銀行送金を行うためには、相手の口座番号を知っていることが必須であったが、「ことら」では、受取人の携帯電話番号やメールアドレスを使って相手に送金を行うことができる。また、送金に合わせてメッセージ（最大二五六文字）を送ることもでき、スマホで手軽に送金ができるため、従来の銀行送金に比べて利便性が格段に高い。なお、銀行間の資金清算は、ことら社が差引計算（ネッティング）を行ったうえで、一日に二回、全銀システムを利用して行われる。海外では、すでにこうした「携帯番号送金サービス★」が普及してキャッシュレス化に貢献しており、わが国でも今後の普及が期待される。

携帯番号送金サービス＝振込先の口座番号を指定する代わりに、携帯電話番号やメールアドレスで相手を指定し、送金ができるサービス。スウェーデンの「Swish」、英国の「Paym」、米国の「Zelle」、シンガポールの「PayNow」などが有名である。スマホで手軽に送金ができるため「モバイルペイメント」とも呼ばれる。

❹手形交換の電子化

手形交換の仕組みについては、第2章で述べたとおりである。これまで手形交換は、全国各地の100カ所以上の交換所で、紙ベースの手形・小切手を物理的に交換することによって行われてきた（図7-5の①）。しかし、紙の手形・小切手を物理的に交換することは、搬送や交換などに人手を要して非効率であり、また災害対応の面でも課題があった。このため、全国銀行協会では、二〇二二年一一月に、電子的な手形交換を可能とする「電子交換所」を稼働させた。これによって、全国の銀行では手形・小切手をイメージデータ（画像データ）に変換し、それを電子交換所に送って決済処理を

図 7-5 手形交換所と電子交換所

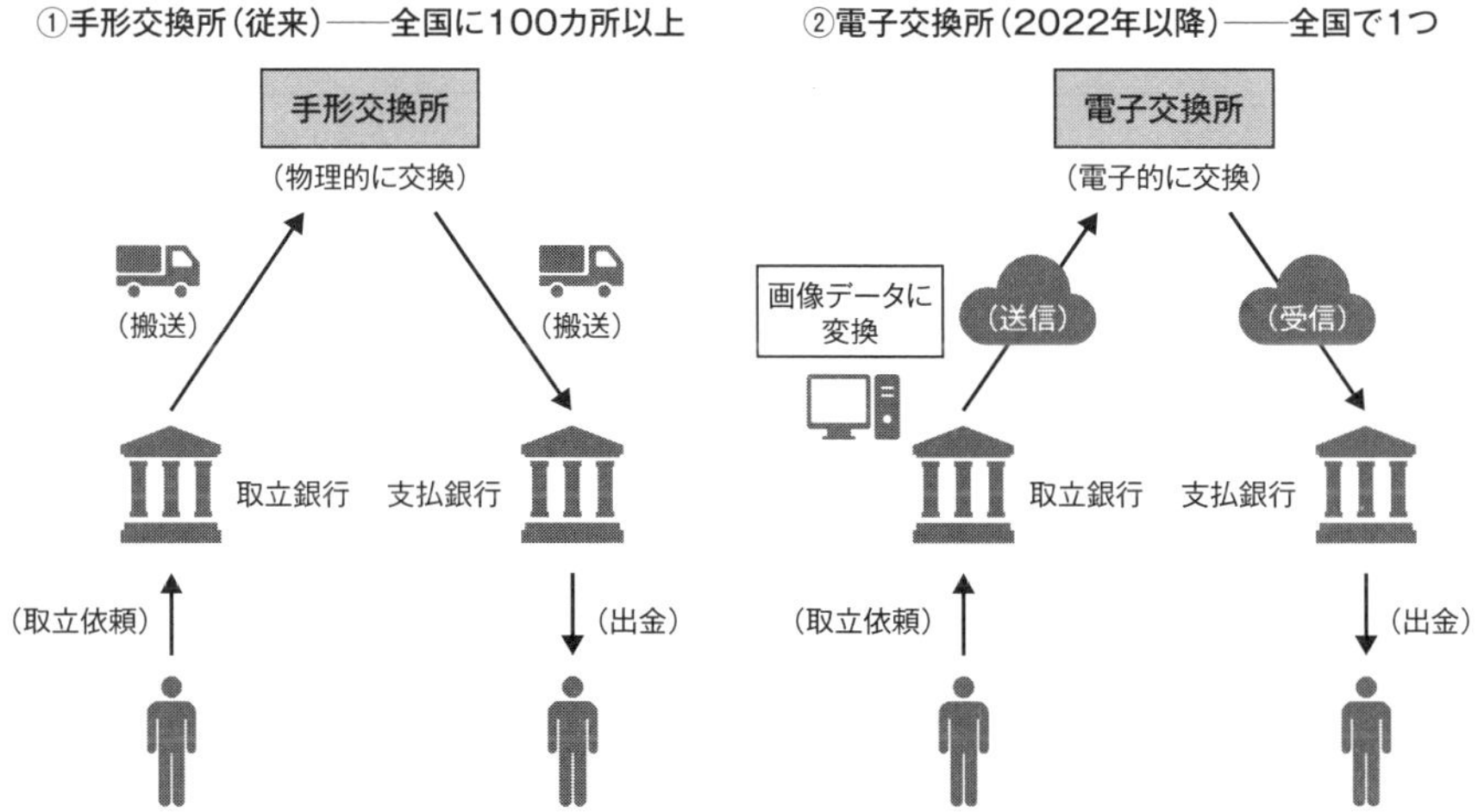

行うことが可能となった（図7–5の②）。これにより、金融機関は、手形・小切手を物理的に搬送して交換を行う必要がなくなり、従来の手形交換所はすべて廃止された。電子手形交換への移行により、手形交換業務は大幅に効率化されることとなった。

第2節　証券決済システム

株式や債券などの「証券」が市場で取引されると、最終的には、売り手と買い手との間で「証券の受渡し」と「売買代金の受払い」を行う必要がある。この両方を行うことが「証券決済」であり、そのための仕組みを「証券決済システム」という。証券の受渡しは、かつては物理的な券面（現物証券）を受け渡すことによって行われていたが、紙ベースの証券の受渡しは手間がかかって不便であることから、最近では「証券決済機関」において、電子的な帳簿における振替（「ブックエントリー」という）によって行われるようになっている。

DVP決済＝DVPは、「デリバリー・バーサス・ペイメント」の頭文字の略。証券の引渡し（デリバリー）と資金の支払い（ペイメント）を条件づけて同時に行う仕組みであり、これにより、「証券を引き渡したのに代金を受け取れない」とか、「代金を支払ったのに証券を受け取れない」といったリスクを解消している。

証券保管振替機構＝株式、一般債（社債、地方債等）、CP（短期社債）、投資信託受益証券等について、口座振替によって証券決済を行う証券決済機関である。「ほふり」という愛称でも知られる。

図 7-6 DVP決済の仕組み

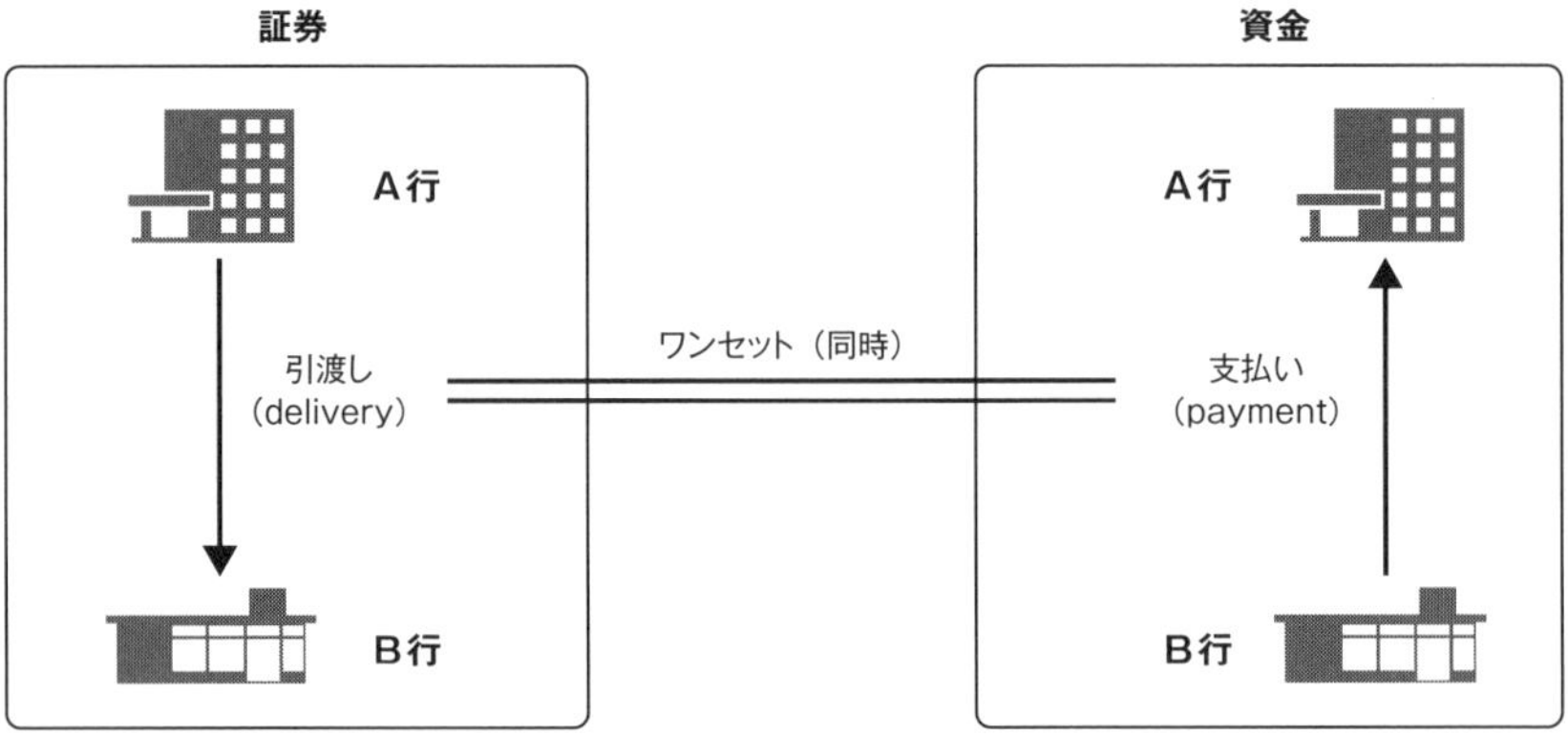

❶ 国債の決済

国債については、日本銀行が証券決済機関となっており、日銀ネット（国債系システム）により国債の決済サービスを提供している。日銀ネットの参加行のうち、約二七〇社（銀行、証券会社など）が日本銀行に国債口座を有して、売買等に伴う国債の決済を行っている。資金決済と同様に、国債決済についても即時グロス決済が行われている。また日銀ネットにおいては、リスク削減のため、国債の決済と資金決済とを組み合わせて同時に実施する「DVP決済★」が行われている（図7-6）。

❷ 株式等の決済

株式、社債、地方債、CP（コマーシャル・ペーパー）など国債以外の証券については、「証券保管振替機構★」が証券決済機関となっている。証券保管振替機構には、証券会社、銀行、信託銀行、保険会社などが参加者となって、証券口座を有しており、株式等の決済を行っている。

これらの証券の決済についても、証券保管振替機構における証券決済と日本銀行における資金決済を組み合わ

元本リスク＝取引額の全体（元本額）を受け取れないリスク。証券取引で、証券の売り手が証券を引き渡したのに代金が受け取れない場合や、買い手が代金を支払ったのに証券が受け取れない場合には、元本リスクが発生することになる。

せたかたちで「ＤＶＰ決済」が行われており、「元本《がんぽん》リスク★」の発生を防止している（図7−6）。

3 証券のペーパーレス化

わが国では、かつては決済には紙ベースの証券（国債券面、株券など）が広く用いられていたが、保管や引渡しのコストやリスクが高いことから、券面の発行が不要な「ペーパーレス化」への移行が進められた。これにより、二〇〇二年にはＣＰが、二〇〇三年には国債や社債等がペーパーレス化され、現物証券を用いないブックエントリーのみの決済に移行した。また二〇〇九年には、残っていた株式について「株券電子化」が実施され、証券のペーパーレス化が完了した。

4 証券の決済期間の短縮化

証券の取引を行ってから決済を行うまでの期間を「決済期間」という。決済期間を短縮することは、未決済の状態にある取引を減らし、証券決済にかかるリスクを削減することにつながる。わが国においては、国債、株式、社債などの証券について、いずれも長年にわたり、「Ｔ＋３決済」（取引日の二日後決済）となっていた。

このうち、国債については、決済リスク削減の見地から、二〇一二年にＴ＋２決済に移行したあと、二〇一八年にはＴ＋１決済（取引日の翌日決済）に短縮化された。また、株式等についても、欧米におけるＴ＋２化の動きを受けて、二〇一九年にＴ＋２決済に短縮化された。これらの実施により、わが国の証券決済期間は、欧米主要国と比べ、遜色のないものとなった。ただし、米国では、さらに株式決済のＴ＋１化に向けた動きが出ており、一段の短縮化が必要となる可能性がある。

オーソリゼーション＝クレジットカード利用者が商品やサービスを購入する場合に、店舗では、カードの有効性や利用額が限度を超えていないかについて、オンラインでカード会社に確認を行う。これを「オーソリゼーション」（信用承認）という。

第3節　キャッシュレス決済手段

消費者が買い物などを行って小口の支払いを行う場合には、現金を用いることが多いが、最近では、現金以外の支払手段も広く用いられるようになってきている。こうしたキャッシュレス決済の手段としては、①クレジットカード、②デビットカード、③電子マネー、④QRコード決済などがある。以下では、これらのキャッシュレス決済手段の仕組みや利用方法についてみることとする。

1　クレジットカード

（1）クレジットカードの仕組み　クレジットカードを使うためには、あらかじめクレジットカード会社の審査を受けて、カード会員になっておく必要がある。カード会員が「加盟店」（クレジットカード会社と契約している店舗）で買い物をした場合の最終的な決済までの手順は以下のとおりである（図7-7参照）。

①まず、カード会員がクレジットカードを店舗に呈示して、ショッピングを行う。★

②クレジットカードの利用データが、店舗からクレジットカード会社に送られる。

③これに基づいて、クレジットカード会社が、一定期間ごと（日次・週次・月次など）に加盟店に対して立替払いを行う。

④クレジットカード会社では、カード会員に一カ月の利用分をまとめた利用代金明細書を送り、利用代金を請求する。

⑤カード会員は、登録した銀行口座に利用代金を入金しておく。

⑥決済日になると、カードの利用代金がカード会員の口座から引き落とされ、決済が完了する。

図 7-7 クレジットカードの仕組み

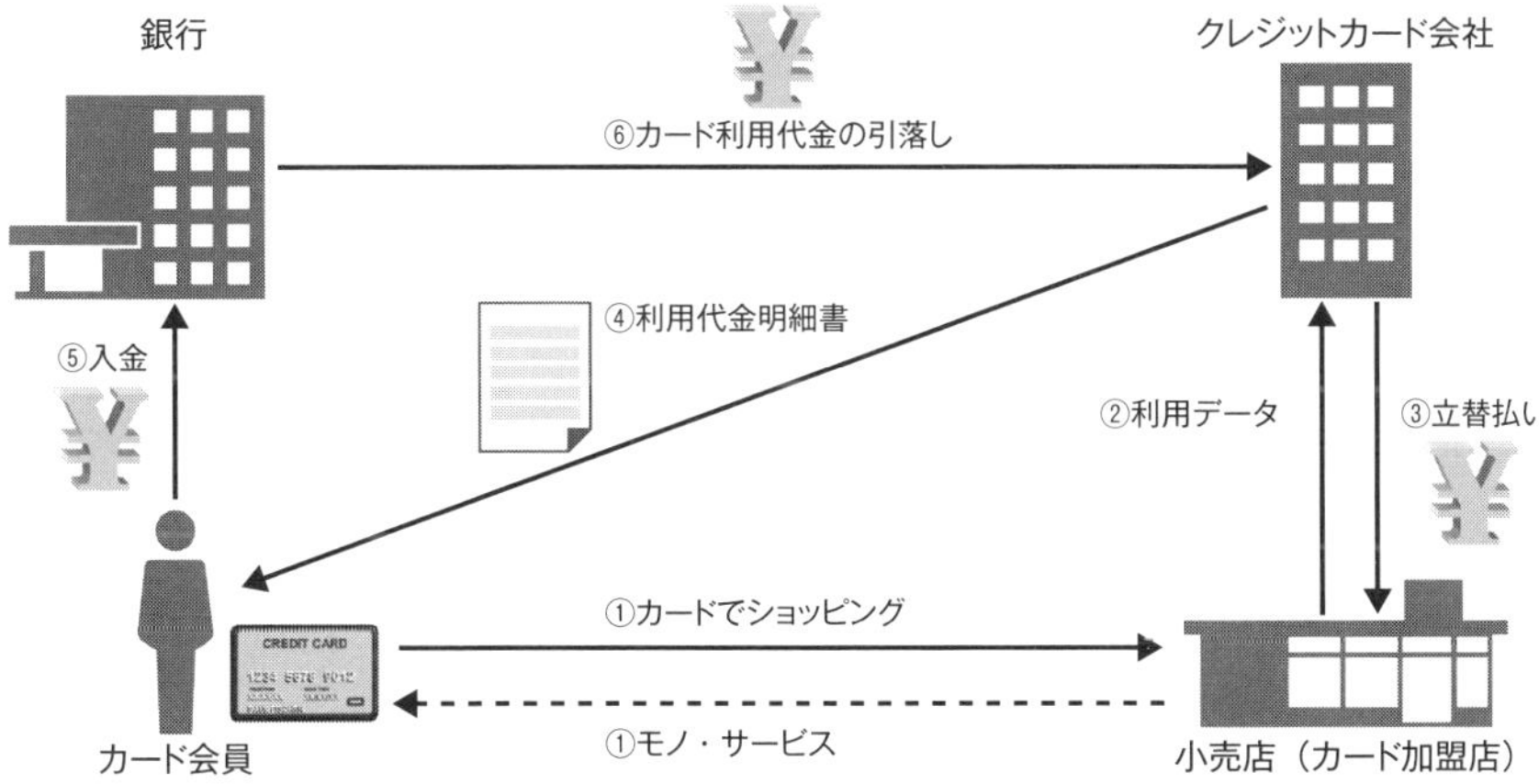

このようにクレジットカードは「後払い」の仕組みであり、カード会社がいったん利用者に代わって加盟店への立替払いを行う仕組みとなっている。このためカード会員は、手持ちの現金がなくても、クレジットカードで買い物などを行うことができる。しかし、クレジットカード会社では、カード会員から利用代金を回収するまでの間、会員に与信を行うことになるため、一定の信用力（クレジット）を持つ人しか、カード会員になることができない。クレジットカード会社では、クレジットカードによる購入額の数パーセント（二〜三％が多い）を、手数料として加盟店から受け取る。

（2）クレジットカードの支払方法　カード会員がクレジットカードを使って買い物を行ったあとで、利用額を支払う方法としては、一括払い、分割払い、リボ払いなどがある。

イ　一括払い　クレジットカードの利用額を、買い物を行った翌月に一括して支払う方法である。最も一般的な支払い方法であり、「一回払い」ともいう。一回払いには、特に手数料はかからない。

ロ　分割払い　二回払い、三回払い、一〇回払いなどのように、クレジットカードを使って購入した商品やサービスの代金を、複数回に分けて支払う方法である。支払回数の指定は、利用（買い物）の際に行う。支払回数を多くすれば、月々の支払額はその分少なくなるが、翌月以降の支払分に対しては、手数料（金利）がかかる。

ハ　リボ払い　「リボルビング払い」の略であり、利用金額にかかわらず、毎月一定の金額（「ミニマム・ペイメント」という）を支払えばよいというクレジットカードの支払方法である。たとえば、ミニマム・ペイメントを二万円に設定したとすると、一カ月に五万円使っても、一〇万円使っても、毎月の返済額は二万円ですむことになる。ただし、①毎月の返済負担を増やさずに買い物ができるため、使い過ぎにつながりやすいこと、②未返済分については、クレジットカード会社から借金をしていることになり、借入分にはかなりの高金利がかかること、などの点には注意が必要である。

（3）キャッシング機能　クレジットカードには、買い物に利用できる「ショッピング枠」のほかに、「キャッシング枠」（借入枠）が設定されており、利用者はこの枠内で、ＡＴＭを利用してクレジットカード会社からの借入れを行うことができる。キャッシングはいわば小口融資であり、クレジットカード会社はこの機能を通じて消費者金融の一翼を担っている。

❷ デビットカード

（1）デビットカードの仕組み　デビットとは「引き落とす」という意味であり、デビットカードは、銀行の「キャッシュカード」を使って買い物の支払いを行う仕組みである。利用に際しては、本人確認のため、キャッシュカード用の暗証番号の入力が必要である。クレジットカードが「後払い」の仕組みであるのに対して、デビットカードは、利用した時点で即座に利用者の銀行口座から代金が引き落とされる「即時払い」の仕組みである。①利用のための審査や手続きが特に必要ないこと、②手数料や年会費も不要なこと、③使い過ぎの心配がないこと、などがメリットとされている。

（2）Jデビットとブランドデビット　デビットカードは、欧米では幅広く利用されており、キャッシュレス決済の中心的な手段となっている。わが国においても、「Jデビット」という名称で銀行界の統一的なサービスが行われているが、普及はさほど進んでいない。一方、最近では、VISAやJCBなどの国際ブランドと提携した「ブランドデビット」が導入されている。利用時には登録している銀行口座からの引落しが行われる「即時払い」となる点はJデビットと同様であるが、国内外の国際ブランド加盟店で幅広く利用できるという特徴があり、利用が増加してきている。

❸ 電子マネー

（1）電子マネーとは　「電子マネー」は、金銭的な価値をデジタル・データとして、ICカードや携帯電話、スマートフォンなどに蓄積し、それを用いて店舗等での支払いを行うキャッシュレス決済の手段である。

（2）電子マネーの分類

イ　プリペイド型とポストペイ型　電子マネーのうち、事前に現金を支払って、電子的な価値をカードにチャージ（入金）しておくタイプの電子マネーを「プリペイド型電子マネー」（前払い方式）という。一方、利用額があとで請求されるタイプのものを「ポストペイ型電子マネー」（後払い方式）という。これは「ケータイ・クレジット」とも呼ばれ、クレジットカードの機能がスマートフォンに入ったものである（したがって、電子マネーというよりは、クレジットカードの一種とみるのが適当である）。

ロ　ICカード型とネットワーク型　プラスチックのカード（またはスマートフォン）にICチップを搭載したタイプの電子マネーのことを「ICカード型」という。一方、インターネット上やパソコンのなかに残高を保存できるウォレット（電子財布）の機能を持たせて利用するものが「ネットワー

図 7-8 電子マネーの仕組み

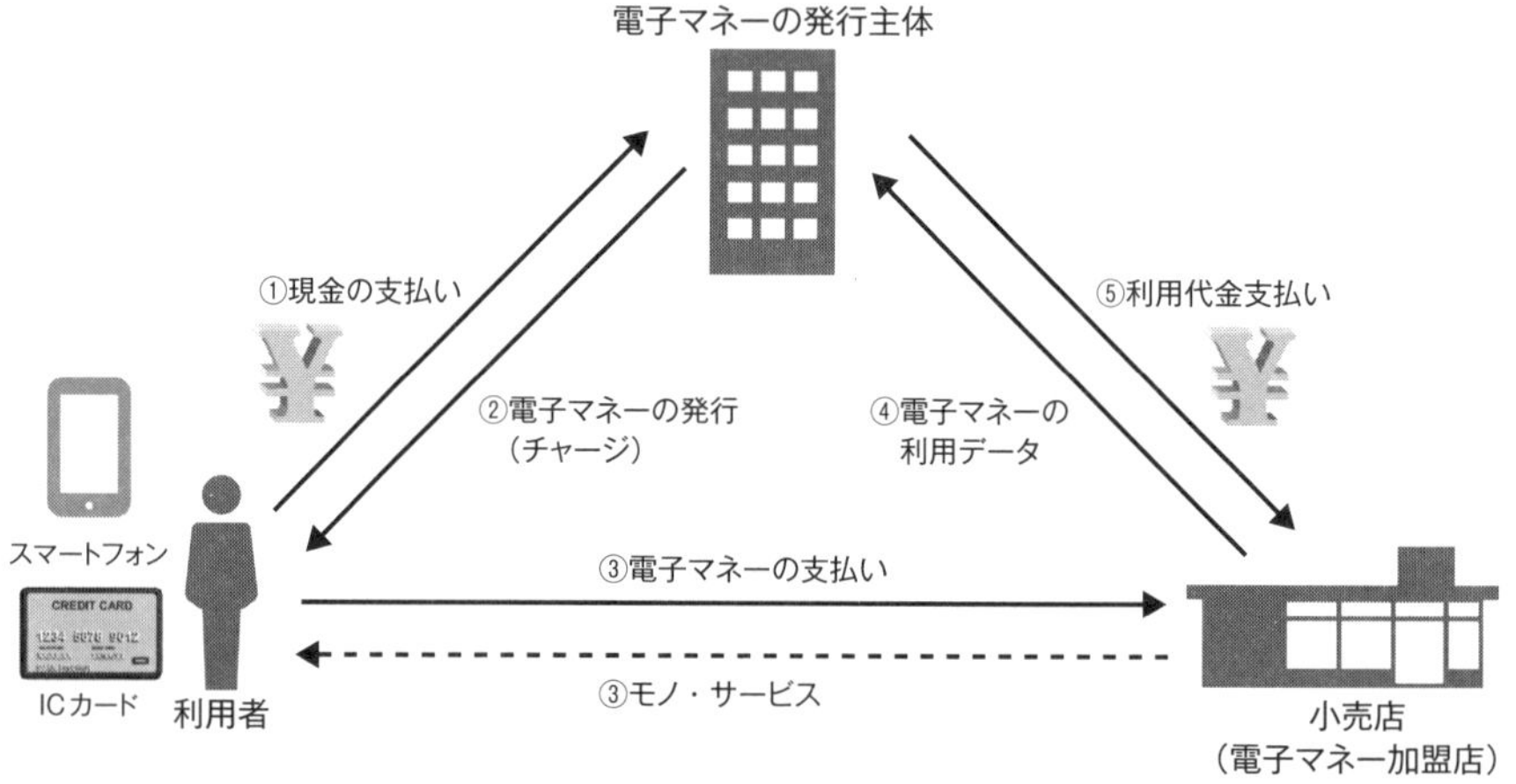

ク型」であり、主にオンラインゲームなどのインターネット上での支払いに利用される。

ハ　電子マネーの主流タイプ　これらのうち現在普及しているのは、「プリペイド型」で「ICカード型」の電子マネーである。この場合、電子マネーの利用者は、あらかじめ現金を支払って、電子マネーをカードなどにチャージしておく。電子マネーが店舗で利用されると、店舗ではその利用データを電子マネーの発行主体に伝送し、利用に応じた額が発行主体から店舗に対して支払われる仕組みとなっている（図7-8参照）。

(3) 主な電子マネー　主な電子マネーとしては、交通系のSuica（スイカ）やPASMO（パスモ）、流通系のnanaco（ナナコ）、WAON（ワオン）、楽天Edy（エディ）などがある。このうち交通系の電子マネーは、相互利用が可能となっており、カード一枚で全国の多くの交通機関を利用することができる。

(4) 電子マネー大国　上記のような複数の電子マネーの普及により、わが国は、世界的にも類をみない「電子マネー大国」となっている。ちなみに、電子マネーの発行枚数は、二〇二一年度末には四・七億枚に達しており、国民一人当たり平均四枚を保有している計算となる。また、年間の決済件数は五七億件、年間の決済額は約六兆円に達している。

このようにわが国で電子マネーが急速に普及しているのは、①もともと現金が幅広く用いられており、電子マネーが代替できる大きな潜在的なマーケットがあったこと、②電子マネーと競合するライバルであるデビットカードが未発達であったこと、などが影響している。

4 キャッシュレス化の進展とQRコード決済

(1) キャッシュレス化に向けた動き わが国は、現金の利用率が高い「現金大国」であり、キャッシュレス決済の比率は、海外各国よりかなり低い。このため、政府では、キャッシュレス決済の比率を二〇一六年の二〇%から、二〇二五年までに約四〇%にまで高め、将来的には世界最高水準の八〇%を目指すとの目標を掲げている。

(2) QRコード決済 こうしたなかで、ここに来て、QRコード（二次元バーコード）の読取りによって決済を行う「QRコード決済★」が、次々と導入されている。QRコード決済には、店側が紙に印刷したQRコードを店頭に貼っておき、それを顧客がスマートフォン（スマホ）のカメラで読み取って支払いを行う「ユーザースキャン型」（顧客読み取り型）と、顧客がスマホにQRコードを表示し、それを店側で読み取る「ストアスキャン型」（店舗読み取り型）とがある。ユーザースキャン型の場合、店側では、紙に印刷されたQRコードを貼っておけばよいため、導入コストがほぼゼロですむというメリットがある。

QRコード決済は、サービスによって、前払い方式、即時払い方式、後払い方式などがある。前払い方式は、あらかじめアプリにチャージを行っておき、支払時には支払額がチャージ額から引き落と

コード決済＝バーコードを使う場合もあり、QRコード決済とバーコード決済をまとめて「コード決済」と呼ぶ。

ノンバンクのQRコード決済＝PayPay、楽天ペイ、d払い、au PAYなど。

銀行のQRコード決済＝みずほ銀行を中心とする「Jコインペイ」、多くの金融機関が対応する「バンクペイ」、ゆうちょ銀行の「ゆうちょペイ」など。

される方式であり、後払い方式は、利用料金が後日、事前に登録しておいたクレジットカードに請求される方式である。ノンバンクによるサービス★が数多く導入されているが、銀行もQRコード決済★に積極的な取組みをみせており、サービスが乱立気味となっている。

第3部

金融革新の進展

第8章

金融のデジタル化とフィンテック

金融は、情報通信技術（ＩＴ）の発達とともに、コンピュータやネットワークを活用して行われるようになっている。金融機関の業務やオペレーションがデジタル化されてきているほか、キャッシュレス決済やフィンテックなどが進展している。さらに、ＤＸ（デジタル・トランスフォーメーション）により、新しいサービスやビジネスモデルを提供していく動きがみられる。このように、いまや、ＩＴ化やデジタル化を抜きにしては金融を語れない状況となっている。以下、本章では、「金融のデジタル化（またはＩＴ化）」の流れ、およびＩＴを活用した革新的な金融サービスである「フィンテック」について解説する。

第1節　金融のデジタル化

❶ 金融業務のＩＴ化

金融機関では、かつては紙の伝票などを人手によって処理していたが、その後、合理化のためにシステム化が進められ、いまやほとんどの金融業務は、ＩＴを使って行われるようになっている。こう

クラウド＝従来自社内に設置することが多かったシステム設備を、専門業者との契約により、自社のシステムに必要な分だけ、インターネット回線を介して利用するサービスのこと。一方、自社の設備を自社内に設置し、構築・運用も自社内で行うシステム形態を「オンプレミス」と呼ぶ。クラウド化により、金融機関では、自前のシステムを所有して保守・運用を行う必要がなくなる。

した流れは、「金融業務のIT化」や「金融のデジタル化」と呼ばれる。

(1) 金融機関のシステム　金融機関では、預金、融資、送金などに関する業務を処理するために「勘定系システム」を構築して、中核業務を進めている。このほかに、外部システムとの接続を担う「対外接続系システム」、市場取引を行うための「資金証券系システム」、外為《がいため》業務などを行う「国際系システム」、取引データや顧客データなどを管理するための「情報系システム」などがあり、相互に連関して動いている。

従来は、勘定系を中心に「メインフレーム」と呼ばれる大型コンピュータによるシステム構築がほとんどであったが、最近では、複数の小型コンピュータを接続するかたちの「分散系システム」や外部業者による「クラウド・サービス★」を利用する例もみられるようになっている。

(2) デリバリー・チャネル　顧客に対するサービス提供手段である「デリバリー・チャネル」についてもデジタル化が進展しており、従来の主流であった店舗での対面取引から、スマートフォンやインターネットを用いた「非対面チャネル」への移行が進んでいる。個人顧客がネット経由で金融機関のシステムにアクセスし、口座情報の照会や振込を行う形態は「インターネット・バンキング」や「モバイル・バンキング」と呼ばれる。また、企業向けの同様なサービスは、「ファーム・バンキング」といわれる。こうした顧客チャネルの変化を受けて、このところ金融機関が支店の閉鎖・統合を進める動きも目立っている。

❷ 金融機関相互間のネットワーク化

上記のように、個別の金融機関においてIT化・デジタル化が進展するとともに、金融機関の間を相互に結ぶネットワークも発達してきている。

(1) 決済システム　多くの金融機関の間がネットワークで結ばれるようになっており、これによっ

コルレス銀行＝銀行が海外の銀行との間で外貨送金などの取引を相互に円滑に処理するための銀行間の契約を「コルレス契約」といい、この契約先の銀行のことを「コルレス銀行」または「コルレス先」と呼ぶ。

ロシアの銀行のスイフト切断＝ロシアのウクライナ侵攻（二〇二二年）に際しては、制裁措置として、ロシアの一部銀行をスイフトのネットワークから切断した（国際的な決済ができなくなり、輸出入に影響する）。

ネット銀行＝楽天銀行、

図 8-1 SWIFTを通じた国際送金の仕組み

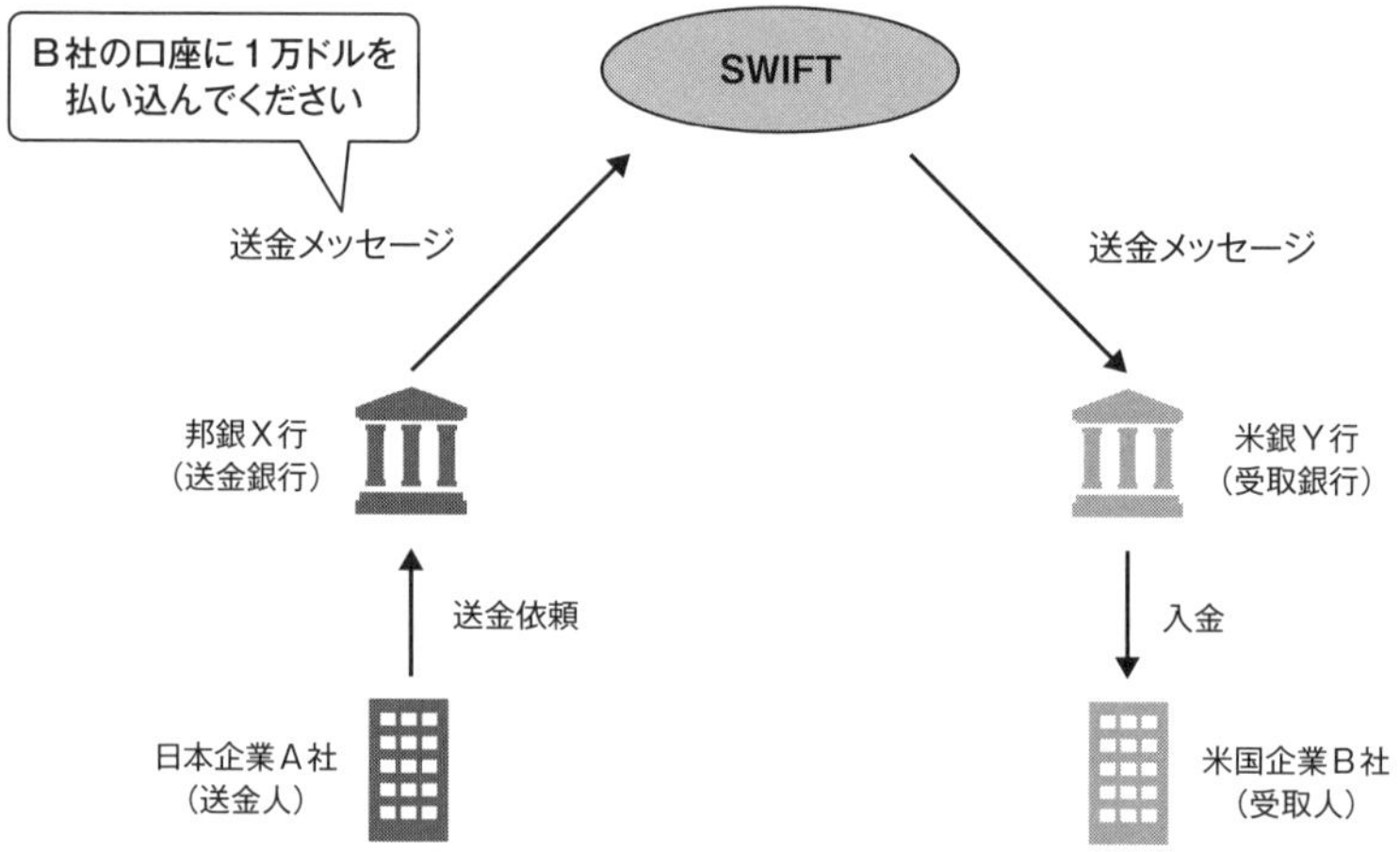

て、幅広い金融機関の間で資金決済や証券決済を行うことができるようになっている。わが国の資金決済システムとしては、「日銀ネット」や「全銀システム」などがある（詳しくは第7章を参照）。

（2）ATMネットワーク　金融機関のATMは、相互に接続されてネットワークを形成しており、これによって、キャッシュカードを使って他行のATMで現金の引出し、預入等を行うことが可能となっている。こうしたATMネットワークは、もともとは都市銀行、地方銀行などの業態ごとに構築されていたが、現在では、これらが業態の枠を超えて統合されており、幅広い金融機関間での相互利用が可能となっている。

（3）スイフト（SWIFT）　国際的な送金において重要な役割を果たしているのが「スイフト」（国際銀行間通信協会）である。スイフトは、銀行間の国際的な送金メッセージ（支払指図）の通信を担っている。たとえば、日本の企業A社が米国の取引先B社に製品の輸入代金を支払う場合、日本のX行を通じてコルレス先★の米国のY行に資金を送る。そのときに邦銀X行から米銀Y行に対して、「B社の口座に一万ドルを払い込んでください」という送金メッセージがスイフトのネットワークを通じて送られる。このようにして、スイフトは、世界の二〇〇カ国以上、一万一〇〇〇行以上の金融機関を結んで、国際的な支払いメッセージの伝送サービスを提供している。スイフトがこうしたサービスを提供していることによって、世界中のどの国に対しても送金をする（または送金を受取る）ことが可能となっている。★

❸ ネット専業の金融機関

インターネットの普及につれて、インターネットを通じたサービスを専門に行う金融機関が登場してきている。これらの金融機関では、物理的な店舗を持たず、インターネットのみを顧客とのチャネルとしてビジネスを行っている。

（1）ネット銀行　物理的な店舗を持たずに、預金取引や振込などの取引を、すべてインターネット経由で行う銀行を「インターネット専業銀行」や「ネット銀行★」という。支店を持たないため、顧客が預金を引き出す場合には、提携先のATM（コンビニATMなど）を利用する。パソコンやスマートフォンなどのネット環境があれば、時間や場所の制約がなく、いつでも利用が可能である。コストのかかる店舗網を持たないことから経費を節減でき、その分、送金手数料を低く設定したり、預金金利を高めに設定したりしている。また最近では、スマートフォン（スマホ）のアプリですべての手続きや取引が完結する「デジタルバンク★」や「スマホ専業銀行」と呼ばれるタイプの銀行も出てきている。

（2）ネット証券　証券界においても、同様にインターネットを通じてのみ、証券取引サービスを提供する証券会社が出てきており、「インターネット専業証券」や「ネット証券★」と呼ばれる。また、口座開設から株式等の取引まで、すべてスマートフォン（スマホ）で完結できる「スマホ証券★」も出てきている。これらは、いずれも既存の証券会社に比べて、売買手数料を安く設定しているため、個

ソニー銀行、PayPay銀行、住信SBIネット銀行、auじぶん銀行、大和ネクスト銀行、GMOあおぞらネット銀行などがある。

デジタルバンク＝すぐれた操作性や利用体験を実現しているほか、金利や手数料で既存の銀行との差別化を図っている。みんなの銀行やUI銀行がこれに当たるものとされる。

ネット証券＝SBI証券、楽天証券、マネックス証券、松井証券、マネックス証券、auカブコム証券などがある。

スマホ証券＝取引できる投資商品や機能などを絞っている一方、シンプルで使いやすいスマホ画面となっており、一株や一〇〇〇円などの少額から株式投資が可能である。LINE証券、PayPay証券などがある。

人投資家を中心に取引が拡大している。

（3）ネット生保　もっぱらインターネットを通じて生命保険を販売する生保も登場しており、「インターネット専業生命保険」や「ネット生保」という。これらの生保では、シンプルでわかりやすい商品に特化しており、店舗や営業職員を持たずに経費が抑えられている分、保険料が低く設定されている。

4 金融の装置産業化

こうしたIT化・デジタル化の進展により、いまや金融業務を行うためには、巨大かつ複雑なシステムを構築・維持していくことが不可欠となっており、こうした傾向のことを「金融の装置産業化」という。一般に装置産業では「規模の利益」が大きく作用するため、金融機関が規模を追求するようになっており、これが最近の金融機関の合併・統合をもたらす大きな要因となっている。金融機関が抱えるシステムの開発・運用にかかるコストが膨大なものとなってきているなかで、各金融機関では、①クラウドの利用、②共同センター化★、③システムの共同開発★、④アウトソーシング★、などによりITコストの圧縮を図っている。

第2節　フィンテック

1 フィンテックとは

「フィンテック」とは、金融（ファイナンス）と技術（テクノロジー）を組み合わせた造語であり、

共同センター化＝信用金庫、信用組合、農業協同組合などでは、業態ごとに「共同センター」を設けており、このセンターにインラインで接続して業務を行っている。

システムの共同開発＝地方銀行、第二地銀などでは、中核システムについて、複数行でシステムを共同開発する動きが広がっている。

アウトソーシング＝従来は自前で行っていたシステムの開発や運営を外部に委託すること。

ビッグデータ分析＝スマートフォンやインターネットを通じた位置情報・行動履歴や、購買データ、ウェブサイトの閲覧データなどから得られる膨大なデータを分析して、ビジネスに活用すること。

UX＝ユーザーエクスペリエンス。製品やサービスを通してユーザーが感じる使いやすさ、感動、印象などのこと。

ＩＴ技術を活用した革新的な金融サービスのことを指す。フィンテックが進展している背景には、①ＡＩ（人工知能）やビッグデータ分析★など、新たな技術が台頭してきていること、②スマートフォンの爆発的な普及により、消費者の金融サービスへのアクセスが飛躍的に便利になっていること、などがある。

フィンテックでは、新しいプレーヤー（スタートアップ企業）が、これまでのしがらみにとらわれず、新しいビジネスモデルを作って提供していく場合が多い。またその際、金融機能を分解（アンバンドリング）したり、複数の要素を組み合わせて再統合（リバンドリング）したりして、特定の分野においてきめ細かいサービスを生み出し、高いＵＸ★を実現しているケースが多い。この点は、既存の金融機関が、幅広い業務でフルラインのサービスを提供しているのとは対照的である。

こうしたフィンテック企業は、ＩＴの活用によりまったく新たなサービスを使いやすく、かつ安価に提供しており、顧客の流出や収益性の低下などの面で、既存の金融機関の存在を脅かす可能性を秘めているものとみられている。一方で最近では、金融機関がフィンテック企業に出資を行ったり、両者が提携して共同でサービス提供に乗り出したりする例もみられている。

2 フィンテックの活用領域

一口にフィンテックといっても、その分野は多岐にわたる。ここでは、フィンテックの活用領域を大きく、(1) 決済・送金分野、(2) 融資分野、(3) 資産運用分野、(4) 財務管理分野の四つに分けて、それぞれの代表的な例についてみていくこととする。

(1) 決済・送金分野　決済分野では、スマートフォンを利用したキャッシュレス決済のためのサービスの導入が活発になっている。たとえば、買い物の際に、スマートフォンで店頭に表示されたＱＲコードを読み込んで支払いを行う「ＱＲコード決済」がある（前述第7章を参照）。また、相手の携帯電話番号によって、個人間送金を行う「携帯番号送金」（モバイルペイメント）の仕組みも各国で導入されている。これは、各人の携帯電話番号と銀行口座を結び付けた仕組みであり、相手の携帯番号さえ知っていれば、二四時間三六五日、リアルタイムで送金を行うことができる（図8－2）。さらに、スマートフォンにクレジットカードや電子マネーのデータを登録しておくことで、店の端末にスマートフォンをかざすだけで決済が完了する「スマホ決済サービス」★も出てきている。これらは、いずれも「スマートフォンを利用した即時決済」という点では共通しており、支払いが二四時間三六五日可能で、しかもリアルタイム化しているのが特徴である。

スマホ決済サービス＝アップルペイ、グーグルペイ、おサイフケータイなどがある。

図 8-2 携帯番号送金

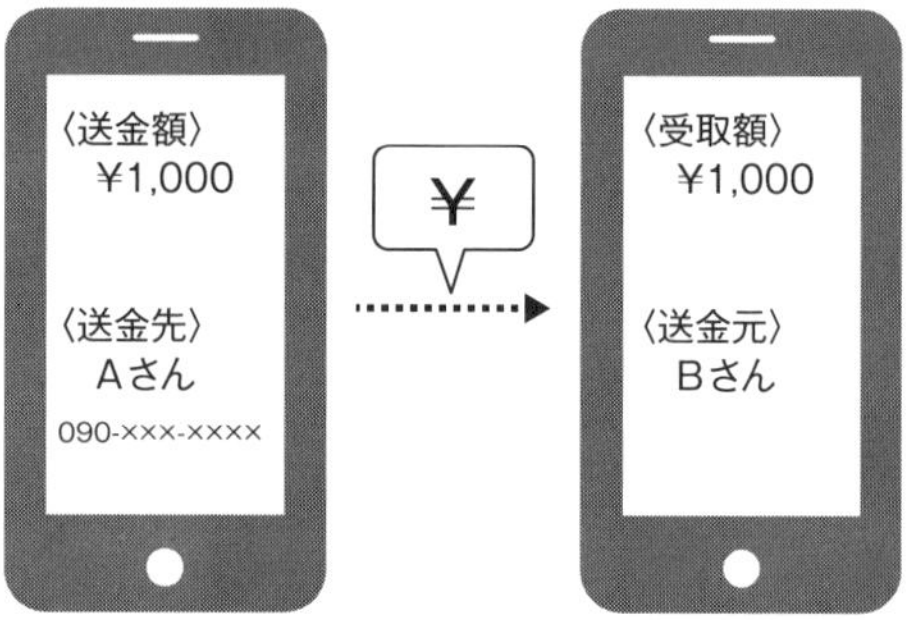

（2） 融資分野

融資分野で注目されているのがクラウドファンディングである。「クラウドファンディング」は、「群衆（クラウド）」と「資金調達（ファンディング）」を組み合わせて作られた造語であり、「事業者の進めるアイデアやプロジェクトに共感を覚えた不特定多数の人が、インターネット経由で事業者に資金提供を行う仕組み」のことを指す。簡単にいうと、お金を貸したい人（投資家）と借りたい人（調達したい企業・個人）をインターネット上でつなげるサービスである。

クラウドファンディングでは、資金調達者がクラウドファンディングサイト（プラットフォームともいう）上に自分のプロジェクトの概要や資金調達目標を掲載して、出資者から資金を募集する。出資者は、自分の共感したプロジェクトに資金を提供し、プロジェクトの実施後にリターンを受け取る（図8－3）。

リバランス＝最適な資産配分比率を維持するために、定期的に資産の売却や購入を行い、資産の運用バランスを調整すること。

ポートフォリオ＝保有している資産の組合せやその比率のことであり、自分の運用資産がどのような資産（預金、株式、債券など）で構成されているかを表す。

図 8-3 クラウドファンディングの仕組み

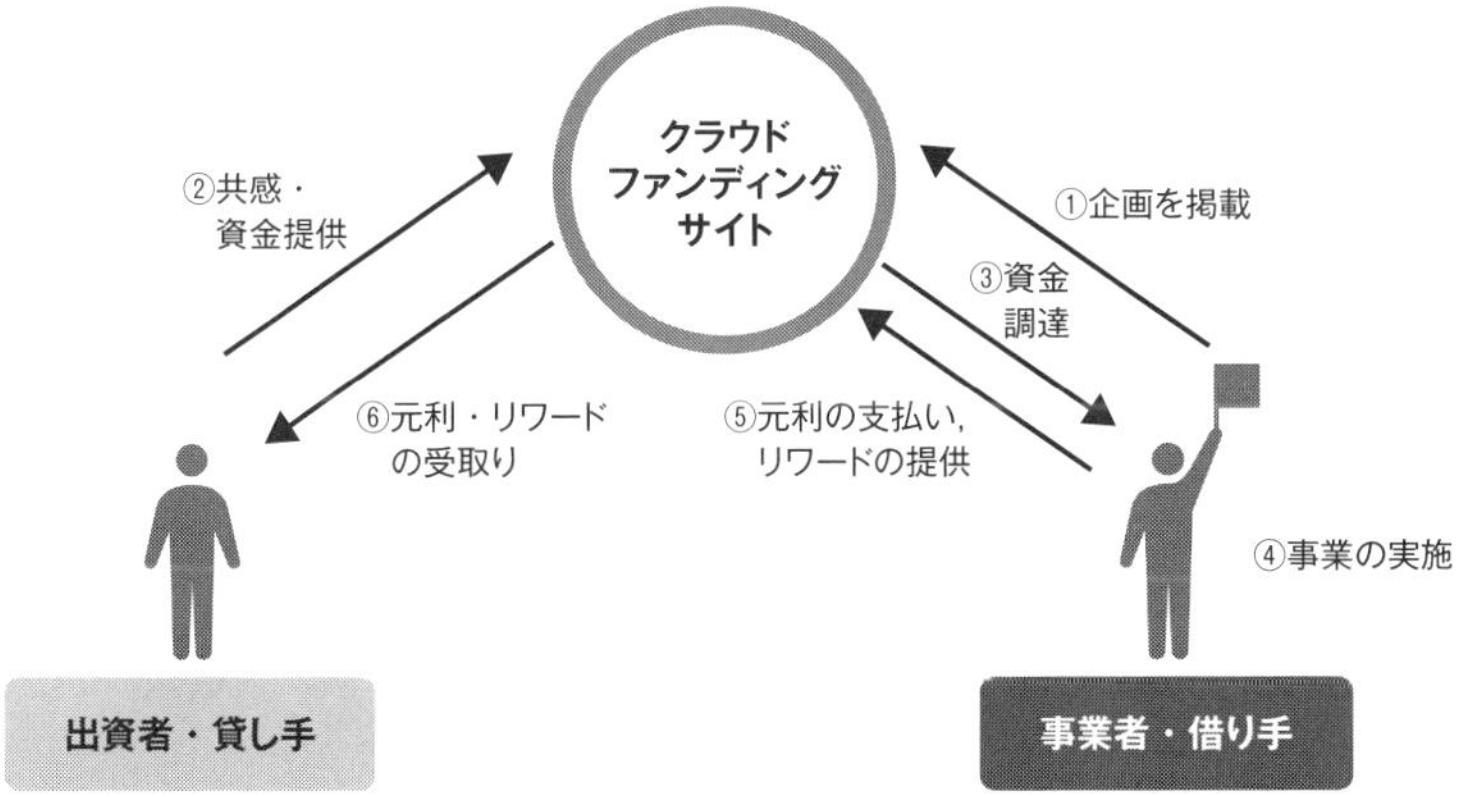

クラウドファンディングには、「貸付型」や「購入型」などのタイプがある。貸付型は、「ソーシャルレンディング」とも呼ばれ、プラットフォーム（ソーシャルレンディング事業者）が借り手（企業など）と貸し手（個人）の仲介を行うものである。ウェブサイト上に借り手の情報（目的、事業計画など）や条件（利回りなど）を載せて、投資家から小口の資金を広く募る。出資者は、これをみて投資を行い、事業者を通じて借り手から元本と金利を受け取る。一方、購入型では、出資者はリワード（報酬）として、金銭ではなく、プロジェクトに関するモノやサービスなどを受け取るため、魅力的なリワードを用意することによって、多くの資金を集めることができる。

クラウドファンディングは、資金調達者にとっては、銀行から融資を受けることが難しい案件であっても、資金調達の機会を得られるというメリットがある。一方、出資者は、自分が興味を持つ分野や応援したいプロジェクトに対して、少額から投資を行うことができ、預金などより高いリターンを得られる（貸付型）、市場に出ていない製品やサービスを手に入れられる（購入型）といったメリットがある。

PFM＝「パーソナル・ファイナンシャル・マネジメント」の略称で、「個人財務管理」と呼ばれる。家計簿ソフトのほか、銀行・証券などの口座情報を一元的に確認できるオンラインサービスなど、個人のお金の管理を手助けするサービス全般を指す。

API＝「アプリケーション・プログラミング・インターフェース」の略。既存のシステムやデータに他の事業者がアクセスして活用できるようにするためのデータを連携する技術のこと。

アカウント・アグリゲーション＝預金者が保有している複数の金融機関の口座の情報を、単一の画面に集約して表示するサービス。これにより、個人は複数の口座情報を一元的に管理できる。

（3）資産運用分野　資産運用分野では、「ロボットアドバイザー」（略して「ロボアドバイザー」）が注目されている。ロボアドバイザーとは、ＡＩ（人工知能）を活用して、個人の資産運用を行うサービスである。つまり、人間の代わりにロボットが自動で資産運用をサポートしてくれる。株式、債券、金など幅広い金融商品での最適な運用バランスを考え、自動的に運用（資金配分やリバランス★）を行ってくれるため、経験やノウハウの少ない投資の初心者に向いている。初めにいくつかの質問（投資金額、投資期間、目標リターン、投資経験など）に答えることによって、その人の「リスク許容度」に合った運用プランを設定し、その方針に沿って自動的に資産運用が行われる。運用状況はグラフなどでわかりやすく図示され、スマートフォンからポートフォリオ★や運用成績を確認することができる。

（4）財務管理分野　財務管理分野では、「個人財務管理」（ＰＦＭ★）が注目されている。これは、自動的に家計簿を作成したり、複数の金融機関に分かれた資産を統合して管理したりすることによって、個人のお金の管理をサポートするサービスである。

家計簿ソフト（家計簿アプリ）では、レシートをスマートフォンで撮影すると、その情報を読み取ってデータ化し、自動的に食費や光熱費などのカテゴリーに分類してグラフ化する機能を提供している。また、毎月の収入や支出の推移をグラフ化して、毎月の収支を「見える化」することができる。

金融資産の統合管理サービスでは、ＡＰＩ★を利用した「アカウント・アグリゲーション★」の機能を用いて、複数の銀行、証券、クレジットカードなどの口座情報を一元化してみることができる。

第9章

仮想通貨とブロックチェーン

各国で流通する通貨（円、ドルなど）は「法定通貨」と呼ばれ、国家の裏付けをもとに、各国の中央銀行によって発行・コントロールされているが、最近になって、国家の裏付けや中央の管理がなく、インターネットを通じて自由に世界中に価値を送ることができる「仮想通貨」が登場してきている。また、仮想通貨を支える「ブロックチェーン」という技術にも注目が集まっており、金融分野での応用が目指されている。さらに、このブロックチェーン技術を使って、中央銀行がデジタル通貨を発行しようとする動きもみられている。

第1節　仮想通貨

1　ビットコインとアルトコイン

代表的な仮想通貨として「ビットコイン」がある。ビットコインは、「サトシ・ナカモト」という人物が二〇〇八年に発表した論文に基づいて作られた仮想通貨であり、銀行のような「信頼できる第三者」の存在がなくても、当事者間で直接的に価値を送ることができる仕組みとなっており、世界中

アルトコイン＝五〇〇種類以上あるとされる。代表的なものとして、イーサリアム、リップル、ビットコインキャッシュ、ライトコイン、ネムなどがある。

にほぼリアルタイムで送金ができる。

ビットコインの特徴としては、①中央に管理者がおらず、プログラムが通貨発行などを制御していること、②「BTC《ビーティーシー》」という独自の通貨単位を持つこと（このため、円、ドルなどとの間で交換レートが発生する）、③発行主体がなく、また誰の負債でもないこと、④ネットワーク参加者が難しい計算を競うことによって安全性が確保される仕組みとなっており、計算の成功者にはリワード（報酬）として新規に発行されたビットコインが与えられること、⑤ブロックチェーンという技術を使っており、新しいブロックが作成されて、取引が確定するまでに約一〇分がかかること、⑥あらかじめ発行総額の上限が設定されていること、などをあげることができる。

ビットコインがブームとなったのを受けて、「アルトコイン★」（代替コイン）と呼ばれるビットコインに類似した仮想通貨が数多く出てきている。

❷ 仮想通貨から暗号資産へ

仮想通貨は、高度な暗号技術を用いて、通貨の不正な複製や二重使用を防止しているため、「暗号通貨」とも呼ばれる。ただし、もっぱら値上がり期待から仮想通貨の売買を行う傾向が強まっており、モノの購入などの支払手段としてはほとんど使われなくなっている。したがって、その性格は、もはや「通貨」ではなく、投機的な対象としての「資産」へと変貌しており、これを受けて、最近では「暗号資産」と呼ばれるようになっている。

❸ 仮想通貨の問題点

仮想通貨は、①匿名性が高いため、麻薬取引などの違法な取引や資金洗浄（マネーロンダリング）に用いられるケースが多いこと、②価格が乱高下し、ボラティリティ（価格変動性）が高いため、支払手段として使うのには適さないこと、③仮想通貨の売買を取り扱う仮想通貨取引所（仮想通貨取引業者ともいう）から、顧客の仮想通貨が流出する事件が頻発しており、安全性に懸念があること、④取引を承認する「マイニング★」という仕組みのために膨大な電力を消費すること、などの問題点が指摘されている。

④ ビットコイン・バブルの発生

ビットコインは、当初、これまでにない新しい仕組みによる「夢の通貨」としてバラ色のイメージが広がった。このため、個人投資家による投機熱が高まり、「ビットコイン・バブル」が発生して、価格が急騰した時期もあった。しかし、その後はバブルが崩壊し、価格は大幅な下落に転じた。なお、こうした価格の不安定さという欠点を克服するため、米ドルなどの法定通貨に価値を連動させた仮想通貨である「ステーブルコイン★」もみられている。

第2節　金融におけるブロックチェーンの利用

① ブロックチェーン技術とは

ビットコインを支える中核技術として開発されたのが「ブロックチェーン」である。これは、「ブロック」と呼ばれるデータの単位を「チェーン」（鎖）のように連結して保管するデータベースの技術である（図9-1）。ブロックチェーンは、①一つ前のブロックの圧縮値（「ハッシュ値」という）を次のブロックに含めることにより、過去の取引データの改ざんを困難にしていること、②ネット

マイニング＝「ブロック」と呼ばれる新たな取引データの固まりを生成し、その報酬として新たに発行された仮想通貨を受け取る行為のこと。

ステーブルコイン＝テザー、USDコイン、バイナンスUSDなどがある（いずれも米ドルに一：一の価値でペッグされている）。

DLT＝Distributed Ledger Technologyの略。

図 9-1 ブロックチェーンのイメージ

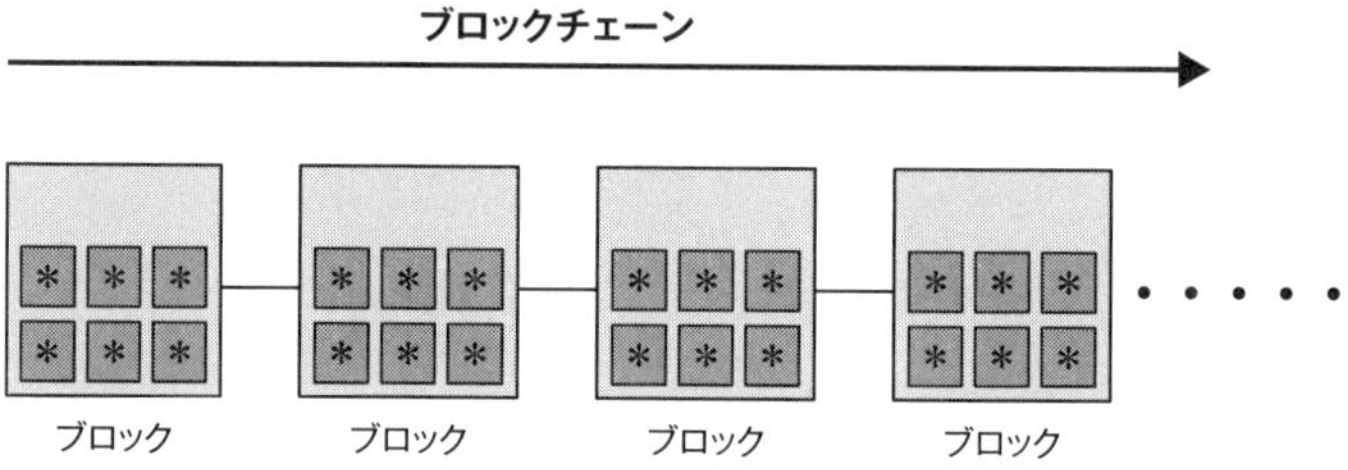

（注）＊：取引データ.

ワーク上の多くのコンピュータが同じデータを分散して管理するため、システムダウンに強いこと、③大規模なコンピュータ・センター（およびバックアップセンター）が不要となるため、運用コストが安くて済むこと、などのメリットがあるため、各方面から注目を集めている。

❷ 分散型台帳技術（DLT）

ブロックチェーンを用いると、ネットワーク内の取引参加者が、同一内容の帳簿（取引の記録）を共有し、同時に書き換えていくかたちで取引を処理できる。つまり、ネットワーク内の参加者が取引記録を分散して管理できるようになる。このため、ブロックチェーン技術は「分散型台帳技術」（DLT★）と呼ばれることも多い（図9-2）。

金融の世界では、これまで中央にある大規模なコンピュータセンターにおける「中央型帳簿」（中央データベース）で取引記録を集中管理するのが一般的であった。これが「分散型帳簿」で管理できるようになれば、金融取引を劇的に低いコストで行うことが可能となり、従来の金融サービスを根底から変える可能性があるものと期待されている。

図 9-2 中央型帳簿と分散型帳簿のイメージ

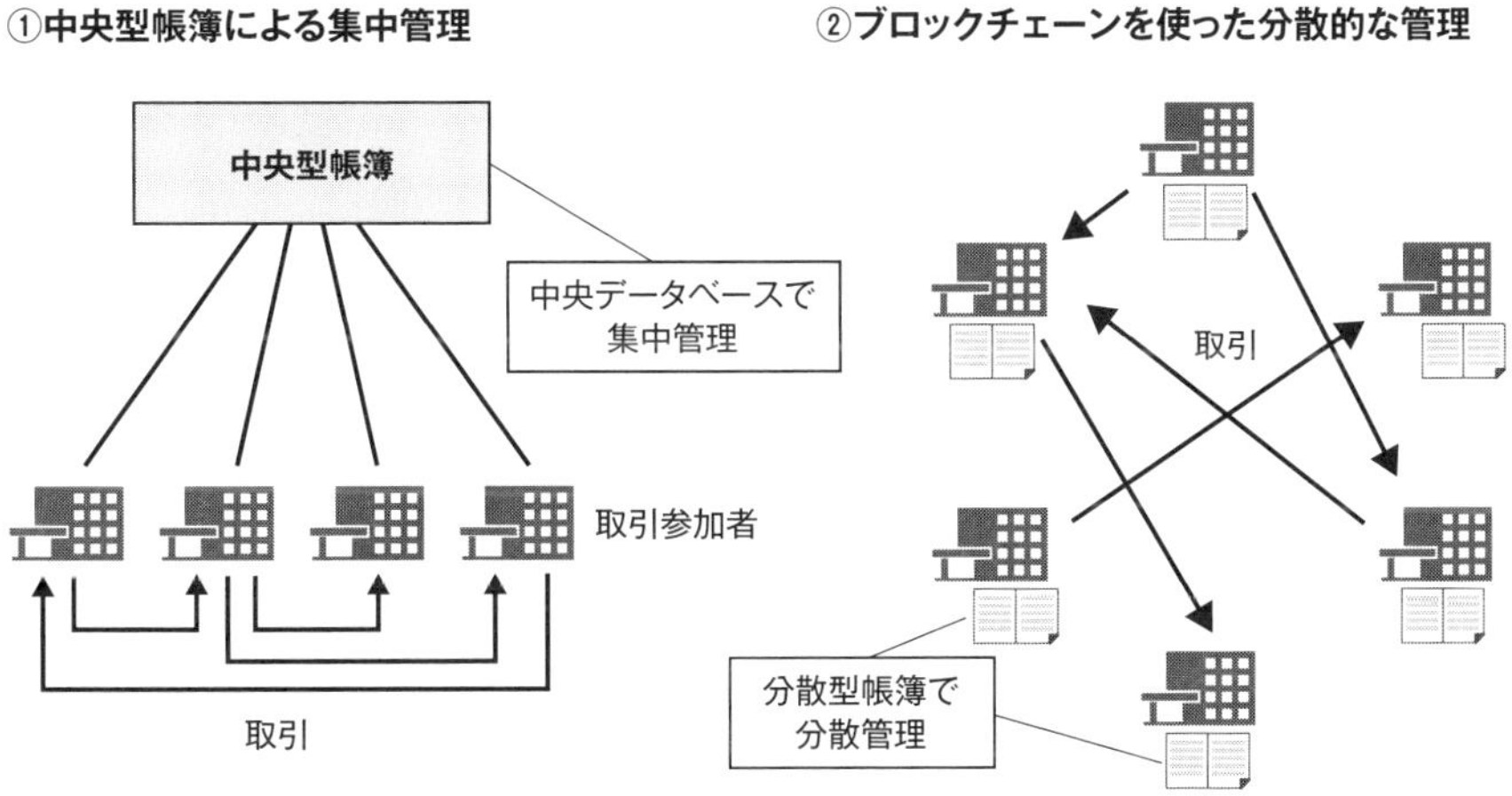

3 金融への応用

ブロックチェーン（DLT）は、金融分野では、（1）国際送金、（2）貿易金融、（3）証券決済などにおいて応用が進められており、高い注目を集めている。

（1）国際送金　これまで、海外に資金を送る国際送金については、①着金までに時間がかかる、②手数料が高い、③手数料が不透明といったユーザーの不満が強かった。これに対して、リップル社が主導するリップルネットでは、DLTを使って銀行と銀行を直接つなげ、分散型台帳で情報を共有しつつ、ほぼリアルタイムに送金を行うことが可能となっている。

（2）貿易金融　これまで輸出や輸入に関する貿易金融の分野では、船荷証券や信用状など紙の貿易書類が当事者間で何度もやりとりされ、かなり非効率な世界となっていた。また、輸出業者や輸入業者とその取引銀行、船会社、税関、保険会社など、当事者が多岐にわたっており、多くの当事者間で逐次的・段階的に業務が進むことから、処理には時間がかかり、また手続きが煩雑となっていた。DLTを使えば、ネットワーク内の関係者が同じデータをリアルタイムに共有できるため、貿易金融の効率化が飛躍的に進むことが期待されており、欧州、北米、アジアなどを対象に、マルコポーロ、ウィートレード、コントゥール、トレードレンズなど、数多くのプロジェクトが進められている。

(3) 証券決済　証券決済の分野でも、機関投資家、証券会社、カストディアン（銀行）などの多くの当事者が関与し、当事者間で、取引の約定《やくじょう》から決済まで何段階もの情報交換が必要となる複雑な処理となっていた。これに対して、DLTを使うことにより証券を「セキュリティ・トークン」（デジタルな有価証券）として発行し、証券取引を効率化しようとする動きが世界的に広がっている★。わが国でも、すでに不動産を裏付けとするデジタル証券を発行する動きが出てきているほか、セキュリティ・トークンの取引を行う市場として「大阪デジタルエクスチェンジ」（ODX）を設立する構想が進められている。

第3節　中央銀行デジタル通貨

世界の多くの中央銀行では、ブロックチェーンの技術を使って、現金の代わりに使えるデジタル通貨を発行する検討を進めている。これを「中央銀行デジタル通貨」（CBDC★）という。

❶ 中銀デジタル通貨（CBDC）とは

CBDCは、企業や個人が使う「現金」をデジタル化して発行しようとするものである。CBDCの特徴は、①中央銀行が発行主体となり、運営に責任を持つこと、②法定通貨（円、ドルなど）と一

STO=「セキュリティ・トークン・オファリング」の略。ブロックチェーン（DLT）技術を使ってデジタル証券を発行し、資金調達を行う手法のこと。

CBDC=「セントラルバンク・デジタル・カレンシー」の略。

対一で交換されること（このため、交換レートが乱高下するといった問題が生じない）といった点である。これが実現すると、各個人がスマートフォンに中銀デジタル通貨を入れておいて、商店で買い物をしたり、個人間の送金を行ったりできるようになる。

すでに、バハマ中銀の「サンドダラー」、カンボジア中銀の「バコン」、東カリブ中銀の「Ｄキャッシュ」などのデジタル通貨が、各国の正式な通貨として発行されており、ＣＢＤＣは現実のものとなっている。また、中国が「デジタル人民元」の発行に向けたパイロットテストを活発に進めており、主要国としては初めて発行に踏み切るものとみられている。先進国でも、欧州中央銀行（ＥＣＢ）が「デジタルユーロ」の発行に向けたプロジェクトに着手しているほか、日本銀行でもデジタル通貨の実証実験を行っている。このように、多くの中央銀行が実現に向けて取り組んでおり、ＣＢＤＣに向けた動きが広がりをみせている（表９-１）。

表 9-1 中央銀行デジタル通貨をめぐる中央銀行の動き

中央銀行	CBDC名	ステータス
バハマ中銀	サンドダラー	正式導入（2020年10月）
カンボジア中銀	バコン	正式導入（2020年10月）
東カリブ中銀	Dキャッシュ	正式導入（2021年3月）
ナイジェリア中銀	eナイラ	正式導入（2021年10月）
ジャマイカ中銀	Jam-Dex	正式導入（2022年7月）
中国人民銀行	デジタル人民元	パイロットテスト（注）
スウェーデン中銀	eクローナ	実証実験
欧州中銀（ECB）	デジタルユーロ	実証実験
日本銀行	未定	実証実験

（注）1. パイロットテストは，消費者，店舗，銀行などが参加した実用化に向けたテスト．
2. 通常，実証実験→パイロットテスト→正式導入の順番で進められる．

2 通貨のデジタル化

通貨の歴史をみると、通貨はその時期における利用可能な素材（石、穀物、金属、紙など）を使って、その時代の最先端の技術（精錬技術、鋳造《ちゅうぞう》技術、製紙技術、印刷技術など）を使って作られてきている（第1章を参照）。このため、現代の最先端技術であるデジタル技術を使って、中央銀行がデジタル通貨を発行しようとする試みは、歴史的にみるとかなり自然なことであり、必然的な流れであるとみることができる。

ただし、①民間銀行の預金から中銀デジタル通貨への資金シフトが大幅に進めば、銀行が貸付を行うための原資が減って金融仲介機能に影響が出る可能性があること、②金融不安が強まった場合などには、銀行預金から中銀デジタル通貨への急激かつ大規模な資金シフト（デジタルな取付け）が発生する可能性があること、③国民のプライバシーをどのようにどこまで保護すべきかを考える必要があること、など検討すべき課題も多い。なお、中銀デジタル通貨に金利（マイナスまたはプラス）を付けることにより、新たな金融政策の手段として使うことができるのではないかといったアイデアも出されている。

第10章

新たな金融手法――デリバティブと証券化

近年、デリバティブや証券化など、新たな金融の手法が登場してきている。こうした手法は、金融取引において、徐々にウェイトを高めてきており、金融を理解するうえで、これらの仕組みを理解することも必須となってきている。

第1節　デリバティブ

❶――デリバティブとは何か

「デリバティブ」とは、金利、通貨、債券、株式などの伝統的な金融取引から派生した取引であり、「金融派生商品」とも呼ばれる。デリバティブのもととなっている金融商品（金利、為替レート、債券、株式など）を「原資産」と呼ぶ。デリバティブは、これらの原資産の受渡しや売買に関する権利・義務を取引するものである。デリバティブは、もともと商品取引（農産物、貴金属など）において発★達したが、近年では、金融取引において目覚ましい発展を遂げており、最近では「デリバティブを抜きにしては金融は語れない」ともいわれている。

米《こめ》の先物取引＝大坂の堂島米会所は、江戸時代（一七三〇年）に設立され、現物の米（正米《しょうまい》）の取引と並んで、米の先物取引（帳合米取引）が行われていた。これは、世界でも最古のデリバティブ（先物取引）とされる。

金利先渡取引＝一定期間後にスタートする資金の貸借について、事前に支払いまたは受取りの金利を定めておく取引。つまり、将来の金利を現時点で決めておく取引であり、Forward Rate Agreementを略して「FRA取引」とも呼ばれる。貸借のスタート日に、契約時に取り決めた約定レートと実際の指標金利との差額が受払いされる（差金決済）。機能は、基本的に後述する金利先物取引と同じであるが、金利先物が規格化された取引所での取引であるのに対し、金利先渡取引は、相対ベースでの取引であり、取引条件（金額、スタート日など）を柔軟に決められるという違いがある。

外国為替証拠金取引（FX取引）＝外国為替（外国通貨）の売買を、

一口に「デリバティブ」と呼ぶ場合が多いが、実はそのなかには、①先渡取引（フォワード）、②先物取引（フューチャーズ）、③スワップ取引、④オプション取引という四つのタイプの取引手法が含まれている（図10－1）。以下では、これらの取引について説明する。

図 10-1 デリバティブの種類

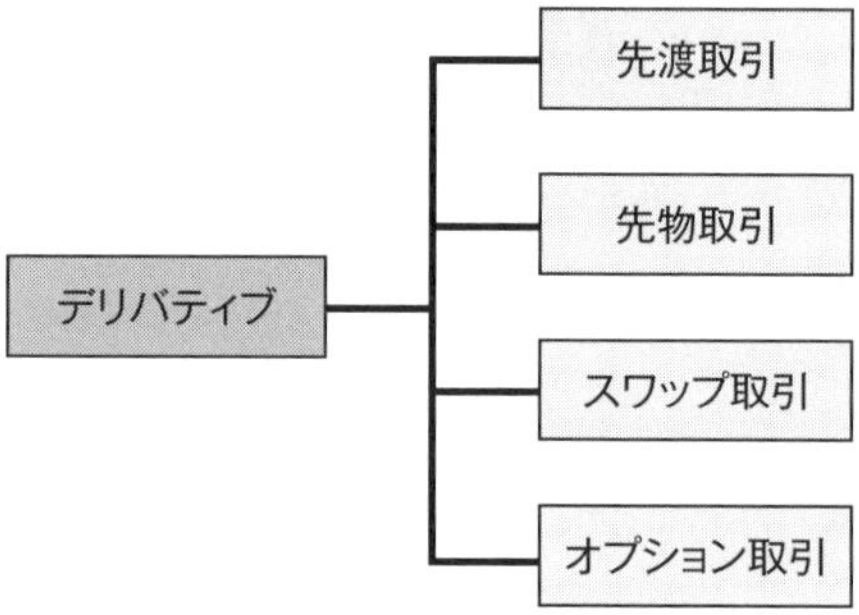

2 先渡取引

（1） 先渡取引とは　「先渡取引」（フォワード）とは、「ある金融商品を将来の一定期日に一定の価格で受け渡すことを前もって約定《やくじょう》しておく取引」である。すなわち、将来のある時点において金融商品を一定の価格で売買することを、現時点で約束しておく取引である。先渡取引は、売り手と買い手が個別に相対《あいたい》で取引を成立させる「店頭取引」として行われ、当事者間で自由に条件（価格、数量、期日など）を決めることができるのが特徴である。

（2） 為替先物予約　先渡取引の代表的なものとして「為替先物予約」がある。この取引は、輸出入などにかかわる企業が、為替レートが変動するリスクを「ヘッジ」（回避）するために行われる。たとえば、三カ月先に輸出代金一万ドルを受け取る予定の輸出企業A社があるとする。三カ月先の為替レートが一ドル＝一二〇円であれば、一二〇万円を受け取れるが、一ドル＝一〇〇円になると、受取金額は一〇〇万円に目減りしてしまう。A社がこの先、ドル安（円高）になると予想し、三カ月先に受渡しを行う為替レート（「先物レート」という）が一一〇円であるとする。この場合、A社は、現時点で先物レートでドルを売って（つまり、三カ月先に一一〇円でドルを売る約束をして）、円ベー一定の証拠金（保証金）を担保にして、その証拠金の何倍もの取引単位（金額）で行う取引。個人向けの代表的なデリバティブ商品となっている。取引額は、証拠金の二五倍が上限とされている。

大阪取引所＝もともとは「大阪証券取引所」（大証）として、株式とデリバティブの取引を行っていたが、二〇一三年の東証との経営統合により、株式取引を東証に移管するとともに、東証で行われていたデリバティブ取引（国債先物、TOPIX先物）を集約化し、デリバティブの専門市場となった。また、二〇二〇年には、東京商品取引所が扱っていた貴金属や農産物などのコモディティ（商品先物取引）を移管し、金融からコモディティまで幅広いデリバティブ取引を取り扱う「総合取引所」となった。

スでの手取額を一一〇万円に確定することができる（予想どおりに三カ月後に一ドル＝一〇〇円になれば、A社はこの取引により一〇万円の利益をあげることができる）。こうした取引は、先物で外貨を売ってリスクをヘッジする取引であるため、「売りヘッジ」と呼ばれ、また輸出代金（外貨）を先日付で売ることを予約する取引であることから、「輸出予約」ともいわれる。

一方、逆に輸入企業B社が、三カ月先に輸入代金一万ドルを支払う必要があり、この先、ドル高（円安）になると予想している場合には、先物でドルを買えば、現時点で円ベースでの支払額を確定させることができる。このようなケースは、「買いヘッジ」または「輸入予約」と呼ばれる。

こうした為替先物予約は「先物」という表現が使われているが、正確には「先渡取引」であり、企業と銀行が相対《あいたい》で条件を決めて行われる。先渡取引としては、このほかに「金利先渡取引★（FRA）」などがある。

3 先物取引

（1） 先物取引とは　「先物取引」（フューチャーズ）とは、「ある金融商品を将来の一定の期日に一定の価格で受け渡すことを前もって約定しておく」という取引である。その内容は先渡取引と同じであるが、先渡取引が当事者間において相対で取引される「店頭取引」であるのに対し、先物取引は、取引所において規格化された商品が取引される「取引所取引」である点が違いとなっている。

わが国における先物取引としては、①国債先物、②金利先物、③株価指数先物などがある★。国債先物は、長期国債の先物を取引するものであり、大阪取引所★で取引が行われる。金利先物は、円の短期金利についての先物取引であり、東京金融取引所に上場されている。また、株価指数先物としては、日経平均先物やTOPIX先物があり、いずれも大阪取引所で取引が行われる。

（2） 先物取引の特徴　先物取引は、商品によって取引方法には違いがあるが、取引が以下のように定型化され、取引所において行われる点では共通している。

イ　取引対象　取引される商品は、規格化され、標準化されている。国債先物のように架空の金融商品であって、現物が存在しない場合もある。取引単位も一定額（かなり大きい額）に決められている。

ロ　取引期間　取引の決済期日は、三カ月ごとの何日というように決められている。これを「限月《げんげつ》制」という。また、取引ができる最長期間も定められている。

ハ　決済方法　決済期日までに反対売買を行い、売りと買いの差額のみを決済する「差金決済」が一般的である。

ニ　証拠金　取引の当事者は、債務不履行のリスクに備えて、取引額の一定割合を「証拠金」として差し入れる必要がある。ただし、証拠金の割合は小さいため、少額の証拠金で多額の取引を行うことができる。

（3）先物取引の種類

イ　国債先物　「国債先物」は、国債の「標準物」を取引対象とした先物取引であり、大阪取引所に数種類が上場されている。代表的なものは、長期国債の先物取引であり、①取引対象は、「標準物」（表面利率六％、残存期間一〇年と想定した架空の銘柄）であり、②売買単位は、額面一億円の整数倍、③決済日は、三月、六月、九月、一二月（これらを「限月」という）の二〇日、④取引期間は直近の三つの限月（つまり、最長の取引期間は九カ月）、⑤通常は、反対売買による差金決済であるが、現物（国債）の受渡しによる現物決済も可能であり、⑥「委託証拠金」として、顧客は証券会社へ売買額面の三％を差し入れることとされている。

投資家は、国債価格の上昇（長期金利の低下）を予想する場合には、先物を買い建てておき、値上がりしたところで売却すれば利益が得られる。一方、国債価格の低下（長期金利の上昇）を予想する

SQ値＝Special Quotation の略で、「特別清算指数」と呼ばれる。株価指数先物を最終的な決済期日に決済するための特別な価格のこと。先物が最終売買日の終了までに決済されなかった場合には、このSQ値で自動的に清算が行われる。

場合には、逆に売り建てておき、値下がりしたところで買戻しを行えばよい。

ロ　金利先物　「金利先物」は、円の短期金利の先物取引であり、東京金融取引所で取引が行われる。代表的な取引は、ユーロ円三カ月金利先物である。先物価格は、一〇〇から金利（%）を差し引いて表示する（金利が三%のとき、先物価格は九七となる）。売買単位は一億円であり、決済は、差金決済による。先物価格の上昇（短期金利の低下）を予想する投資家は、金利先物を買い建てて、値上がりした時点で売却すればよい。一方、先物価格の低下（短期金利の上昇）を予想する投資家は、先物を売り建てておけばよい。

ユーロ円金利先物取引を例にとって、具体的に金利変動のリスク・ヘッジの方法を説明してみよう。現在のユーロ円金利（三カ月物）が三%であるとする。①二カ月後にユーロ円市場で一億円を三カ月調達する予定であるが、金利の上昇が見込まれており、もし四%まで上昇したとすれば、一%の上昇分がまるまる負担増となる。②そこで、二カ月後のユーロ円の金利先物を一億円分、売り建てておくものとする。このとき、仮にユーロ円金利の先物価格が、九六・八〇（金利ベースでは三・二〇%のこと、一〇〇から三・二〇を差し引いたものが先物価格）であったとする。そして現実に、二カ月後のユーロ円金利が四%になったとすると、このユーロ円先物は、九六・〇〇（金利ベースでは四・〇〇%）で決済されるため、ユーロ円先物の売り建て分（九六・八〇）は、差し引き〇・八〇ポイントの決済差益を得る。この決済差益を現実のユーロ円の調達コスト四%から差し引けば、実質的には調達コストは四%ではなく、三・二〇%で調達できたことになる（このため負担増は、金利上昇分である一%のうち、〇・二%にとどまる）。

ハ　株価指数先物　株価指数先物には、「日経平均株価指数先物」（日経225先物）や「TOPIX先物」などがあり、いずれも大阪取引所に上場されている。★株価指数という現物の存在しない指数を取引対象としているため、決済は差金決済による。日経平均先物の場合、取引単位は、日経平均株価の一〇〇〇倍（これを「一枚」と呼ぶ）である。株価指数先物は、多くの銘柄を保有する機関投資家が価格変動のリスクを回避（リスク・ヘッジ）するために利用される。先行き株価が値下がりすると予想する投資家（すでに多くの株式で運用中）は、株価指数先物の売り建てにより、値下がりのヘッジを行うことができる。また、今後運用を始めるまでに株価が値上がりすると予想する投資家は、株価指数先物を買い建てておくことにより、投資前に値上がりするリスクをヘッジできる。

（4）先物取引の利用形態　先物取引の利用形態としては、①ヘッジ、②投機、③裁定の三種類がある。国債先物を例にとって説明しよう。

イ　ヘッジ　価格変動のリスクを回避する行為である。すでに国債を保有している投資家が、将来の国債相場の下落による損失を回避するために、国債先物を売り建てるといった行為のことを指す。

ロ　投機　「投機」（スペキュレーション）とは、将来の国債の価格が値上がりする（金利が低下する）との予想をもとに、国債先物を買い建てるような行為である。つまり、現物国債の売買を伴わずに、純粋に先物価格の値上がりや値下がりを見込んで取引を行い、短期間で利益を得ようとする取引である。値上がり予想が的中すれば、値上がりした先物を売却して利益を出すことができる。こうした取引を行う人々のことを「スペキュレーター」（投機家）と呼ぶ。

ハ　裁定　「裁定」（アービトラージ）とは、先物相場と現物相場との間や先物相場の相互間（異なる限月間）の価格差の変動を利用して利益を得ようとする行為である。仮に、現物相場と先物相場の価格差が大きすぎる（先物相場が現物相場より高すぎる）と判断すれば、割高な先物を売り、割安な現物を購入する。そして、予想どおりに価格差が縮小した時点で、先物を買い戻し、現物を売れば、差額の利益を得ることができる。

ニ　先物取引の意義　これらの機能のうち、「ヘッジ機能」が先物取引の最も重要な存在意義である。先物市場がなければ、先行きの値上がりや値下がりを予想しても、何も対策を打つことはできな

OIS＝金利スワップの一種であり、「オーバーナイト・インデックス・スワップ」の略。変動金利として一定期間（一カ月や一年など）の翌日物金利（無担保コールレート・オーバーナイト物）を加重平均した金利と約定時に決めた固定金利（OISレート）を交換する。日銀の金融政策スタンスの先行きに対するマーケットの見方を示す指標として注目される。

い。しかし先物を使えば、自らの予想に基づいてリスク回避の対応を行うことができ、リスクをコントロールすることができる。一方、「裁定取引」は、現物と先物の市場間や限月間での市場の歪みを調整する機能を有している。また、「投機」を目的とするスペキュレーターの存在は、市場への資金の流入を増やし、先物市場の流動性を高めるという役割を果たしている。このため、必ずしも投機目的の投資家を罪悪視すべきではないものとされている。

4 スワップ取引

(1) スワップ取引　「スワップ取引」とは、将来の受取りや支払いなどの「キャッシュ・フロー」を、あらかじめ定めた方法で相互に交換する取引である。典型的なスワップ取引としては、①固定金利での支払いと変動金利での支払いとの交換を行う「金利スワップ」、②ドル建ての支払いと円建ての支払いとの交換を行うなど、異なる通貨間の交換を行う「通貨スワップ」がある。

このようなスワップ取引が成立するのは、当事者の間に金融ニーズの違いや資金調達力の優位性の差（比較優位）があるためである。それぞれが相対的に低いコスト（すなわち比較優位のある方法）で調達したうえで、それを交換することによって、メリットが得られる。たとえば、固定金利の支払債務を負っているがこれを変動金利に変えたいA社と、逆に変動金利の支払債務を負っているがこれを固定金利に変えたいB社とがある場合には、スワップ取引により両者のニーズを満たすことができる。一般にスワップ取引は、「店頭取引」として、当事者間で個別に取引される。

(2) 金利スワップ　金利スワップは、一定期間、異なる金利の支払いを交換する取引であり、通常、同一の通貨で「固定金利での支払い」と「変動金利での支払い」との交換が行われる。★たとえば、固定金利では有利な調達ができるが、変動金利での調達を希望しているA社と、逆に変動金利での調達が可能であるが、固定金利での調達を希望しているB社があるとする。この場合、A社とB社は、

LIBORの廃止＝金利の報告銀行による不正操作があったことから、LIBORは廃止されることとなった。円やユーロ建てなどは、二〇二一年末に公表が停止され、ドル建ては二〇二三年六月に廃止される。

LIBORの後継指標＝ドルはSOFR（ソーファー）、ユーロはESTR（エスター）、円はTONA（トナー、オーバーナイト物）、TORF（トーフ、ターム物）などが後継指標とされている。

それぞれ資金調達を行ったうえで、一定の期間（たとえば五年間）、両社の利息支払部分を交換すれば、ともに有利に、希望する調達（A社は変動金利調達、B社は固定金利調達）を行うことができる（図10－2参照）。

金利スワップでは、元本《がんぽん》部分の交換は行われず、金利の支払部分のみが交換される。この際、元本は、交換対象となる利息額を計算するための名目上の元本としての役割を果たすため、「想定元本」と呼ばれる。変動金利については、従来、金利スワップの指標金利であるLIBOR（ロンドン銀行間取引金利）にスプレッドを上乗せして、「LIBOR＋α」のかたちで決められていたが、LIBORの廃止★により、各国通貨ごとに後継となる金利指標★への移行が進められている。

（3）通貨スワップ　通貨スワップでは、円建ての支払いとドル建ての支払いなど、異なる通貨での支払いの交換が行われる。スワップの開始時点で元本の交換が行われたあと、スワップ期間中は金利支払いのキャッシュ・フローの交換が行われ、満期日には再び逆の元本の交換が行われる（図10－3参照）。

図 10-2 金利スワップ取引の概念図

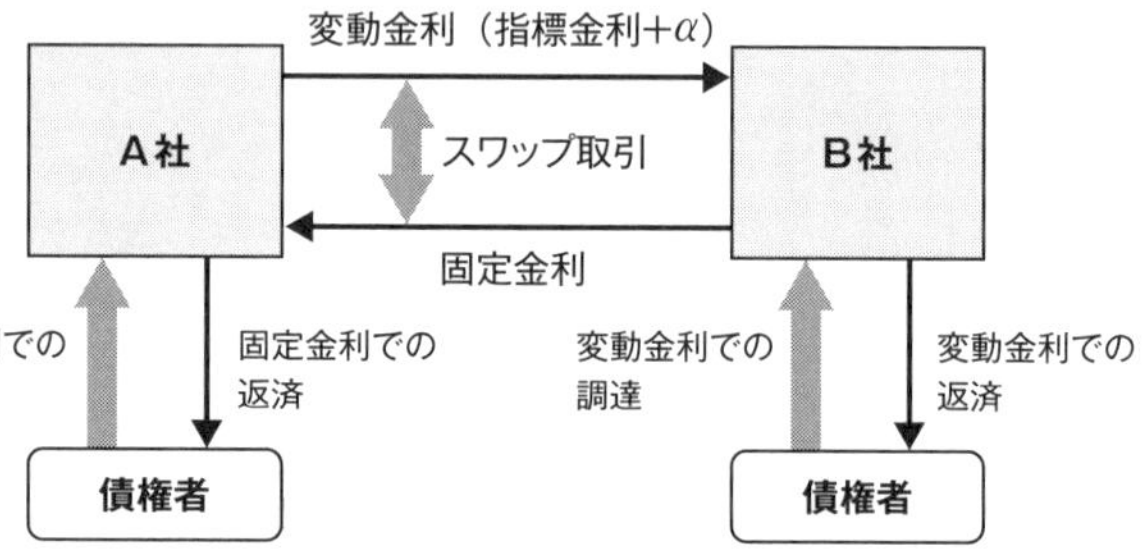

たとえば、米国企業であるD社は、ドル建ての社債を発行したが、この資金を円で使いたい、一方、日本企業であるC社は、円建てで資金を調達したが、この資金をドルで使いたいものとする。こうした場合、C社とD社は、通貨スワップを実施すれば、実質的にそれぞれ必要とする通貨で資金を調達できることになる。

図 10-3 通貨スワップ取引の概念図

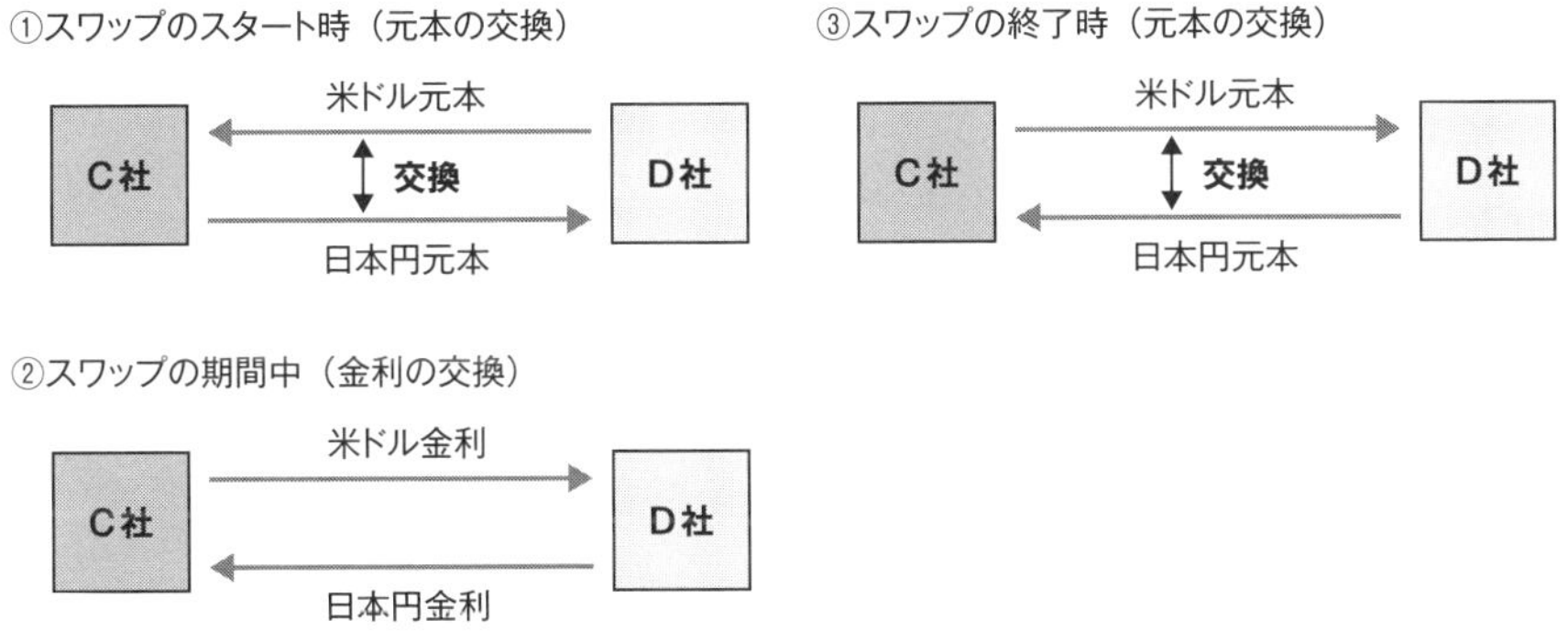

通貨スワップの場合には、金利の交換のほかに、元本の交換も行われる。これにより、C社では、スワップ開始時にドルの元本を調達したうえで、期間中はドルの金利を支払い、満期時にはドルの元本を返済するため、実質的にドル建て債を発行したのと同じ効果が得られる。このように、それぞれが得意な通貨での資金調達を行ったうえで通貨スワップ取引を行えば、両方の企業にとって、ともに有利な調達が可能となる。

(4) スワップのアレンジャー　上記ではA社とB社との金利スワップ、C社とD社との通貨スワップの例をみたが、実際には、A社が固定金利を希望しているB社を見つけたり、D社がドル資金を必要としているC社を探したりすることは容易ではない。したがって、通常は金融機関が「アレンジャー」としてスワップ取引の仲介役を担うことが多い。その場合には、A社とアレンジャーとのスワップ、B社とアレンジャーとのスワップというかたちで、二組のスワップが取り組まれる。アレンジャーが入ることによって、取引相手の匿名性が確保されるとともに、相手が債務不履行になった場合のリスク（信用リスク）をアレンジャーが負うため、取引の安全性が高まる。一方、アレンジャーは、こうした機能を提供する対価として、フィー（手数料）を受け取る。

5 オプション取引

（1）オプション取引の仕組み　オプション取引とは、ある金融商品を、あらかじめ決めた価格で、将来の一定の期限内に売買する権利のことである。ある金融商品を一定の価格で買う権利を「コール・オプション」、売る権利を「プット・オプション」という。

オプションを行使する約定価格を「権利行使価格」（ストライク・プライス）といい、オプションの対価として支払われる価格を「プレミアム」という。

オプションの買い手は、プレミアムを支払って権利（オプション）を手に入れるが、その権利を行使する義務はない（市場価格が自分にとって有利な場合にのみ、権利を行使すればよい）。一方、オプションの売り手は、買い手が権利行使を行わなければ、受け取ったプレミアムがそのまま利益となるが、買い手が権利を行使した場合には、これに応じる義務を負う。

オプションを行使できる最後の日を「満期日」と呼び、満期日のみに権利行使ができるものを「ユーロピアン・オプション」、満期日までの期間中であれば、いつでも権利を行使できるものを「アメリカン・オプション」という。

一般に、コール・オプションは、「一定の価格で買う権利」として原資産の値上がりリスクに対するヘッジとして使われるのに対し、プット・オプションは、「一定の価格で売る権利」として値下がりリスクに対するヘッジの手段として利用される。

（2）オプションの価値　オプションの価値は、対象とする金融商品の価格によって変化する。まず、オプションを行使したときに利益が出る状態を「イン・ザ・マネー」という。逆に、オプションを行使すると損失が出てしまう状態を「アウト・オブ・ザ・マネー」という（この場合、オプションは行使されない）。また、オプションを行使したときに、利益がゼロの状態にあることを「アット・

キャップ・オプションとフロア・オプション＝変動金利借入の場合、借り手には金利上昇のリスク、貸し手には金利低下のリスクがある。こうした金利リスクを回避するため、「キャップ・オプション」（金利に上限を設定）や「フロア・オプション」（金利に下限を設定）を用いることがある。キャップ・オプションの場合には、契約期間中に対象とする金利がキャップを上回った場合には、金利オプションの買い手は、超過上昇分の金利をオプションの売り手から受け取ることができ、これにより金利の上昇リスクをヘッジできる。フロア・オプションの場合には、その逆に超過下落分の金利を受け取ることにより、受取利息の目減りリスクをヘッジできる。

ザ・マネー」という。アット・ザ・マネーは、権利行使価格と市場価格が等しい状況にあることを意味する。たとえば、ある株式を五〇〇円で買えるオプション（コール・オプション）を持つときに、対象の株式が六〇〇円である場合には、イン・ザ・マネーの状態、四〇〇円の場合にはアウト・オブ・ザ・マネーの状態にあり、五〇〇円の場合にはアット・ザ・マネーとなる。

（3）オプション取引の種類　オプション取引は、対象とする商品（原資産）や取引形態などによって、いくつかの種類に分類できる。

イ　原資産の種類　まず、株価を対象とするオプションとしては、株価指数（日経平均株価指数、TOPIXなど）を原資産とする「株価指数オプション」と、個別の株式銘柄を対象とする「個別株オプション」とがある。このほか、金利を対象とした「金利オプション★」や、通貨を対象として一定の価格で特定の通貨を売買する権利である「通貨オプション」などがある。

ロ　上場オプションと店頭オプション　オプションを取引形態別にみると、取引所で取引が行われる「上場オプション」と、オプション・ディーラー（銀行など）が顧客と相対で取引を行う「店頭オプション」とに分けることができる。上場オプションは、取引が定型化されており、取引所で集中して取引が行われるため、流動性が高いのが特徴である。一方、店頭オプションは、流動性の面では劣る面があるものの、取引条件を相対で自由に決めることができるため、取引に柔軟性がある。

ハ　現物オプションと先物オプション　原資産が現物であるオプションを「現物オプション」という。株価指数、個別株式、金利、通貨などを対象としたオプションは、いずれも現物オプションである。一方、先物取引を対象とするオプションを「先物オプション」という。国債先物、金利先物、株価指数先物などを対象とするオプションは、いずれも先物オプションであり、オプションを行使して売買する対象が先物となる。

（4）オプションの処分方法　オプションの買い手が、オプションを購入したあとの処分方法には、

プレミアムの計算方法
＝オプション・プレミアムの価格の計算には「ブラック＝ショールズ・モデル」という計算式が使われる。これは、フィッシャー・ブラックとマイロン・ショールズという二人の学者が共同で開発したものである。ショールズは、この業績により、ノーベル経済学賞を受賞している。

図 10-4 オプションの処分方法

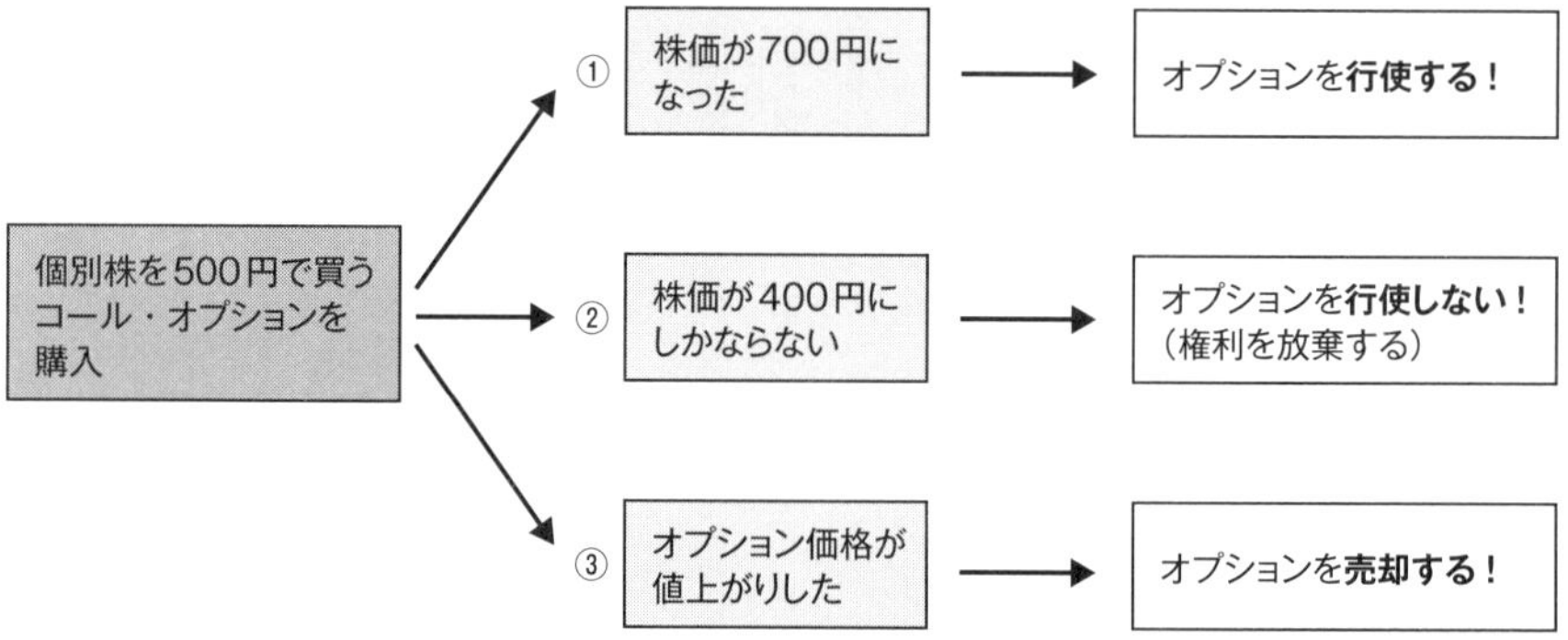

次の三通りがある。以下では、権利行使価格が五〇〇円の個別株のコール・オプションをプレミアム五〇円で買ったケースを考える。

イ　オプションの行使　オプションの損益は、オプションを行使したうえで、反対取引を行うことによって確定する。すなわち、上記の例で、対象株式の市場価格が七〇〇円になったとすると、オプションを行使して五〇〇円で対象株をオプションの売り手から購入し、それを市場において七〇〇円で売却すれば、二〇〇円の利益が得られる（図10－4の①）。ただし、初めにプレミアム五〇円を支払っているため、これを差し引いた純利益は一五〇円になる。

ロ　オプションの放棄　上記の例で、市場価格が権利行使期間中に、四〇〇円にしかならなかったとする。この場合、オプションを行使しても損失が出るだけなので、オプションの買い手は、オプションを行使せずに、放棄すればよい（図10－4の②）。オプションは権利であるため、自分が不利な局面では行使する必要はない。この場合の損失は、すでに支払ったプレミアムの五〇円分だけであり、買い手としては、これ以上損失が膨らむことはない。この損失分は、対象株式の値上がりに対するリスク・ヘッジ（値上がりに備えた保険）のための必要コストと考えればよい。

ハ　オプションの売買　オプションは、それ自体を売買することによっても、収益が得られる。オプション価格は、原資産の市場価格の動きにつれて刻々と変化し、オプションの行使によって得られる利益が大きくなるほど値上がりする。したがって、五〇円で購入したオプションを、市場において八〇円で売却すれば、三〇円の儲けが得られる（図10-4の③）。

❻ デリバティブ取引の特徴

以上、デリバティブ取引の概要を述べたが、ここで、これらのデリバティブ取引の特徴についてまとめておく。

（1）オフバランス取引　デリバティブ取引は、取引を行った時点では、企業のバランスシート上の資産・負債項目には計上されない。これは、先渡取引や先物取引の場合には、将来の取引を約束しているのみであり、またオプション取引の場合には、売りや買いの権利を有しているのみであって、実際に元本に相当する資金の受渡しは行われていないためである。このため、デリバティブ取引は、しばしば「オフバランス取引」（簿外取引）と呼ばれる。この特徴は、バランスシートを膨らませないで収益をあげることができるというメリットにつながるが、一方で、バランスシートに表れない簿外取引で大きな損失が発生していたといったデメリットにもつながりかねない。このため、最近では、バランスシートへの注記などにより、デリバティブ取引の情報開示が進められている。

（2）レバレッジ効果　デリバティブ取引では、しばしば少額の資金で多額の原資産取引を行うことができる。たとえば、先物取引の証拠金が取引額の五％であるとすると、投入した金額の二〇倍の取引ができる。これを小さな力で大きなものを動かせる「てこ（レバレッジ）の原理」にならって、「レバレッジ効果」という。このレバレッジ効果によって、デリバティブ取引では、少ない資金でも大きな投資成果をあげることができ、こうした利用効率の高さが、デリバティブ取引が活発に行われる大きな要因となっている。ただし、レバレッジを二〇倍に利かせると、相場が見込みとは逆に動いた場合には、損失も二〇倍に拡大することには注意が必要である。

(3) リスク・ヘッジ機能　デリバティブ取引の最大の存在意義は、金融商品の価格変動に伴うリスクを回避できるという「リスク・ヘッジ機能」(またはヘッジ機能)である。資産運用等においてデリバティブをうまく活用すれば、市場での価格変動のリスクを一定の範囲内に抑えることができる。先物取引についてみると、リスクのヘッジを目的とする「ヘッジ取引」には、現物(株式等)を保有する投資家が、値下がりに備えて先物を売る「売りヘッジ」と、現物を購入予定の投資家が、値上がりのリスクを回避するために先物を買う「買いヘッジ」とがある。また、オプションによって、一定の金額での売り/買いの権利を取得することによっても、同様なリスク・ヘッジを実現することができる。

第2節　証券化

❶ 証券化とは何か

前節で述べたデリバティブ取引と並んで、近年、位置づけを高めているのが「証券化」であり、英語では「セキュリタイゼーション」と呼ばれる。証券化とは、「貸付債権や不動産など、将来一定の収入(キャッシュ・フロー)を生み出す資産を裏付けとして有価証券を発行し、投資家に売却すること」である。ローン債権や不動産を証券化することにより、市場性の乏しい資産を流動化することができ、また債権や不動産を保有している金融機関や企業にとっては、資金調達の方法を多様化できるというメリットがある。

2 証券化の発達

(1) 米国における証券化　米国では、一九七〇年代以降、政府系の住宅支援機関の発行・保証により、モーゲージ貸付（住宅ローン）を担保とした証券の発行が発達してきた。これは連邦住宅公社★が、商業銀行、貯蓄貸付組合などから、住宅ローン債権を大量に購入し、それをプールして証券化を行い、その証券を機関投資家などに販売したものである。その後、さまざまなバリエーションが加えられて、欧米各国でも広く取り扱われるようになった。世界的な金融危機の原因となった「サブプライム・ローン★」問題は、住宅ローンの延滞率の上昇により、住宅ローンを裏付けにした証券化商品の価格が暴落したことによるものであった。

(2) わが国における証券化　わが国では証券化の発達は遅れたが、近年では、住宅金融支援機構が、民間金融機関の実行した住宅ローンを買い取って、それを担保とした証券化を行っており、住宅ローンの証券化を中心とする市場となっている。

3 証券化の手法と効用

証券化のプロセスは、以下のとおりである（図10-5参照）。

(1) 原資産の選定　第一のステップは、証券化商品の対象となる資産（原資産）の選定である。原資産は、「キャッシュ・フロー」（資産が生み出す収入）が得られるものであれば何でもよいが、長期にわたって安定的な収入が得られるものとして、住宅ローンのほか、自動車ローン、貸付債権、商業用不動産などが選ばれる。

(2) 債権譲渡　第二のステップでは、原資産の保有者（「オリジネーター」と呼ばれる）が、別法

連邦住宅公社＝米国において、住宅ローンの貸付を行った金融機関から住宅ローン債権を買い取って、証券化を行う機関。「ファニーメイ」（連邦住宅抵当公庫）と「フレディマック」（連邦住宅貸付抵当公社）がある。

サブプライム・ローン＝米国における低所得で信用力の低い層に対する住宅ローンのこと。このサブプライム・ローンを原資産として組み込んだ証券化商品が世界中に販売されていたが、サブプライム・ローンの延滞率が上昇したことをきっかけとして、これらの証券化商品の価格が暴落したことにより、世界的な金融危機が発生した（詳細は第15章で後述）。

投資銀行＝株式や債券の引受、財務アドバイス、企業の合併・買収の仲介等を行う金融機関であり、「インベストメントバンク」ともいう。「銀行」という名前がついているが、大手企業や機関投資家を相手にする証券会社である。米国では、ゴールドマン・サックス、モルガン・スタンレー、JPモルガンなどが企業の資金調達や証券化に大きな役割を果たしたが、サブプライム危機により、ベアー・スターンズとリーマン・ブラザーズの二社が破綻した。

図 10-5 証券化の仕組み

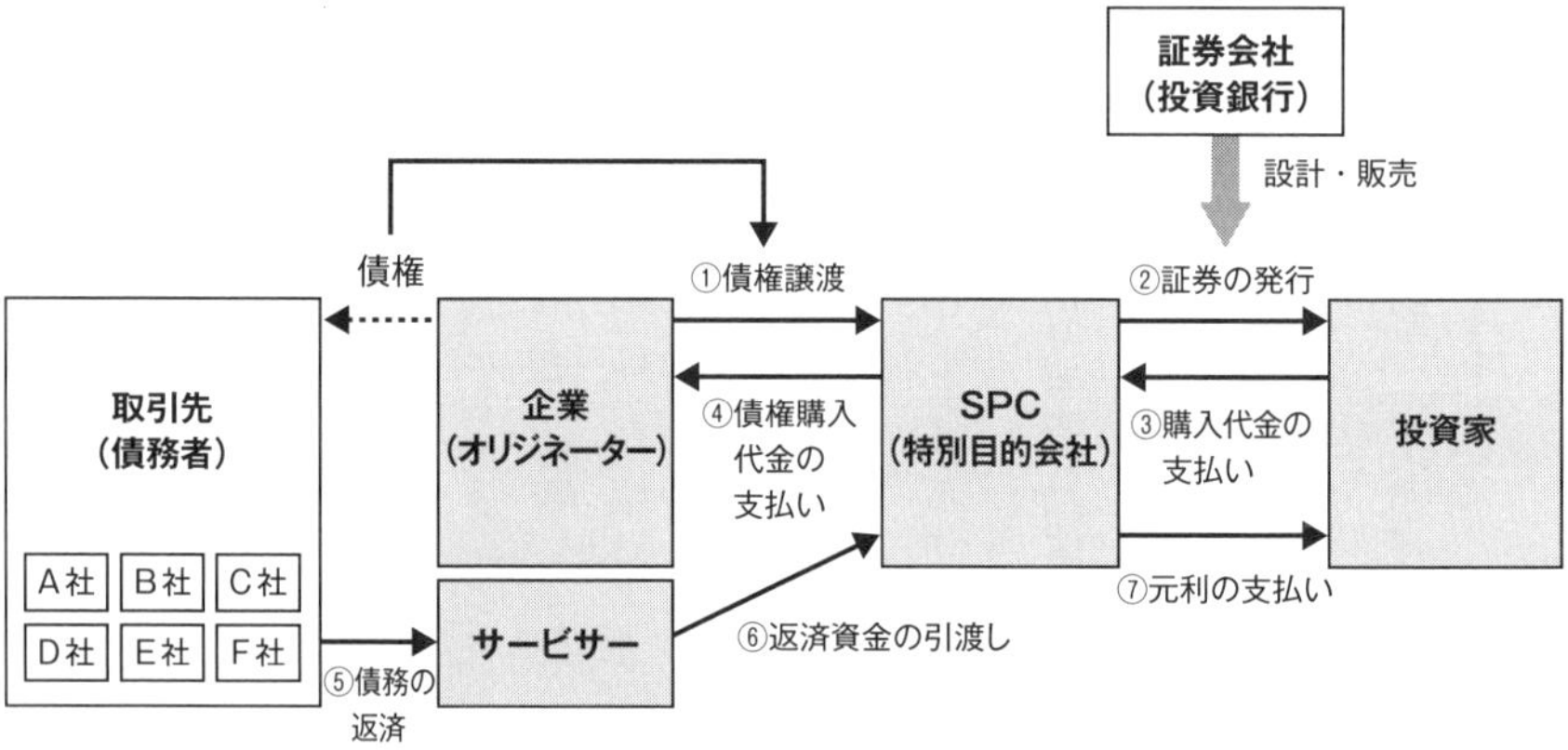

人へ対象資産の売却（債権譲渡）を行う。この別法人は、一般に「特別目的会社」（SPC：Special Purpose Company）と呼ばれる。特別目的会社への債権譲渡が行われるのは、原資産の保有者（オリジネーター）が破綻《はたん》しても証券化のスキームに影響を及ぼさないようにするためであり、これを保有者の破綻リスクを分離するという意味で「倒産隔離」と呼ぶ。SPCは、倒産隔離のために、証券化の案件ごとに設置される媒体であり、一種のペーパーカンパニーであって、実体はない。

（3）証券化商品の設計・発行　第三のステップは、証券化商品の設計と発行である。証券会社（投資銀行）★が証券化に関する高度なノウハウを有しており、このプロセスにおいて中心的な役割を果たす。

（4）証券化商品の販売　第四のステップは、証券会社（投資銀行）による証券化商品の引受・販売である。販売にあたっては、格付会社による格付けが付与され、保険を付けることが検討される。購入先は、機関投資家や金融機関、投資ファンドなどである。証券化商品の購入代金は、特別目的会社を通じて、原資産の保有者（オリジネーター）に引き渡される。

（5）元利払い　第五のステップは、証券化商品を購入した投資家への元利の支払いである。債務者や原資産からのキャッシュ・フローは、「サービサー」と呼ばれる債権回収の専門機関を通じて、特別目的会社（SPC）経由で投資家に支払われる。

（6）優先劣後構造　証券化においては、元利金の支払いの優先順位に差を付けた複数の種類の債券（各部分を「トランシェ」という）に分けて発行されることが多く、これを「優先劣後構造」という。通常、①優先的な支払いが受けられるが金利は低い「シニア」、②弁済順位は低いが高めの金利が付される「エクイティ」、③両者の中間的な性格の「メザニン」の三つのトランシェに分けて発行される。これらは、投資家の求めるリスクとリターンの組合せ（利回りは低くてもリスクを回避、リスクは高くても高利回りを追求など）に合わせて発行される。

以上のような証券化の手法により、原資産の持つリスクが原資産の保有者（オリジネーター）から隔離されて、多数の投資家に分散される。また、投資家側からみると、これまで投資できなかった資産（住宅ローンなど）への投資によって、投資対象の多様化を図ることができるといったメリットがある。ただし証券化のプロセスを経て、原資産の持っていたリスクの所在が曖昧になるといったデメリットもある。

4 証券化商品の種類

証券化により発行される証券は、一般に「資産担保証券」（ABS：Asset Backed Securities）と総称される。ABSは、裏付けとなる資産の種類によって、以下のように分類される。

（1）住宅ローン担保証券（MBS）　住宅ローン債権を裏付けにした証券を「住宅ローン担保証券」という。住宅ローン担保証券は、一般に「MBS」（Mortgage Backed Securities）または「RMBS」（Residential Mortgage Backed Securities）と英文名の略称で呼ばれる。

（2）商業不動産担保証券（CMBS）　ホテル、オフィスビル、ショッピングセンターなどの商業用不動産向けの多くの融資をひとまとめにし、それを担保にした証券を「商業不動産担保証券」（CMBS：Commercial Mortgage Backed Securities）と呼ぶ。

（3）資産担保CP（ABCP） 優良企業が発行する短期社債であるCP（コマーシャル・ペーパー）は、通常、無担保で発行される。これに対して、資産を担保にして発行されるCPを「資産担保CP」（ABCP：Asset Backed Commercial Paper）と呼ぶ。無担保でCPを発行できない企業であっても、優良な担保を裏付けとすることによって、ABCPでの資金調達を行うことができる。

（4）ローン担保証券（CLO） 企業向けの金融機関の貸付債権（ローン）を束ねて証券化したものを「ローン担保証券」（CLO：Collateralized Loan Obligation）と呼ぶ。融資に対する返済（元利金）を裏付けにしており、信用力が低く、借金を多く抱えた企業向けの融資（「レバレッジド・ローン」と呼ばれる）をまとめたかたちで発行されることが多い。

（5）債務担保証券（CDO） 複数の社債やローン債権、MBSなどを組み合わせた資産を対象に発行される資産担保証券を「債務担保証券」（CDO：Collateralized Debt Obligation）と呼ぶ。CDOは、サブプライム・ローンを担保としたMBS（第一次証券化）を集めて、さらに証券化するという「第二次証券化」のために広く用いられた。重複的な証券化によりリスクが複雑化したCDOは、世界中の投資家に買われ、その暴落によって世界的な金融危機を助長する要因ともなった。

第4部

金融政策とプルーデンス政策

第11章 金融政策

本章では、中央銀行の行う金融政策について説明する。金融政策は、広義には、中央銀行が経済に働きかけるために行う政策全体を指す。こうした中央銀行の行う政策には、①物価の安定などを達成するための狭義の金融政策（マネタリー・ポリシー）と、②信用秩序維持のためのプルーデンス政策の二つが含まれるが、本章では、このうち「狭義の金融政策」（マネタリー・ポリシー）を取り上げる。プルーデンス政策については、次章で解説する。

第1節　金融政策とは何か

❶ 金融政策の意味

「金融政策」（マネタリー・ポリシー）とは、一般に、中央銀行が各種の金融調節手段を活用して、経済の動きを調整し、物価の安定を図る政策のことをいう。金融政策は、経済活動の水準（景気）を調整することを通じて安定的な経済運営を目指すものであり、財政政策と並ぶ「マクロ経済政策」である。景気が過熱しているときには、金利引上げなどの「金融引締め政策」が、景気が低迷している

グリーン金融政策＝世界的に気候変動に対する問題意識が高まるなか、中央銀行も金融政策を通じた気候変動への対応（グリーン金融政策）を行うべきとの見解があり、実際にいくつかの中銀では、脱炭素や環境対応に配慮した資金供給（グリーンオペ）などの対応を始めている。ただし、これに対しては「物価安定という主目的との対立が起きかねない」「特定セクターへの支援には慎重であるべき」「やがて他の分野でも貢献を求められるようになりかねない」といった批判もある。

ときには金利水準の引下げなどの「金融緩和政策」がとられる。

❷ 金融政策の目標

（1）各国における目標　金融政策の目標としては、一般に、①物価の安定、②雇用の安定、③経済成長の維持、④国際収支の均衡、⑤為替レートの安定、などがあげられる。このうち、②と③は、いわば景気の維持であり、場合によっては、①と相反する場合がありうる（景気は良いがインフレ率が高いケースなど）。また④は、固定相場制のもとで、一定の外貨準備を維持することが必要な場合に目標とされる。⑤は、海外との貿易のウェイトが高い国（開放型の小国）において目標とされる。

金融政策の目標は、国によって異なる場合があり、米国では、物価の安定（①）と並んで雇用の安定（②）が目標とされている。また、開放型の小国（シンガポールが典型）では、為替レートの安定（⑤）が目標とされている。ただし、多くの国では、物価の安定（①）を最優先の目標として、金融政策が運営されている。なお、最近では、金融政策の二次的な目標として、気候変動対応★を入れる動きもみられる。

（2）日本銀行の目標　日本銀行では、「物価の安定」を目標として金融政策を運営している。これは、「通貨価値の安定」と言い換えることもできる。この点について「日本銀行法」では、「日本銀行は、通貨及び金融の調節を行うに当たっては、物価の安定を図ることを通じて国民経済の健全な発展に資することをもって、その理念とする」（第二条）ことが明記されている。

（3）物価安定の重要性　このように「物価の安定」が金融政策の目標とされるのは、「物価の安定は、持続的な経済成長を実現するための不可欠な前提条件である（基盤となる）」との考え方によるものである。インフレやデフレが発生し、物価が大幅に変動すると、経済活動に不確実性が生じ、効率的な資源配分が阻害され、また所得分配にも不公平が生じる。このため、一時的に景気がよくなったとしても、それが継続し、安定的に成長していくことは難しい。
金融政策が物価の安定を目標にするということは、金融政策によって景気変動をコントロールすることを意味する。景気の拡大局面では物価が上昇し、景気の後退局面では物価が下落することが多いことから、物価を安定させようとすれば、景気変動の振幅をできるだけ小さくする必要があるためである。

(4) インフレ・ターゲティング　多くの中央銀行では、目標とするインフレ率について数値目標を設定し、その達成を目的として金融政策を運営するようになっている。こうした枠組みを「インフレ・ターゲティング★」という。主要国では、前年比二%の上昇をインフレ目標としているケースが多い★。日本銀行も「消費者物価の前年比上昇率で二%」という数値目標を掲げて金融政策を運営している。ただし海外では、高インフレ国において、国民の期待インフレ率（将来の予想される物価上昇率）を引き下げてインフレ率を低下させるために、インフレ目標を現実のインフレ率より低く設定するケースが多い。わが国のようにインフレ率を高めること（デフレ脱却）を目的として、足元の物価上昇率より高いインフレ目標を設定するのは、きわめて異例な取組みである。

(5) 物価安定の指標となる物価指数　「物価の安定」とは、幅広い商品・サービスの全般にわたった「一般物価」の安定を意味している。一般物価の動きをみるためには、各種の物価指数が利用される。わが国の代表的な物価指数としては、①消費者物価指数、②企業物価指数、③GDPデフレーター、などがある。

イ　消費者物価指数（CPI）　消費者世帯が購入する各種の商品およびサービスの価格を総合した物価指数であり、総務省が作成している。英語の頭文字をとって「CPI」（Consumer Price Index）と呼ばれる。消費者が日常的に購入している商品やサービスの価格に焦点を当てた物価指数であり、消費者にとっての物価の変動を示している★。

インフレ・ターゲティングの導入＝ニュージーランドが、一九九〇年に初めて導入し、カナダ、英国、豪州、スウェーデンなどが続いた。近年では、多くの新興国でも導入されている。

二%のインフレ目標＝インフレ目標をゼロ%にしない理由としては、①消費者物価には上方バイアスがあること（物価指数の測定誤差により、実際のインフレ率よりも高めに出やすい）、②景気が悪化した場合に金利を引き下げる「のり代」を確保しておくことが必要であること、③二%目標がグローバル・スタンダードとなっていること、などがあげられている。

CPIのコア指数＝CPIについては、すべての商品を総合した「総合指数」のほか、天候要因やエネルギー価

ロ　企業物価指数　企業が取引する商品（モノ）の価格に焦点を当てた物価指数であり、日本銀行が作成している。①CPIよりも川上にある流通段階における物価指数であるため、先行性があること、②サービスが含まれていないこと、などが特徴となっている。内訳として「国内企業物価指数」「輸出物価指数」「輸入物価指数」がある。なお同指数は、二〇〇二年までは「卸売物価指数」と呼ばれていた。

ハ　GDPデフレーター　国内で生産されるすべての商品・サービスの価格を反映した包括的な物価を表す物価指数★であり、内閣府が作成している。

ニ　複数の物価指数の関係　これらの物価指数は、商品やサービスの価格相互間に密接な関係があるため、ほぼ似たような動きをすることが多いが、時期によっては、変動のタイミングや幅に違いが出ることがある。このため、一般物価の動向を判断するうえでは、複数の物価指数を総合的に判断していく必要がある。日本銀行の「物価安定目標」（インフレ目標）では、消費者物価指数（生鮮食品を除く）がターゲットとされている。

ホ　資産価格への配慮　一九八〇年代後半の地価・株価など資産価格の高騰（バブルの発生）とその後の価格下落（バブル崩壊）の経験を踏まえて、一般物価のみならず、地価や株価などの「資産価格」についても、金融政策の視野に入れるべきとの考え方が強まっている。

❸ 金融政策の決定

（1）金融政策決定会合　わが国の金融政策の運営方法については、日本銀行の「政策委員会★」が決定する。

イ　開催の頻度　政策委員会は、金融政策について討議・決定するための会合を定期的に開催する。この会合を「金融政策決定会合★」という。同会合は、年に八回の頻度で開かれており、開催予定

格の一時的な影響を除くために、生鮮食品を除いた「コアCPI」や、食料とエネルギーを除いた「コアコアCPI」などのコア指数も用いられる。

GDPデフレーター＝GDP統計における価格に関する指数であり、「名目GDP」を実質化する際に用いる（名目GDPを実質GDPで割って算出する）。消費者物価指数や企業物価指数よりも包括的な物価指標であるが、公表までかなりの時間を要し、速報性に欠けるという難点がある。

政策委員会＝日本銀行の最高意思決定機関。総裁、副総裁（二名）、審議委員（六名）の計九名によって構成される。審議委員は、経済・金融に関して高い識見を有する者のなかから選出される。九名の政策委員は、国会の同意を得て、内閣に

よって任命され、任期は五年である。

金融政策決定会合と通常会合＝政策委員会の会合は、金融政策について審議・決定するための「金融政策決定会合」（年八回）とそれ以外の事項を審議する「通常会合」（週二回）に分けられている。

マネタリーベース＝「日本銀行が経済に供

日は事前に公表される。

ロ　決定の内容　金融政策決定会合で決めるのは、①金融市場調節の方針（政策金利の誘導目標、国債の買入額、資産買入方針など）、②公定歩合《こうていぶあい》（基準貸付利率）や当座預金に付利する金利、③準備預金制度の準備率などであり、政策判断の前提となる金融・経済の情勢についての討議を行ったうえで、多数決により決定される。同会合での決定内容は、会合の終了後にただちに公表される（政策変更がない場合も、その旨を公表する）。

ハ　討議内容の公表　金融政策決定会合における討議内容は、三段階で公表される。①まず一週間後には「決定会合における主な意見」が公表され、②次に、会合での発言内容をまとめた「議事要旨」が、一カ月後を目処に公表される。③さらに、発言者名などを含んだより詳細な「議事録」が一〇年後に公表される。

ニ　政府との関係　金融政策決定会合には、政府から①財務大臣と②経済財政政策担当大臣（またはそれぞれの指名する者）が必要に応じて出席することができる。政府からの出席者は、①意見の陳述、②議案の提出、③議決延期の請求、を行うことができる。ただし、議決権は持っておらず、議決延期についても政策委員会がその採否を決定する。

（2）金融市場調節方針　金融政策決定会合では、毎回の会合で、金融政策運営の基本方針である「金融市場調節方針」を決定する。短期金利を操作目標としている場合には、調節方針は「無担保コールレート・オーバーナイト物が○％程度で推移するよう促す」といったかたちで、具体的な金利の誘導水準を示すものとなる。一方、量的な指標をターゲットとしている場合には、「年間○兆円のペースで国債を買い入れる」といった指示が出される。日本銀行では、オペレーションなどを通じて、ターゲットとする金利や資産の買入れをこの指示の水準に近づけるように金融調節を行う。

（3）金融調節の操作目標　金融政策の基本は、短期金利（政策金利）の調整であると考えられて

給する通貨の総量のこと」であり、「ベースマネー」や「ハイパワード・マネー」とも呼ばれる。具体的には、市中に出回っているお金である「流通現金」（銀行券と硬貨の流通高）と「日銀当座預金」との合計値である。式で書くと、マネタリーベース＝「日本銀行券発行高」＋「貨幣流通高」＋「日銀当座預金」となる。このうち流通現金の量は家計などの需要によって決まり、日本銀行が制御することはできないため、事実上、日銀当座預金の量をコントロールすることを目指す政策となる。

指値オペ＝日本銀行が指定した利回りで、金融機関から国債を無制限に買い入れるオペレーション（公開市場操作）のこと。指定した利回り（指値）が、長期金利の事実上の上限となる。

いる。日本銀行でも、平常時（短期金利をターゲットとする時期）においては、「無担保コールレート・オーバーナイト物」を操作目標としてオペレーションを行っており、この金利を「政策金利」と呼ぶ。期間が最も短い短期金利であるオーバーナイト物を重視するのは、①このレートが市場で形成される各種金利の基準となっていること、②短期の金利をコントロールすることによって、より期間の長い中長期の金利の水準にも影響を与えることができること、などの理由による。

ただし、日本銀行では、以下のように三度にわたって、短期金利以外の指標を操作目標とした時期がある。

イ　量的金融緩和　一度目は、二〇〇一年三月から二〇〇六年三月までの「量的緩和」の約五年間であり、短期金利ではなく「日銀当座預金残高」を目標とした。

ロ　量的・質的金融緩和　二度目は、二〇一三年四月以降の「量的・質的金融緩和」の時期であり、「マネタリーベース★」を操作目標とした（詳しくは補論3を参照）。いずれも、無担保コールレート・オーバーナイト物という「短期金利」ではなく、量的な指標をターゲットにした点が特徴であり、「非伝統的な金融政策」として位置づけられる（本章第5節を参照）。

ハ　長短金利操作付き量的・質的金融緩和　三度目は、二〇一六年九月以降の「イールドカーブ・コントロール」の時期であり、それまでの量的指標からターゲットを金利に戻した。しかしその際、短期金利の目標を△〇・一%としたほかに、長期金利（一〇年物国債金利）についてもゼロ%程度を目標としたのが特徴である。長期金利の上昇を抑えるための手段として「指値オペ★」も導入した。長期金利の変動許容幅は、目標値（ゼロ%）の上下〇・二五%とされていたが、日銀では、二〇二二年一二月に変動幅を上下〇・五%に拡大した。これは、結果的に上限金利の引上げ（〇・二五%→〇・五%）となり、長期金利の上昇を招いた（このため、事実上の利上げとみられている）。金融政策では伝統的に、短期金利を操作し、それが長期金利にも波及することを通じて、実体経済に影響を及ぼ

図 11-1 日銀貸出と公定歩合

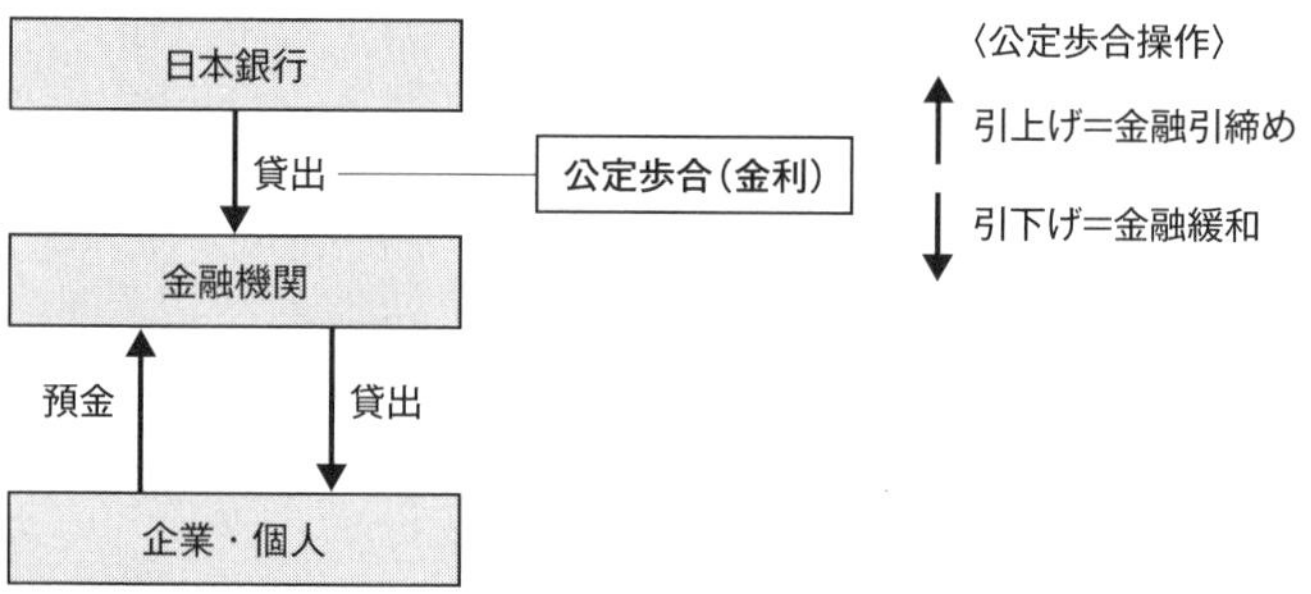

すものとされており、長期金利を直接的な操作目標とするのは、きわめて異例である。

第2節　金融政策の手段

中央銀行の行う金融政策は、長年にわたり、①公定歩合操作、②預金準備率操作、③窓口指導などの手段によって行われてきた。ただし、わが国を含む先進諸国では、現在、これらに代わって、「オペレーション」（公開市場操作）が中心的な政策手段となっている。なお、金融市場が未発達な新興国（中国など）では、こうした従来型の金融政策手段が、依然として重要な役割を果たしている。

1 従来型の金融政策手段

現在の中心的な手段である「オペレーション」の説明に入る前に、従来型の三つの政策手段についてみておくこととしよう。

（1）公定歩合操作　日本銀行が金融機関に貸出を行う際の基準金利である「公定歩合」（official discount rate）の変更によって、金融を引き締めたり緩和したりするという政策手段である（図11－1参照）。金融引締めの場合には公定歩合を引き上げ、金融を緩和する場合にはこれを引き下げることによって、金融政策を実行する。

イ　公定歩合操作の効果　公定歩合の操作には、以下のような二つの効果がある。

(a)　コスト効果　一つは、金融機関の資金調達コストに影響を与え、経済活動に影響を及ぼすことであり、「コスト効果」といわれる。たとえば、公定歩合が引き上げられると、それにつれて預金金利や短期金融市場の金利が上昇する。これは、金融機関にとっては資金調達コストの上昇を意味するため、金融機関ではコストの上昇分を転嫁するべく企業等への貸出金利を引き上げる。貸出金利が引き上げられると、企業や個人では資金を借りにくくなり、設備投資や在庫投資を抑制するため、景気の過熱が抑えられる（図11－2）。公定歩合の引下げの場合には、金融機関の資金調達コストの低下を通じてこれとは逆のことが起こり、景気が回復することになる。

図 11-2　公定歩合操作によるコスト効果（公定歩合引上げのケース）

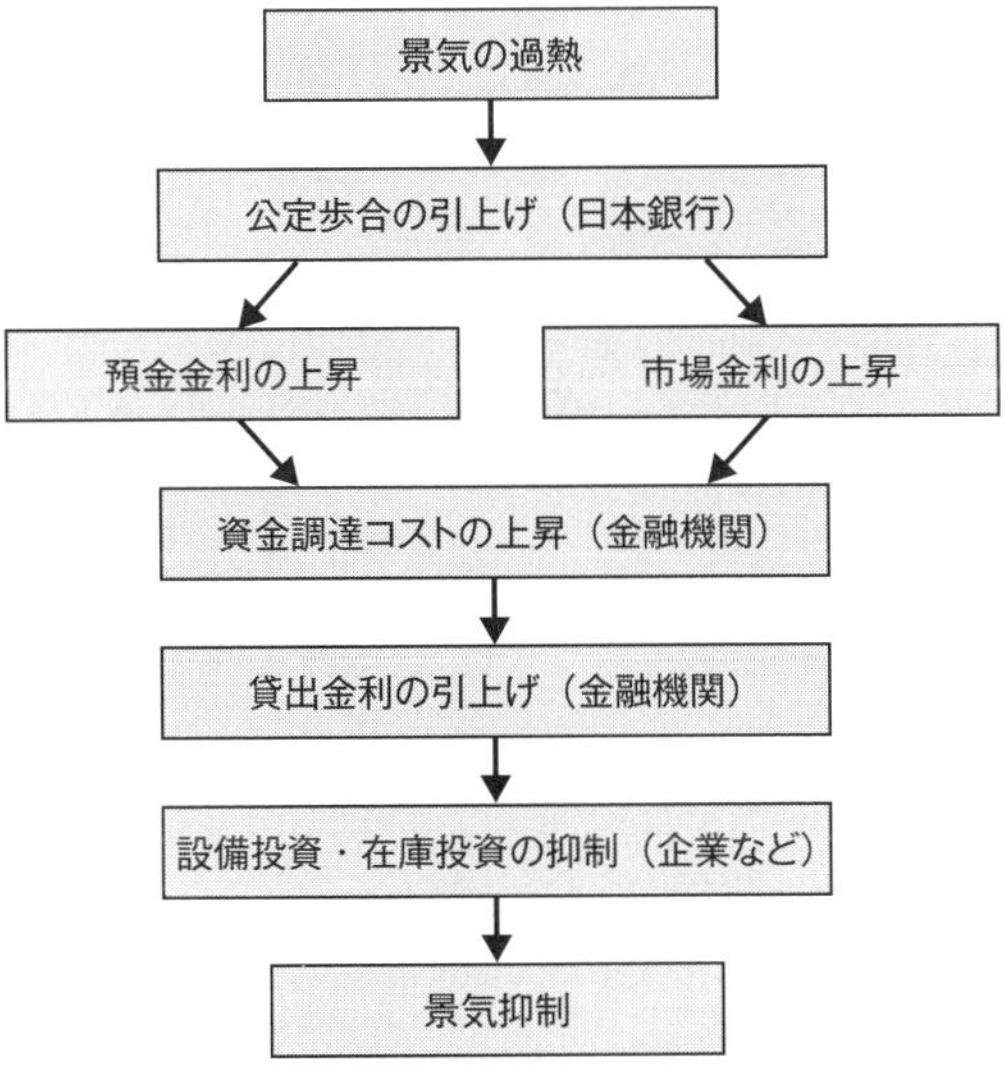

(b)　アナウンスメント効果　公定歩合変更のもう一つの効果が、「アナウンスメント効果」である。公定歩合の変更は、中

金利自由化の完了＝預金金利の自由化は、一九九四年に完了した。これにより、公定歩合と預金金利との直接的な連動性はなくなった。

央銀行が基本的な政策方針を変えることを意味する。このため、公定歩合が引き上げられると「金融引締めのシグナル」として受け取られ、そのことが、企業や家計の行動に心理的な効果を与える。たとえば企業や個人は、景気の先行きについて慎重な見方をするようになり、それに応じてお金を借りるのを控えるようになり、設備投資や住宅建設を抑制し、在庫を圧縮するようになる。また、金融機関でも、中央銀行の引締めスタンスを映じて、景気の現状や先行きに対して慎重な見方をするようになり、貸出姿勢を慎重化する。このため、資金調達の面からも引締め効果が出ることになる。このように、中央銀行のスタンス変更の表明が、各経済主体の行動の変化を促し、経済活動に影響を及ぼすというのが、このアナウンスメント効果である。

ロ　公定歩合の役割の低下

（a）規制金利時代　規制金利の時代には、公定歩合は金融政策の主役であり、「公定歩合の変更＝金融政策」といえるほど、政策手段として中核的な役割を果たした。これは、①日本銀行が主に貸出によって金融調節を行っていたため、金融機関に対する日銀貸出が多額にのぼっていたこと（その分、公定歩合の変更による影響が大きかった）、②規制金利体系のもとで、預金金利や貸出金利がすべて公定歩合に直接的に連動する制度となっていたこと（このため、公定歩合が変更されると、すべての預金・貸出金利が一斉にスライドして変更された）、などによるものであり、公定歩合は、上記のコスト効果、アナウンスメント効果の両面を通じて経済にきわめて大きな影響を及ぼした。

（b）金利自由化後　金利自由化後★は、こうした公定歩合の果たした役割は大幅に低下した。これは、①金融調節が主にオペレーションによって行われるようになり、金融機関の日銀貸出への依存が少なくなったこと、②預金金利や貸出金利が、金融市場の金利を反映して変動するようになり、公定歩合との直接的な連動関係がなくなったこと、などによるものである。

ハ　日銀貸出の種類

日本銀行の貸出は、国債、地方債、社債、資産担保債券などのうちで、日本銀行が適当と認めるもの（「適格担保」という）を担保として行われる。日銀貸出には、以下のような種類がある。

(a) 日中当座貸越　日本銀行は、金融機関に対し、日銀当預《とうよ》（日本銀行当座預金）の残高を日中に限ってマイナスにすることを認める「日中当座貸越」を供与している。日中当座貸越は「無料・有担保」であり、金融機関は、日本銀行に差し入れた担保価額の範囲内で、無料で借越しを行うことができる。ただし、金融機関は、当日の終業時までに、この借越しを返済することが求められ、終業時までに返済されない場合には、高率の延滞利息が課される。この制度は、日銀ネットのＲＴＧＳ化（第7章を参照）に伴い、決済を円滑に進めるうえで必要となる「日中流動性」を供与するために導入されたものである。

(b) 補完貸付制度　日本銀行があらかじめ定めた条件に基づき、市場参加者からの借入申込みを受けて受動的に貸出（あらかじめ「据置担保★」をとっておく）を実行する制度であり、「ロンバート型貸出制度」とも呼ばれる。金融機関が希望するときに、担保の範囲内で希望する金額を日本銀行から借り入れることができる制度であり、日本銀行が貸出実行のタイミングや金額を決定していた従来の日銀貸出とは性格が大きく異なる。公定歩合は、この貸出の適用金利となっており、市場金利（無担保コールレート・オーバーナイト物）の上限を画する役割★を担っている。すなわち、市場金利が公定歩合より高い場合には、市場からの調達に代えて、日銀から借入れを受ければよいため、市場金利の高騰を防ぐ上限（キャップ）の役割を果たしている。

二　公定歩合の名称変更　こうした役割の変化により、現在では公定歩合は、従来のような政策金利としての意味合いは持たなくなっている。これを受けて、日本銀行では、二〇〇六年以降、公定歩合という用語を使わず、「基準貸付利率」ないし「補完貸付の適用金利」という用語を使うようになっている。

据置担保＝金融機関は、日本銀行に担保をあらかじめ差し入れておくことができ、これを「据置担保」という。日本銀行と金融機関の事務を軽減するとともに、機動的な貸付の実行を可能とするための仕組みである。

公定歩合と市場金利の関係＝公定歩合は、かつては短期金融市場の金利より低く設定されており、銀行にとっては割安な優遇金利であり、日銀が各行に割り当てていた。現在は、市場金利が公定歩合よりも高ければ、補完貸付制度によって日本銀行から貸出を受ければよいため、補完貸付の適用金利である公定歩合が市場金利の上限となっている。

部分準備制度＝銀行に対して、預金の一定割合のみを中央銀行に預入させる制度であるため、「部分準備制度」とも呼ばれる。この部分準備制度の仕組みにより、銀行は、預金のかなりの部分を貸出に回すことができ、銀行の信用創造が可能となっている（第3章第1節を参照）。

預金準備率＝預金量に応じて、定期性預金は〇・〇五～一・二％、その他預金は〇・一～一・三％に設定されている（二〇二二年末時点）。

現金準備の算入＝中央銀行預け金のほかに、金融機関が保有する現金についても支払準備に含める場合もある（米国など）が、わが国では、金融機関の保有現金は支払準備には含めない。

図 11-3 準備預金制度と預金準備率操作の仕組み

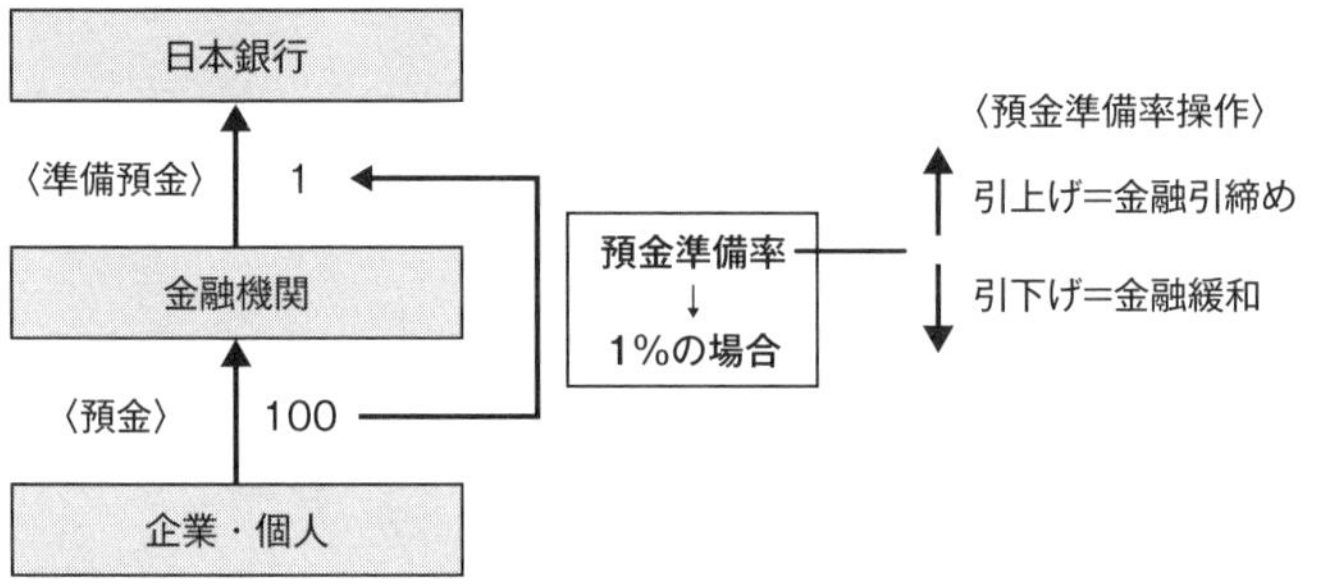

（2） 預金準備率操作　「準備預金制度」とは、金融機関が企業や個人から受け入れた預金のうち、一定比率（「預金準備率」という）の金額を支払準備として日本銀行に預け入れることを義務づける制度である★（図11-3）。「預金準備率」の変更によって、金融の引締め・緩和を行う金融政策が「預金準備率操作」である。

イ　準備預金制度　準備預金の対象先には、都市銀行、地方銀行、第二地方銀行、信託銀行、在日外国銀行、一定規模以上の信用金庫など、主要な金融機関が含まれている。預金準備率は、「定期性預金」と「その他預金」（要求払い預金など）に分けて設定され、また金額階層別に定められている（定期性預金のほうが低め、預金量の小さい先のほうが低め）。現行の預金準備率は、こうした区分ごとに〇・〇五～一・三％と、かなり低い水準に設定されている★。

ロ　準備預金の算出期間と積み期間　準備預金の対象先では、「月初から月末まで」の一カ月の平均の預金残高（平残）に該当する預金準備率を乗じて、積立てが必要となる「所要準備額」を算出する。一方、準備預金の「積み期間」は、「当月の一六日から翌月の一五日まで」の一カ月間であり、各金融機関は、この間の平均残高が所要準備額を上回るように、日本銀行の当座預金に準備預金を積み立てなければならない（図11-

4参照）。なお、金融機関が保有する手持ちの現金は、準備預金としてはカウントされない★。

準備預金の算出期間と積み期間との間に、一五日間のずれがあるのは、銀行が所要準備額を知ったあと、余裕をもって準備預金の積立てのペースを調整することができるようにして、金利の乱高下を避けるためである。積み期間における日銀当座預金の平均残高を一定以上にすればよいため、各行では、金利観などに基づき、前倒しに積立てを行うことも、後ろ倒しで積立てを行うこともできる★。

なお、所要準備額を上回る「超過準備」が生じても、その分を次の積み期間へ算入する「キャリー・オーバー」は認められていない。一方、準備預金が所要額に対し不足した場合には、高率のペナルティ★が科される。

ハ　預金準備率操作の効果　日本銀行が預金準備率を引き上げると、各金融機関は、日本銀行に積む準備預金を増加させるために、市場から追加的に資金を調達することが必要となる。このため、資金の取り手が増えて、短期金融市場の金利が上昇する。また「信用創造」の観点からも、預金準備率が引き上げられると、銀行の貸出可能な資金が減少して信用創造乗数が低下し、貸出が抑制される（第3章第1節を参照）。したがって、預金準備率の引上げは、金融引締めの効果を持つ。一方、預金準備率の引下げは、この逆に金融緩和の効果を持つ。

ニ　預金準備率操作の役割低下　預金準備率操作は、法律に基づいて銀行から強制的に資金を吸い上げる制度であるため、かなり強力な政策手段である。しかし、いくつかの問題点★もあるため、海外の先進国をみても、預金準備率操作は、近年、政

図 11-4 準備預金の算出期間と積み期間との関係

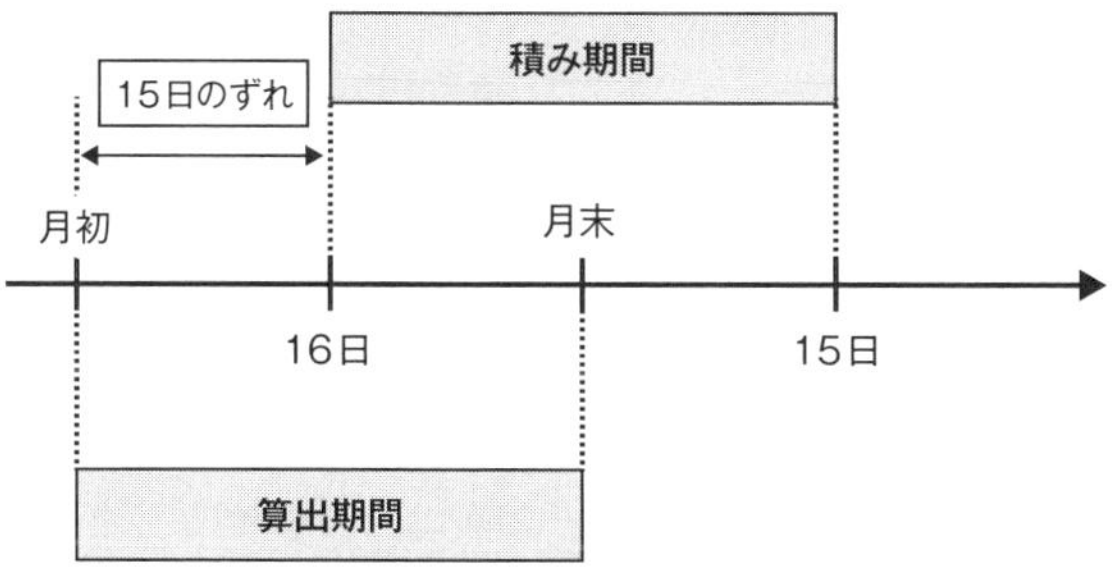

準備預金の積み進捗率＝積み期間において、準備預金がどのくらいのペースで積み立てられているのかを示す比率。積み日数を三〇日とすると、一日当たり三・三％のペースで積んでいけば、所要準備を達成できることになる。

準備預金の積立不足のペナルティ＝積立不足の額に対しては、公定歩合＋三・七五％の過怠金が科される。

準備率操作の問題点＝①日銀当座預金のうち、所要準備部分は無利息であるため、準備率の引上げは銀行の収益を悪化させること、②準備率変更の影響は、各銀行の預金構成によって異なるため、競争条件に歪みをもたらすこと、③準備率は、機動的な変更や微調整が難しいこと、などが問題とされている。

米国の預金準備率＝米FRBでは、二〇二〇年三月に預金準備率をゼロ％とし、準備預金制度を事実上停止した。

積み進捗率と金融調節＝たとえば、日本銀行が引締め気味の金融調節を行うと、全体として積み進捗率が遅れる。これに対して、各行が短期金融市場での資金調達を急ぐと、市場金利が上昇することになる。

策手段としてはあまり用いられなくなっている。むしろ預金準備率の引下げなどにより、この制度自体を縮小・廃止する傾向にある。★わが国でも、一九九一年の変更を最後に、預金準備率は変更されていない。

ホ　金融調節のフレームワーク　上述したように、政策手段としての預金準備率操作の役割はかなり低下しているが、準備預金制度は、後述する「金融調節」を行ううえでの重要なフレームワークとして機能している。すなわち日本銀行は、各銀行が積み期間に一定の準備預金を積まなければならないことを前提に、金融市場にそのための資金を供給するが、その資金供給量の調節によって、市場金利をコントロールすることが可能となっているのである★（詳細は次項の「オペレーション」を参照）。

図 11-5 窓口指導の概念

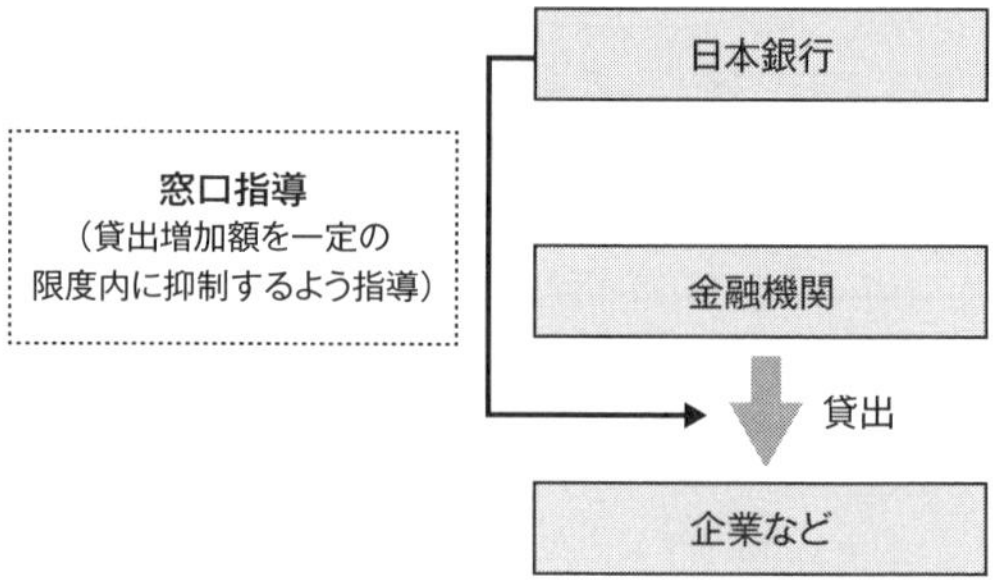

（3）窓口指導　日本銀行が、民間金融機関に対して、一定期間（四半期）ごとの貸出増加額を適当と認める範囲内に収めるよう貸出の抑制を指導することであり、「貸出増加額規制」とも呼ばれた（図11-5参照）。窓口指導は、大手行を中心に行われ、法令等によるものではなく、金融機関の協力を前提とした道徳的説得(moral suasion)に基づくものであった。

イ　窓口指導の効果　窓口指導は、他の政策手段（公定歩合操作など）を補完する手段として用いられ、特に金融引締め時には、公定歩合の引上げと窓口指導との組合せにより、大きな効果を発揮した。高度成長期には、企業が銀行借入に大きく依存した状態であったことから、金融機関による企業

オペレーションによる金融調節＝一九九四年に金利自由化が完了し、日本銀行では翌年からオペレーションにより、短期市場金利を誘導する金融調節を行うようになった。

への貸出量を直接的にコントロールすることは、政策手段としてきわめて有効に機能した。

ロ　窓口指導の廃止　ただし、窓口指導を行うと、①窓口指導の対象先と非対象先との間に不公平を招く、②中央銀行が個々の金融機関の貸出量を決めることになり、適正な競争を妨げて貸出シェアの固定化を招く、といった弊害も指摘された。このため、後述のオペレーションによる金融調節が十分に機能するようになったことを受けて、窓口指導は一九九一年に廃止された。

❷──オペレーション（公開市場操作）

最近では、上記のような従来型の金融政策手段は使われなくなっており、現在、それらに代わる中心的な政策手段となっているのが「オペレーション」（公開市場操作）である。★オペレーションは、中央銀行が金融機関との間で、債券（国債など）を売買することによって市場の資金量を調整し、それによって短期金利を操作するための政策である。オペレーションは、英語の名称である「オープン・マーケット・オペレーション」を略したものであり、さらに「日銀オペ」や「オペ」と略されることもある。

（1）金融調節　「金融調節」とは、中央銀行が、短期金融市場における資金の量を調整することをいう。通常、中央銀行は、市場に資金が余った場合には資金を吸収し、資金が不足すれば資金を供給する。「市場の資金量」と「金利」は、しばしば「コインの表と裏」の関係にたとえられ、「資金の量」を調節することは、短期金融市場の「金利」をコントロールすることでもある。すなわち、市場に資金がだぶついていれば金利は下がるし、市場に資金が足りなければ金利は上昇する。

金融調節は、日本銀行の政策委員会が決定した基本方針（金融市場調節方針）に基づいて行われる。その意味で、金融政策の方針を実現するために行われるのが金融調節であり、そのためのオペレーションであるといえる。

共通担保オペ＝日本銀行にあらかじめ差し入れてある適格担保（国債、地方債、社債など）を見合いに、貸付利率を入札によって決めて貸付を行い、資金供給を行う手法。形式としては「有担保の貸出」であるが、金融調節の一環として行われるため、「オペ」に含められる。

成長通貨供給オペ＝長期国債の買切りオペは、経済成長に伴う経済規模の拡大に合わせてマネーを供給することを目的として行われるため、「成長通貨供給オペ」と呼ばれる。

即日オペと先日付オペ＝オペのうち、入札通知（オファー）を行った当日に資金の受渡しを行うオペを「即日オペ」、翌日以降に資金の受渡しが行われるオペを「先日付オペ」という。即日オペは、当日の資

図 11-6 資金供給オペと資金吸収オペ

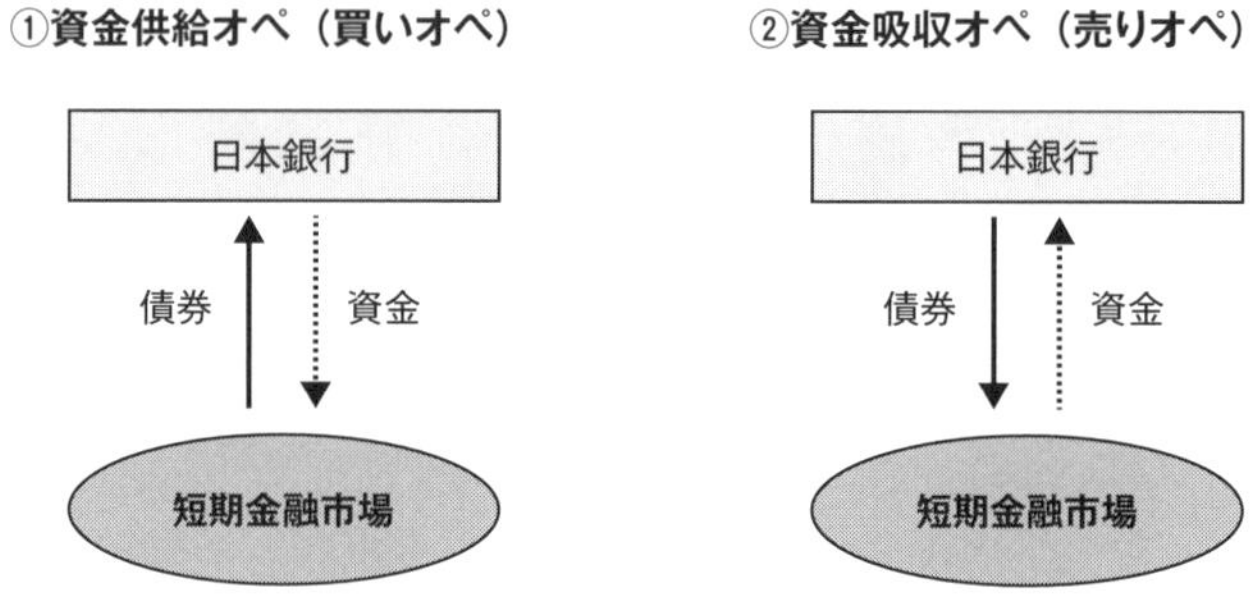

（2）資金供給オペと資金吸収オペ

オペレーションには、大きく分けて、資金供給オペと資金吸収オペとがある。

イ　資金供給オペ　短期金融市場に資金が不足している場合には、日本銀行は、市場（内の金融機関）から債券を買い上げて、代わりに市場に資金を供給する。こうしたオペレーションのことを「資金供給オペ」という。また日本銀行が債券を買い入れることによって行われるため、「買いオペ」とも呼ばれる（図11-6の①）。

ロ　資金吸収オペ　短期金融市場に資金が余っている場合には、日本銀行は、市場（内の金融機関）に債券を売却して、代わりに市場から資金を吸い上げる。これを「資金吸収オペ」という。また、日本銀行が債券を売却することによって行われるため、「売りオペ」とも呼ばれる（図11-6の②）。

（3）買切り・売切りオペと現先オペ

オペレーションは、売買の形態によって、「買切りオペ・売切りオペ」と「現先《げんさき》オペ」に分けられる。

イ　買切りオペ・売切りオペ　金融機関を相手に債券を「買い取る」または「売却する」というシンプルな売買取引の形態によるオペレーションである。このオペの効果は、持続的である（たとえば、買切りオペを実施すると、資金はそのまま市場に残るため、資金供給の効果はずっと続く）。

金調整を目的として、先日付オペは、翌日以降の資金調整のために行われる。

オペの札割れ＝日本銀行が「資金供給オペ」を行う際に、金融機関からの応札額（オペの申込み額）が供給予定額に達しないこと。市場に資金が潤沢に行き渡っており、各金融機関に十分な資金がある状況では、資金の需要が少なく、札割れが発生することがある。

コンベンショナル方式＝資金供給オペの利回り入札において、入札された金利のうち、金利の高い順に、入札予定金額に達するまで落札していく方法。落札者は、自らが落札した金利で取引を行うため、複数の落札利回りが生じる。これに対して、一定の利回りをすべての落札者に一律に適用する仕組みのことを「ダッチ方式」という。

ロ　現先オペ　債券の「条件付きの売買」（一定期間後の売戻し条件付きの買入れ、または買戻し条件付きの売却）のことを「現先取引」という（第4章第5節を参照）。現先オペは、現先取引の形態によるオペであり、金融機関を相手として、債券の売買取引（買入れまたは売却）が行われた後、一定期間後に反対売買（売戻しまたは買戻し）が行われる。売戻し条件を付けて買入れを行う「買い現先オペ」と、買戻し条件を付けて売却を行う「売り現先オペ」とがある。現先オペの効果は、現先のスタート日からエンド日までの期間中のみであり、しかもエンド日（反対売買の実行日）には、当初のオペとは逆の効果（資金供給オペの場合には、資金吸収の効果）が出るのが特徴である。

（4）オペの種類　資金供給オペ、資金吸収オペとも、売買する証券の種類や売買形態によって、いくつかの種類がある。

イ　資金供給オペの種類　日本銀行が金融市場に資金を供給したい場合に実施する「資金供給オペ」（買いオペ）としては、①貸出形態で行われる「共通担保オペ★」、②利付国債（中長期国債）や国庫短期証券（T-Bill）を買い入れることによる「買切りオペ★」、③利付国債、T-Bill、CP等を条件付きで買い入れる「買い現先オペ」、④CP、社債、ETF（指数連動型上場投資信託）、J-REIT（不動産投資信託）などを購入する「買入オペ」などがある（表11-1の①を参照）。

なお、オペ★は「利回り入札方式」によって行われており、資金供給オペ（買いオペ）の場合には、日本銀行は金融機関の応札のなかから金利が高い（価格が安い）順に、予定額まで買い入れる。★こうした落札方式は「コンベンショナル方式★」と呼ばれる。

ロ　資金吸収オペの種類　日本銀行が金融市場から資金を吸収したい場合に実施する「資金吸収オペ」（売りオペ）としては、①利付国債やT-Billを買戻し条件付きで売却する「売り現先オペ」、②T-Billを売却する「売切りオペ」、③日本銀行が振り出した手形を売却する「手形売出オペ」などがある（表11-1の②を参照）。

表 11-1 日本銀行のオペレーションの手段

①資金供給オペ

種類	概要	取引形態
共通担保オペ	適格担保を見合いに，貸出により資金を供給する	貸出
国債買入オペ	利付国債を買い入れることによって資金を供給する	買切り
国庫短期証券買入オペ	国庫短期証券（T-Bill）を買い入れることによって資金を供給する	買切り
国債買い現先オペ	利付国債やT-Billを売戻し条件付きで買い入れることによって資金を供給する	現先取引
CP等買い現先オペ	CP等を売戻し条件付きで買い入れることによって資金を供給する	現先取引
CP・社債買入オペ	CPや社債等を買い入れることによって資金を供給する	買切り
ETF・J-REIT買入オペ	ETFやJ-REITを買い入れることによって資金を供給する	買切り

②資金吸収オペ

種類	概要	取引形態
国債売り現先オペ	利付国債やT-Billを買戻し条件付きで売却することによって資金を吸収する	現先取引
国庫短期証券売却オペ	T-Billを売却することによって資金を吸収する	売切り
手形売出オペ	日本銀行が，3カ月以内に満期を迎える為替手形を振り出し，これを金融機関に売却することによって資金を吸収する	手形の売却

(5) 資金需給とオペ 日本銀行が金融調節を行う前提となるのは、短期金融市場における日々の資金の過不足額である。市場で資金が余剰または不足となる要因としては、①銀行券要因と②財政要因の二つがある（これ以外の要因は、短期金融市場の内部における金融機関同士の資金の受払いであるため、市場全体としての余剰・不足要因にはつながらない）。

イ 銀行券要因

(a) 銀行券の発行超 まず、銀行券要因についてみると、企業や個人が銀行から銀行券を引き出すと、銀行では日本銀行の当座預金を取り崩して、顧客に供給する銀行券を調達する必要があるため、日銀当座預金の残高が減少し、短期金融市場から資金が流出することになる。このため「銀行券の発行超」は、金融市場にとっては「資金不足要因」となる（図11−7の①）。

(b) 銀行券の還収超 逆に、銀行券が銀行に戻ってくると、銀行では銀行券を日本銀行に戻して当座預金を積み上げるため、短期金融市

銀行券要因の季節性＝銀行券の発行超・還収超には、周期的な振れがある。週ベースでは、週末に発行超、週初に還収超となる。月次ベースでは、下旬に発行超、上旬に還収超となる。また、五月の連休前や一二月には大幅な発行超となり、連休明けや年明けになると大幅な還収超となる。

図 11-7 資金需給における銀行券要因

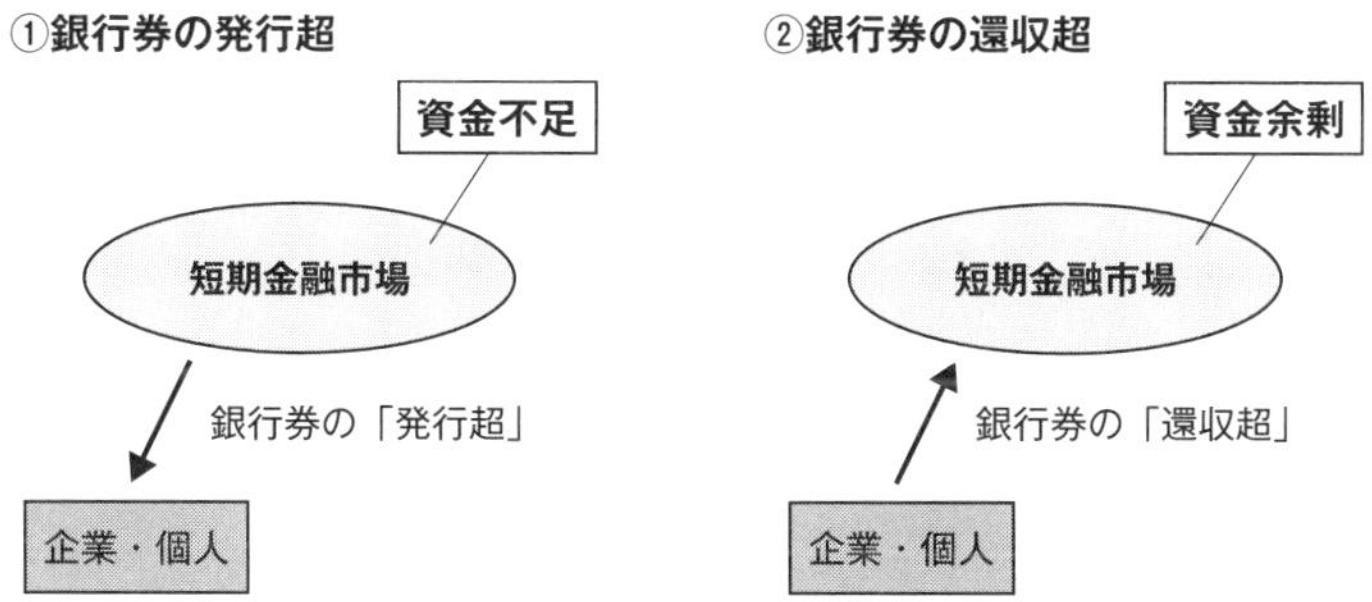

場に資金が流入する。このため「銀行券の還収超」は、金融市場にとっては「資金余剰要因」となる★（図11-7の②）。

ロ　財政要因

(a) 財政資金の受け超　次に財政要因についてみると、政府に対して、企業や個人が税金などのかたちで資金を支払うと、資金が短期金融市場の外へ流出する（金融機関の日銀当座預金から政府当座預金への振替が行われるため、金融市場では資金不足要因となる）。このため、財政資金の「受け超」（政府にとって受け超の意味）は、金融市場にとって「資金不足要因」となる（図11-8の①）。

(b) 財政資金の払い超　一方、公共事業費や年金の支払いなどで、政府から民間に資金が支払われると、政府当座預金から金融機関の日銀当座預金への振替が行われ、金融市場に資金が流入する。このため、財政資金の「払い超」（政府にとって払い超の意味）は、金融市場にとって「資金余剰要因」となる（図11-8の②）。

ハ　資金需給　上記の銀行券要因と財政要因の二つを合わせたマーケット全体の資金過不足のことを「資金需給」という。すなわち、

銀行券要因 ＋ 財政要因 ＝ 資金需給

となる。たとえば、銀行券要因が一〇〇〇億円の資金余剰、財

金融調節の実績＝日本銀行では、毎営業日に「日本銀行当座預金増減要因と金融調節」として、翌日の予想と当日の実績を公表している。

図 11-8 資金需給における財政要因

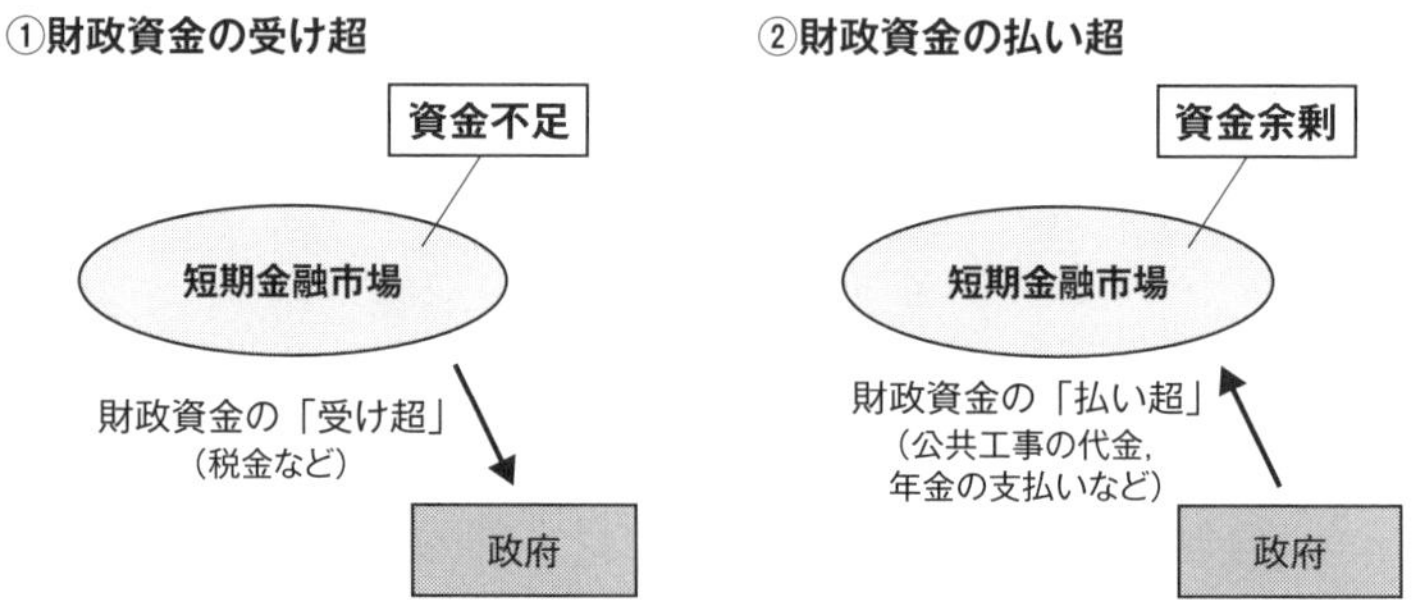

政要因が三〇〇〇億円の資金不足である場合には、資金需給は、差引きで二〇〇〇億円の不足になる。

二 日本銀行の金融調節スタンス こうした金融市場における資金の過不足を放置すると、資金不足の場合には「市場金利の上昇」を、資金余剰の場合には「市場金利の低下」を招く。資金の過不足による金利の乱高下を防ぎ、短期金利を安定させるために、日本銀行では、基本的には、資金が不足すれば、資金供給オペ（買いオペ）を、資金が余剰となる場合には、資金吸収オペ（売りオペ）を実施して、市場の資金過不足を調整する。

ただし、日本銀行は、こうした金融調節をまったく受動的に行っているわけではない。金融市場の資金過不足と日本銀行の金融調節および日銀当座預金の残高の間には、

資金過不足 ＋ 金融調節 ＝ 日銀当座預金の増減

という関係がある。★こうしたなかで、日銀当座預金の取崩しとなるような調節は、「きつめの調節」と呼ばれ、市場金利（銀行間で短期の資金貸借をするときの金利）には上昇圧力がかかる。一方、日銀当座預金の積増しとなるような調節は「ゆるめの調節」と呼ばれ、市場金利は低下傾向となる。この間、資金不足額（余剰額）に見合った資金供給（資金吸収）が行われ、市場全体の日銀当座預金に増減が生じないような調節は、「中

立的な調節」といわれ、市場金利には影響が生じない。

ホ　金融調節の具体例　具体例でみてみよう。図11－9は、資金需給と日本銀行による金融調節の例である。

(a) 中立的な調節　①では、六〇〇〇億円の資金不足に対して、六〇〇〇億円の資金供給オペが実施されており、資金不足額に見合ったかたちでの「中立的な調節」となっている。

(b) きつめの調節　②では、九〇〇〇億円の資金不足に対して、四〇〇〇億円しか資金供給が行われておらず、資金供給が資金不足より少ない「きつめの調節」となっている。このため、日銀当座預金は、市場全体として五〇〇〇億円の取崩しとなっており、この日は市場金利に上昇圧力がかかっているものとみられる。

(c) ゆるめの調節　③では、一兆三〇〇〇億円の資金余剰に対して、一兆円しか資金吸収が行われておらず、資金吸収が資金余剰より少ない「ゆるめの調節」となっている。このため、日銀当座預金は、全体として三〇〇〇億円の積上げとなっており、この日は市場金利が低下しているものとみられる。

(6) 常設ファシリティ　各国の中央銀行では、通常、金融調節のターゲットとする「政策金利」を目標とするレベルに誘導するために、上記のようなオペレーションを実施しているが、金融市場の状態によっては、市場金利が金融調節上の誘導目標から大きく乖離することがありうる。このため各国の中央銀行では、オペの機能を補完し、市場金利を安定させるための仕組みを設けている。こうした仕組みとしては、「貸出ファシリティ」と「預金ファシリティ」の二つがある。これらは、いずれも常時利用可能な制度であるため、合わせて「常設ファシリティ」（スタンディング・ファシリティ）と呼ばれている。

イ　貸出ファシリティ　中央銀行が、金融機関からの申込みに応じて、あらかじめ決められた金利

図 11-9 資金需給と金融調節の関係

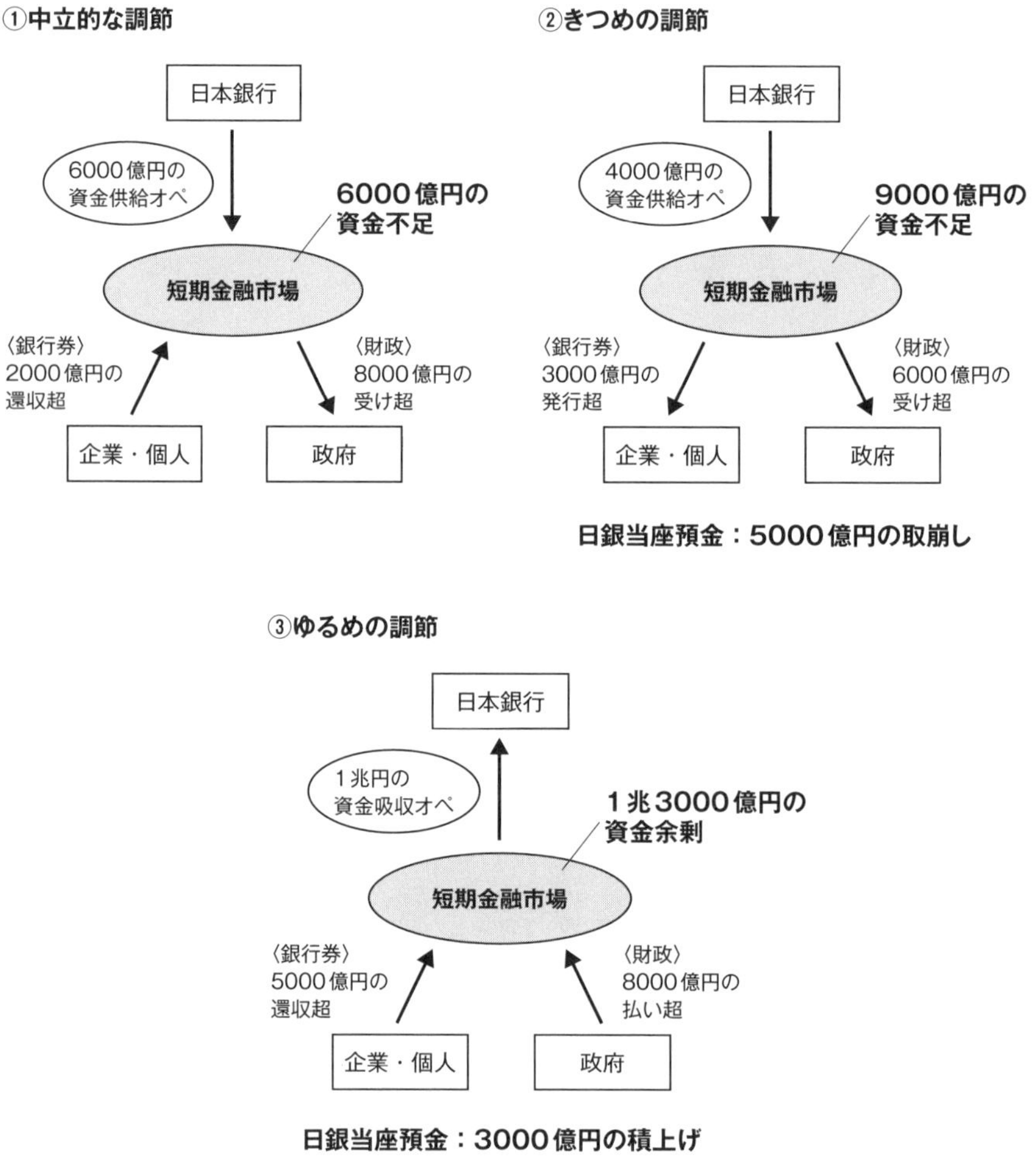

マイナス金利と利息の支払い＝通常、預金を預けた側は利息を受け取るが、マイナス金利が適用されると、中央銀行に預金を預け入れた金融機関は、逆に利息を支払うことが必要となる。

図 **11-10** 常設ファシリティの仕組み（日本銀行の例）

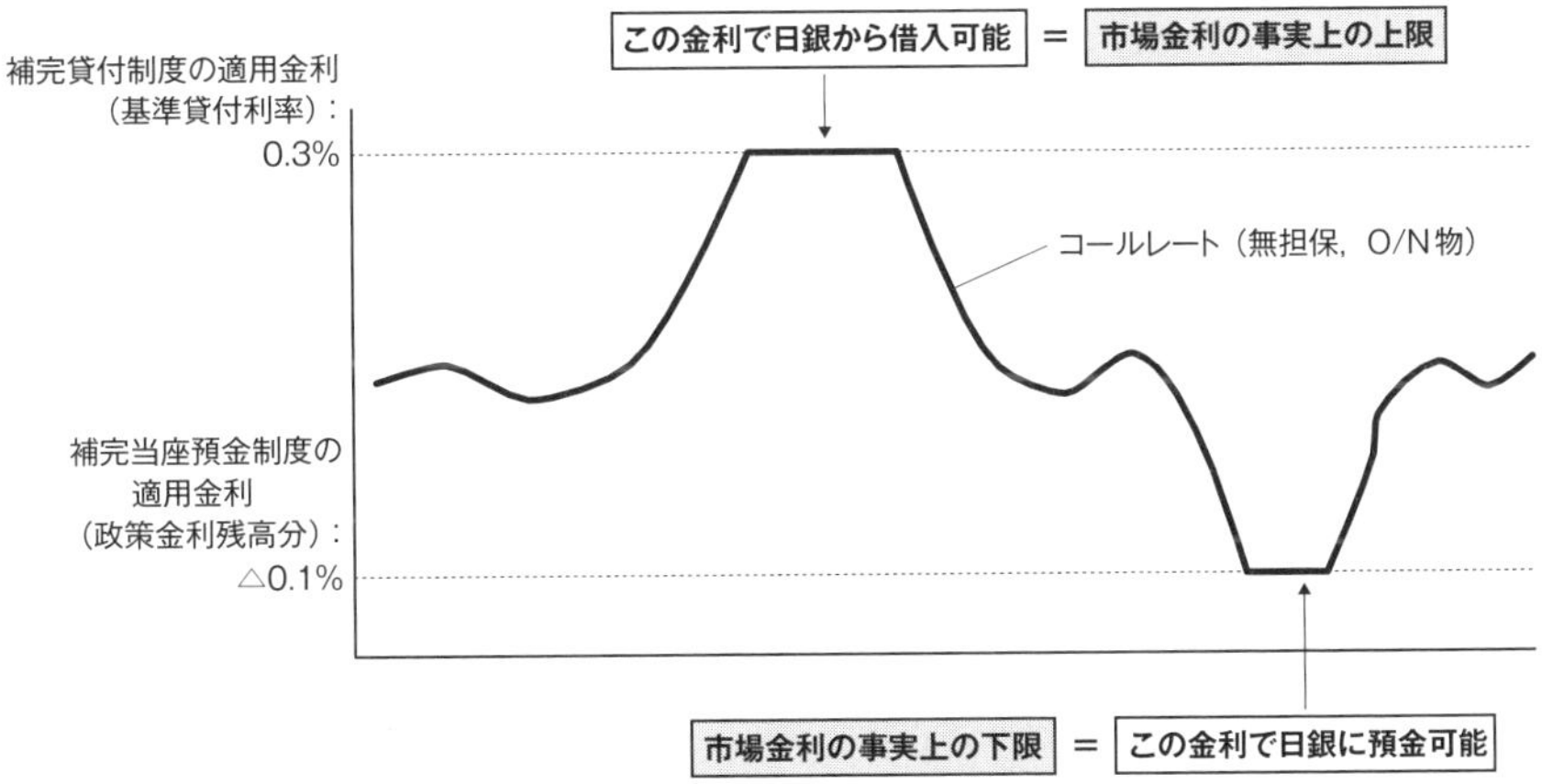

（注）　本図は，2016年2月のマイナス金利の導入時におけるコールレートと常設ファシリティの適用関係を示したもの.

で受動的に貸付を行う機能である。貸出ファシリティの適用金利は、政策金利より高く設定される。もし、金融市場での調達金利がこの適用金利を超えて上昇した場合には、金融機関は、中央銀行から（市場金利よりも割安な金利で）貸出ファシリティによる貸出を受ければよいため、結果的に、貸出ファシリティの金利が市場金利の上限を画することになる。

ロ　預金ファシリティ　中央銀行が、金融機関からあらかじめ決められた金利で受動的に預金の受入れを行う機能である。預金ファシリティの金利は、政策金利より低く設定される。金融市場での運用金利がこの金利を下回る場合には、金融機関は、市場金利よりも高い金利で中央銀行に預金をすればよいため、預金ファシリティの金利が、事実上、市場金利の下限金利となる。マイナス金利政策（第5節で後述）では、この預金ファシリティにマイナスの金利が設定される。★

ハ　コリドー方式　このように常設ファシリティは、市場金利を事実上、上限金利と下限金利の幅のなかに収めることを目指しているため、補完当座預金制度＝日本銀行が民間銀行から受け入れる当座預金のうち、預入が義務づけられた準備預金（「所要準備」という）を上回る部分の預金（「超過準備」という）について利息を付ける制度。日銀当預に付利される金利よりも市場金利が低下すると、短期金融市場でお金を貸すよりも、日銀当預に預けたほうが有利となるため、日銀当預の金利が市場金利の下限となる。

「コリドー方式」（回廊方式）と呼ばれる。わが国では、「補完貸付制度」（公定歩合の項で前述）が貸付ファシリティ、「補完当座預金制度★」が預金ファシリティとして機能しており、両ファシリティの金利が、政策金利である「無担保コールレート・オーバーナイト物」の事実上の上限・下限となっている（図11-10）。

第3節　金融政策の波及メカニズム

❶ 金融政策の波及経路

金融政策は、通常は「短期金利」をコントロールして「景気」に影響を及ぼし、最終目標である「物価の安定」を達成しようとするものである。では、短期金利をコントロールすると、どうして景気が良くなったり悪くなったりするのだろうか。別の言い方をすると、金融政策は、どのようなルートを通じて経済に影響を及ぼすのだろうか。こうした問題を「金融政策の波及経路」（トランスミッション・メカニズム）という。

金融政策の波及経路としては、一般に、①金利チャネル、②信用チャネル、③資産チャネル、④為替レート・チャネルの四つがあるとされている（チャネルは、経路やルートといった意味）。以下では、これら四つのルートについて、主に「金融引締め」を行った場合を例にとって説明する。なお、この説明の前提として、中央銀行は短期金利（オーバーナイトの金利）の水準を変化させることにより、より期間の長い中長期の金利水準にも影響を及ぼすことができるということを理解しておく必要がある。

(1) 金利チャネル　金利水準の変化が、直接的に企業や家計の支出活動に影響を及ぼす効果である。金融政策の効果としては、いちばんイメージしやすい効果である。たとえば、中央銀行が金融引締めを行って、金利水準が上昇した場合には、企業は資金の調達コスト（銀行借入の金利など）が上昇する。このため、予定していた投資計画などの採算が悪化し、設備投資や在庫の積増しなどを控えるようになる。また、家計についても、住宅ローンの金利が高くなれば、「家を建てるのは少し待っておこう」ということになる。したがって、金利水準が上がると、企業や家計部門の支出活動には抑制的な効果が生まれる。このように金利水準が民間支出の変化に直接的に影響を及ぼす効果を、著名な経済学者の名前をとって「ケインズ効果」という。

(2) 信用チャネル　金融政策が、銀行の与信行動に影響を及ぼすことを通じた効果のことを指す。すなわち、中央銀行が金融を引き締めると、金融機関が貸出を抑制することを通じて景気は下押しされるという効果を生む。金融引締めが金融機関の貸出抑制をもたらすのには、「貸し倒れ比率の上昇予想」が関連する。「貸し倒れ」とは、金融機関が貸し出した資金が予定どおりに返済されずに、いわゆる「焦げ付き」となるリスクである。中央銀行が金融引締めを行うと、金融機関は、これにより「当然、先行きは景気が悪くなるであろう」と考える。そして、「景気が悪くなると、企業の経営が苦しくなって、貸出（資金）を返済できない企業が増えるであろう」と予想する。そのため、貸出を行うかどうかの審査基準を従来よりも厳しくするようになる。つまり、業績が低調な企業に対しては貸出を行わない、貸出を行う際にも融資量を少なくするといった対応をとる。

こうした要因により、金融機関の貸出が抑制されると、企業や家計では、利用できる資金の量が減るため、それに伴って支出活動が抑制され、景気には抑制的な影響が出てくる。利用できる資金量が抑制されることによる効果であるため、これを「アベイラビリティ効果」と呼ぶ（アベイラビリティとは、利用可能な資金量のこと）。

（3）資産チャネル　「資産チャネル」とは、金融政策の変更が、資産価格の変化を通じて景気に影響を与えるルートのことである。「資産価格」とは、株価や地価のことを指す。資産チャネルは、影響する方向によって、「資産効果」と「逆資産効果」とに分けられる。

イ　資産効果　株価などの資産価格の上昇によって、自分の保有する資産の価値が上昇したことにより、保有者が支出を拡大させる効果である。たとえば、一〇〇万円相当の株式を持っていた人が、株価の上昇により保有株式の価値が二〇〇万円に増加したとする。すると、上昇分のうち、少しくらいは使ってもよいと考えて消費を増やすのが一般的である。このため、資産価格の上昇は、一般に個人消費の増加をもたらす。

ロ　逆資産効果　一方、資産価格が下落して、保有する資産の価値が減ると、その心理的な影響から消費や投資が抑制されるが、これを「逆資産効果」という。つまり、保有していた資産（株式や不動産）が値下がりすると、人々は支出を抑えるようになる。

金融引締めによって金利が上昇すると、一般に資産価格は下落する。すると、資産価格の下落による逆資産効果によって、企業や個人の支出は抑制され、景気に対しては下押し圧力となる。これが、金融政策が景気に影響するもう一つのルートである。

（4）為替レート・チャネル　金融政策の変化が自国通貨の為替レートの変化をもたらし、それを通じて景気に影響するルートである。まず前提として、「金利が高くなった国の通貨は、通貨高になる」ことを理解する必要がある。他の条件が同じであれば、金利の高い通貨で運用したほうが有利であるため、利上げされた通貨への需要が高まり、通貨高となる。

したがって、日本銀行が金融引締めを行い、円の金利水準が上昇すると、海外との金利差が大きくなって、為替レートは円高に振れる。一般に円高は、日本の「輸出の減少」と「輸入の増加」をもたらすため、外需の減少を通じて、景気には悪影響を与える。すなわち、このルートは、対外的な貿易関係を通じて国内景気に影響を及ぼすという波及経路になる。

❷ マネー・ビューとクレジット・ビュー

以上述べた金融政策の四つの波及経路のうち、どのルートの影響が大きいかについては、議論が分かれる。ただし、金利チャネルと信用チャネル（上記の（1）と（2））のほうが、資産チャネルと為替レート・チャネル（上記の（3）と（4））よりは、影響度合いが大きいという点では意見が一致する。問題は、金利チャネルと信用チャネルのうち、どちらの影響が大きいとみるかである。

（1）マネー・ビュー　金利の変化による民間支出の変化（上記の「ケインズ効果」）のほうが大きな役割を果たしているという考え方を「マネー・ビュー」という。マネーサプライや利子率を重視する考え方である。ケインズの考え方を信奉するケインジアンが多かったこともあり、伝統的にはこうした考え方が有力であった。

（2）クレジット・ビュー　これに対して、金融機関の貸出の増減が経済活動に与える影響（上記の「アベイラビリティ効果」）のほうを重視する考え方を「クレジット・ビュー★」（または「レンディング・ビュー」）という。この考え方では、マネーよりもクレジット（銀行貸出）の役割が重要であるとする。特に、企業が銀行からの借入れに多くを依存している場合には、アベイラビリティ効果が大きくなるものとみられる。クレジット・ビューでは、地価の変動が経済活動に与える影響が説明しやすいこと★もあって、最近では、こうした金融機関の貸出態度が景気に及ぼす影響を重視する考え方も有力となっている。

❸ 金融政策の操作目標と中間目標

（1）金融政策の二段階アプローチ　中央銀行は、一般に金融市場における短期金利をコントロー

クレジット・ビューの前提＝クレジット・ビューでは、「銀行貸出と債券発行は完全に代替的ではない」との考え方が前提となっている。つまり、中小企業などは、株式や社債による資金調達ができず、銀行借入に依存しているため、銀行の貸出態度が景気に及ぼす影響が大きいものとされる（銀行貸出と債券発行が完全に代替的であれば、銀行から借入れを受けられなければ、企業は債券発行によって資金調達を行えばよいため、銀行の貸出姿勢は景気にはさほど影響を及ぼさないはず）。

クレジット・ビューと地価＝クレジット・ビューの立場からは、融資の担保となる土地の価格（地価）が上昇すれば、企業が資金を借りやすくなり、それによって経済活動が活発化することになる。

日本銀行の操作目標＝ただし、「量的金融緩和政策」をとった時期（二〇〇一〜〇六年）には、「日銀当座預金残高」が目標とされた。また、「量的・質的金融緩和」（二〇一三年四月導入）においては、「マネタリーベース」が採用された。さらに「イールドカーブ・コントロール」（二〇一六年九月導入）では、再び操作目標を金利に戻したが、短期金利と長期金利（一〇年物国債金利）の二つを目標とした。

図 11-11 金融政策の2段階アプローチ

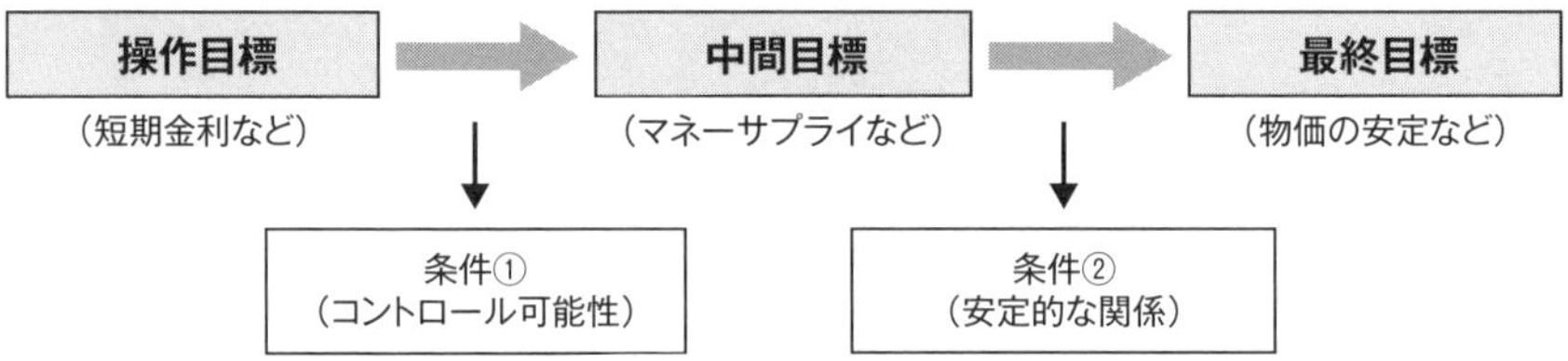

ルすることによって、最終的には「物価の安定」という目標を達成しようとする。このとき、中央銀行が日々の金融調整を行ううえでターゲットとしている金利のことを「操作目標」という。操作目標は、多くの場合、オーバーナイトの短期金利である（日本銀行の場合には、無担保コールレート・オーバーナイト物★）。また、金融政策が達成すべき「物価の安定」のことを「最終目標」という。

問題は、操作目標（オーバーナイト金利）と最終目標（物価の安定）との間にかなりの距離があることである。そこで、操作目標と最終目標との間に目標を設けることが望ましい、とする考え方がある。これを「中間目標」という。こうした操作目標から中間目標を通じて最終目標の達成を目指す考え方を、金融政策の「二段階アプローチ」という（図11-11参照）。

(2) 中間目標の条件　金融政策の中間目標として選ばれるためには、二つの条件を満たす必要がある。一つは、操作目標によって、中間目標をコントロールできることである（条件①）。操作目標の日々のコントロールによって、中間目標を安定的に変化させられることが、まず必須の条件となる。もう一つは、中間目標と最終目標との間に安定的な関係があることである（条件②）。中間目標を動かしたときに、最終目標も意図したように動かなければ、中間目標としての意味はない。こうした観点から、中間目標として候補となりうる指標としては、マネーサプライ（通貨供給量）、貸出量、長期金利などがありうる。

マネーサプライの指標性の低下＝中央銀行が指標としての問題点から、マネーサプライを重視しなくなった点については、「われわれ（中央銀行）がマネーサプライを捨てたのではなく、マネーサプライがわれわれを見捨てたのである」といわれる。

（3）マネーサプライと中間目標

一九七〇年代には、欧米諸国において「マネーサプライ」を中間目標として採用する動きが広まった（マネーサプライについては第1章を参照）。これは、①この時期にインフレ率が高まったこと、②マネーサプライと物価との間に密接な関係がみられたこと、などによるものである。この時期にこれらの国では、マネーサプライの伸び率についての目標値を設定し、金融政策は、この目標値の達成を目指して実施された。こうした金融政策の運営方法を「マネーサプライ・ターゲティング」という。

しかし、一九八〇年代半ばからは、金融政策におけるマネーサプライの位置づけは低下し、もはや中間目標として用いられることはなくなった。これは、マネーサプライに含まれる「マネー資産」（銀行預金）と、含まれない「マネー対象外資産」（証券会社のMMFなど）との間で頻繁にシフトが発生するようになり、マネーサプライと物価との安定的な関係（上記の条件②）が損なわれてしまったことによるものである★。

日本でも、こうした背景のもと、マネーサプライが重要視された時期があり、日本銀行では、マネーサプライの増加率見通しを発表した（目標値ではないが、単なる予想よりは目標的性格を持つもの）。もっともその後は、欧米諸国と同様に、マネーサプライと物価との関係が不安定化するなかで、その位置づけは低下し、現在、マネーサプライは、経済状況を判断するうえでの多くの経済指標のうちの一つにすぎなくなっている。

4 政策効果の非対称性

（1）緩和効果の限界　金融政策の効果に関しては、「政策効果の非対称性」が指摘されている。これは、金融政策は「引締め策」については強い効果を持つが、「緩和策」については有効性に限界があるということである。つまり、景気が過熱している時期に金融引締め政策によって景気を減速させるのは比較的容易であるが、不況の時期に金融緩和政策によって景気を刺激することは容易ではない。企業の投資活動が活発で資金需要が旺盛なときには、資金調達を制限したり、金利を高くすることによって、企業活動を抑制する効果は得られやすい。しかし、景気が低迷し、企業が先行きについて悲観的になり、企業マインドが冷え切っているときには、いくら金利を下げても、なかなか前向きな投資や支出活動には結びつかない。このことを指して「馬を水辺まで連れて行くことはできるが、馬に水を飲ませることはできない」とか、「金融政策はヒモのようなものである★」と表現する。つまり、金融政策は、ブレーキとしてはよく利くが、アクセルとしては利きにくく、このためインフレには対処しやすいが、デフレへの対処は容易ではないことを意味する。

(2) 流動性の罠 金融緩和を続けていくと、利子率がゼロ％近くにまで下落して、さらに金融緩和を強化してもこれ以上は金利が低下せず、したがって投資が刺激されないという状態に陥ることがある。こうした金融緩和が限界に達した状態のことを「流動性の罠★」（リクイディティ・トラップ）と呼び、こうした状況下では、金融政策の有効性は著しく低下することになる。一九九〇年代末～二〇〇〇年代前半の日本では、異例のゼロ金利政策がとられたにもかかわらず、景気低迷の状態が続いたが、この時期には、こうした流動性の罠の状況に陥ったものとみられている。

金融政策はヒモのようなものである＝金融政策の性格についての比喩。積み木にヒモを結んだ状態でヒモを引けば、積み木を引っ張ること（景気抑制）はできるが、ヒモを押しても積み木を押すこと（景気刺激）はできない。

流動性の罠＝金融緩和により金利がゼロ近くまで下落すると、伝統的な金融政策が効力を失うこと。つまり、金利水準が異常に低いと、いくら金融緩和を行っても景気刺激の効果が出ない状態となる。ケインズが『一般理論』のなかで指摘した。ケインズは、こうした例外的なケースに陥った場合には、財政政策を用いるべきとした。

第4節　金融政策におけるルールと裁量

❶―ルールか裁量か

金融政策をめぐる古くて新しい問題として「ルールか裁量か」という議論がある。つまり、金融政

フリードマン＝米国の経済学者ミルトン・フリードマン（一九一二～二〇〇六年）が、代表的なマネタリストである。ノーベル経済学賞を受賞し、長くシカゴ大学の教授であったことから、シカゴ学派のリーダーとされた。

策を一定のルールに基づいて運営すべきか、あるいは経済状況に応じて中央銀行の裁量によって行うべきか、という議論である。

多くの中央銀行では、現実の経済は刻々と変化していくものであるため、固定的なルールに基づいた機械的な運営は望ましくなく、状況に応じた判断に基づいて行動できるようにする裁量が必要であるとの考え方をとっている。

しかし一方で、学界を中心に、中央銀行が経済活動をコントロールしようとして裁量的に行動すると、かえって経済変動が大きくなり、経済が不安定化するおそれがあるとして、一定の金融政策ルールを求める考え方もある。さまざまな金融政策ルールが提案されているが、代表的なものとして、①「マネーサプライを一定比率で増加させるように金融政策を運営すべき」とするマネタリストの「k％ルール」や、②景気やインフレ率などに応じて一定の方式に従った短期金利への誘導を行うべきとする「テイラー・ルール」などがある。以下では、これらの概要について説明する。

❷ マネタリストのk％ルール

経済の変動におけるマネーサプライ（通貨供給量）の役割、および通貨を供給する中央銀行の機能を重視する経済学の一派を「マネタリスト★」という。マネタリストは、望ましい金融政策として、マネーサプライの伸び率について一定の目標値（k％）を設定して金融政策を運営する「k％ルール」を提唱した。こうした考え方の影響もあって、前述したように、一九七〇年代には欧米諸国でマネーサプライを重視した政策運営が行われた。しかし、一九八〇年代半ば以降は、マネーサプライと物価との間に安定的な関係が見いだせなくなったことから、マネーサプライおよびk％ルールは、金融政策運営上の指針としての位置づけを喪失し、現在に至っている。

操作目標の短期金利＝米国の場合にはフェデラル・ファンド・レート（FF金利）であり、日本（短期金利を操作目標としている場合）では、無担保コールレート・オーバーナイト物である。

自然利子率＝景気への影響が引締めでも緩和でもない、景気に中立的な実質金利のこと。「均衡実質金利」や「中立金利」とも呼ばれる。中央銀行にとっては、金融政策スタンスが引締め的か緩和的かを判断するベンチマークとなることから、現実の実質金利の動向を自然利子率との関係で捉えていくことが重要である。ただし、自然利子率は、直接的には観察できず、推計手法も十分に確立していない。

GDPギャップ＝経済全体の供給力である「潜在GDP」と実際の需要である「実質

図 11-12 テイラー・ルール

① **テイラー・ルールの式**
政策金利 ＝ 均衡実質金利 ＋ 目標インフレ率
＋ α ×（インフレ率 － 目標インフレ率）
＋ β × GDPギャップ

② **米国のケース（オリジナル・ルール）**
政策金利 ＝ 4％
＋ 1.5 ×（インフレ率 － 目標インフレ率）
＋ 0.5 × GDPギャップ

3 テイラー・ルール

上記のk%ルールでは、経済状況にかかわらず、マネーサプライを一定比率にコントロールしようとするのに対して、経済情勢（景気、インフレ率など）に応じたルールに基づいて政策運営を行っていくべきとする考え方もある。こうした考え方として、近年注目されているのが、米スタンフォード大学のジョン・テイラー教授が提案した「テイラー・ルール」である。

（1）テイラー・ルールの式　テイラー・ルールは、望ましい政策金利の水準を示すルールであり、図11-12①の式で表される。この式の左辺（政策金利）は、中央銀行が操作目標としている短期金利（政策金利★）を示す。また、右辺の第一項目（均衡実質金利＋目標インフレ率）は、景気と物価が目標水準で安定している場合の「均衡名目金利」であり、米国の場合（オリジナルのテイラー・ルール）では、均衡実質金利★と目標インフレ率が、ともに二%に設定された。右辺の第二項目は、インフレ率が目標を上回ってインフレ傾向になれば、政策金利を引き上げるべきであるとする一方、下回る場合には、政策金利を引き下げるべきであることを表している。αは政策反応を示す定数であり、米国の場合には一・五と設定された。右辺の第三項目は、実質GDPが、経済が本来発揮できる潜在GDPを上回って「GDPギャップ★」がプラスとなり、景気が過熱している場合には政策金利を引き上げる一方、GDPギャップがマイナスで需要が不足している場合には政策金利を引き下げるべきであるという政策対応を示している。βは政策反応の定数であり、米国

ＧＤＰ」との差のこと。「需給ギャップ」ともいう。

の場合には〇・五と設定された。こうした定数等を上記の式に入れると、米国に関するテイラー・ルールは、図11-12②のようになる。

(2) テイラー・ルールの意味　米国のケースでは、インフレ率が目標（二%）どおりであり、ＧＤＰギャップも存在しない状況であれば、政策金利を四%に誘導すべきことになる。ここから仮にインフレ率が一%上昇した場合には、テイラー・ルールでは、政策金利を一・五%引き上げて、五・五%にすることが適切ということになる（この引締めにより、ＧＤＰギャップは縮小し、インフレ率が低下していく）。

こうしたテイラー・ルールは、中央銀行がそれに従って機械的に政策を運営しているわけではないが、有益な一種のガイドラインであるとみられている。また、過去の政策判断が、こうしたシステマチックなルールに従った場合に比べて、緩和し過ぎ（あるいは引締め過ぎ）ではなかったのかを事後的に検証する政策評価の手段としてしばしば用いられる。

第5節　伝統的金融政策と非伝統的金融政策

❶ 伝統的金融政策の限界

金融緩和を進める必要があるときに、中央銀行がとる「伝統的金融政策」は、政策金利（短期の市場金利）の引下げである。しかし、その政策金利には、通常「名目金利のゼロ制約」（政策金利をマイナスにはできない）という壁がある。政策金利がゼロ%近くまで到達し、これ以上政策金利が下げられない状況のなかでも、さらに緩和が必要とされるという困難な局面で採用される異例の政策が、

表 11-2 非伝統的金融政策の類型

類型	内容
量的緩和政策	国債の買入れ等を通じて大量の資金を市場に供給する政策.
質的緩和政策（信用緩和政策）	社債，CP，ETFなど，従来は中央銀行が購入しなかったリスク資産の買入れを行う政策.
マイナス金利政策	民間銀行が中央銀行に預け入れる預金の一部に対して，マイナス金利を適用する政策.
イールドカーブ・コントロール	長短金利操作とも呼ばれ，短期金利のほか，長期金利にも誘導目標を設定し，イールドカーブを適切な水準にコントロールすることを目指す政策.
時間軸政策（フォワードガイダンス）	一定の条件を満たすまで，金融緩和を継続することを約束することによって，中長期金利の低下を図る政策.

いわゆる「非伝統的金融政策」である。つまり、政策金利がゼロ近傍にまで到達し、伝統的政策である「短期金利の誘導」では対応できなくなった場合に導入されるのが非伝統的金融政策である。

2 主な非伝統的金融政策

非伝統的金融政策の類型としては、①量的緩和政策、②質的緩和政策、③マイナス金利政策、④イールドカーブ・コントロール、⑤時間軸政策、などがある（表11-2）。

（1）量的緩和政策　国債などの買入れを通じて大量の資金を市場に供給する政策が「量的緩和政策」である。この政策により、必要とされる準備預金を上回る大量の資金が供給されると、各金融機関が中央銀行に保有する当座預金の残高が膨らむことになる。量的緩和政策は、潤沢な資金供給によって、一段の金融緩和（中長期金利の低下）、インフレ期待の引上げ、企業のリスクテイクなどを促進し、景気刺激を図るものである。

（2）質的緩和政策　伝統的に、中央銀行が買入れを行う資産は国債に限られていたが、この政策では、中央銀行が社債、CP、資産担保証券、ETF、REITなどの「リスク資産」を購入することに主眼が置かれる。（1）の「量的緩

マイナス金利政策の導入＝二〇一二年から二〇一五年にかけて、欧州中央銀行（ECB）、デンマーク中銀、スウェーデン中銀、スイス中銀が相次いでマイナス金利政策を採用した。日本銀行でも、二〇一六年二月に、超過準備の一部に対して、△〇・一％を課すマイナス金利政策を導入した（日本では初めて）。

マイナス金利政策の終了＝二〇二二年に入り、各国でインフレ率が高まるなか、ECB、デンマーク中銀、スイス中銀が相次いでプラスの領域に政策金利を引き上げ、マイナス金利政策を終了した（スウェーデン中銀も二〇一九年に終了済み）。このため、引き続きマイナス金利を採用しているのは、日本銀行のみとなっている（二〇二二年末時点）。

図 11-13 日本銀行のマイナス金利の3階層方式

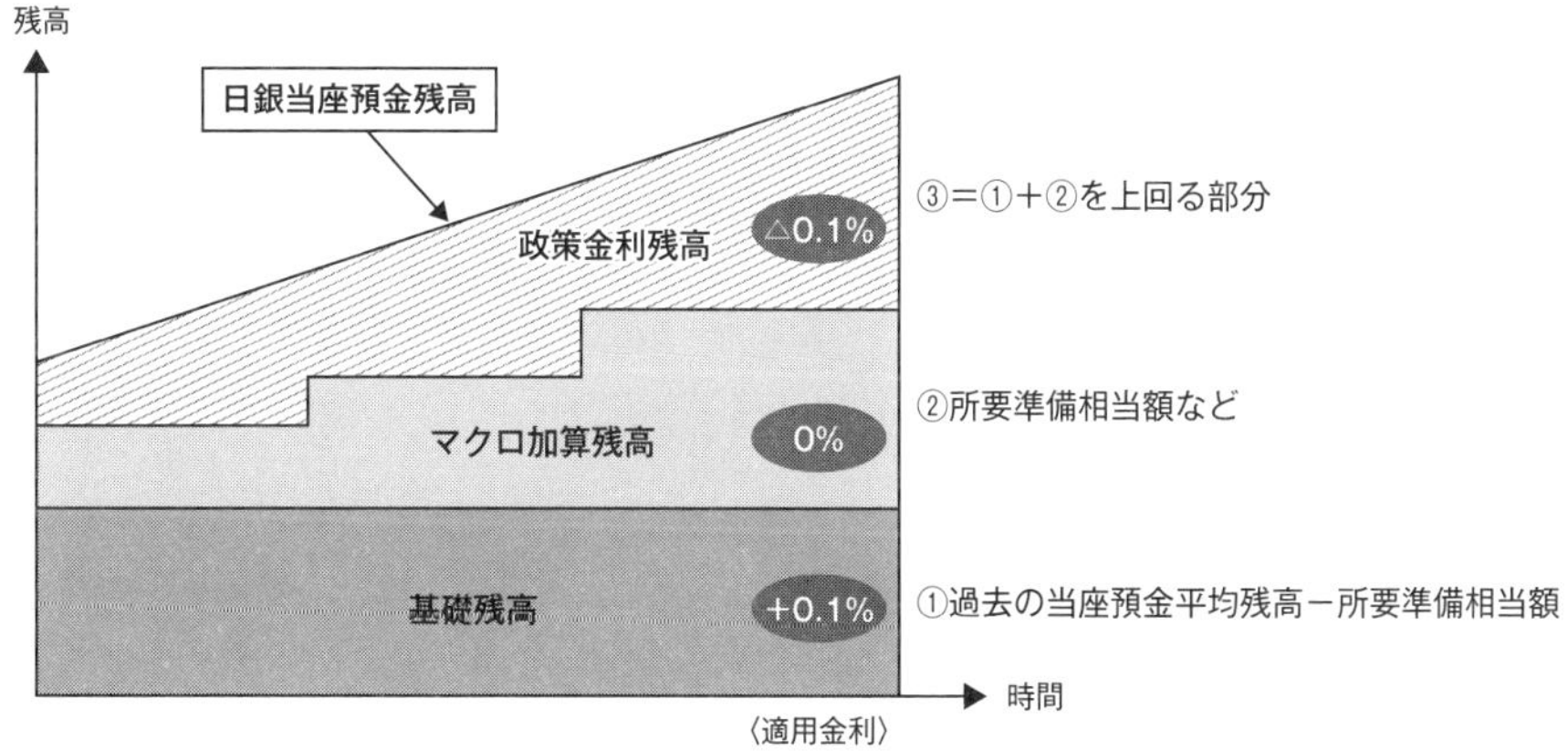

和政策」に対して、「質的緩和政策」（または信用緩和政策）と呼ばれる。買入対象資産の市場機能の回復を促すことによって、金融システムの安定化、ひいては景気の回復を企図するものである。従来は、中央銀行の財務の健全性などの観点から、資産買入れは国債に限定されており、中央銀行が民間の信用リスクや価格変動リスクを引き受けるのはきわめて異例である。米国の「信用緩和政策」（二〇〇八～一四年）では、住宅ローン担保証券（MBS）の買入れに重点が置かれた。また日銀でも、ETF、REITなどのリスク性資産の買入れをかなりの規模で行っている。

（3）マイナス金利政策　中央銀行が政策金利をゼロ％より低いマイナスにする政策を「マイナス金利政策★」という。主として民間銀行が中央銀行に預け入れる預金の金利をマイナスとすることによって行われる（これに加えて、目標とする短期市場金利もマイナスとする場合もある）。マイナス金利が適用されると、民間銀行は中央銀行に資金を預けた場合には、金利を支払わなければならない。そのため、銀行では企業への融資や有価証券の購入に資金を振り向けるようになるという効果を狙った政策である★。また、中長期の金利を引き下げる効

階層構造方式＝マイナス金利を導入している中央銀行の多くでは、民間銀行からの預金をいくつかの階層に分割し、そのうちの一部についてマイナス金利を適用する方式をとっている（日本銀行のマイナス金利政策でも同様である）。これは、すべての預金にマイナス金利を適用すると、銀行収益への影響が大きくなりすぎるためである。

時間軸政策のタイプ＝①「長期にわたって」など、金融緩和の継続時期（いつまで）について特定の時期を明示しない「オープン・エンド方式」、②「少なくとも○年末まで」など、特定の時期を指定する「カレンダー方式」、③政策変更を行う条件（インフレ率、失業率など）を示す「解除条件方式」などのタイプがある。

果（イールドカーブ全般の押下げ）も企図されている。

この政策をとる場合には、中央銀行の預金の一部にのみマイナス金利を適用する「階層構造方式★」をとることが多い。日本銀行の場合には、図11-13にあるように、プラス金利、ゼロ金利、マイナス金利の三層構造となっている。こうした仕組みにより、実際にマイナス金利が適用されている残高は、当座預金残高全体のごく一部となっており、金融機関の収益への影響は限定的に抑えられている。

(4) イールドカーブ・コントロール　中央銀行は、短期金利に目標値（政策金利）を設定して金融政策を運営するのが一般的であるが、この政策では、短期金利のほかに長期金利についても目標値を設定し、イールドカーブ（利回り曲線、第4章第8節を参照）を適切な水準に維持することを目指す。「長短金利操作」とも呼ばれる。中央銀行が長期金利を直接的な操作目標とするのは、きわめて異例である。

この政策の代表例としては、日本銀行が二〇一六年に実施した「長短金利操作付き量的・質的金融緩和」が挙げられる。この際には、短期金利についてはマイナス金利とする一方、長期金利は一〇年物国債の金利が○％程度で推移することを目標とした。このほか、オーストラリア準備銀行が、三年物国債の利回りを目標としたイールドカーブ・コントロールを行った事例がある（二〇二〇年三月に導入したが、金利上昇を止められず、二〇二一年十一月に撤廃）。

(5) 時間軸政策（フォワードガイダンス）　一定の条件★（たとえばデフレ脱却）を満たすまで、量的緩和やゼロ金利などの「金融緩和の継続を約束する」ことによって、景気の刺激を図ろうとする政策が「時間軸政策」である。上記のような他の政策と組み合わせて採用されることが多く、先行きの方針を示すことから、最近では「フォワードガイダンス」とも呼ばれる。これは、緩和の継続を宣言することにより、将来にわたる短期金利の予想を低下させ、それによって中長期の金利を低下させ、

オーバーシュート型コミットメント＝物価の上昇率が二％を一時的に上回る（オーバーシュートする）状況になっても、すぐに金融緩和政策をやめるのではなく、安定的に二％を超えるまで金融緩和を継続するとの方針。日銀が二〇一六年九月に導入した。

平均インフレ目標＝一定期間のインフレ率を平均二％とすることを目指す方針。二％以下のインフレ率が続いた後では、しばらくの間、二％を超えるインフレ率を容認することになる。FRBが二〇二〇年八月に導入した。

米国の信用緩和政策＝三度にわたって実施されたため、それぞれを「QE1」（二〇〇八年導入、キューイーワン）、「QE2」（二〇一〇年導入）、「QE3」（二〇一二年導入）と呼ぶ。QEは、量的緩和（Quanti-

---

それによってさらなる緩和効果を生み出そうとする政策である。最近では、日銀の「オーバーシュート型コミットメント★」やFRBの「平均インフレ目標★」のように、インフレ率が一時的に二％を上回っても簡単には引締めに転じないことを約束するといった手法もみられており、フォワードガイダンスも一段と高度化してきている。

❸ 非伝統的金融政策の導入事例

(1) 海外における非伝統的金融政策

海外では、米国FRBがリーマン・ショック後、三回にわたる「信用緩和政策★」をとった。また、英国では「量的緩和政策」（二〇〇九年三月導入）を、欧州中銀（ECB）では「マイナス金利政策」（二〇一四年六月導入）、「量的金融緩和政策」（二〇一五年二月導入）などの政策をとった。

(2) 日本における非伝統的金融政策

わが国においても、史上初めての量的緩和である「量的緩和政策★」（二〇〇一年三月導入）、量的緩和と信用緩和★を組み合わせた「包括的な金融緩和」（二〇一〇年一〇月導入）、「量的・質的金融緩和」（二〇一三年四月導入）など、数次にわたって採用されている。なかでも「量的・質的金融緩和」は、二年程度で消費者物価の前年比＋二％を達成することを目的に、操作目標を金利から「マネタリーベース」に変更したうえで、国債を大量に購入してマネタリーベースを倍増させるといった大胆な政策変更であり、このため「異次元の金融緩和」と呼ばれた。その後も、わが国では初となるマイナス金利政策である「マイナス金利付き量的・質的金融緩和政策」（二〇一六年二月導入）、短期金利とともに長期金利もターゲット★とする「長短金利操作付き量的・質的金融緩和」（二〇一六年九月導入）など、異例の金融政策が続いている。欧米の中央銀行が、二〇二二年入り後にインフレ抑制に向けて金融引締めに動くなかで、日銀では、基本的に金融緩和を堅持するスタンスを崩しておらず、欧米との間で、金融政策の方向性の違いが鮮明になっている。この

tative Easing）の略称である。ただし、内容的には質的緩和を含んでいた。

量的緩和政策＝日本では二〇〇一年から二〇〇六年にかけて、金融政策の誘導目標を「コールレート」から「日銀当座預金残高」に切り替えた。「お金の量」を目標にするという意味でこれを「量的緩和政策」と呼んだ。日銀当預の目標残高は、当初は五兆円であったが、その後順次引き上げられ、三〇兆～三五兆円にまで拡大された。

信用緩和＝包括的な金融緩和において、日銀は、従来の国債に加え、社債、CP、ETF、REITの買入れを開始した。

長期金利の操作目標＝十年物国債金利を「概ねゼロ％程度」とすることを目標としつつ、±〇・五％の変動幅を

間、二〇二〇年から二〇二二年にかけては、新型コロナウイルスの感染拡大に対応して、「新型コロナ特別オペ★」による金融支援が導入された。

❹ 非伝統的金融政策の副作用

わが国においては、異例の金融緩和政策が長引くなかで、その副作用を懸念する声もあがっている。第一に、金融機関の収益が圧迫されていることである。預金金利をゼロ以下にできないなかで貸出金利の低下が続いているため、利ざやが大幅に縮小し、特に地域金融機関の収益悪化が深刻となっている。第二に、国債市場の機能が低下していることである。日本銀行の国債の大量購入によって、市場の流動性が低下する（取引が低調となる）とともに、金利の変動幅が限定的となり、イールドカーブにもゆがみが生じるなど、市場機能が低下している。第三に、利ざや圧迫により銀行収益が悪化するなかで、銀行の貸出能力が下がり、金融仲介機能が低下することである。この点については、マイナス金利は緩和効果にはつながらず、むしろ景気に悪影響を及ぼすとする見方も高まっており、「リバーサル・レート★」の考え方も台頭している。

それ以外にも、①日銀による国債の大量購入が、財政ファイナンスにつながるおそれがあること、②ETFなどのリスク資産の購入が将来的に中央銀行の損失につながるおそれがあること、などの問題点が指摘されている。今後、日銀が金融政策を正常化する過程では、段階的な利上げとバランスシートの縮小を並行して行っていくことが必要となるが、異例の金融緩和を終了させていくための「出口政策」はきわめて困難なものになるとみられている。★

容認することとしている（二〇二二年末時点）。

新型コロナ特別オペ＝企業の資金繰り支援のために、中小企業などに融資を行う金融機関に対して、日銀が金利ゼロ％で資金を貸し付ける制度。

リバーサル・レート＝金利が一定水準を下回ると、銀行の利ざやが過度に縮小して、金融仲介機能が正常に働かなくなる。その結果、中央銀行が金利低下の政策をとることが、緩和効果ではなく、かえってその逆（リバーサル）となる引締め効果を起こす可能性がある。このように「副作用が効果を上回る」ような転換点となる政策金利の水準を「リバーサル・レート」と呼ぶ。ただし、これは、過度な金融緩和の副作用についての理論的な考え方であり、特に明確な金利水準があるわけで

第6節　金融政策運営上の論点

ここで、近年における金融政策の運営上の注目点を二つほど述べておくこととしよう。

❶ 資産価格と金融政策

わが国におけるバブルの生成と崩壊のケースに典型的にみられるように、中央銀行が金融政策を行ううえで、株価や地価などの「資産価格」をどの程度考慮して政策運営を行うべきかについては、議論が分かれている。

（1）Fedビュー　中央銀行は、ＣＰＩなどの一般物価の安定に専念すべきであり、資産価格の変動に金融政策が直接的に反応するのは適当でないとする考え方がある。こうした考え方は、米国の中央銀行で根強いため、「Ｆｅｄビュー」と呼ばれる。Ｆｅｄビューでは、「バブルかどうかは、資産価格が上昇している最中にはわからず、はじけてみて初めてバブルであることがわかる」としており、バブル崩壊が判明した時点で、金融緩和などによって事後的に適切な対応をとればよいとする。

（2）BISビュー　一方で、資産価格の過度の上昇など、行き過ぎがみられた場合には、資産価格の上昇に早めに歯止めをかけるように、予防的な金融引締め政策を行うべきであるとする考え方がある。こうした資産バブルの未然防止に向けた事前対応を重視する考え方は、ＢＩＳ（国際決済銀行）のエコノミストたちによって主張されてきたため、「ＢＩＳビュー」と呼ばれる。

（3）二つのビューへの評価　わが国では、バブルの生成・崩壊による苦い経験があることから、行き過ぎたバブル的な資産価格の上昇には「早めに対応すべし」というＢＩＳビューに近い考え方が多いようである。また、リーマン・ショックに際しては、事後的な対応では、危機的な状況に十分に

はない。

出口政策の困難性＝量的緩和を縮小するために、日銀が国債の買入れ規模の縮小や国債の売却を行うと、①長期金利が上昇（国債価格の暴落）して金融システムの不安定化につながる、②日銀の財務状況が悪化し、中銀に対する信認が揺らぐ、といった影響が出る可能性がある。

実質金利と名目金利の関係＝「実質金利＝名目金利－予想インフレ率」であるため、名目金利が一定でも、予想インフレ率が上がれば実質金利は低下する。

対応しきれず、深刻な国際金融危機につながってしまったことへの反省もある。このため、金融政策の運営にあたっては、資産価格の動向に対しても十分な関心を払うべきとの考え方が強くなってきている。

2 金融政策における期待への働きかけ

公定歩合操作における「アナウンスメント効果」の時代から、金融政策は、人々の期待や心理的な効果を通じて経済活動に影響を及ぼしてきたが、近年になって、金融政策の「期待への働きかけ」の重要性がさらに高まってきている。

たとえば、金融政策の目標についての「インフレ・ターゲティング」は、中央銀行がインフレ目標の数値（現行のインフレ率より低い数値）を掲げ、その達成に強くコミットすることで、人々の期待に働きかければ、人々の期待インフレ率をインフレ目標の値に引き下げることができるという考え方に基づいている。

また、最近の非伝統的金融政策における「時間軸政策」（フォワードガイダンス）も、先行きの金融緩和の継続を宣言することによって、市場における将来の短期金利の予想を低下させ、それによって中長期の金利を低下させようとする政策であり、期待への働きかけが中心的な要素となっている。

さらに、わが国における「量的・質的金融緩和」（異次元の金融緩和）は、人々の期待に直接働きかけて「デフレ期待」を払拭し、国民の予想インフレ率を引き上げることにより、実質金利の引下げを狙ったものであった★。

このように現代の金融政策においては、「期待の管理」が重要な要素となっており、その意味で、中央銀行の総裁による政策意図の説明など、中銀のコミュニケーション戦略や「市場との対話」が政策の有効性を高めるうえで一段と重要になってきている。

第7節　海外中央銀行の金融政策

近年、金融政策の国際的な相互関係が高まっており、海外の中央銀行の金融政策の変更が、わが国の金融政策に影響を与えるケースも増えている。そこで、ここではわが国にとって特に影響の大きい米国、欧州（ユーロ圏）、そして中国の金融政策について概観する。

1　米国の金融政策

（1）連邦準備制度（Fed）　米国の中央銀行は、「連邦準備制度」（Federal Reserve System）であり、一般に「Fed」と呼ばれる。Fedは、ワシントンにある「連邦準備制度理事会」（FRB：Federal Reserve Board）と全米の一二の「連邦準備銀行」（地区連銀）とからなっている。Fedは、一九一三年に「連邦準備法」に基づいて設立された。FRBは、七人の理事（任期一四年）によって構成され、理事のなかから議長・副議長が任命される（任期は四年）。議長・副議長・理事は、大統領が上院の助言と同意に基づいて任命する。

（2）金融政策の枠組み　Fedでは、「物価の安定」のほかに「雇用の安定（最大化）」が目標とされている。これは「デュアル・マンデート」（二つの使命）と呼ばれ、中央銀行の目的規定としてはやや特殊である。Fedの金融政策は、「連邦公開市場委員会」（FOMC：Federal Open Market Committee）で決定される。FOMCは、年に八回のペースで開かれ、FRBの理事七人と地区連銀の総裁五人（ニューヨーク連銀総裁は常任、残り四人は輪番制）がメンバーとなっている。FOMCでは、操作目標としている「フェデラル・ファンド・レート」（FF金利）の誘導目標、公定歩合の水準、資産買入れの規模などが決定される。

短期間（通常一日）の貸出を行う貸付ファシリティが設けられており、その金利である公定歩合は、操作目標の金利より〇・五～一・〇％（時期によって異なる）上に設定されている。また、Ｆｅｄでは、所要準備預金と過剰準備に対して、一定の付利を行っている。

(3) 近年の金融政策　新型コロナウイルス感染症の拡大を受けて、Ｆｅｄでは、緊急の利下げ、資産の購入、緊急資金供給などの対策を矢継ぎ早に行った。利下げについては、二〇二〇年三月中に、政策金利であるＦＦ金利（誘導目標：一・五〇～一・七五％）を二度にわたって引き下げて、ゼロ金利近く（同：〇・〇〇～〇・二五％）にまで低下させ、いわゆる「ゼロ金利政策」をとった。また、国債、住宅ローン担保証券（ＭＢＳ）、ＣＰなどを大量に購入する量的緩和も行った。さらに、レポ市場へゼロ金利で資金供給する制度を導入したり、一般企業向けの緊急資金供給策を導入するなど、きわめて異例の対応を次々と行った。

その後、Ｆｅｄでは雇用の改善とインフレ圧力の高まりを受けて、二〇二一年一一月から、資産買入額を縮小する「テーパリング★」を開始し、二〇二二年三月までに縮小を終了した。その後、同三月にはＦＦ金利の引上げを行い、ゼロ金利を二年ぶりに解除した。その後も高インフレに対処するため、〇・五～〇・七五％といった通常の二～三倍のペースでの利上げを連続して行った。この結果、二〇二二年末の政策金利は四・二五～四・五％にまで引き上げられた。こうした利上げと並行して、同六月からは、Ｆｅｄの保有資産を減らす「量的引締め★」（ＱＴ）を実施している。

❷ ユーロ圏の金融政策

(1) 欧州中央銀行　ユーロ導入国（二〇カ国）の金融政策を一元的に行っているのが、「欧州中央銀行」（ＥＣＢ：European Central Bank）である。ＥＣＢは、「欧州中央銀行法」（マーストリヒト条約の付属議定書）を根拠法として、一九九八年に設立された（本部は、ドイツのフランクフルト）。

テーパリング＝資産の買入れ額を段階的に減らしていく「量的緩和の縮小」のこと。英語のTaperingは「先細り、徐々に減らしていく」という意味である。

量的引締め＝中央銀行が国債などの資産を大量に買い入れて緩和効果を狙うのが「量的緩和」（QE）であるのに対して、量的緩和策からの出口政策として中銀の保有する資産を縮小していくことを「量的引き締め」（QT：Quantitative Tightening）という。①国債などが満期を迎えて償還された際に、それを再投資せずに徐々に資産の削減を進める、②保有する資産を市場で売却し、より迅速に削減を進める、などの方法がある。QTは、市場から資金を吸い上げることになるため、金利に上昇圧力がかかりやすい。

欧州中央銀行とユーロ導入国の各国中央銀行を合わせて「欧州中央銀行制度」（ＥＳＣＢ）と呼ぶ。各国中銀は、金融政策を独自に設定する権限は持たない。ＥＣＢの「役員会」は、総裁、副総裁、理事（四名）の合計六名によって構成される。役員会のメンバーは、政府首脳レベルの合意により任命される（任期は八年）。

（２）金融政策の枠組み　ＥＣＢでは、「物価安定の維持」を目標として金融政策を行っている。金融政策は、「政策理事会」で決定される。政策理事会は、年間に八回のペースで開かれ、役員会メンバー（六名）とユーロ圏の中央銀行総裁（二〇名）の合計二六名で構成されている。一週間物のオペ金利が政策金利（操作目標）となっている。このほか、貸付ファシリティと預金ファシリティが設けられている。それぞれの金利は政策金利の〇・五～一・〇％（時期によって異なる）の上下に設定されており、この範囲内に政策金利が収まるように運営される（前述した「コリドー方式」を採用している）。

（３）近年の金融政策　新型コロナウイルス感染症の拡大を受けて、ＥＣＢでは、資産買入れにより量的な金融緩和を図った。二〇二〇年三月に資産買入を強化したあと、その直後にはコロナ危機対応のための資産買入の特別枠を新設し、さらに同年六月には買入れ枠を拡大した。その後の事態の沈静化を受けて、ＥＣＢでは、二〇二二年三月にコロナ対応の資産購入プログラムを打ち切ったあと、同年七月には量的緩和政策を終了した。さらに、高インフレを受けて、同年七月には一一年ぶりに利上げに踏み切り、二〇一四年以来のマイナス金利政策も終了した。その後も、〇・五～〇・七五％といった大幅な利上げを連続して行った。

３　中国の金融政策

（１）中国人民銀行　中国の中央銀行は「中国人民銀行」である。一九四八年に設立され、かつては中央銀行と商業銀行を兼ねた中国で唯一の銀行であったが、その後、商業銀行機能を分離して、中央銀行となった。一九九五年に、根拠法として「中国人民銀行法」が定められている。

(2) 金融政策の枠組み　中国人民銀行は、政府(国務院)の一部門と位置づけられ、政府の指導のもとに金融政策を行っているため、政府からの独立性は低い。貸出・預金基準金利★、預金準備率操作、窓口指導、公開市場操作、構造的金融政策★(政策金融)などの組合せにより、金融政策を行っている。また、人民元相場についても厳格に管理している。ただし、①銀行融資が大型の国有企業向け主体となっており、民営企業や中小企業には十分な資金が行き渡らないこと、②銀行の融資決定に対して地方政府が強い影響力を持っていること、③金利の自由化が途上であること、などから金融政策が思ったような効果をあげにくい面がある。最近では、公開市場操作による金利操作のウェイトを徐々に高めている(七日物リバースレポ金利をターゲット)が、いまだ限界があることから、他の手段も併用している。

(3) 近年の金融政策　ゼロコロナ政策による経済の停滞を受けて、中国人民銀行では、二〇二〇年から二〇二二年にかけて、事実上の政策金利である「ローンプライムレート★」(一年物、貸出基礎金利)の引下げ(四・一五%から三・六五%へ)を段階的に行ったほか、数度にわたる預金準備率の引き下げを行った。

最優遇貸出金利＝銀行の貸出金利は、二〇一九年から、大手行などの金利を平均して算出する「最優遇貸出金利」(ローンプライムレート〈LPR〉、一年物と五年物)に連動させて決めることになった。

構造的金融政策＝中小企業対策など、ターゲットを絞った金利誘導以外の政策手段のこと。

ローンプライムレート＝中国で金融機関が優良企業向けの貸出の目安とする金利。人民銀行が毎月公表しており、事実上の政策金利となっている。

第8節　金融政策と財政政策

金融政策と財政政策とは、密接な関係にある。本節では、金融政策と財政政策との関係、国債発行や国債管理政策、さらには財政再建と金融政策のかかわりなどについて述べる。

ビルトイン・スタビライザー＝景気対策などを能動的に行う「フィスカル・ポリシー」に対して、財政制度にあらかじめ組み込まれた、景気変動を自動的に調節する機能のことを「ビルトイン・スタビライザー」（景気の自動安定化装置）という。具体的な例としては、累進課税制度や失業保険などがある。すなわち、累進課税制度のもとでは、景気が良くなって人々の所得が増えると、税収が増えて（増税と同じ効果）、景気の過熱を抑制する。一方、不況によって失業者が増えると、失業保険の給付の増加（政府支出の増加）となり、景気を下支えする。

❶ フィスカル・ポリシーと金融政策の関係

「フィスカル・ポリシー」とは、裁量的な財政政策のことであり、経済の安定を目標とする点で金融政策と共通しており、両者は合わせて「マクロ経済政策」と呼ばれる。フィスカル・ポリシーと金融政策の両者を適切に組み合わせて景気の調節を図ることを「ポリシー・ミックス」★という。これら二つの政策を比較すると、次のとおりである。

（1） 景気刺激と景気抑制　一般的に、フィスカル・ポリシーは景気を刺激する場合に適し、金融政策は逆に景気を抑制する場合に適しているとされる。たとえば、景気を刺激するため、金融政策で金利を引き下げるとする。しかし、経営者が景気の先行きに弱気になっていると、資金を借りて積極的に投資を行うという行動にはつながりにくいため、なかなか効果が出ない。これに対して、政府が公共投資を拡大すれば、直接的に企業の売上げや収入が増大し、雇用も増加するため、経済全体の需要を増加させることができる。

逆に、景気を抑制しようとする場合を考えよう。フィスカル・ポリシーで、増税や歳出の削減を行えば、景気を抑制することはできるが、こうした政策は政治的に不人気であるため、実際に実行に移すのはなかなか難しい。これに対して金融政策では、必要な場合には、人気をあまり気にすることなく、金融引締めを断行することができる。

（2） 政策効果までのタイムラグ　次に、フィスカル・ポリシーと金融政策とでは、政策発動の機動性や政策発動から効果発現までのタイムラグについても差異がある。具体的には、フィスカル・ポリシーは、発動までに時間がかかるものの（予算の制約があり、議会の承認を必要とするため）、いったん発動されれば、効果が出るのは比較的早い。一方、金融政策は、発動は機動的に行えるものの、効果が出るまでには時間がかかる（金融機関の行動を経由して、実体経済活動に影響を与えるため）。

両者には、こうした対照的な特徴がある。

❷ 国債発行と財政法

民主主義による政策決定にあっては、どうしても財政赤字拡大へのバイアスが生じやすく、政府は、国債発行に頼る傾向が生じる。このため、国債発行にどう歯止めをかけるかが問題となる。わが国の場合、「財政法」において、健全財政重視の立場から、次のような制約が課されている。

(1) 国債不発行の原則　第一は、「国債不発行の原則」である（財政法第四条）。国の歳出は、原則として税金や税外収入など、国債以外の歳入をもって充てることとしている。ただし、同条の但書により、公共事業費の財源に充てる場合に限っては、国債の発行が認められている（「建設国債」の容認）。また、「特例公債法」（財政法に対する特別法）を策定した場合に限り、例外的に財源不足に対応するために、赤字補塡目的での国債を発行することが可能となっている（特例公債法による「赤字国債★」の容認）。こうした国債発行に関する制約が定められているにもかかわらず、実際には、建設国債、赤字国債ともに、恒常的に発行が続けられており、国債の発行残高はきわめて高い水準となっている。

(2) 国債の市中消化の原則　国債発行に関する制約の第二は、「国債の市中消化の原則」である（財政法第五条）。これは、建設国債と赤字国債に共通した発行方法に関する制約であり、国債の発行時には、日本銀行にこれを引き受けさせてはならない、とされている。中央銀行がいったん国債の引受けによって政府への資金供与を始めると、財政赤字を容易にファイナンスできるようになるため財政の節度がなくなるほか、通貨の増発に歯止めがかからなくなり、悪性のインフレを引き起こす可能性が高い（実際に歴史上、いくつもの実例がある）。このため、わが国の戦前における苦い経験もあって、財政法では日本銀行による国債の直接引受けを禁止している。

赤字国債の発行＝国債の発行は、「財政法」第四条によって、公共事業費等の財源にする場合にのみ認められており、これを「建設国債」という。赤字補塡のための国債を発行する場合には、そのために年度ごとの「財政特例法」を成立させることが必要であり、こうした特例法に基づいて発行される国債を「赤字国債」または「特例国債」という。

国債整理基金特別会計＝国債の償還や利払い等の経理を、一般会計と区別するための特別会計。一般会計から「定率繰入れ」のかたちで資金を繰り入れたうえで、この特別会計を

3 国債管理と国債価格

(1) 国債管理政策　国債発行残高が増えてくると、政府は、国債の発行条件や既発国債の借換えなどに注意を払う必要が出てくる。また、国債の利払いや償還を行う「国債整理基金特別会計★」の運営も問題となる。国債発行に関して、①市中消化の円滑化、②満期構成の適正化、③金利負担の軽減などに取り組む政策を「国債管理政策」という。

(2) 国債価格支持政策　上記のような政策課題と関連して、「国債価格支持政策」が問題となる可能性がある。具体的には、国債をできるだけ低い金利で発行するため、中央銀行が国債を買い支えるよう政府から要請されるような局面が考えられる。ただ、こうした国債価格支持政策がとられると、中央銀行としては、金融を引き締める必要がある場合にも、国債の買入れを続けざるをえなくなるため、国債価格支持の要請と金融引締めの必要性との間で深刻なジレンマが生じる可能性がある★。

4 財政再建と金融政策

(1) 財政赤字の拡大　わが国では、度重なる景気刺激策の実施や、高齢化に伴う社会保障費の増加といった構造要因もあって、財政赤字はほぼ一貫して拡大してきた。これに加えて、コロナ対策として大型の経済対策がとられたため、国の借金はさらに膨らんだ。これに伴って、国債の発行残高は増加の一途をたどっており、二〇二一年度末の国債発行残高は一一〇〇兆円を上回っている。これに借入金なども含めた国の債務残高の合計は、実に一二〇〇兆円以上にのぼっている。これは、名目GDP比率でみて二五七％（つまりGDPの二・五倍以上）にも達する巨額であり、財政事情は、先進主要国のなかでも突出して悪いのが現状である（図11-14参照）。

(2) 財政赤字と中央銀行　政府では、財政再建の目標として「プライマリー・バランス★」（基礎的

通じて、国債への利払いや償還が行われる。将来の償還財源を積み立てる「減債基金」の役割も担っており、「六〇年償還ルール」に従って償還のための資金が積み立てられる。

アコード＝一九五一年に、米国の財務省と中央銀行（FRB）が、国債価格支持政策を終了することを発表した共同声明。これによって、戦費調達のために約一〇年間にわたって行われたFRBの市場での国債の買い支えに終止符が打たれ、「金融政策の復活」がもたらされた。

プライマリー・バランス＝国債の元利払いを除いた歳出と、国債発行以外の歳入との収支のこと。この収支が均衡していれば、税収により、一般歳出（国債の利払いと償還を除いた歳出）が賄われていることになる。

中央銀行の財政赤字ファイナンス＝中央銀行が財政赤字の拡大（政府の資金調達）に直接協力すること。中央銀行が国債を直接引き受けて財政赤字をファイナンスすると、財政赤字に歯止めがかからなくなり、悪性のインフレを引き起こしたり、その国の通貨や経済政策への信認を大きく損なったりするおそれがある。このため主要先進国では、法制度としてこれを禁止している。

日銀券ルール＝日本銀行が保有する長期国債の残高を日本銀行券（お札）の流通残高以下に収めるという日銀の自主ルール。日銀の国債保有額に歯止めをかけるため、二〇〇一年に設定された。しかし、二〇一三年の「量的・質的金融緩和」の導入の際に、国債の大胆な買増しのため、適用が停止された。

図 11-14 政府債務残高の国際比較（対GDP比）

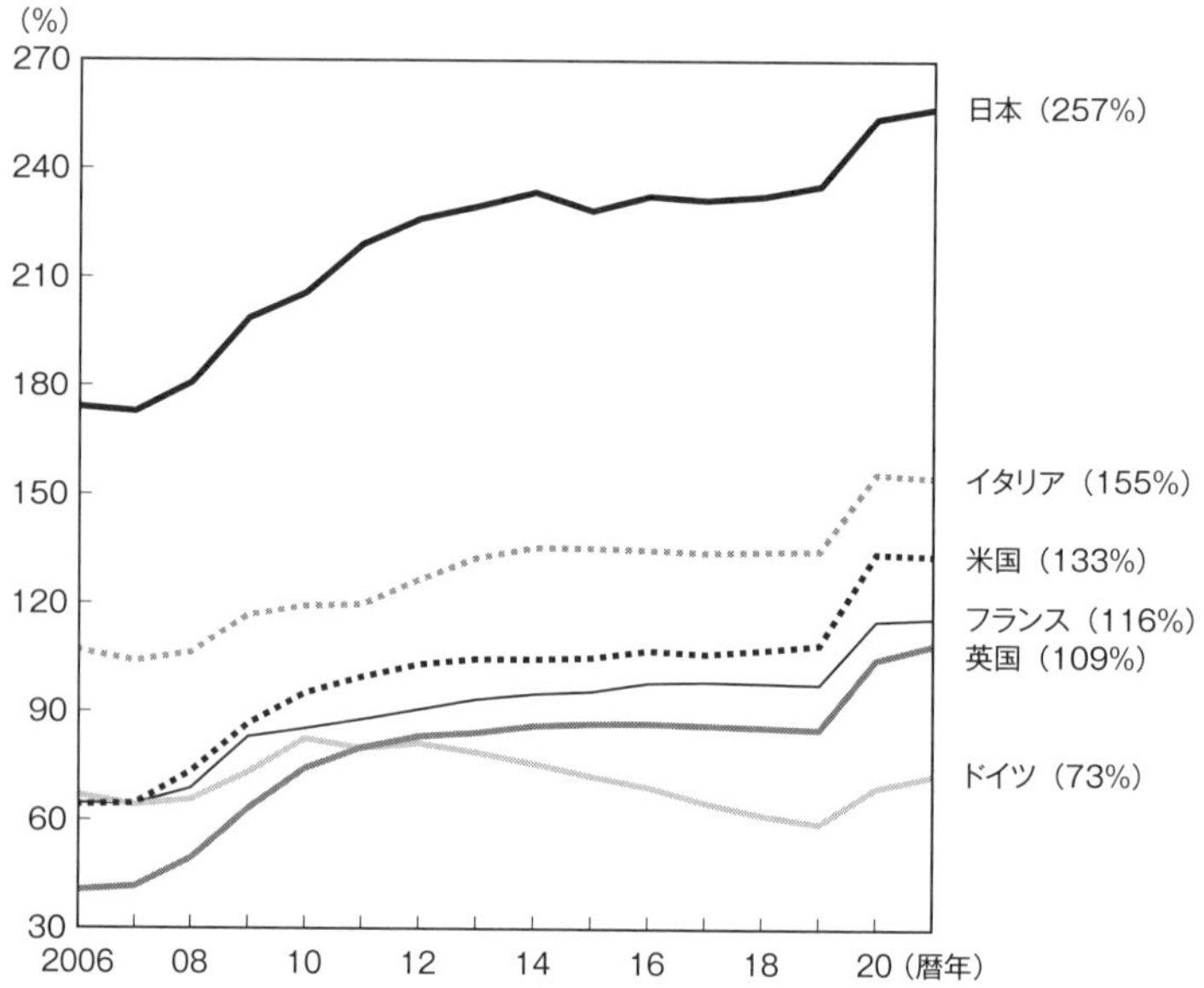

（注） 一般政府ベース.
（出所） IMF.

財政収支）の黒字化を掲げており、これを達成するために、①税収の確保、②社会保障制度の抜本的な改革、などが急務となっている。

政府がこうした財政再建を進めていく過程で、中央銀行は、国債の円滑な消化や長期金利の低位安定など、国債管理政策の面で協力を求められたり、極端なケースでは「財政赤字のファイナンス★」を求められたりする可能性がある。

(3) 国債買入れの副作用　日銀では「イールドカーブ・コントロール」（長短金利操作）を続けるなかで、長期金利目標を死守するために無制限での国債買入れを行っている。このため、政府が発行した長期国債の半分以上を日銀が保有するという異常事態となっている★。

中央銀行が事実上国債を引き受けて、財政赤字を埋め合わせることを

フィスカル・ドミナンス＝政府の財政行動が金融政策を左右する状況を「フィスカル・ドミナンス」（財政による支配、または財政従属）という。こうした状況では、政府が財政政策を決定し、それにより生じる財政の不均衡を中央銀行が追随的に調整することになってしまう。

「マネタイゼーション」（債務の貨幣化）という。これは決して手を付けてはならない政策とされているが、上記のような状況はこうした批判を招きかねない事態であり、副作用は深刻なものとなっている。また、中央銀行が国債を大量に保有するようになると、必然的に国債管理政策のなかに組み込まれ、国債価格の下落（長期金利の上昇）を阻止するために、必要な時期になっても金利の引上げや保有国債の売却ができなくなる可能性があることも懸念されている。★

【補論1】わが国の金融政策の歩み（戦後～バブル期）

❶ 経済復興期の金融政策

（1）時代的背景　戦後の日本経済は、国富の約四分の一を失った荒廃状態のもと、悪性インフレ、食糧難、住宅難、社会不安（失業、労働争議など）といった未曽有の混乱のなかでスタートした。占領軍（GHQ）の管理下で、財閥解体、農地改革、労働改革など一連の経済民主化が行われる一方、連合国側の緊急食糧支援や賠償打切りといった対日援助も行われ、一九四九年ごろからようやく秩序の回復をみた。その後日本経済は、インフレ防止から生産回復へ、そして国際経済社会への復帰への道を歩むこととなった。

（2）金融経済の主な出来事　この間、金融経済の主な出来事としては、①「金融緊急措置令」（新円発行と旧円の預金封鎖）の施行（一九四六年二月）、②「ドッジ・ライン」の実施（一九四九年三月）、③基準外国為替相場（一ドル＝三六〇円）の決定と貿易の本格的再開（一九四九年四月）、④証券取引所の再開（一九四九年五月）、⑤各種金融機関の再編・整備（一九四九～五四年）、⑥国際通貨基金（IMF）への加盟（一九五二年八月）、⑦国際収支改善のための金融引締め政策の発動（一九五三年一〇月）、などがあげられる。この時期に金融政策を担った日銀総裁は、新木栄吉と一万田尚登であった。

（3）金融政策の主な課題と政策対応

イ　インフレとの闘い　戦後の悪性インフレは、国民生活を窮地に追いこんだ。これに対して、一九四六年二月に政府・日銀が急きょ実施したのが、銀行券の新銀行券への引換えを義務づける「新円切替え」と一定額以上の預金の引出しを禁じる「預金封鎖」であった。その後も日銀は、インフレ抑制に向けて、①日銀主導による「通貨発行審議会」の設置（通貨発行の歯止めとなる発券制度への改正）、②救国貯蓄運動の展開、③融資抑制（不要不急な貸出の抑制）と日銀借入の多い銀行に対するペナルティ金利を定めた「高率適用制度」の強化、などを行った。

一九四九年に導入された「ドッジ・ライン」では、財政の大幅な緊縮による超均衡予算が打ち出されたが、それによりデフレ効果が発生したことから、日銀では、金融面からこれを中和するための緩和政策（「ディス・インフレ政策」）をとった。一九五〇年に勃発した朝鮮戦争は、特需景気を呼び、日銀は一九五三年には金融引締めに転じた。

ロ　復興資金の供給　インフレ防止の基本線を守りながら、疲弊した国民経済のもとで、限られた資金をどのように産業の復興に配分・供給するかは難問であった。一九四六年末、鉄鋼・石炭などに重点を絞った「傾斜生産方式」と呼ばれる政府の経済政策が打ち出された。それを金融面から支援したのが「重点金融措置」であり、①「復興金融金庫」の設立と「復興金融債」の日銀引受け、②「金融機関資金融通準則」（産業資金貸出優先順位表）の制定とそれに基づく融資規制と融資斡旋、③各種の優遇金融制度の導入、などが行われた。その結果、鉄鋼・石炭などの基幹産業を中心に生産力の回復が進展をみた。

2 高度成長期の金融政策

（1）時代的背景　一九五〇年代半ばに至り、日本経済は、ようやく戦前水準への復興を成し遂げた（終戦時には、戦前水準の約六〇％まで低下）。一九五六年の『経済白書』は「もはや戦後ではない」とした。日本経済は、その後も予想を上回って本格的な成長軌道を歩んだ。これは、国内の政治的安定、良好な輸出環境、そして「国民所得倍増計画」による政策的誘導などを背景にしたものであった。積極的な設備投資による輸出競争力の強化などにより、国民総生産は、一九五〇年代半ばから一九七〇年にかけて、ほぼ年率一〇％の高度成長を維持した。「神武景気」「岩戸景気」「いざなぎ景気」などの好景気により経済は拡大し、この時期に、経済規模は英国や西ドイツを上回った。

この間、日本銀行は物価上昇を懸念しつつ、内外均衡の維持に注力した。日本経済は、ＩＭＦやＧＡＴＴへの参加を実現したあと、ＯＥＣＤ加盟やＩＭＦ八条国への移行を果たし、本格的な開放経済へと動いた。

（2）金融経済の主な出来事　この時代の主な出来事としては、①公定歩合体系の正常化、②準備預金制度の創設、③金融制度調査会による日銀法改正に関する答申、④新金融調節方式の実施（オペの制度化と高率適用制度の廃止）、⑤為替平衡操作の導入、⑥山一證券と大井証券に対する日銀特融の実施、⑦戦後初の赤字国債の発行、などがあげられる。

この間の「神武景気」「岩戸景気」「五輪景気」「いざなぎ景気」に際しては、弾力的に金融政策を運営した。この時期に金融政策を担った日銀総裁は、再登板した新木栄吉、山際正道、宇佐美洵であった。

（3）金融政策の主な課題と政策対応

イ　変則的金融政策の正常化　日銀は規制色の強かった従来の変則的な金融政策の正常化に向けて、諸施策を実施した。すなわち、①金融政策を公定歩合の操作を中心とするスタイルに変更したほか、②政府短期証券への公募制の導入、③市中銀行の「オーバー・ローン」の是正、などを図った。さらに一九六二年には、『新金融調節方式』（金融調節の重点を日銀貸出から債券オペに変更）を導入して、金融調節の方法を大きく変更した。

ロ　高度成長期における景気調整　高度成長期は、いくつもの景気循環を伴ったダイナミックな成長過程であり、神武景気、岩戸景気、五輪景気、いざなぎ景気といった大型の景気循環が含まれていた。当時、政府にあって高度成長政策を強力にリードしたのは、池田勇人蔵相（一九六〇年以降は総理）であった。日銀は、成長促進派の政府と困難な折衝を重ねつつ、公定歩合の操作および窓口指導を中心に、幾度もの景気調整に臨んだ。この結果、時に景気過熱はあったものの、中長期的にはインフレを抑制しつつ、一貫して「高度成長の制御役」の役割を果たした。

ハ　日銀特融の発動　高度成長の谷間に起きた証券不況は、株式相場の低迷により、証券会社が軒並み赤字となったことによるものであった。引き金となったのは、いわゆる「運用預り」（証券会社が多数の顧客から債券を預かり、これを担保に資金を調達する仕組み）であり、証券会社ではこれにより多額の資金調達を行っていた。山一證券の経営悪化の表面化により、運用預り債券の払戻しや投資信託の解約が多発した（一九六五年）。苦境に陥った山一證券の資金繰り打開の決め手となったのは、「日銀特融」（無担保の特別融資）であった。

ニ　国債発行と市中消化　一九六五年には、戦後初の赤字国債が発行された。当時の福田赳夫蔵相は、均衡財政主義から離脱する決断を行ったが、その際宇佐美総裁は、「日銀による直接引受けはしない」、「市場原則によるべし」として、「国債の市中消化の原則」を貫き通した。

ホ　日銀法の改正　当時の「日本銀行法」は、一九四二年に制定された国家指導色の強い戦時立法であった。このため、中央銀行の独立性の面で問題があり、同法の改正がしばしば問題となった。一九五七年から六〇年にかけて、金融制度調査会が中央銀行制度に関する広範な議論を行ったが、中央銀行の独立性をめぐって、最後まで日銀側と政府（大蔵省）側との意見が折り合わなかった。このため同調査会では、両論併記の答申を出すにとどまり、日銀法改正は見送られた。日銀法の改正が現実のものとなるのは、このあと実に四〇年もの時を経てからであり、「新日銀法」が成立したのは一九九七年六月のことであった（施行は一九九八年四月）。

3 国際通貨危機と金融政策

（1）時代的背景　一九七〇年代になると、世界経済は、国際通貨危機と石油危機により、激動の時期を迎えた。すなわち、戦後の国際通貨体制を支えてきた「ブレトンウッズ体制」が崩壊し、また、原油価格の高騰から、各国でスタグフレーションが発生した。

国際通貨危機の背景には、先進国間における国際収支の顕著な不均衡があった。日本経済は、輸出競争力の向上に伴い、大幅な貿易黒字が定着した。欧州にあっても、西ドイツの突出した貿易黒字が問題となった。一方、米国は、ベトナム戦争が負担となり、経常収支が赤字に転落した。このため、米ドルの信認が低下し、ドル防衛策が必要となった。結局、米国が選択したのは、米ドルの金交換の停止と輸入課徴金の導入というドラスチックな手段であった（いわゆる「ニクソン・ショック」）。国際的な通貨の混乱は、固定相場制への復帰を目指した「スミソニアン合意」（一九七一年）でも収まらず、結局、主要国は変動相場制への移行を余儀なくされた。

この間、わが国の対応は、終始、後手に回った。固定レート維持（円切上げ回避）を目指したものの、結局は大幅な円切上げを余儀なくされ、実体経済に大きな負担をもたらした。

（2）金融経済の主な出来事　この時代の大きな出来事は、①米ドルの金交換停止と円の暫定フロート化（一九七一年八月）、②スミソニアン通貨調整と円の切上げ（同年一二月）、③円の変動相場制への移行と主要先進国のフロート制への移行（一九七三年）、④第一次石油危機の発生（同年一〇月）、⑤公定歩合の九・〇％（既往最高水準）への引上げ（同年一二月）、などである。この間の難局において、金融政策を担ったのは、佐々木直総裁であった。

（3）金融政策の主な課題と政策対応

イ　国際通貨危機をめぐる政策運営　この時期における最大の政策課題は、国際収支の黒字を減らすために、円の切上げを受け入れるか、それとも「調整インフレ」（国際収支の不均衡を是正するため、意図的に発生させるインフレ）を受け入れるか、であった。

当時は、米ドルを基準とする固定相場制のもとにあり、西ドイツでは、二度にわたって（一九六一年と一九六九年）、平価切上げを実施していたが、日本はこの選択を先延ばしにしていた。しかし結局は、一九七一年八月のニクソン・ショック、同年一二月のスミソニアン合意、そして一九七三年二月の変動相場制への先進国の一斉移行などによって、強制的な調整を余儀なくされた。

また、ニクソン・ショックの際に、先進主要国ではいずれも外国為替市場の閉鎖に踏み切ったのに対し、わが国は、市場閉鎖による混乱を懸念して、二週間ほどそのまま市場を開き、この間、巨額のドル買支えを行った。結果的に、これは国内に巨額の過剰流動性の発生を招く要因となった。

ロ　過剰流動性と物価高騰　国際通貨危機への対応の過程で、インフレの芽が次第に醸成された。一九七〇年から一九七二年にかけては、国際収支の黒字減らしと「円切上げ不況」への政策対応として、六回にわたる公定歩合の引下げが行われた。それにより、景気は緩やかな回復をたどったが、同時に、前述した予想外の過剰流動性の発生もあって、物価も上昇を始めていた。

そこに登場したのが田中角栄内閣（一九七二年）の「列島改造論」とそれに基づく積極財政であったが、

不運にも一九七三年に「第一次石油危機」が発生した。これらにより、インフレの芽は一気に吹き出すこととなった。

4 石油危機と金融政策

(1) 時代的背景 国際通貨危機のあと、石油危機(オイルショック)が相次いで発生した(第一次が一九七三年、第二次が一九七九年)。石油輸出国機構(OPEC)では、低迷していた原油価格の引上げを画策していたが、中東動乱を好機とみて、原油価格の大幅な引上げに踏み切った。これが「石油危機」であり、世界経済の受けた打撃は深刻であった。原油の値上げ幅は、第一次では四倍、第二次では三倍と大幅なものとなり、先進諸国はいずれも、輸入インフレやスタグフレーションに悩まされた。

日本経済にあっても、石油危機の影響によるインフレは激しく、第一次にあっては、CPIはピーク時で前年比+二五%、第二次にあっては同+八%と、物価の高騰が発生した。一方で、経済成長率は大幅なマイナス成長となった。

日本経済のこうした難局に立ち向かうべく、政府・日銀は懸命に対応した。ことに、第二次石油危機に際しては、第一次の学習効果もあって、機敏な金融引締めの発動と積極的な省エネ・産業転換を行った結果、日本経済は他の先進諸国よりも早く、ショックから立ち直ることができた。

(2) 金融経済の主な出来事 この時期の金融経済の主な出来事としては、①特例国債の発行(一九七五年)、②先進四カ国による共同ドル防衛策の発動(一九七八年)、などがある。この間、金融政策を担った日銀総裁は、森永貞一郎と前川春雄であった。

(3) 金融政策の主な課題と政策対応

イ 第一次石油危機への政策対応 一九七三年の石油危機の発生を受けて、日銀は機敏に動き、公定歩合の引上げを五回、預金準備率の引上げも五回実施し、加えて窓口指導の強化も行った。しかし、インフレ心理は容易に収まることなく「狂乱物価」といわれる物価高騰を招いてしまった。

一九七五年に入ると、金融引締めが奏効して物価が安定し、日銀は金融引締めの解除に向かった。このため公定歩合は、四度にわたり小刻みに引き下げられた。

第一次石油危機によるインフレは収まったものの、その反動であるデフレ効果は尾を引き、一九七六年から一九七八年にかけて景気低迷が濃厚となった。そこで、国債の増発による財政出動とあわせ、公定歩合もさらに四度も引き下げられた。景気低迷の背後には、この間の急激な円高があった。一九七七年には一ドル＝二九〇円であった為替レートが、一九七八年には一七六円まで上昇した。このため、日銀には、景気動向と為替動向の「両にらみ」で金融政策を運営するという変動相場制下での一段と難しい手綱さばきが求められた。この間、ドル防衛のための国際的政策協調も行われた（一九七八年に先進四カ国による共同ドル防衛策を発動）。日銀は、この難しい局面を各国と協調して乗り切り、ドル防衛策を契機に景気は立ち直った。

ロ　第二次石油危機への政策対応　一九七九年に第二次石油危機が発生したが、政府・日銀は、前回の経験を生かして素早く対応したため、インフレのホーム・メイド化は避けられた。日銀は、五度の公定歩合引上げを断行し、同時に窓口指導も強化した。財政面での抑制も効果的であった。五回の引締めのうち、一九八〇年二月の公定歩合引上げは、それまでタブーとされていた国会での予算審議中の引上げであったが、前川総裁は、大平首相との直談判によってこれを実現させた。

ハ　変動為替相場体制下での金融緩和　石油危機後、世界景気はスタグフレーション状態が続いた。わが国でも景気の足取りは重く、一九八〇年から一九八三年にかけて五度にわたり公定歩合を引き下げた。変動為替相場制のもとで、円の為替レートは不安定であったが、日銀はそうしたなかで、円安局面を避けつつ公定歩合を引き下げ、金融緩和と景気浮揚の実現に努めた。これにより、第二次石油危機の影響が収まったあとは、日本経済は、欧米諸国に比べて良好なパフォーマンスを示した。

ニ　金融自由化への対応　この時期には、国債化と国際化という「二つのコクサイ化」を背景に「金融自由化」（金利の自由化、金融業務の自由化など）が進められた。

「国債」に関しては、国債の市中消化の促進と国債の発行条件の弾力化という要請があり、①国債発行の公募入札制、②国債オペの入札制、③コール・手形市場における金利の弾力化、④自由金利預金の創設などが進められた。また「国際化」の面からは、①「改正外為法」の施行（対外取引を原則禁止から原則自由へ、一九八〇年）と、②「日米円ドル委員会」（金融・資本市場の開放を協議）が契機となって、金融自由化が急ピッチで進められた。

5 バブル発生期の金融政策

（1）時代的背景

一九八〇年代前半の世界経済では、政策対応の相違から、主要国の経済パフォーマンスに相当の差異が生じていた。最も目立ったのが日米の違いであった。日本経済のパフォーマンスが比較的良好であったのに対し、米国では、「レーガノミクス」（高金利政策をとりつつ、減税と規制緩和を進める）の結果、実力以上のドル高と「双子の赤字」（財政赤字と貿易赤字）が生まれた。

一九八五年九月に先進五カ国（G5）による「プラザ合意」が成立した。これは、日米欧各国の協調介入により、為替レートの調整（ドル高の是正）と貿易不均衡の是正を企図したものであった。これにより、円の対ドル相場は、プラザ合意当時の二四〇円台から一年ほどで一五〇円台にまで大幅に上昇した。その後、一九八七年二月には「ルーブル合意」により、為替レートの安定が目指された。しかし、円高による輸出減退から「円高不況」が懸念されるようになり、わが国の金利は大幅に引き下げられた。

その後、大幅な金融緩和に加え、財政支出の大幅増加もあって、国内景気はようやく上向きに転じた。しかしその後、景気は次第に過熱の様相を示しはじめ、地価や株価の上昇が目立つようになった。一九八七年一〇月に発生した「ブラック・マンデー」（ニューヨーク株式の記録的暴落）の影響を国際協調（ドル買支えと市場への大量資金供給）で乗り切ったあとは、こうした景気の過熱傾向はさらに強まり、地価・株価は、一九八八年から一九八九年にかけてさらに高騰を続けた。

（2）金融経済の主な出来事

この間の主要な出来事としては、①「プラザ合意」、②「ルーブル合意」、③「ブラック・マンデー」の三つがある。この時期の金融政策の担い手は、主に澄田智日銀総裁であった。

（3）金融政策の主な課題と政策対応

イ　円高不況と超金融緩和　円高不況への対応のため、日銀は一九八六年から一九八七年にかけて五回にわたり公定歩合を引き下げ（五％→二・五％）、超緩和の金融政策を続けた。この背景には、利下げを求める米国への配慮もあったものとされる。これにより公定歩合は、過去最低となる二・五％の水準で二年三カ月にわたって据え置かれた。この影響から、土地や株式が大幅に値上がりし、資産バブルが進行した。

ロ　資産バブルの進行　こうした超金融緩和のもとで、不動産業向けなどに民間銀行の貸出は急増し、株価の上昇を背景に「エクイティ・ファイナンス」（株式等による資金調達）が盛行した。そして、株価や地価のかつてない急騰が生じたほか、ゴルフ会員権、絵画などの資産価格も軒並み高騰し、「財テク」ブームも発生した。

ハ　バブル経済の制御　日銀は、一九八九年からようやく引締めに転じた。すなわち澄田総裁時代に、公定歩合を二度引き上げた（二・五％→三・七五％）。また、後任の三重野康総裁時代には、一九八九年から一九九〇年にかけて、公定歩合を三回にわたって引き上げた（三・七五％→六・〇％）。

バブル期の五年間（一九八六～九〇年）に、都市部の地価は約四倍、日経平均株価は約三倍にまで高騰した。一九九〇年代に入ると、一転してバブルは崩壊し、株価・地価は大幅な下落に転じた。そして、日本経済は「失われた十年」と呼ばれる長い低迷期を余儀なくされた。

【補論2】わが国の金融政策の歩み（バブル崩壊後）

❶ バブルの崩壊

一九八〇年代後半に大幅な金融緩和が続くなかで、資産価格（株価、地価）は異常な高騰を続け、いわゆる「バブル」（実際の価値から大幅に乖離して上昇する状態）が発生した。

こうした情勢下、日本銀行では金融緩和政策を転換し、一九八九年から一九九〇年にかけて、五回にわたって公定歩合を六・〇％にまで引き上げた。この結果、株価や地価は下落に転じて、バブルは崩壊した。こうした資産価格の大幅な下落は、社会全体に大きな悪影響を及ぼし、企業の設備投資や個人消費が急速かつ大幅に減退した。

日本銀行は、バブル崩壊による深刻な状況に対処すべく、一九九一年から一九九五年にかけて、九回にわたって公定歩合を引き下げ、公定歩合の水準は記録的な低水準となる〇・五％にまで達した。しかし景気は、こうした大幅な金融緩和や数次にわたる財政支援策にもかかわらず、金融機関の不良債権の増大の悪影響などから、長期低迷を余儀なくされた。

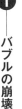

❷ 金融機関の経営破綻と金融システム不安

バブル崩壊後、多くの金融機関では、多額の「不良債権」を抱えることとなった。貸出先の企業の経営が大幅に悪化したほか、不動産や建設業などへ貸し込んでいたこと、また融資の多くが不動産担保に依存していたことなどが、不良債権の膨張に拍車をかけた。

こうした不良債権の増加は、金融機関の経営を圧迫し、多くの金融機関の経営が行き詰まった。特に、一九九七年の秋口には、三洋証券、北海道拓殖銀行、山一證券、徳陽シティ銀行などが一カ月の間に相次いで破綻《はたん》したことにより、「金融システム不安」の様相を呈した。この時期に、コール市場で戦後初めてとなるデフォルトが発生した。一九九八年の秋口には、日本長期信用銀行、日本債券信用銀行という大手二行が相次いで破綻し、金融不安はさらに高まりをみせ、「金融危機」といわれる状況となった。

一九九七年から一九九八年にかけては、金融機関の経営体力の低下から「貸し渋り」（クレジット・クランチ）も発生し、それがまた景気の足を引っ張るという悪循環に陥った。消費者物価は二〇〇〇年以降、前年比マイナスとなり、日本経済はデフレの時代に突入した。この困難な時期に金融政策を担ったのは、松下康雄、速水優の両総裁であった。

3 ゼロ金利政策と量的金融緩和政策

（1）ゼロ金利政策の導入　一九九八年四月に「新日本銀行法」が施行され、新体制のもとでの金融政策がスタートした。新日銀法下での最初の政策変更は、同年九月のコールレートの誘導目標の引下げであった（〇・五％→〇・二五％）。しかしその後も、景気情勢は悪化し、金融システム不安は収まりをみせなかったため、一九九九年二月には、コールレートをおおむねゼロ水準に誘導するという、いわゆる「ゼロ金利政策」が導入された。このゼロ金利は、「デフレ懸念の払拭が展望できるような情勢になるまで継続する」ものとされた（時間軸効果を狙ったもの）。

（2）量的金融緩和政策の導入　ゼロ金利政策はその後、景気の持ち直しを受けて、二〇〇〇年八月に解除された（コールレート誘導目標を〇・二五％へ引上げ）。しかし折悪しく、同年末に米国でＩＴバブルが崩壊した。それに伴い景気が落ち込むなかで、対応を迫られた日本銀行は、二〇〇一年三月に「量的金融緩和政策」と呼ばれる新しい金融政策を打ち出した。同政策は、①金融政策の操作目標をコールレートから「日銀当座預金残高」に変更し、所要準備額を大幅に上回る日銀当座預金残高を供給すること、②この金融調節方式を「消費者物価指数（除く生鮮食品）の前年比上昇率が安定的にゼロ％以上となるまで」継続すること（時間軸効果）、③豊富な資金供給を行うため、長期国債の買入れを増額すること、の三つの柱からなっていた。こうした政策は、当時としては、世界的にも例をみない異例なものであった。

日銀当座預金残高の目標は、当初、所要準備水準の約四兆円に対して、五兆円に設定された。これは、金融機関が準備預金の積立てのために必要とする資金量を上回って、日本銀行が潤沢に資金を金融市場に供給することを意味した。その後、この目標は、順次引き上げられ、二〇〇四年一月には、三〇兆～三五兆円にまで引き上げられた。こうした潤沢な資金供給により、コールレートは、ゼロ金利政策の時期と同様に、ゼロ％近傍となった。なお、デフレ払拭まで継続するという約束（コミットメント）は、「時間軸政策」と呼ばれ、低金利の持続予想の形成による中長期の金利の押下げを狙いとしていた。

日本銀行はこうして、数年にわたり異例の「超金融緩和政策」をとったが、この時期は、金融機関の不良債権処理や企業のバランスシート調整などの時期と重なったことから、力強い効果を発揮するには至らず、デフレ脱却にはかなりの時間を要した。

4 量的金融緩和政策とゼロ金利政策の解除

（1）量的緩和政策の解除　景気がようやく回復に転じ、消費者物価指数が前年比でプラスに転じたのを受けて、日本銀行は、二〇〇六年三月に量的金融緩和政策を解除し、金融調節の操作目標を、再び「無担保コールレート・オーバーナイト物」に戻した。

（2）ゼロ金利政策の解除　また、同年七月には、コールレートの誘導目標を〇・二五％に引き上げ、約五年ぶりにゼロ金利政策に終止符が打たれた。続いて二〇〇七年二月には、さらにコールレートの誘導目標を〇・五％に引き上げた。こうした異例の金融緩和から同解除に向けての政策を主導したのは、福井俊彦総裁であった。

5 国際金融危機の発生と非伝統的金融政策の実施

（1）国際金融危機の発生と日銀の対応　その後景気は、いったん回復に向かったが、二〇〇八年九月に発生したリーマン・ショックを契機として、世界的な金融危機が発生し、各国中央銀行は緊急の対応を迫られた。

国際的な金融危機に対応して、日本銀行では、二〇〇八年一〇月に、コールレートの誘導目標を〇・五％から〇・三％に引き下げた。また、同年一二月にも再び利下げに踏み切り、コールレートの誘導目標を〇・一％に引き下げた。さらに、担保の範囲内であれば金融機関に誘導目標金利の水準で無制限に資金を貸し出す「企業金融支援特別オペレーション」や、銀行からのCPの買入れ、社債の買入れなどを、矢継ぎ早に実施した。

（2）包括的な金融緩和政策の実施　リーマン・ショック後のデフレと歴史的な円高が継続するなかで、日本銀行では、二〇一〇年一〇月に「包括的な金融緩和政策」を導入した。これは、①コールレートの誘導目標を〇・〇～〇・一％にする（四年ぶりのゼロ金利の導入）、②時間軸の明確化（インフレ率がプラス一％程度になるまで、ゼロ金利政策を継続する）、③資産買入基金の創設（国債、CP、ETF、REITなどを市場から買取り）という三つの柱からなっていた。こうした金融資産の買取りについては、ETFやREITなどのリスク資産を含むことから、日本銀行が損失を被る可能性もあり、中央銀行としては異例の思い切った措置であった。資産買入基金の規模は、当初の三五兆円から順次増額され、二〇一二年一二月には一〇一兆円にまで拡大された。

6――インフレ・ターゲットの導入

日本銀行は、二〇一二年二月に「中長期の物価安定の目途」を初めて明確化した（消費者物価指数の前年比で二％以下のプラス領域）。これは「事実上のインフレ目標」に当たるものであったが目標という言葉は使われなかった。その後二〇一三年一月に至り、日本銀行は、正式に「物価安定の目標」（消費者物価の前年比上昇率で二％）の導入に踏み切った。

【補論3】わが国の金融政策の歩み（異次元の金融緩和以降）

❶ 異次元の金融緩和の導入

日本経済は、一九九〇年代のバブル崩壊後、長きにわたってデフレ基調にあった。これに対して日銀は、量的金融緩和政策によって対応し、一時はデフレからの脱却を展望しうるところまで復調を果たした。しかしその後、サブプライム危機や欧州債務危機の発生、そして歴史的な円高もあって、再びデフレ基調に陥った。白川方明総裁時代の五年間は、ほとんどがこうした危機やデフレへの対応に費やされた。

こうした金融緩和を異次元のレベルまで推し進めたのが、安倍晋三内閣の「アベノミクス」であった。安倍内閣は、いわゆる「三本の矢」（大胆な金融緩和、弾力的な財政出動、民間投資を喚起する成長戦略）からなる経済政策の一環として、日銀に異次元の大胆な金融緩和を強く要請し、その推薦のもと、黒田東彦が日銀総裁に就任した（二〇一三年三月）。

❷ 異次元の金融緩和の内容

黒田総裁は、就任後まもなく、「量的・質的金融緩和」と呼ばれる大胆な金融緩和政策を打ち出した。この政策は「異次元の金融緩和」とも呼ばれ、その主な内容は次の三点であった。第一は、前年比二%の物価目標を、二年程度で実現すること。第二は、金融政策の操作目標を「マネタリーベース」とし、これを二年間で二倍にすること。第三は、目標実現の手段として長期国債を大量に購入すること（長期国債を年間約五〇兆円買い入れ、国債保有残高を二年間で二倍以上、長期国債の買入れの平均残存期間を従来の三年弱から七年程度へ長期化）。また、リスク資産（ETF、

ＲＥＩＴ）の購入も増大させること。この政策は、国民の予想インフレ率を引き上げることにより、実質金利の引下げを狙ったものとみられている。同政策は、円安や株高をもたらしたが、実体経済への波及効果は限定的なものにとどまり、その後も長期間にわたって、二％の物価目標は実現されなかった。

③ 異次元緩和の追加措置

物価目標が達成されないなかで、日銀は、二〇一四年一〇月に追加策として、異次元緩和の第二弾を打ち出した。主な内容は、①国債の買入額を年間八〇兆円へ増加させる、②ＥＴＦ・ＲＥＩＴの買入額も拡大させる、というものであった。

④ マイナス金利の導入

二％の物価目標の未達が続くなかで、日銀では、二〇一六年一月に、突如としてマイナス金利の導入を決めた。これは、日銀に預けている金融機関の当座預金の一部（政策金利残高）にマイナス金利（△〇・一％）を付けるという異例の金融緩和政策であり、「マイナス金利付き量的・質的金融緩和」と呼ばれた。日銀がマイナス金利政策をとったのは、歴史上これが初めてである。マイナス金利の導入により、短期金利や中長期の国債利回りがマイナス金利となり、イールドカーブの全面的な低下が生じた。

⑤ イールドカーブ・コントロールの導入

さらに日銀では、二〇一六年九月に「長短金利操作付き量的・質的金融緩和」と呼ばれる「新しい枠組み」を導入した。これは、①「イールドカーブ・コントロール」（短期金利とともに、長期金利をゼロ％程度となるよう操作する）、②「オーバーシュート型コミットメント」（インフレ率が安定的に二％を超えるまで、金融緩和を継続する）という二点を含むものであった。五年の任期を終えた黒田総裁は、二％の物価安定目標は実現しなかったものの、二〇一八年四月に再任され、二期目に入った。

⑥ 政策金利に関する「フォワードガイダンス」

その後日銀では、長短金利を操作する上記の政策に加えて、政策金利の先行きに関するコミットメントを意味する「フォワードガイダンス」を追加した。これは、市場に対して、政策の狙いや方向性などについて、明確なメッセージを発信し、金融政策の効果を高めることを目的としたものであった。当初は、二〇一八年七月に、現状の超低金利の水準を「当分の間」維持するものとした。次に、二〇一九年四月には、超低金利を続ける時期を「少なくとも二〇二〇年春頃まで」として時期を明示した。しかし同年一〇月には、「物価安定の目標に向けたモメンタムが損なわれる惧《おそ》れに注意が必要な間」として時期を削除し、やや曖昧な表現に修正した。

ここまで述べたように、日本銀行では、二〇年以上にわたり、非伝統的な金融政策により、異例の金融緩和を進めてきた（表11–3）。この間、操作目標やその誘導目標が度々変更され、量的緩和の規模やリスク性資産の買入れ規模が拡大してきた。また、フォワードガイダンスの文言は何度も修正され、日銀の金融政策運営は徐々に複雑さを増してきている。

7 新型コロナ禍への対応

二〇二〇年に入り、新型コロナウイルス感染症が発生し、経済の急激な落込みが懸念される事態となっ

表 11–3 近年の金融政策の推移

政策	時期	操作目標	短期金利の誘導目標	長期金利への働きかけ	リスク・プレミアムへの働きかけ
ゼロ金利政策	1999年2月～2000年8月	コールレート(注1)	できるだけ低め（事実上ゼロ%）	時間軸効果（フォワードガイダンス）	—
量的緩和政策	2001年3月～2006年3月	日銀当座預金	ゼロ%	時間軸効果（フォワードガイダンス）	—
包括的な金融緩和政策	2010年10月～2013年4月	コールレート	0～0.1%（実質ゼロ金利）	長期国債の固定金利買いオペ 時間軸効果（フォワードガイダンス）	リスク性資産(注2)の買入れ
量的・質的金融緩和（異次元の金融緩和）	2013年4月～2016年1月	マネタリーベース	ゼロ%	大規模な長期国債の買入れ	リスク性資産の買入れ
マイナス金利政策	2016年1月～2016年9月	政策金利残高にマイナス金利を適用	マイナス圏	大規模な長期国債の買入れ	リスク性資産の買入れ
長短金利操作付き量的・質的金融緩和	2016年9月～	コールレート＋長期金利	マイナス圏	イールドカーブ・コントロール	リスク性資産の買入れ

（注） 1. 無担保コールレート・オーバーナイト物.
2. CP，社債，ETF，REITを含む.

た。日銀では、企業金融の円滑確保に万全を期すという観点から、①量的緩和の拡大（ＥＴＦ、ＲＥＩＴ、ＣＰ、社債等の購入枠を拡大）、②「新型コロナ対応資金繰り支援特別プログラム」の導入、といった異例の政策を相次いで導入した。

各国中銀でも、新型コロナウイルス対策として同様な大幅な金融緩和策をとっていたが、二〇二二年以降は、これを正常化する方向（量的緩和の縮小、金利の引上げなど）に向かった。こうしたなか日本銀行では、大幅な金融緩和を粘り強く継続する姿勢を基本的に崩しておらず、海外中銀とのスタンスの違いが、次第に鮮明になってきている。

第12章 プルーデンス政策

本章では、金融機関が抱える経営上のリスクについて述べたうえで、こうしたリスクによって金融機関の経営が揺らいだ場合の対応策であるプルーデンス政策について説明する。物価の安定を目的とする「金融政策」（マネタリー・ポリシー）と金融システムの安定を目的とする「プルーデンス政策」（プルーデンス・ポリシー）とは、中央銀行にとって、ともに重要であり、かつ両者は密接に関連している。

第1節　金融機関経営上のリスク

❶ 金融機関の抱えるリスク

金融機関は、さまざまなリスクを抱えながら業務を行っている。金融機関の抱える主なリスクとしては、①流動性リスク、②信用リスク、③市場リスク、④オペレーショナル・リスク、⑤システミック・リスクなどがある（図12-1参照）。

（1）流動性リスク　一般に、金融機関は短期の資金を調達して長期に運用することによって利益

支払準備＝預金の払戻しを円滑に行うためには、金融機関では、調達した資金の一部を預金の払戻しに備えて流動的な資産にしておかなければならない。こうした預金の払戻しに備えた流動資産のことを「支払準備」という。支払準備として最適なのは、当日中に資金化が可能な資産（日銀預け金、手元銀行券、コールローンなど）であり、これらは「第一線支払準備」と呼ばれる。これに次いで、一週間以内に資金化が可能な資産（国債、上場株式など）は「第二線支払準備」と呼ばれる。

図 12-1 金融機関の抱える主なリスク

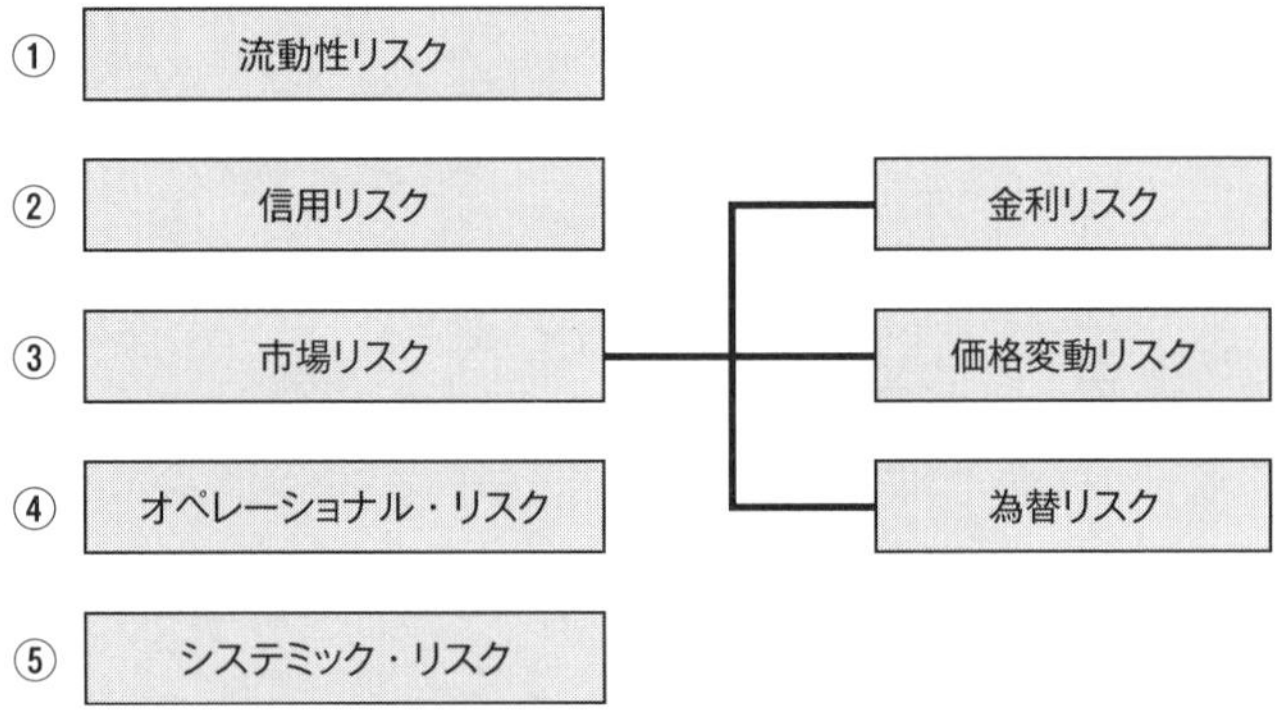

をあげているが、それが行きすぎると、預金の払戻しや短期資金の返済、他行への支払いなどに支障を来すおそれがある。このように支払いのニーズに対して手元資金（流動性）が不足する危険性のことを「流動性リスク」という。すなわち、必要な時点で必要な資金が確保できずに、予定された支払いができなくなるリスクである。金融機関は、調達と運用の期間の相違（期間ミスマッチ）を作ることによって利益を得ているという業務の性質上、こうした流動性リスクを本質的に抱えている。たとえ、他の面の経営が安定していても、流動性が逼迫すれば、金融機関の経営の根幹を揺るがしかねない。金融機関では、運用と調達のバランスをとりつつ、一定の流動性の高い資産（支払準備★）を持つなど、安定的な資金繰りに努めて、流動性リスクを管理している。

（2）信用リスク 「信用リスク」とは、金融機関が持つ最も基本的なリスクであり、金融機関が貸出を行った相手先の企業の財務状況が悪化して、貸出が回収できなくなるリスクのことを指す。つまり「貸したお金が返ってこないリスク」のことであり、英語では「クレジット・リスク」という。

貸出が焦げ付いて、利払いや元本の返済が予定どおりに

不良債権＝金融機関の貸出のうち、借り手の経営悪化などから、当初の約定どおり、元本や利息が支払われなくなったり、回収が難しくなったりしたもの。

S&L危機＝米国では、一九七〇～八〇年代に短期金利が長期金利よりも高くなる長短金利の逆転現象が発生した。これにより、短期の預金を原資として長期・固定金利の住宅ローンを行っていたS&L（貯蓄貸付組合）では、逆ざやが発生して大幅な赤字に陥り、多くの先が破綻に追い込まれた。

行われないと、金融機関には損失が発生する。取引先企業にこうした債務不履行が多発して、金融機関の「不良債権★」が増えると、金融機関の収益が大幅に悪化し、最悪の場合には経営が行き詰まる可能性がある。

なお、信用リスクのうち、国の信用にかかる部分を「カントリー・リスク」という。すなわち、国としての債務不履行や内乱・革命などによって、その国の政府や企業への貸出が回収不能となるリスクである。

(3) 市場リスク　市場における価格（金利、為替レート、株価等）が変動することにより、金融機関が保有する資産の価値が変動し、それによって損失を被るリスクのことを「市場リスク」（マーケット・リスク）という。市場リスクは、原因によって、以下の三つに分類される。

イ　金利リスク　市場金利の変動によって、調達と運用（預金と貸出など）の利ざやが縮小または逆転するリスクを「金利リスク」という。低金利の時期に、金融機関が短期の預金をもとに固定金利で長期の貸出を行ったものとする。そのあとで、短期金利が大幅に上昇すると、貸出金利より預金金利のほうが高くなって「逆ざや」が発生し、金融機関は損失を被ることになる。これは、短期調達を行った資金をもとに、長期での固定金利貸出を行っている金融機関が直面しやすいリスクである。★

ロ　価格変動リスク　金融機関の保有する債券や株式の価格変動によって損失が発生するリスクを「価格変動リスク」といい、上記の預金・貸出に関する金利リスクとは区別されている。金融機関では、有価証券での運用を行っており、国債などの債券や株式を多く保有している。債券は「金利が上がると価格は下がる」という関係にあるため、金利上昇局面では債券の価格が下落して、損失が発生するリスクがある。また、株式についても、取引先企業の株式を関係強化のために保有している（「政策保有株式」という）ケースが多いため、株価が低下すると損失が発生するリスクがある。

ハ　為替リスク　金融機関が外貨建てで貸出を行ったり、外貨建ての債券を保有していたりする場合には、為替レートの変動によって損失を被ることがあり、こうしたリスクを「為替リスク」という。外貨建ての貸出・債券を保有しているケースでは、円高（外貨安）になると、円への換算額が減少して、為替差損による損失が発生する。

（4）オペレーショナル・リスク　事務ミスやコンピュータ・システムの障害などにより、金融機関が損失を被るリスクのことを「オペレーショナル・リスク」という。広義には、このほかに、従業員の不正、コンプライアンス（法令遵守）の不備、災害などにより損失を被るリスクも含まれる。近年では、金融業務を行ううえでコンピュータ・システムが必要不可欠な存在となっているため、システムに障害が発生すると、金融業務の継続に支障を来すとともに、社会的に大きな影響が出る可能性がある。

（5）システミック・リスク　個別の金融機関が支払不能となり、それが他の金融機関に連鎖的に次々と波及して、その結果、金融システム全体の機能が麻痺してしまうリスクのことを「システミック・リスク」と呼ぶ。たとえば、A行が流動性不足により、B行に支払う予定であった五億円を支払えないと、B行ではその資金で支払う予定であったC行への支払いを行うことができず、さらにC行がD行への支払いが行えない、というかたちで、影響が次々と広がっていく可能性がある。

金融システムでは、個々の金融機関が、多くの取引や資金決済を通じて網の目のように結びついており、複雑なネットワークを構成している。このため、一つの金融機関の破綻《はたん》や流動性不足が、市場取引や決済を通じて、連鎖的な混乱に波及していく危険性を内包している。

2　不良債権の問題点

これらのリスクのなかでも、金融機関にとって最も基本的なリスクが信用リスクであり、貸出が焦げ付くと銀行には損失が発生し、いわゆる「不良債権問題」となる。不良債権が増えると、時には銀行の経営を揺るがすこともあり、また景気への影響も大きい。以下では、不良債権に関する問題点についてみる。

(1) 貸し渋り・貸しはがし　銀行には、一定の自己資本比率の維持が義務づけられている。自己資本比率を算出する際の分母は「銀行の資産」(リスク・アセット)であり、分子は「自己資本」である(詳細は第4節を参照)。不況期に不良資産が増えて、銀行がその処理(償却★)を行うと、分子である自己資本が減少する。そのままでは自己資本比率が低下してしまうため、銀行では自己資本比率の低下を回避すべく、分母である資産を減らそうとする。このため、こうした景気後退局面では銀行が新たな融資を抑制する「貸し渋り」や、すでに融資している貸出を半ば強引に回収しようとする「貸しはがし」が起きやすく、「信用収縮★」が発生する。

銀行が貸し渋りや貸しはがしに走ると、企業は(健全な企業であっても)、新規の融資を断られたり、融資の継続を打ち切られたりする。このため、企業では設備投資や生産活動を縮小させ、さらには資金繰りが厳しくなって倒産の増加にもつながる。こうした経済活動の低迷は、不良債権の増大を招いて銀行の経営を悪化させ、それがさらに金融機能の低下を招くという悪循環に陥る。こうした悪循環は、景気の一段の悪化をもたらし、不況が長期化することになりやすい。

(2) 追い貸し　不良債権については、上述の貸し渋り等と並んで「追い貸し」が問題となる。追い貸しとは、財務内容が悪化して、経営再建の見込みが乏しい企業に、銀行が追加融資を行うことである。追い貸しは、銀行が不良債権の処理を「先送り」するために行われることが多い。銀行が追加融資した資金によって、借り手がとりあえず既存借入の利払いや元本の返済を行えば、その貸出は不良債権とはならず、銀行は収益を圧迫する不良債権処理を当面は行わなくてすむためである。

しかし、追い貸しが行われると、①不良債権の処理が遅れ、結果的に不良債権の額が膨らむこと、②本来は市場から淘汰されるべき低採算・非効率な問題企業を延命させ、経済全体の効率を損なうこ

不良債権の処理方法＝不良債権を処理する方法としては、銀行のバランスシートからその貸出を落として、その分の損失処理を行う「直接償却」と、その貸出を資産に計上したまま、将来、回収不能になると見込まれる額を「貸倒引当金」として計上する「間接償却」とがある。いずれの処理方法も、銀行の収益を圧迫することになる。

クレジット・クランチ＝貸し渋りや貸しはがしなど、銀行側の事情により、借り手の収益性や信用力にかかわらず、貸出を圧縮しようとする現象を「クレジット・クランチ」(信用収縮)という。

ナローバンク論＝金融

システムの安定化のために、リスクを伴う貸付業務を行わない銀行を作るべきとの考え方。ナローバンクは、預金を集めて国債などの安全な資産で運用し、振込・送金などの決済業務を行うが貸付業務は行わない。銀行の業態に関する一つの概念であるが、実現は難しく、実際にこうした銀行が存在しているわけではない。銀行の破綻が増えて金融システムが不安定化すると、こうした考え方に対する注目度が高まる。

マチュリティ・ラダー法＝資産・負債の満期のマッチング状況を分析するALMの基本的な手法の一つ。資産・負債を満期までの残存期間別に並べた表（マチュリティ・ラダー）を作成したうえで、期間ごとの資産・負債のミスマッチを算出し、金利リスクや流動性リスクの評価を行う手法。

と、などが問題とされる。

（3）デット・オーバーハング　不良債権が発生すると、社会的にニーズが高い事業であっても、必要な資金が回らなくなることも問題となる。過剰な債務を抱えた企業では、新しい有望な投資プロジェクトがあっても、新規融資による収益が既存債務の返済に充てられてしまう懸念があるため、新規の資金調達が難しくなる。このため、たとえ社会的に必要性が高い事業であっても、新規事業や事業の継続ができなくなってしまう。このように、過剰債務を背負っていることにより、新規事業のためのニューマネーを調達できなくなる問題のことを「デット・オーバーハング問題」（過剰債務問題）という。オーバーハングとは、債務の「過剰」を意味する。

3　金融機関のリスク対応

金融機関の経営においては、上述したようなさまざまなリスクに適切に対応することがきわめて重要である。★リスクへの主な対応方法には、以下のようなものがある。

（1）ALM（アセット・ライアビリティ・マネジメント）　ALMとは、流動性リスクや金利リスクに対応するために、資金調達と資金運用（負債と資産）の両面を同時に考慮して、総合的な管理を行うことである。自行の資産と負債が金利や為替レートの変動によりどの程度影響を受けるのかを把握したうえで、ヘッジ取引（リスクを回避するための取引）等によりリスクを削減しつつ、収益を最大化できるように、資産と負債との最適な組合せを決定していく手法である。★

（2）与信審査と与信管理　信用リスクへの対応としては、個別の貸出案件についての可否を判断する「与信審査」や貸出期間中の債務者の状況などについてモニタリングを行う「与信管理」を厳格に行うことがポイントとなる。また、貸出資産全体のバランスをみて、特定の業種や企業グループなどに貸出の偏りがないか、リスクの集中がないかの管理を行う「与信ポートフォリオ管理」も重要である。

（3）**内部格付制度**　与信の審査や管理にあたっては、借り手企業や貸出案件の信用度について、信用リスクの大きさに応じて何段階かに分類を行う「内部格付制度」が用いられる。格付けに際しては、定量データ（財務データなど）に基づいた分析に、定性情報（業種や企業の特性など）を加味して、最終的な格付けの付与が行われる。これにより、借り手の信用力を統一的な尺度で把握できるほか、銀行全体としての信用リスクの計量化などが可能となる。

（4）**バリュー・アット・リスク（VaR）**　市場リスクの管理には、VaRが広く用いられる。「VaR」とは、市場価格の変動により、一定の期間（保有期間）に一定の確率（信頼水準）で被る最大損失のことであり、「予想最大損失額」とも言われる。VaRは、過去の市場データから統計的にモデルを使って算出され、多くの異なるリスクを一つの指標として管理できるというメリットがある。

（5）**業務継続計画（BCP）**　地震などの災害やシステム障害等のオペレーショナル・リスクに対しては、業務継続計画（BCP）を策定しておくことが重要となる。被害想定などをもとにバックアップ体制の整備や重要業務の洗出しなどを行い、万が一、災害等により業務が中断した場合でも、短時間で業務を再開できるように準備を進めておくことが必要である。

VaRの具体例＝たとえば「信頼水準九九％で保有期間一〇日間のVaRが一億円である」とは、現在保有している債券等を一〇日間保有し続けた場合に、一〇〇回のうち九九回までは、最大の損失が一億円以内に収まることを意味する。

BCP＝Business Continuity Plan の略であり、災害や事故など不測の事態が発生した場合でも、中核となる事業を継続（または早期復旧）できるようにするための方法や手段などを取り決めておく計画のこと。

第2節　プルーデンス政策とは何か

❶――プルーデンス政策とは

上述のように、金融機関は、さまざまなリスクを抱えながら経営を行っている。したがって、個々

プルーデンスの語源＝「プルーデンス」とは、もともと「慎重さ」や「思慮深さ」を意味する。

プルーデンス政策と日銀法＝「日本銀行法」では、第二条で「物価安定」を政策運営の目標とするとともに、第一条第二項で「信用秩序の維持に資することを目的とする」として、物価の安定と金融システムの安定の二つの目的規定を置いている。

統合原則の論拠＝金融政策で金融を緩和すると、金融機関がリスクテイク（危険性の高い投融資）を過度に行いやすくなるなど、両者には密接な関係があるとの考え方に基づいている。

の金融機関が健全な経営を維持しようと努力しても、なかにはこうしたリスクの影響を受けて経営が行き詰まり、破綻する金融機関が出てくる可能性がある。

こうしたなかで、経営の行き詰まる金融機関がなるべく出ないようにするとともに、万が一、一部の金融機関が破綻しても、それが金融システム全体の動揺につながらないようにするための政策を、一般に「プルーデンス政策★」または「信用秩序維持政策」という。

❷―マネタリー・ポリシーとの関係

金融政策（マネタリー・ポリシー）の目的が「物価の安定」であるのに対し、プルーデンス政策の目的は「金融システムの安定」である（「信用秩序の維持」ともいう）。このため、中央銀行の目的は、「二つの安定性（スタビリティ）の確保」であるともいわれる。★

両者の関係については、金融政策は物価安定に、プルーデンス政策は金融システムの安定にそれぞれ特化すべきとの考え方（「分離原則」という）もあるが、物価安定と金融システムの安定は、相互に強く関係しており、両者は密接不可分の関係にあるとする考え方（「統合原則★」という）のほうが有力である。金融システムが不安定化すると、それが経済の悪化につながり、また経済情勢が悪化すると金融不安がさらに深刻化するという「負の相乗効果」があるためである。

なお、金融政策は「中央銀行の専管事項」であるのに対し、プルーデンス政策では、緊急時には公的資金が投入されるなど、中央銀行のほかに政府が担うべき部分もある。このため、金融システムが不安定化した場合には、両者が密接に協力して対応を行うことが必要となる。

金融循環＝金融機関の与信活動は、日本のバブル期にみられたような過熱現象と、何らかのショックを受けた信用収縮の局面とを繰り返す傾向があり、これを「金融循環」（ファイナンシャル・サイクル）という。

表 12-1 ミクロ・プルーデンス政策とマクロ・プルーデンス政策の違い

	ミクロ・プルーデンス政策	マクロ・プルーデンス政策
働きかける対象	個別の金融機関	金融機関全体
目　的	個々の金融機関の破綻を未然に防ぐ	金融システム全体に危機が及ぶことを防ぐ
具体的な政策	検査・モニタリングなど	業務規制，自己資本比率規制など

第3節　プルーデンス政策の分類

1 ミクロ・プルーデンス政策とマクロ・プルーデンス政策

プルーデンス政策は、大きく「ミクロ・プルーデンス政策」と「マクロ・プルーデンス政策」に分けることができる（表12–1参照）。

(1) ミクロ・プルーデンス政策　プルーデンス政策のうち、個別の金融機関に働きかける政策を「ミクロ・プルーデンス政策」という。すなわち、個々の金融機関の健全性をチェックし、個別の金融機関の破綻を未然に防ぐための政策である。金融庁の「検査」や日銀の「考査」など、金融監督当局が個別の金融機関に対して行う検査・モニタリングが、その典型的なものである。

(2) マクロ・プルーデンス政策　金融システム全体の安定性を確保することを目標として、金融機関全体に働きかける政策を「マクロ・プルーデンス政策」という。①金融機関は、金融緩和や景気好調の時期には、他行の動きに追随して与信活動の活発化や投機的な動きを過度に行う傾向がある一方で、いったん危機が迫ると、いっせいに与信姿勢を厳しくしたり、投げ売りに走るなど、集団的な行動をとりやすいこと、★②一部の金融機関に発生した問題が、金融システムを通じて他の金融機関や市場全体に波及・拡大しやすいこと、などから、金融システム全体としてのリスク状況を分析・評価し、それに基づいて制度設計や政策対応を図っていくという考え方が重視されるようになっている。こうした手段としては、金融機関全体を対象とする業務規制、自己資本比率規制などがある。

ミクロ・プルーデンス政策とマクロ・プルーデンス政策は、どちらか一方だけでよいというものではなく、密接に関連した「車の両輪」ともいうべきものである。

2 事前的対応と事後的対応

プルーデンス政策は、平常時（危機の発生前）に対応が行われるか、危機の発生後に行われるかによって、「事前的対応」と「事後的対応」の二つに大別される（表12-2参照）。

(1) 事前的対応　あらかじめ金融機関の経営が健全性を確保できるようにするための規制等を行い、金融機関の破綻《はたん》を未然に防ぐための対策である。これには、自己資本比率規制、大口融資規制などの諸規制や、金融機関に対する定期的な検査・考査などが含まれる。

(2) 事後的対応　個別の金融機関が破綻の危機に陥るような事態が発生した場合でも、それが金融システム全体の動揺（不安定化）に結びつかないようにするための措置である。これには、中央銀行による緊急融資、預金保険制度、公的な救済

表 12-2 事前的対応と事後的対応の違い

	事前的対応	事後的対応
発動の時期	平常時（危機の発生前）	破綻の危機の発生後
目　的	金融機関の破綻や 金融の不安定化を未然に防ぐ	金融システム全体の動揺 （不安定化）を防ぐ
火災への対応にたとえると	防火対策	消火対策
具体的な政策	自己資本比率規制 バランスシート規制 検査・モニタリング 早期是正措置 公的資金の投入	中央銀行のLLR機能 預金保険制度 公的救済措置

措置などが含まれる。

（3）両者の関係　火災への対応にたとえると、なるべく火災が発生しないようにするための「防火対策」が事前的対応にあたるのに対し、万が一、火災が発生しても、それがなるべく燃え広がらないようにして早く消すという「消火対策」が事後的対応にあたる。両者がともに大切であることはいうまでもなく、事前と事後の対策をうまく組み合わせた制度設計が求められる。

（4）護送船団方式　わが国では、長年にわたり「金融機関は倒産させない」という行政方針のもと、業界全体を統制しつつ、競争力の弱い金融機関も落伍させないという事前的対応がとられてきた。こうした競争制限的な対応を「護送船団方式」と呼ぶ（船団では、最も速度の遅い船に合わせて航行するところから）。こうした銀行行政により、銀行はつぶれないという「銀行不倒神話」が広く認識されてきた。

しかしバブル崩壊後には、金融機関の経営悪化の広がりから、こうした方針は維持できなくなり、銀行や信用金庫の倒産が多発した。その後、金融庁の設置★以降は、金融機関の破綻を前提とした事後的対応の整備にも力を入れてきている。以下では、事前的対応と事後的対応について、やや詳しく説明する。

第4節　主な事前的対応

❶ 個別金融機関に対する検査・モニタリング

個別金融機関の経営状況をチェックし、経営の健全性を確保することは、ミクロ・プルーデンス政

金融監督当局の変遷＝わが国では、金融機関に対する規制・監督は、長年、旧大蔵省（現・財務省）が担ってきたが、金融機関の相次ぐ経営破綻や不祥事の発生を背景に金融行政が見直され、二〇〇〇年以降、「金融庁」（内閣府に所属）が金融行政を担っている。

日本銀行と考査＝日本銀行の考査は、昭和初期の金融恐慌《きょうこう》期に取引先金融機関の破綻が多発したことを契機として始められた。新日本

銀行法では、取引先金融機関に対する考査が、日本銀行の行うべき業務の一つとして法定化されている（第四四条）。

検査と考査の違い＝金融庁の検査は、わが国のすべての金融機関を対象としており、法律に基づいて行われている。一方、日本銀行の考査は、日本銀行の当座預金取引先のみを対象としており、金融機関との契約（考査契約）に基づいて行われている。

自己査定＝金融機関では、貸出金等の資産の価値について自ら査定して分類を行う。この分類作業を「自己査定」という。自己査定では、まず財務・経営状況に応じて借り手を複数の債務者区分（正常先、要注意先、破綻懸念先など）に分けたうえで、債務者区分ごとに貸出の回収可能性を評価して分類を行う。

表 12-3 不良債権の区分

貸出先		内容	区分
破綻先		法的に経営破綻している先（破産，会社更生法適用など）	不良債権
実質破綻先		法的には経営破綻していないが，深刻な経営難の状態にあり，再建の見通しが立たない先	不良債権
破綻懸念先		経営難の状態にあり，今後，経営破綻に陥る可能性が大きい先	不良債権
要注意先		業況が低調で，今後の管理に注意が必要な先	
	要管理先	3カ月以上延滞または貸出条件の緩和を受けた先	不良債権
	要管理先以外	要注意先のうち，要管理先以外の先	正常債権
正常先		業況が良好で，財務内容に問題がない先	正常債権

策における基本中の基本である。金融機関に対する監視・監督には、「オフサイト・モニタリング」と「オンサイト・モニタリング（立入調査）」の二つの手法がある。

（1）オフサイト・モニタリング　中央銀行や監督当局が、金融機関から資金繰りや収益状況などに関する資料やデータを入手して分析したり、電話でのヒアリングや金融機関の役職員との面談などを通じて、日常的に金融機関の実態把握に努める活動のことをいう。

（2）オンサイト・モニタリング（立入調査）　中央銀行や監督当局が、定期的に実際に金融機関のなかに立ち入って、資産内容やリスク管理などの経営実態を詳細に調査することをいう。

（3）検査と考査　金融機関の経営状況をチェックするための立入調査としては、わが国では、金融庁が行う「検査」と日本銀行が行う「考査★」がある。両者には、対象先や根拠において若干の違い★があるが、①資産（貸出や有価証券）の内容に問題がないかをチェックするのに加え、②経営体制、③業務体制、④リスク管理体制などが適切に運営されているかを確認する点で共通している。

（4）不良債権のチェック　検査や考査では、貸出のうち回収が困難とみられる「不良債権」の発生状況★や不良債権の処理が適切になされているかについては、特に厳しいチェックが行われる。不良債権は、「破綻《はたん》先」「実質破綻先」「破綻懸念先」「要管理先」などへの貸出である（表12-3）。検査・考査の結果については、リスクごとの管理状況に応じて「評定」（ランク付け）が行われ、管理が不十分な先には「フォローアップ」（改善状況の報告）が求められる。

❷ ＢＩＳ規制（バーゼル合意）

事前的対応の一つとして、銀行のバランスシート規制である「自己資本比率規制」がある。自己資本は銀行が損失を出した場合にそれを吸収する役割を果たすため、十分な自己資本を維持することは、銀行の破綻を防止するうえで重要となる。自己資本比率規制は、資産に対する自己資本の割合を規制し、銀行が経営のバッファーとしての自己資本を十分に保有するように求める規制である。

この代表的なものが、「ＢＩＳ規制」と呼ばれる国際的な自己資本比率規制である。バーゼル（スイス）にあるＢＩＳ（国際決済銀行）に、世界の主要国の銀行監督当局、中央銀行が集まって決めた規制であることから、「バーゼル合意」とも呼ばれる。ＢＩＳ規制は、数度にわたって、高度化・精緻化されてきている。

（1）バーゼルⅠ　ＢＩＳ規制（「バーゼルⅠ」とも呼ばれる）は、バーゼル銀行監督委員会が一九八八年に公表した、国際業務を行っている銀行が遵守すべき自己資本比率の基準である。

自己資本比率は、分子を「自己資本」、分母を「リスク・アセット」として算出される（図12-2の①）。分子となる「自己資本」は、内容によって、資本金などの「Tier《ティア》 I《ワン》」（基本的項目）、貸倒引当金、有価証券含み益などの「Tier《ティア》 II《ツー》」（補完的項目）、短期劣後債などの「Tier《ティア》 III《スリー》」（準補完的項目）などに分けられる。一方、分母となる「リスク・アセット」は、保有する資産のリスクに応じたものとするため、資産の種類ごとに債権額に「リスク・ウェイト★」を乗じて計算される（計算方法の具体例は、図12-2の②を参照）。

リスク・ウェイト＝当初のバーゼル合意では、リスク・ウェイトは、企業向けが一〇〇％、住宅ローンが五〇％、銀行・証券会社向けが二〇％、先進国の政府向けがゼロ％などとされた。

図 12-2 BIS規制による自己資本比率規制（バーゼルⅠ）

①自己資本比率の計算式

$$\text{自己資本比率} = \frac{\text{自己資本}}{\text{リスク・アセット}} \times 100 \geqq 8\%$$（国際業務を営む銀行のケース）

②リスク・アセットの計算例

	〈リスク・ウェイト〉		〈債権額〉		〈リスク・アセット〉
企業向け	100%	×	100億円	=	100億円
住宅ローン	50%	×	100億円	=	50億円
銀行・証券向け	20%	×	100億円	=	20億円
先進国政府向け	0%	×	100億円	=	0億円
				計	170億円

わが国でも、ＢＩＳ規制を採用しており、海外に営業拠点を有している銀行（国際基準行）は八％以上、国内業務のみを営む銀行（国内基準行）は四％以上を維持することが求められている。

（2）バーゼルⅡ　バーゼル銀行監督委員会では、その後のリスク管理手法の発展等を受けて、二〇〇四年に当初のＢＩＳ規制に代わる新しい自己資本規制を発表した。この規制を「バーゼルⅡ」と呼ぶ。バーゼルⅡでは、リスクの計測方法が、より精緻化されているのが特徴である。たとえば、バーゼルⅠでは、企業向け貸出のリスク・ウェイトは、すべての企業について一律一〇〇％とされていたが、これを格付けに応じて二〇～一五〇％に細分化している。また外部格付け（格付機関の格付け）を使う「標準的手法」のほかに、自行の行内格付けによって借り手のリスクを評価する「内部格付手法」も認められた。また、従来の信用リスクと市場リスクに加えて、「オペレーショナル・リスク」（事務ミス、システム障害、不正行為などにより損失が生じるリスク）についても、リスク算定の対象に加えられた。わが国でも、二〇〇七年度からバーゼルⅡが導入されている。

（3）バーゼルⅢ　リーマン・ショックにより国際的な金融危機が発生したことへの反省から、二〇一〇年に新たな国際的な自己資本規制の枠組みが公表された。これは、「バーゼルⅢ」と呼ばれており、総資本比率（八％）については変わらないものの、「中核的自己資本」（Tier Ⅰ）の比率を六％、そのうち「コアTier Ⅰ」（普通株式等の自己資本）の比率を四・五％以上とするなど、資本の質の向上が求められている。また、「資本保全バッファー★」、「カウンターシクリカルな資本バッファー★」など、規制が景気に与える影響を少なくするための仕組みも導入された。バーゼルⅢは、二〇一三年以降、段階的に導入されてきており、二〇二四年三月期に最終的に適用される予定である。

資本保全バッファー＝平時には最低基準を上回るバッファー（自己資本）を積み増すことを求めておく一方、ストレス（危機発生）時にはその取崩しを認める仕組み。自己資本比率のうち、二・五％分とされている。

カウンターシクリカルな資本バッファー＝好況時には資本を多めに積む一方、不況時にはそれを機動的に取り崩すことによって、自己資本比率が景気に連動するのを防ぐ仕組み。従来の規制では、不況期になると、不良債権の増加により自己資本比率が低下するため、貸し渋りにより景気がさらに悪化するなど、景気循環の増幅効果（プロシクリカリティ）があるとの批判があった。同資本バッファーは、各国当局の判断により〇～二・五％の範囲で義務づけることができる。日本では、今

❸ バランスシート規制

「バランスシート規制」とは、金融機関の資産・負債の保有についてさまざまな比率を設定し、その遵守を義務づける規制である。上述のＢＩＳ規制がその代表的なものであるが、それ以外にも、次のような規制が課せられている。

（1）大口融資規制　銀行資産のリスク分散の観点から、同一の企業（および企業グループ）に対する信用供与に上限を設ける規制である。銀行が単体およびグループで行う、特定の企業（または企業グループ）に対する信用供与（貸出等）の額は、原則として「自己資本の額の二五％以下」としなければならないものとされている。

（2）銀行の株式保有制限　「銀行等株式保有制限法」（二〇〇一年施行）により、銀行は、中核的自己資本（Tier Ⅰ）を超えて株式を保有することが禁止されている。これは、保有株式の価格の変動により、銀行の収益が不安定化するのを防止するためである。

（3）五％ルール　「銀行法」では、銀行とその子会社が、事業会社の議決権を合算して五％を超えて保有することを原則として禁止している。これは、一般に「五％ルール」と呼ばれる。この規制は、銀行による事業会社の支配を予防するとともに、銀行が本業以外の事業への関与により健全性を損なうことがないようにするためのものである★。

のところ使われていない。

五%ルールの例外＝銀行が、事業再生会社（経営改善計画を実施中の企業）、事業継承会社（事業の継承のために支援が必要な会社）、銀行業高度化等会社（フィンテック、地域商社等）などに出資を行う場合については、例外として五%を超える出資（五〇%、一〇〇%など）が認められている。

表 12-4 早期是正措置の概要

	国際基準行	国内基準行	早期是正措置の内容
最低自己資本比率	8%	4%	—
発動の基準となる自己資本比率	8%未満	4%未満	経営改善計画の提出とその実施命令
	4%未満	2%未満	個別措置の命令（増資，資産の圧縮，店舗の統廃合，海外業務の縮小など）
	2%未満	1%未満	自己資本の充実，業務の大幅縮小，合併などの命令
	0%未満	0%未満	業務停止命令（全部または一部）

4 早期是正措置

（1）早期是正措置とは　金融機関の自己資本比率が一定の基準を下回った場合には、金融庁が業務改善などを求める命令を出して、早めに経営の改善を求める仕組みである。金融機関が倒産するまで手をこまねいて待つのではなく、早期に手を打って、金融機関の破綻を未然に防ごうとする政策である。米国では、「PCA」（Prompt Corrective Action）として以前から導入されており、わが国でも、一九九八年に導入された。

（2）国際基準行と国内基準行　海外営業拠点を有する銀行は、「国際基準行」として八%の自己資本比率の維持が、海外営業拠点を持たない銀行は、「国内基準行」として四%の維持が求められている。国際基準行の場合には、八%を下回ると、経営改善計画の策定と実施が求められ、四%を下回ると、資産の圧縮や海外業務の縮小等の個別措置の命令が出され、ゼロ%を下回ると、業務停止命令（全部または一部）が出される（表12-4参照）。

5 公的資金の投入

「公的資金」とは、経営が悪化した金融機関を支援するために、国（政府）が投入する資金のことである。税金を使った公的資金の投入は、個別の金融機関を救済するためではなく、あくまでも金融システムの安定化を図ることを目的としている★。

公的資金の投入方法には、大きく分けて、①自己資本が減少した銀行から、優先株や普通株を取得することで、直接的に資本の増強を行う「直接注入方式」と、②銀行から不良資産を買い取る「不良資産買取方式」とがある。

わが国でも、一九九〇年代には、金融危機対応のために、経営が悪化した金融機関への資本注入や不良資産の買取りが数次にわたって行われた。また、「金融機能強化法★」（二〇〇四年）によって、健全な金融機関に対しても、予防的に公的資金の投入を行うことが可能となっている。

第5節　主な事後的対応

個別金融機関の経営が悪化して、破綻（または破綻の危機）が生じた場合にも、それが引き金となって、他の金融機関に危機が連鎖し、システミックなリスクが顕在化しないようにする必要がある。こうした事後的対応としては、①最後の貸し手機能、②預金保険制度、③公的救済措置、などがある。

1　中央銀行の「最後の貸し手機能」

（1）LLR機能　「最後の貸し手機能」とは、何らかの理由で個別の金融機関の手元資金（流動性）が不足し、それを放置すると、金融システム全体の混乱につながるおそれがある場合に、中央銀行が個別金融機関に対して緊急の貸出を実行することをいう。英語の頭文字をとって「LLR機能★」と呼ばれる。こうした信用供与は、あくまで金融システム全体の安定を目的としたものであり、個別金融

ベイルアウトとベイルイン＝金融機関が破綻した場合に、公的資金の注入によって金融機関を救済する方法を「ベイルアウト」（救済の意味）というのに対し、破綻した金融機関の株主・債権者に損失を負担させて破綻処理を行う方法を「ベイルイン」という。

改正金融機能強化法＝二〇二〇年には、新型コロナを受けて公的資金を注入しやすくするために同法が改正され、公的資金の申請期限の延長、申請要件の緩和（収益目標や経営責任の条件を廃止）、返済期限の廃止などが行われた。

LLR機能＝LLRはLender of Last Resortの略。Last Resortとは「最後の手段」の意味である。

バジョット・ルール＝バジョットが提唱した

機関の救済が目的ではない点には注意が必要である。最後の貸し手機能に関する原則は、一九世紀の英国の経済学者であるウォルター・バジョット★によって提唱された。

(2) 日銀特融　こうした信用秩序維持のための緊急融資は、わが国では「日銀特融」として知られており、金融機関の一時的かつ緊急的な流動性の不足に対応するために、無担保で緊急融資が行われる。一九六五年の証券不況時に、経営難に陥っていた山一證券に対して銀行経由で行われた特融が初めての発動であり、特に有名である。一九九〇年代には、金融機関の経営破綻が続出したことから、破綻した金融機関の業務継続（預金の払戻し）を支援するために、日銀特融がしばしば発動された。また二〇〇〇年代に入っても、数行（足利銀行、りそな銀行、中部銀行、石川銀行など）に対して特融が実施された。

❷ 預金保険制度

(1) 預金保険制度とは　「預金保険制度★」とは、金融機関から事前に集めた保険料を積み立てておき、万が一、金融機関が破綻した場合には、預金保険機関がその資金により、一定額を限度に払戻しを行い、預金を保護する制度である。わが国でこの機能を果たす「預金保険機構」は、政府、日本銀行、民間金融機関の三者の共同出資により、一九七一年に「預金保険法」に基づいて設立されている。預金保険機構には、都市銀行、地方銀行、第二地方銀行、信託銀行、信用金庫、信用組合、労働金庫などが加入しており★（強制加入）、毎年、各行の預金量に応じた保険料★を納めている。

(2) 預金保険の機能　金融機関が破綻した場合に、預金保険機構が行う破綻処理の方法としては、主に以下の二つがある。

イ　ペイオフ方式（保険金支払方式）　「ペイオフ方式」は、金融機関が破綻した場合に、預金保険機構が、預金者に対して直接、保険金の支払いを行う方法である。普通預金、定期預金など主な預金

最後の貸し手機能に関する原則。①救済対象は経営が健全な銀行に限ること、②ペナルティ・レート（罰則金利）によって無制限に緊急の貸出を実行すべきこと、③発動条件を事前に明らかにしておくこと、の三点をあげた。

欧米の預金保険制度＝一九三〇年代の大恐慌の反省から、一九三三年に米国で「連邦預金保険公社」（FDIC）が設立されたのが最初である。その後、一九六〇年代にドイツ、カナダ、七〇年代に日本、スペイン、八〇年代に英国、フランス、イタリア等で次々と導入された。

預金保険の対象外金融機関＝農協・漁協、保険会社、証券会社は、預金保険機構には加入していないが、別の方法で保護されている。すなわち、農協・漁協

は「農水産業協同組合貯金保険機構」に、保険会社は「保険契約者保護機構」に、証券会社は「日本投資者保護基金」に加入しており、それぞれの制度のもとで保護を受けている。

預金保険料＝預金保険機構に保険料として払い込まれるのは、従来、一万円の預金について約三円であったが、二〇一二年度には、一万円の預金につき約一・五円に引き下げられた。

初のペイオフ実施＝日本振興銀行は、中小企業金融に特化した銀行であったが、二〇一〇年に経営破綻した。このときに、預金保険制度の発足以来、初めてのペイオフが発動された。これは同行が、①当座預金や普通預金などの決済性預金を扱わない特殊なビジネスモデルをとっていたこと、②資産規模が比較的小さく、金融システムへ

表 12-5 預金保険制度の対象預金等

預金保険の対象となるもの	預金保険の対象とならないもの
○預金（右欄の預金を除く） ―当座預金，普通預金，定期預金， 貯蓄預金，通知預金，別段預金など	○外貨預金 ○外国銀行の在日支店の預金 ○譲渡性預金（CD）
○定期積金 ○掛金 ○金銭信託（元本補塡契約のあるもの） ○金融債（保護預り専用商品）	○オフショア預金 ○無記名預金 ○他人名義預金，架空名義預金 ○金融債（募集債および保護預り契約の終了分）

は預金保険の対象となっているが、外貨預金、譲渡性預金や外国銀行の在日支店の預金などは対象外である（表12-5参照）。預金保険による保護の範囲は、「預金者一人当たり、元本一〇〇〇万円までとその利息」となっている。

ペイオフは、①破綻した金融機関を清算することになるため、実施した場合には関係者（取引先の企業・預金者や金融市場の参加者など）への影響が大きいこと、②事務負担が大きく、実施にはかなりの時間を要すること、等がネックとなっている。特に、破綻金融機関に複数の口座を有している預金者について、預金残高等を集約する「名寄せ」作業の負担が大きい。このため、実際には、ペイオフはほとんど使われておらず、破綻処理はほとんどが後述の資金援助方式によっている。ただし、二〇一〇年に日本振興銀行が経営破綻したときには、初めてペイオフ★が発動された。

ロ　資金援助方式　「資金援助方式」は、金融機関が破綻した場合に、その金融機関の事業を継承してくれる「救済金融機関」（「受け皿金融機関」ともいう）を見つけ、合併等に際して必要なコストを、預金保険機構がその救済先に対して資金援助を行う方式である（図12-3参照）。資金援助は、金銭の贈与、資金の貸付・預入、資産の買取り、債務保証などのかたちで行われる。

前述したように、この方式が金融機関の破綻処理の主流の方法となっている。これは、①預金・貸出が受け皿金融機関にそのまま引き継がれ

の影響が限定的であると判断されたこと、等によるものである。

金月処理《きんげつ》＝金曜日の営業終了後に破綻手続きをとり、土日にかけて営業譲渡等を進めて、月曜日の朝からは譲渡先の銀行として営業を再開するという破綻処理の手法のこと。

ブリッジバンクの設立＝二〇〇二年に初のブリッジバンクとなる「日本承継銀行」が、二〇〇四年には「第二日本承継銀行」が設立された。

るため、預金者や貸出先（取引先企業）への影響が少ないこと、②事務負担が少なく、短時間での処理が可能であること★、等の理由による。

3 公的救済措置

上記のようなかたちで金融機関の破綻処理ができない場合には、以下のような公的な救済措置が実施される。

図 12-3 資金援助方式による破綻処理

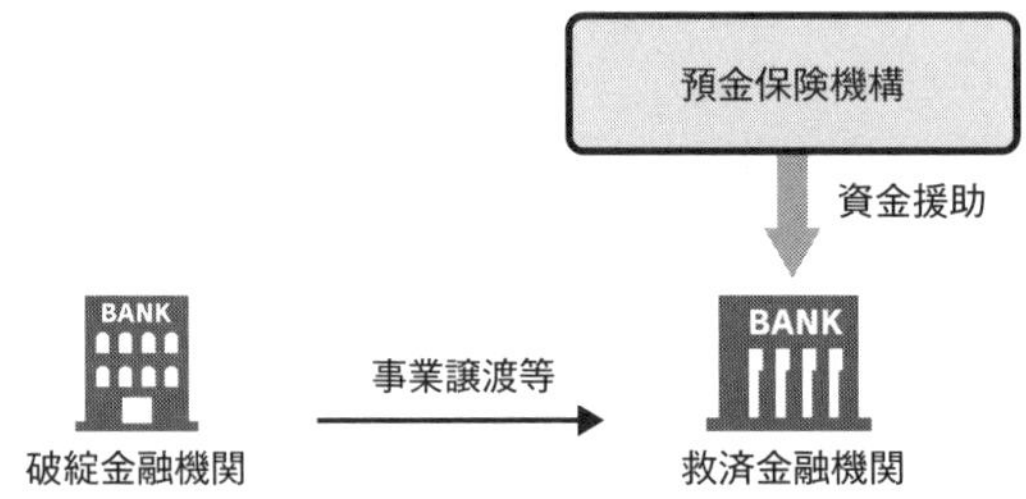

（1）ブリッジバンク（承継銀行） 破綻した金融機関の受け皿となる金融機関がすぐに見つからない場合には、「ブリッジバンク」（承継銀行）が、いったん破綻金融機関の業務を暫定的に引き継ぐ。ブリッジバンクは、原則二年以内に、最終的な受け皿金融機関を見つけて、営業譲渡を行うこととされている。当初は、個別にブリッジバンクが設立されたが★、二〇一六年に預金保険機構の子会社として、五社の「特定承継会社」が業態別（銀行、証券、生保など）に設立されており、破綻が発生してから個別に承継銀行を設立する必要がなくなっている。

（2）一時国有化 大手金融機関の破綻など、その影響が深刻であるとみられるものの、すぐに受け皿金融機関が見つからない場合には、金融庁の決定に従って、預金保険機構が全株式を強制的に取得し、「特別公的管理」のもとに置く。これを「一時国有化」といい、受け皿金融機関を見つけられなくても、破綻銀行を処理できる機動的な手法として導入された。一時国有化が行われると、旧経営陣は退陣

一時国有化の終了後＝一時国有化の終了後に営業譲渡が行われ、日本長期信用銀行は「新生銀行」（その後SBI新生銀行に行名を変更）、日本債券信用銀行は「あおぞら銀行」と行名を変更して、再スタートを切った。

セーフティ・ネット＝もともとは「サーカスの安全網」のことで、空中ブランコなどの演技者が万が一落下しても大丈夫なように設置されるネットである。そこから、予想される危険や損害に備えて、被害の最小化を図るために準備される制度や仕組みのことを指す。

図 12-4 ブリッジバンクの仕組み

し、公的当局が選定した新経営陣により、業務の継続と不良債権の処理が行われる。日本長期信用銀行や日本債券信用銀行の破綻（一九九八年）や足利銀行の破綻（二〇〇三年）の際には、この手法が用いられた。一時国有化では、ブリッジバンクとは異なり、従来どおりの銀行名で業務が継続される。しかし、国有化はあくまでも「一時的」なものであり、いずれ受け皿金融機関を探して営業譲渡が行われることになる。★

第6節 プルーデンス政策運営上の論点

1 セーフティ・ネットとモラル・ハザード

（1）セーフティ・ネット 上記のような中央銀行の最後の貸し手機能、預金保険制度、公的救済措置など、金融機関の破綻が発生したあとの事後的な対応策を、一般に「セーフティ・ネット★」と呼ぶ。セーフティ・ネットは、事後的に発動されるものであるが、それが存在していることによって、預金者にあらかじめ安心感を与え、パニック的な取付けの発生を抑止するといった事前的な効果も持っている。

（2）モラル・ハザード ところが、このセーフティ・ネットが充実しすぎると、誰も本気で努力しようとせず、慎重な対応を行わなくなり、むしろ前のめりにリスクを拡大するような行動に走ってしまう可能性があ

モラル・ハザード＝倫理観の欠如という意味。もともとは保険の用語であり、保険に加入しているという安心感から、保険契約者が十分なリスク回避行動をとらなくなるという現象を指す。たとえば、自動車保険によって事故の損害が全面的に補償されると、加入者の運転が荒くなって、かえって事故の発生率が高まるといったケースがあげられる。

る。このように救済が約束されることにより、かえってリスクに対して慎重さを欠くようになる現象を「モラル・ハザード★」の発生という。たとえば、預金の全額が無条件で保護されていれば、預金者は銀行の経営状況には注意を払わなくなって、極端に高い預金金利を提示している銀行に、薄々危険性を感じてもかまわず預金をするかもしれない。一方、金融機関の経営者は「最後は金融当局が救済してくれるだろう」と考えて、安易な経営や無謀な拡張主義に走ってしまう可能性がある。このように、モラル・ハザードは、貸し手と借り手の両方に発生しうるものである。

(3) モラル・ハザードの防止　したがって、金融機関が破綻した場合に、その影響が金融システムに大きな影響を及ぼさないようにセーフティ・ネットを充実させることは重要であるが、一方で、そのことが、金融機関の経営者や預金者などにモラル・ハザードを引き起こさないようにするための工夫も必要である。通常、モラル・ハザードを防止するためには、モラル・ハザードを起こしそうな相手にリスクを分担させることが必要であるとされる（損失の一定割合を負担させるなど）。

(4) スティグマ問題　一方で、ある金融機関が中銀や政府から公的な支援（緊急貸出、資本注入など）を受けることは、問題を抱えた金融機関であるとの「汚名」を受けることになるため、必要な支援であっても利用を回避しようとする傾向があり、これを「スティグマ（不名誉）問題」という。これを避けるためには、支援を受けた金融機関の名称を内密にするとともに、一度に多くの金融機関に資金を提供するなど、個別性を薄める工夫が必要であるものとされる。

❷ トゥー・ビッグ・トゥー・フェイル

(1) 大きすぎてつぶせない問題　「too big to fail」とは、直訳すると「つぶすには大きすぎる」こと、つまり「大きすぎてつぶせない」ことを意味する。大規模な金融機関が破綻すると、その悪影響が広範囲に及んで危機が拡大し、金融システム全体がパニック状態に陥るなど、社会的なコストは甚大なものとなるリスクがある。このため金融当局としては、公的資金の投入など最大の努力を行って、規模の大きい金融機関はなるべく救済しようとするのが一般的である。こうしたときに当局の説明として使われるのが、この「too big to fail」の論理である（「TBTF理論」とも呼ばれる）。

（2）建設的あいまいさ　ただし、どこまでの範囲を「too big to fail」としてつぶさないかについては、あまり事前に明示すべきではないものとされる。これは、前述した「モラル・ハザード」の問題と関係する。すなわち、「too big to fail」として指定された金融機関の経営者は「最後は当局が救済してくれるのであれば、何をやってもいい」と考えて、リスクの高い経営に走ってしまう可能性がある。このため、どの範囲の金融機関までを救済するのかについては、「建設的なあいまいさ」を残しておく必要があるものとされる。

（3）リーマン・ショック時の対応　二〇〇八年に発生した「リーマン・ショック」の際には、米国財務省は、経営危機に陥ったリーマン・ブラザーズを救済せずに破綻させた。この結果、金融市場はパニックに陥り、世界的な規模での未曽有の金融危機が発生してしまった。当時、リーマン・ブラザーズは、全米で第四位の規模を持つ巨大な投資銀行（証券会社）であり、「too big to fail」の観点からは、つぶすべきではなかったのではないか、とする批判的な意見も根強い。

【補論1】わが国のプルーデンス政策の歩み（戦前〜証券不況）

❶ 戦前の金融恐慌時の信用秩序維持政策

第一次世界大戦後の一九二七年には深刻な不況が発生し、「金融恐慌」にまで発展した。金融恐慌の発端は、同年三月の衆議院での片岡直温蔵相の失言であった。議会での審議中に、東京渡辺銀行の資金繰り悪化に言及して、誤って「同行は破綻《はたん》した」と述べた。この失言がきっかけとなって、大規模な預金取付けが発生し、三二行が連鎖して休業に追い込まれた（同年中では四五行）。政府は、緊急勅令を発し、「モラトリアム」（一定期間の預金引出しの停止）と「日銀特融」による救済（一一四行に計一〇億円）によって、辛うじて事態を収拾した。ちなみに、金融恐慌を乗り切る過程で行われた政府主導の銀行整理（合併、買収、解散、廃業など）は四六〇行にものぼった。また同年一〇月には、当時の五大銀行を中心に「昭和銀行」が設立され、日銀特融を受けて、休業銀行の資産・負債の整理を行った。昭和銀行が日銀特融を完済したのは、一五年を経た後の一九四二年であった。

❷ 戦後の証券不況時の信用秩序維持政策

一九六五年の証券不況時にも、証券会社の破綻の危機から日銀特融の発動に及ぶ事態が発生した。高度経済成長は株式ブームをもたらしたが、一九六〇年代半ば以降、その反動から株価の低迷が続いた。このため、「日本共同証券」（一九六四年）や「日本証券保有組合」（一九六五年）といった株式買支え機構が設立された。

しかし、株価はなおも低迷を続け、証券会社は苦境に立たされた。なかでも業績悪化が著しかった大手の山一證券では、投資信託の解約や運用預り金融債の取付け危機に直面した。この取付け騒動は、他の証券各社にも波及する勢いであった。「運用預り金融債」とは、証券会社がいったん顧客に販売した金融債を、一定の品借料を払って預り、それを担保としてコール市場から資金を調達して、株式等の自己売買資金に充てたものであった（危機発生の引き金になったため、一九六八年に廃止された）。

こうした証券危機に対処すべく、「日銀特融」が実施された。山一證券に対しては、主力取引銀行（興銀・富士・三菱）を通じて二八二億円、大井証券に対しては、三井信託と興銀を通じて五三億円の貸出が行われた。貸出の担保は、当該証券会社の振出手形であり、事実上の無担保融資であった。これが、戦後における初めての日銀特融となった。その後、金融緩和と財政出動から景気はほどなく好転し、日銀特融も四年後には全額が回収された。

【補論2】わが国のプルーデンス政策の歩み（バブル崩壊後）

一九九〇年代に入ると、バブル経済の崩壊による不良債権の重荷から、経営破綻に追い込まれる金融機関が続出し、わが国は、深刻な金融危機に見舞われた。一九九一年から二〇〇三年にかけての金融機関の破綻数は、銀行が二〇行、信用金庫が二七庫、信用組合では一一四組合にのぼった。

❶ 中小金融機関の破綻と救済措置

バブル崩壊の悪影響は、まず中小金融機関の経営破綻となって表面化し、信用組合の経営破綻が相次いだ。一九九五年に東京協和信組と安全信組が破綻したあと、同年に信組業界の東西の最大手であったコスモ信組と木津信組が破綻した。これらの破綻信用組合は、経営内容からみて再建は不可能であり、また事業譲渡先も見出しがたいと判断されたことから、受け皿金融機関が新設された。すなわち、民間金融機関の出資に異例の日銀出資を加えて、一九九五年に「東京共同銀行」が設立された。同行は、一九九六年には預金保険機構からの出資も加えて、信用組合全般を担当する「整理回収銀行」に改組された。

❷ 住宅金融専門会社の破綻と財政資金の投入

「住宅金融専門会社」（住専）は、もともと金融機関が子会社として設立した住宅ローンの専門会社（預金を取り扱わないノンバンク）である。その後、銀行が本体での住宅ローンに参入するようになったことから、バブル期に不動産業者向けの融資に走り、多額の不良債権を抱えて経営困難に陥った。住専七社の不良債権は、合わせて八・四兆円（うち回収不能額は六・四兆円）にも及んだ。この問題の処理は、財政資金投入の是非とも絡んで政治問題となり、「住専問題」と呼ばれた。

一九九五年から一九九六年にかけて行われた「母体行」（都市銀行、信託銀行、地方銀行、大手証券、生保など）と、多額の融資を行った農林系金融機関（農中、県信連、共済連）との協議は難航をきわめた。結局、農林系の負担を軽減し、財政資金（六八五〇億円）を導入することで決着をみた。一九九六年七月に「住専処理関連法」が成立し、住専七社は清算され、回収可能な債権については「住宅金融債権管理機構」（同年九月設立）により回収された。

❸ 地方銀行の破綻とペイオフの凍結

金融機関の破綻は、地方銀行にも波及した。一九九五年の兵庫銀行の破綻から二〇〇三年の足利銀行の破綻まで、地方銀行（含む第二地銀）の破綻は、徳陽シティ銀行、国民銀行、幸福銀行、東京相和銀行、なみはや銀行、新潟中央銀行、石川銀行、中部銀行など、一八行にも及び、日銀特融が次々に発動され、預金保険機構による資金援助等が行われた。

こうした事態を受けて政府は、預金者の動揺を抑えるために、一九九六年に「ペイオフの全面凍結」（預金の全額保護）を決定した。当初は五年間の予定であったが、実際に「ペイオフ解禁」（全額保護の終了）が行われたのは、九年後（二〇〇五年四月）のことであった。

❹ 大手銀行・証券会社の破綻と緊急措置

一九九七年から一九九八年にかけて、事態は急を告げ、山一證券、北海道拓殖銀行（一九九七年一一月）、日本長期信用銀行（一九九八年一〇月）、日本債券信用銀行（同年一二月）などの大手金融機関が相次いで破綻した。事態は「金融危機」の様相を呈し、信用不安から日本の金融システムが根底から揺らぐ事態となった。これに対して、政策当局は、金融システムの安定と金融機関の再生のため、抜本的なスキームを導入した。すなわち、①預金の全額保護のための措置、②破綻金融機関の受け皿の整備、③経営健全化のための金融機関の資本補強、などである。この間、日本長期信用銀行と日本債券信用銀行は、特別公的管理（一時国有化）のもとに置かれた。

一九九八年に成立した特別法（「金融再生関連法」「金融機能早期健全化法」など）に基づいた支援のための公的資金枠は合計七〇兆円にのぼった。

5 不良債権の処理

金融機関の経営破綻の主因となった巨額の不良債権は、ピークとなった二〇〇一年度末には、全国の金融機関で四三・二兆円にのぼり、不良債権比率も八・四%に達した。その後の景気回復と金融機関の不良債権処理の進展から、二〇〇七年度末には、不良債権額で一一・四兆円、不良債権比率で二・四%にまで低下した。特に、大手行では、政府の設定した不良債権の半減目標（二〇〇一年度末の同比率を三年以内に半減させる）を達成したあとも、二〇〇七年度末には、一・四%にまで低下した。一九九〇年代半ばからの金融機関の不良債権の処分額は、累計で一〇〇兆円にものぼる規模となった。

この間、政府は不良債権の処理を促進するため、次のような政策対応を行った。

（1）一九九九年に、不良債権処理の受け皿となる「整理回収機構」を設立（整理回収銀行を改組）し、破綻金融機関等からの不良債権の買取り業務などを行った。また二〇〇三年には「産業再生機構」を設立し、業績不振企業向けの貸出債権を買い取って、主力銀行と協力して企業の再生を図った。

（2）金融システム保護のため「公的資金の注入」を実施した。まず、「金融機能安定化緊急措置法」（一九九八年）により、大手行など二一行に二兆円を注入した。その後、「金融早期健全化法」（九九年）により、大手行など一五行に七兆円を注入した。

（3）金融危機対応のため「特別支援行に対する公的資金の注入」を実施した。二〇〇三年に、りそなグループに対して二兆円の公的資金を注入したほか、足利銀行（特別危機管理銀行）にも一兆円の公的資金を注入した。

6 銀行保有株式の処理をめぐる政策対応

不良債権と並んで銀行の経営圧迫をもたらした保有株式については、「銀行等株式保有制限法」（二〇〇一年）によって、自己資本相当額を保有の上限とすることを決め、保有株処分の受け皿として、次のような政策対応をとった。

（1）二〇〇一年に民間出資による「銀行等保有株式取得機構」を設立し、銀行等の株式持ち合いを解消するため、銀行や企業の保有する持ち合い株式の買取りを行った。購入資金枠は二兆円であった（欠損分は政府負担）。

（2）二〇〇二～〇四年には、日本銀行が、異例の大手銀行の保有株式の買入れを実施した。買入総額は約二兆円であった。

＊　＊　＊

バブル崩壊後のプルーデンス政策は、このような経緯により行われた。この間、官民双方の努力により、不良債権処理が大手行を中心に進捗をみた。民間銀行に投入された公的資金（総額一二兆円）についても、徐々に回収が進捗し、三つのメガバンクについては、二〇〇六年に返済が完了した。

第5部

国際金融の俯瞰

第13章

国際収支の仕組みと動向

国際金融を俯瞰するにあたり、本章ではまず、対外的な取引に関する「国際収支統計」の仕組みや最近の動向について説明する。

第1節　国際収支とは何か

わが国は、海外諸国との間でさまざまな経済取引を行っている。輸出・輸入といった「貿易取引」、輸送・旅行などの「サービス取引」、株式・債券への投資といった「資本取引」などである。こうした対外的な経済取引の全体像を一定のルールのもとで体系的に取りまとめた統計が「国際収支統計」である。国際収支統計は、国際通貨基金（ＩＭＦ）が定めた統一的なマニュアルに沿って作成されており、一国のあらゆる対外経済取引が体系的に記録される。★

❶　国際収支統計の基本的な仕組み

国際収支統計は、①一定期間における、②わが国と海外との取引を、③取引価格で評価して、④取引の発生時点を基準に集計しており、円建てで公表されている。国際収支統計の作成にあたっては、

国際収支統計の作成・公表＝日本銀行が財務大臣から委任を受けて集計・作成し、財務省と共同で公表している。

ＦＯＢ建て＝Free on Boardの略であり、輸出国における船積み価格を指す。船積み後、仕向地までの保険料や運賃が含まれないベースの計数である。これに対して、貨物代金のほかに、仕向け先までの運賃や保険料などを含んだ価格のことを「ＣＩＦ建て」という(Cost Insurance and Freightの略)。

いくつかの基本的な計上の原則がある。

（１）居住性　まず、取引当事者を「居住者」と「非居住者」とに区分することである。この「居住者」は国籍による区分ではなく、「所在地が国内にある個人・法人」を指し、原則として「一年以上所在すること」を基準としている。たとえば、一年以上日本で働く外国人や外国法人の日本支社は「居住者」の扱いであるし、一年以上海外で働く日本人や日本法人の海外支店は「非居住者」の扱いとなる。国際収支では、こうした居住者と非居住者との間の取引を対外的な取引として集計している。

（２）計上の方法　また、計上にあたっては、「取引価格」により評価が行われ、「取引の発生時点」で計上される。輸出入については、「ＦＯＢ建て★」で計上される。また、わが国の国際収支統計は、「円建て」で作成・公表されるため、外貨建ての取引は、市場の実勢レートで円に換算される。

（３）複式計上の仕組み　国際収支統計は、「複式計上の原則」に基づいて作成されており、各取引は貸方と借方のそれぞれに同額が計上される。複式計上にあたっては、輸出、所得の受取り、資産の減少、負債の増加などは「貸方」に計上し、輸入、所得の支払い、資産の増加、負債の減少などは「借方」に計上される。これにより、貸方の項目の合計と借方の項目の合計が一致する仕組みとなっている。

❷ 国際収支統計の構成項目

（１）全体の構成　国際収支統計の主要項目をみたのが、表13-1である。国際収支は、大きくⅠ経常収支、Ⅱ資本移転等収支、Ⅲ金融収支、Ⅳ誤差脱漏の四つに分けられるが、このうち、ⅠとⅢが重要である。大きな考え方でいうと、財・サービスの取引を計上するのが経常収支であり、金融資産の取引（カネの動き）を計上するのが金融収支であり、それぞれ、以下の式で表される。

経常収支＝財・サービスの輸出－財・サービスの輸入……………ⅰ
金融収支＝資産の増加－負債の増加……………………………ⅱ
このため、資本移転等収支（Ⅱ）と誤差脱漏（Ⅳ）を除くと、
経常収支－金融収支＝0……………………………………………ⅲ
という関係が成立する。
たとえば、日本企業が自動車を一〇億円輸出した場合には、貿易収支（輸出）の項目に＋一〇億円が計上される一方で、輸出代金の受取りは、対外資産の増加として金融資産に＋一〇億円が計上されるため、両者の差引きはゼロとなる。
なお、資本移転等収支と誤差脱漏も加えた全体像でみると、以下のようになる。
経常収支＋資本移転等収支－金融収支＋誤差脱漏＝0……ⅳ

（2）経常収支の内訳　経常収支は、非居住者との間における財（モノ）やサービスの取引に伴う資金の受払いの差額を集計したものであり、「貿易・サービス収支」「第一次所得収支」「第二次所得収支」の三つからなる。いずれの収支も、受取超過であれば「黒字」、支払超過であれば「赤字」となる。

イ　貿易・サービス収支　貿易収支とサービス収支を合わせたものである。「貿易収支」は輸出額から輸入額を差し引いた収支である。また「サービス収支」は、①輸送、②旅行、③その他サービス（通信・保険・金融・情報・特許等の使用料）といったサービスにかかる受払いの収支である。

ロ　第一次所得収支　主に投資収益（対外金融資産・負債にかかる利子や配当の受払い）が計上される項目である。直接投資や証券投資にかかる収益、貸付・借入れにかかる利子、預金の利子などの収支が計上される。

ハ　第二次所得収支　対価の受領を伴わないで、実物または金融資産の提供を行った場合の対外的

表 13-1 国際収支統計の構成項目

	内容	主要な内訳項目
Ⅰ 経常収支	①+②+③	
①貿易・サービス収支	貿易収支+サービス収支	
貿易収支	財の輸出と輸入	一般商品，仲介貿易商品，非貨幣用金
サービス収支	サービスの提供による受払い	輸送，旅行，その他サービス
②第1次所得収支	賃金，利子・配当の受払い	投資収益，雇用者報酬
③第2次所得収支	対価を伴わない取引	一般政府，一般政府以外
Ⅱ 資本移転等収支	債務免除，無償資金協力，鉱業権や商標権の権利売買	資本移転，非金融非生産資産の取得処分
Ⅲ 金融収支	対外金融資産・負債にかかる取引	
①直接投資	相手国の企業の経営に参画するための出資	株式資本，収益の再投資
②証券投資	値上がり益や利子・配当を求めた投資	株式，投資ファンド持分，債券
③金融派生商品	デリバティブ取引のための受払い	
④その他投資	貿易信用，貸付，円借款など	現預金，貸付・借入
⑤外貨準備	外貨準備の増減	貨幣用金，SDR，その他外貨準備
Ⅳ 誤差脱漏	統計の誤差を計上	

な受払いである。①政府による無償資金協力や国際機関の分担金の支払い、②民間による労働者送金、寄付・贈与などが計上される。

(3) 金融収支の内訳 金融収支は、海外との間での金融資産の取引の収支であり、①直接投資、②証券投資、③金融派生商品、④その他投資、⑤外貨準備の五つに区分される。それぞれ、期間中の取得と処分との差額（ネット）が計上され、資産・負債の増加がプラス、減少がマイナスとして記録される。期間内に、対外資産がネットで増加した場合には「金融収支の黒字」としてプラス（+）記号、逆の場合には「金融収支の赤字」としてマイナス（△）記号となる。

イ 直接投資 企業が海外の現地企業に対する経営参加や支配を目的として行う投資である。株式の一〇％以上を保有する場合には、直接投資とみなされる。投資先企業の株式取得、資金貸借などのかたちをとって行われる。海外不動産の取得・処分もここに計上される。

外貨準備＝対外債務の返済や為替介入を目的として、通貨当局が保有する外貨資産のことである。具体的には、外貨資産（預金や証券）のほか、貨幣用金、SDR（IMF特別引出権）などが含まれる。わが国の場合、政府（外国為替資金特別会計）の保有分と日本銀行の保有する分が合わせて計上される。

ロ　証券投資　企業経営への直接参加を目的としない「資産運用のための投資」が計上される。具体的には、株式、投資信託、債券などの証券に対する対外取引が含まれる。日本の機関投資家が海外証券への投資を行った場合や、海外ファンドが日本の証券へ投資した場合には、ここに計上される。

ハ　金融派生商品　オプション取引、先物取引、スワップ取引など、金融派生商品（デリバティブ）の取引に伴う受払い（投資差益、オプション料など）が計上される（デリバティブについては、第10章第1節を参照のこと）。

ニ　その他投資　銀行の貸出、貿易信用、現預金、雑投資などが計上される。

ホ　外貨準備　「外貨準備★」とは、通貨当局（政府および日本銀行）が保有する流動性の高い外貨建ての資産であり、ここではその増減が計上される。たとえば、円高の進行を止めるために、日本政府が円売り・ドル買いの介入を行うと、それによって政府の保有するドル建て資産が増加し、外貨準備が増えることになる。

(4)　資本移転等収支　政府の債務免除や無償資金協力のほか、鉱業権、排出権、商標権等の権利の売買などが含まれる。

(5)　誤差脱漏　統計の誤差を計上する項目である。

第2節　国際収支の動向

わが国の二〇二一年の国際収支は、表13-2のとおりである。

旅行収支＝日本を訪れた外国人が日本国内で宿泊や買い物などに消費した額（訪日外国人の消費額）から、日本人が海外で使った額を引いた収支。

表 13-2 国際収支統計の動向

（単位：兆円）

	2019年	2020年	2021年
Ⅰ　**経常収支**	19.3	15.7	15.5
貿易・サービス収支	△0.9	△0.9	△2.6
貿易収支	0.2	2.8	1.7
サービス収支	△1.1	△3.7	△4.2
第1次所得収支	21.6	19.1	20.5
第2次所得収支	△1.4	△2.6	△2.4
Ⅱ　**資本移転等収支**	△0.4	△0.2	△0.4
Ⅲ　**金融収支**	24.9	13.8	10.8
直接投資	23.9	9.1	13.4
証券投資	9.4	4.4	△22.0
金融派生商品	0.4	0.8	2.4
その他投資	△11.5	△1.7	10.1
外貨準備	2.8	1.2	6.9
Ⅳ　**誤差脱漏**	6.0	△1.7	△4.3

（注）　△印は，経常収支では赤字，金融収支では純資産の減少を示す．
（出所）　日本銀行．

❶ 経常収支の動向

二〇二一年の経常収支は、一五・五兆円の黒字となり、黒字基調が続いている。

（1）貿易収支　貿易収支は、輸出がアジア向けを中心に増加したものの、輸入が原油価格の上昇に伴って増加したため、黒字額が前年の二・八兆円から、一・七兆円へと縮小した。わが国は、かつては輸出立国として、毎年、大幅な貿易黒字を出していたが、二〇一一～二〇一五年には貿易赤字に転じており、その後も、エネルギー価格の上昇や輸出の伸び悩みから小幅の黒字が続いている。このため「もはや貿易黒字大国ではない」とされている。

（2）サービス収支　サービス収支については、一貫して赤字が続いている。二〇二一年も△四・二兆円と前年（△三・七兆円）から赤字が拡大した。これは、コロナ禍のために海外からの入国者数が減少し、旅行収支★の黒字が縮小したことや、ＩＴ

図 13-1 経常収支とその内訳（貿易・サービス収支と第1次所得収支）

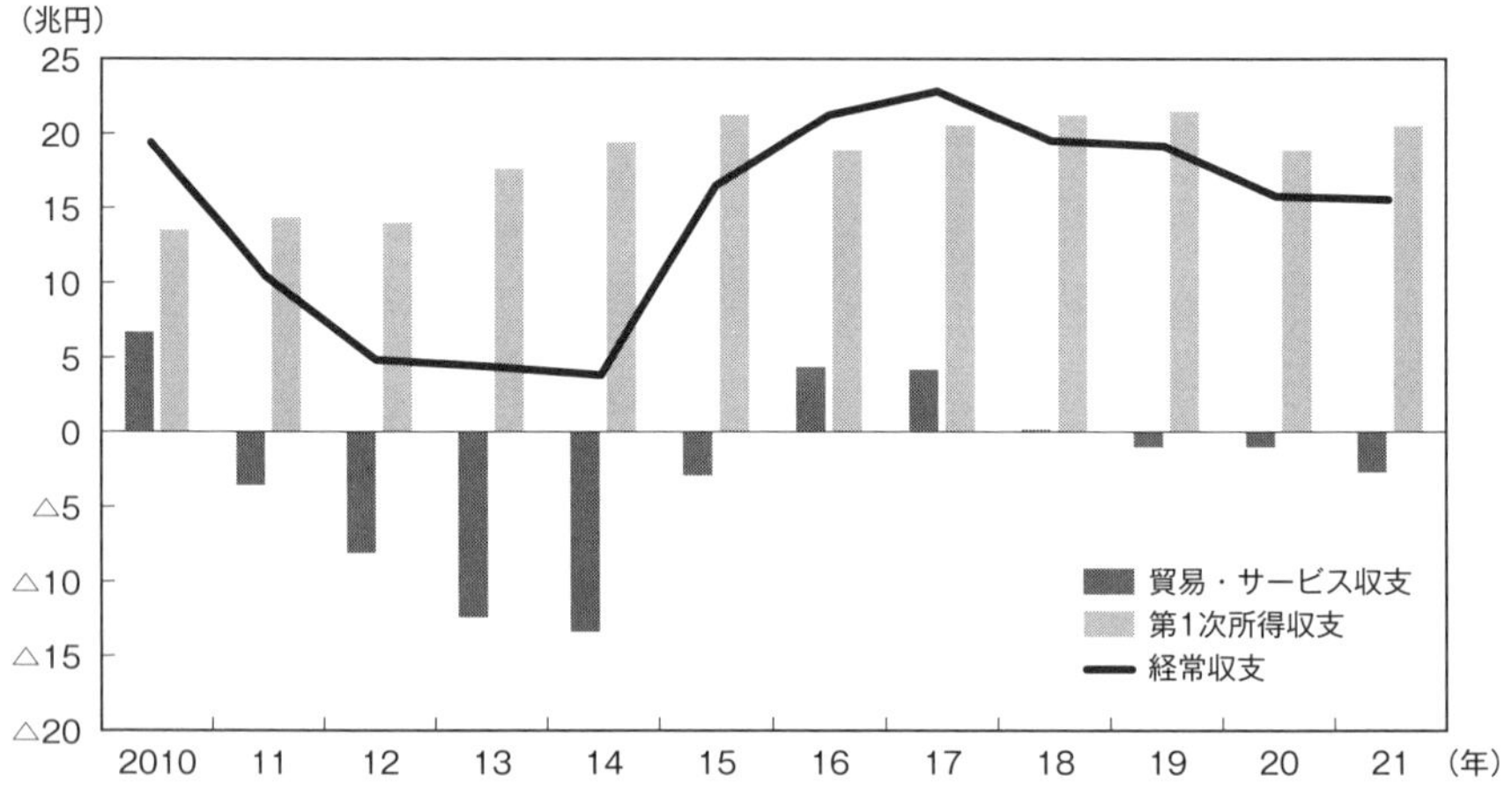

（出所） 財務省.

サービスやコンテンツ配信などのデジタル関連の海外への支払いが拡大したこと、などによるものである。

（3） 第一次所得収支 海外からの利子・配当などは、二〇・五兆円の黒字となり、高水準を維持している。これは、過去の海外への直接投資や証券投資の増加を受けて、配当収入や利子収入などの受取りが増加していることによるものである。

2 金融収支の動向

二〇二一年の「金融収支」は、前年（一三・八兆円）を下回ったものの、一〇・八兆円と引き続き対外債権の純増となり、引き続きわが国の資金が、海外に向かって投資されている。このうち直接投資は、日本企業による積極的な海外企業の買収などから高水準となっている。一方、証券投資は、海外株式の処分超などから、久々に赤字となった。

国際収支発展段階説＝経済発展に伴う国際収支の構造変化を説明する考え方。国際収支のパターンを六つに分類し、①から⑥へと発展するものと考える。①未成熟な債務国、②成熟した債務国、③債務返済国、④未成熟な債権国、⑤成熟した債権国、⑥債権取崩し国、の六つに分類される。

❸ 成熟した債権国

ここ数年におけるわが国の経常収支の推移をみると、貿易・サービス収支が小幅の黒字または赤字となるなかで、長年行ってきた投資の結果としての配当・利子収入（第一次所得収支）が大幅な黒字となっていることにより、全体として経常収支の大幅な黒字を確保するという姿になっている（図13−1）。このため、国際収支の発展段階★でみると、「成熟した債権国」に移行してきているものとみられる。

表 13-3 対外資産負債残高（2021年末）

（単位：兆円）

対外資産		対外負債	
直接投資	228.8	直接投資	40.5
証券投資	578.3	証券投資	471.0
金融派生商品	35.8	金融派生商品	35.1
その他投資	245.2	その他投資	292.1
外貨準備高	161.8		
合　計	1,249.9	合　計	838.7

（注） 対外純資産＝1,249.9－838.7＝411.2兆円.
（出所） 日本銀行.

❹ 対外資産負債残高

（1） ストック統計　以上述べてきた国際収支表は、すべて一定期間（年間など）における受払いを示す「フロー」の概念であるが、それと整合的に、ある一時点における対外債権債務残高を表す「ストック」の統計も公表されている。これが「対外資産負債残高」である（ただし、期末の残高の変化には、期中に資産負債の価格が変動した分も含まれている）。

（2） 対外純資産　二〇二一年末時点で、わが国は海外に対して一二五〇兆円の「対外資産」を有する一方、八三九兆円の「対外負債」を負っている（表13−3参照）。これらを差引きした「対外純資産」は、四一一兆円と過去最大の規模となっており、主要国のなかでは最大の対外純資産を保有している。これは、わが国が長年にわたって、営々と対外純資産を積み上げてきた結果であり、日本円が

「安全資産」とされる根拠ともなっている。こうした高水準の対外純資産が、海外からの金利や配当の受取りを通じて、前述した第一次所得収支の大幅な黒字につながっている。この間、外貨準備も、一六二兆円と高水準になっている。

第14章

外国為替市場と外国為替相場

本章では、外国為替市場や外国為替相場（為替レート）などの仕組みについて解説し、そのうえで、為替レートの決定理論や為替相場制度、さらには為替介入を取り上げる。

第1節　外国為替市場

1 外国為替市場とは

（1）外為取引と外為市場　円とドルなど、異なる通貨同士を交換（売買）する取引のことを「外《がい》国為替《こくかわせ》★取引」（外為《がいため》取引）といい、外為取引が行われるマーケットを「外国為替市場」または「外為《がいため》市場」という。外為市場では、銀行が大きな役割を果たしており、銀行間で活発に外為のディーリング★を行っているほか、顧客（企業、個人）との間で外貨の売買を行っている。

（2）世界の外為市場　外国為替市場は、東京のほかにも、ロンドン、ニューヨーク、シンガポール、香港、チューリッヒなど世界各国の主要都市に存在している。各市場の取引時間帯は、その市場の現地時間の早朝から夕方までであり、時差の存在によって、取引される市場は一日のうちで、アジ

外国為替＝英語ではForeign Exchangeであり、「FX」と略されることが多い。

ディーリング＝銀行や証券会社などが、自社の資金によって、外貨などの売買取引を行い、利益を追求する業務のこと。ディーリングによる収益は自己のものとなるが、損失が発生した場合にはそれを負担する。

外為市場の規模＝市場規模の世界シェアは、ロンドンが三八％と最大であり、ニューヨークの一九％がこれに次ぐ。以下、シンガポールが九％、香港が七％、東京が四％の順である（BIS調査〈二〇二二年〉による）。

東京外為市場での取引通貨＝東京市場では、ドル／円の取引が六四％と最大であり、ユーロ／円が七％、ユーロ／ドルが六％でこれに次ぐ（BIS調査〈二〇二二年〉による）。

外為ディーラー＝銀行等のマーケット部門に所属し、外為市場で実際に外為取引を行う人。

アから欧州、米国へと移っていく。東京外国為替市場での取引規模★は、ロンドン、ニューヨーク、シンガポール、香港に次ぐ五番目の規模であり、ドルと円を交換する取引が主となっている★。

❷ 銀行間市場と対顧客市場

外国為替市場は、銀行間で取引を行う「銀行間市場」（インターバンク市場）と、銀行が顧客（企業・個人）を相手に取引を行う「対顧客市場」とに大きく分けられる。

銀行間市場は、一〇〇万ドルを「一本」という単位で呼んで取引が行われる大口取引の場であり、いわば外貨の卸売市場である。これに対して対顧客市場は、銀行が銀行間市場で仕入れた外貨を、メーカーや商社、個人などの顧客に小口に分けて売買する小売市場にあたる。

❸ 外国為替市場の取引形態

インターバンク市場での外為取引は、以下のような形態で行われる（図14-1参照）。

（1）テレフォン・マーケット　外為市場は、もともとは外為ディーラー★間で電話での取引を行う「テレフォン・マーケット」として発展してきた。一般には「東京外国為替市場」と呼ばれるが、証券取引所のように、特定の場所や建物があるわけではなく、東京にいる外為ディーラーが取引を行っているマーケットといった意味である。

（2）電子ブローキング　近年は、電子的な端末によって外為取引を行う「電子ブローキング」が取引の主流となっている。これは、画面に取引通貨の価格（売値、買値）が表示され、ディーラーは売買を希望する数量や価格を入力して、「買い」や「売り」のキーを押せば、取引ができる仕組みである。

（3）ボイス・ブローキング　これに対して、売り手と買い手の間の売買注文を人間のブローカー

図 14-1 外為取引の銀行間市場と対顧客市場

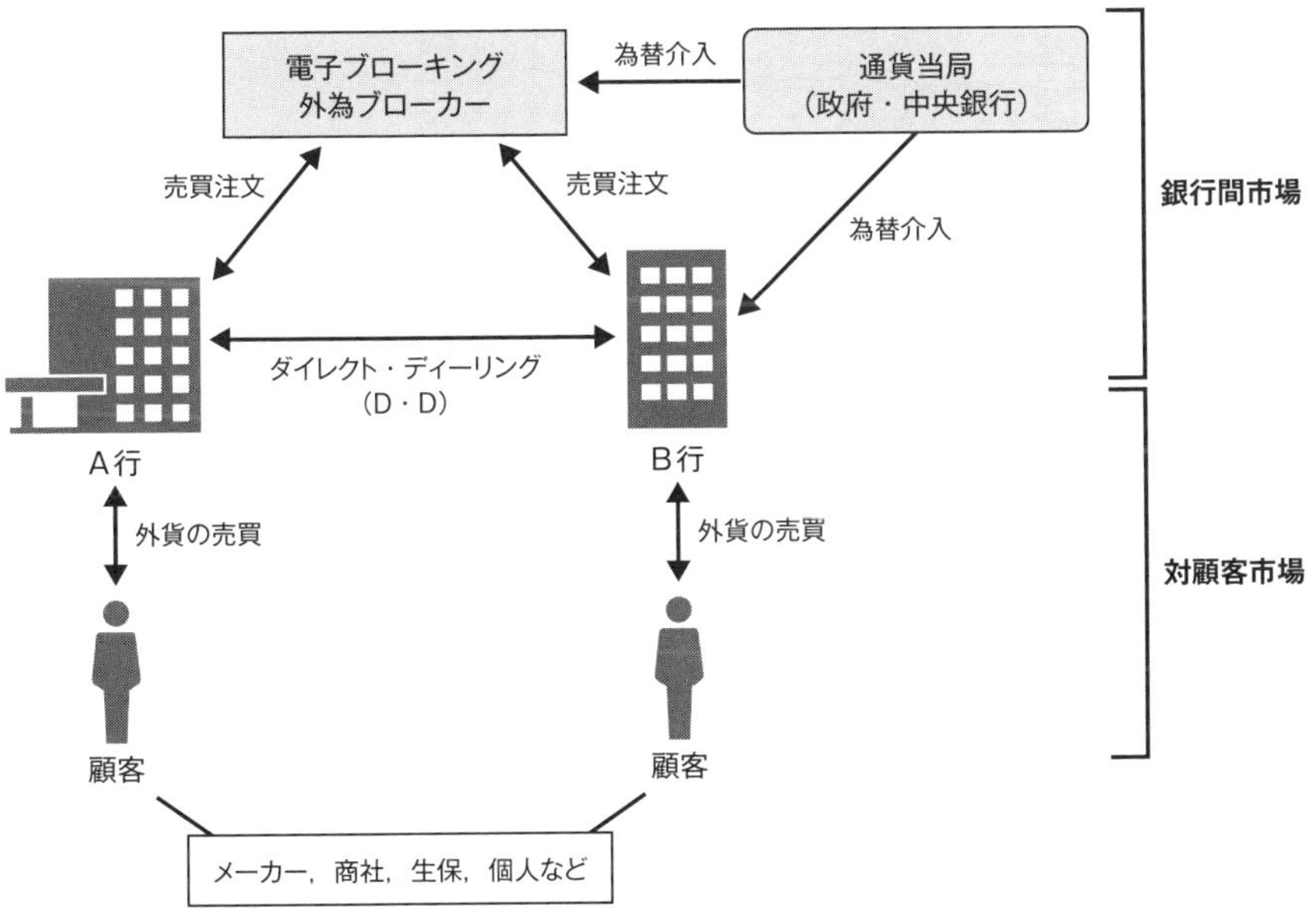

が取り次いで、取引を成立させる方法を「ボイス・ブローキング」という。

ボイス・ブローキングを行っている仲介業者を「外為ブローカー」という。従来、東京市場にはかつて八社の外為ブローカーがあったが、電子ブローキングに押されて、現在は二社にまで減少している。この二社は、いずれも短資会社の子会社である。

（4）ダイレクト・ディーリング

外為ブローカーや電子ブローキングを通さずに、銀行のディーラー同士で直接、電話や取引端末で取引を行うことを「ダイレクト・ディーリング」（D・Dと略称）という。D・Dは、ブローカーを経由しないため、手数料を節約できるほか、比較的大きな金額を一度に取引できるという特徴がある。

第2節　外国為替相場（為替レート）

「外国為替相場」とは、各国通貨の間の交換比率であり、「外国為替レート」または「為替《かわせ》レート」とも呼ばれる。たとえば、円／ドル間の為替レートであれば、円とドルの交換比率を表し、一ドル＝一三〇円であれば、一ドルを一三〇円と交換することができる。

❶ 為替レートの建て方

為替レートの表示方法には、「自国通貨建て」と「外貨建て」の二つの方法がある。

（1）自国通貨建て　「外国通貨の一単位」について、自国通貨でいくらかを表示する方法であり、「邦貨建て」ともいわれる。たとえば、東京市場で一ドル＝一三〇円という場合には、一ドルという外貨の一単位を、円という自国通貨でいくらかを示しており、自国通貨建てである。円をはじめとして、多くの国の通貨では、自国通貨建てを採用している。

（2）外貨建て　「自国通貨の一単位」について、外貨でいくらかを表示する方法であり、自国通貨を中心とする考え方である。たとえば、ユーロ圏（ドイツやフランスなど）で一ユーロ＝一・一〇ドルという場合には、自国通貨であるユーロの一単位が外貨であるドルでいくらになるかを示している。外貨建てを採用している代表的な通貨としては、ユーロのほか、英国のポンドがある。

❷ 銀行間相場と対顧客相場

一言で為替レートというが、実は、取引される場や取引方法などによって、さまざまな種類の為替レートがある。ここではまず、銀行間相場と対顧客相場の違いについて述べる。

(1) 銀行間相場　「銀行間相場」は、銀行間で外貨取引を行う「銀行間市場」での取引レートであり、「インターバンク・レート」ともいう。銀行間相場では、常に「ビッド・レート」と「オファー・レート」という二つのレートが提示されている。ビッド・レートは、買い手の外貨の買い希望レートであり、オファー・レートは、売り手の外貨の売り希望レートである。ビッド・レートとオファー・レートの差を「スプレッド」という。

一ドル＝一三〇円二〇銭—三〇銭というレートであったとすると、市場では一三〇円二〇銭でならドルを買いたいという銀行と一三〇円三〇銭でならばドルを売りたいという銀行があることを示しており、このときスプレッドは一〇銭となる（図14-2）。外為市場では外貨（たとえばドル）が商品であり、各銀行の外為ディーラーは、これをいかに安く買って高く売るかを競っていると考えればわかりやすい。

図 14-2 インターバンク・レートの提示方法

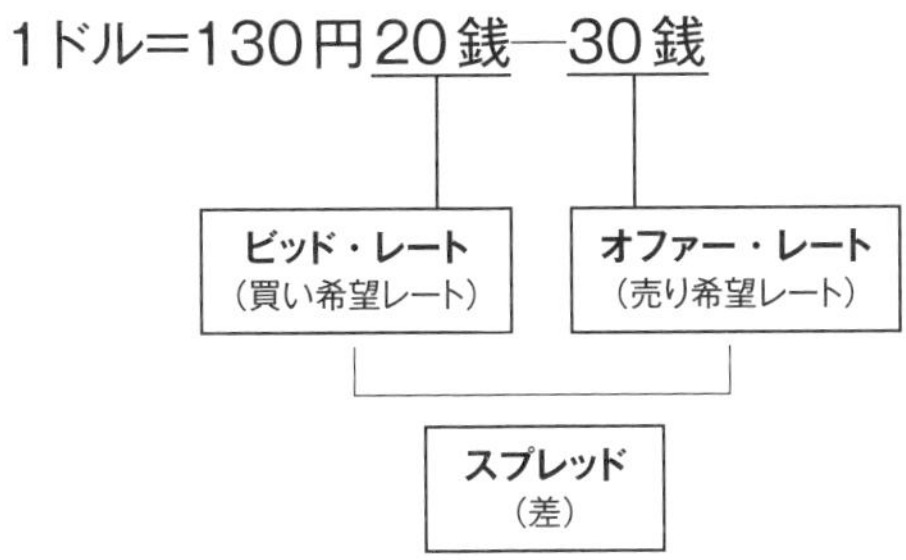

(2) 対顧客相場　銀行が顧客（企業や個人）との間で外貨を売買するレートを「対顧客相場」という。これは、銀行間相場に銀行の手数料を上乗せした水準となる。

イ　TTM・TTS・TTBレート　対顧客相場の基準となるのが「対顧客仲値」（TTMレート）であり、各銀行では、午前一〇時ごろの銀行間相場を基準にして、その日の対顧客取引の基準となるレートを決めて公示する。これをもとに、銀行側からみた外貨の「売り」の値段を「電信売相場」（TTSレート★）という。電信売相場には、対顧客仲値に銀行の手数料がプラスされる。一方、銀行側からみた外貨の「買い」の値段を「電信買相場」（TTBレート）といい、対顧客仲値から手数料を差し引いた値

TTSとTTB＝TTSは、銀行が顧客に外貨を売るときのレートで、Telegraphic Transfer Sellingの略。TTBは、銀行が顧客から外貨を買うときのレートで、Telegraphic Transfer Buyingの略。

図 14-3 対顧客相場の関係

〈例〉

132円	現金売相場（銀行が外貨を売る相場〈現金〉）
131円	TTSレート（銀行が外貨を売る相場〈非現金〉）
130円	TTMレート（対顧客仲値）
129円	TTBレート（銀行が外貨を買う相場〈非現金〉）
128円	現金買相場（銀行が外貨を買う相場〈現金〉）

段で買い取られる。対顧客仲値と電信売・電信買相場との差（手数料）は、一ドルについて一円程度のことが多い（対顧客仲値が一ドル＝一三〇円なら、電信売相場は一ドル＝一三一円、電信買相場は一ドル＝一二九円となる）。

ロ　現金売相場と現金買相場　ＴＴＳ・ＴＴＢレートが、海外向けの送金など、外貨の現金を使わない取引に適用されるのに対し、外貨の現金（紙幣やコイン）を売買する場合には、「現金売相場」（顧客が銀行から外貨を購入するときに適用されるレート）や「現金買相場」という別のレートが適用される。海外旅行に行くために外貨の現金に両替するときや、余った外貨を日本円に再両替する際には、このレートが使われる。なお、現金での取引には、外貨現金の輸送や保管のコストがかかるため、これらのレートは、電信買相場や電信売相場に比べて、顧客にとって不利なレートとなる（たとえば、上記の例では、現金売相場が一ドル＝一三二円、現金買相場が一ドル＝一二八円など）。

❸ 直物相場と先物相場

外為取引には、「直物取引」と「先物取引」とがある。それぞれに適用されるレートを、「直物相場」と「先物相場」という。

（1）直物相場　外為取引が行われた二営業日後（Ｔ＋２）に、売り手と買い手の間で買入通貨と売渡通貨の受渡しが行われる取引を「直物取引」（スポット取引）といい、この取引に適用されるレートを「直物相場」（スポット・レート）という。新聞やテレビで報道されるのは、銀行間取引の直物相場である。

（2）先物相場　外為取引が行われた日から二営業日より先の期日に売買した通貨の受渡しをする取引を一般的に「先物取引」（フォワード）といい、それに適用されるレートを「先物相場」（フォワード・レート）という。先物取引には、一週間物、一カ月物、三カ月物、一年物などがある。

（3）為替予約　先物相場は何のためにあるのであろうか。たとえば、米国に輸出を行った日本企業が、三カ月先に一万ドルを受け取る予定であるとしよう。現在の為替レートは一ドル＝一三〇円（つまり一万ドル＝一三〇万円）であるが、先行き、円高が予想されているものとする。もし、円高になって、一ドル＝一一〇円になると、受取金額は一一〇万円に減ってしまう。これを防ぐために、先物取引により、三カ月先にドルを売る約束を現時点で行ってしまう。このときの先物相場が一ドル＝一二八円とすると、この取引により、三カ月先の円での手取額（一二八万円）を確定してしまい、円高になって円の手取額が減るリスクをなくすことができる。

このように先物取引で外貨の売買を行うことを「為替予約」という。また為替予約によって、「為替リスク」（為替レートの変動による損失）を避ける行為を「ヘッジ」という。つまり、先物取引は、為替リスクを回避するためのヘッジ取引に使われるのである。

先物相場があるおかげで、輸出企業では、将来に受取予定である外貨を先物で売って、円ベースの受取額を確定させる「売りヘッジ」（「輸出予約」ともいう）を行うことができる。一方、輸入企業では、将来に支払予定である外貨を先物で買うことにより、先行き円安になって支払いがかさむリスクを回避する「買いヘッジ」（「輸入予約」ともいう）を行うことができる。

（4）直物相場と先物相場の関係　先物相場は、通常、直物相場とは異なるレートとなっており、また受渡し日（たとえば、三カ月物か六カ月物か）によってもレートは異なる。これには、両国の金

直物相場と先物相場との開き（直先《じきさき》スプレッド）＝直物相場が一ドル＝一三〇円で、先物相場が一ドル＝一三一円であるような状態を一円の「プレミアム」という。この先物相場が三カ月物の場合には、スプレッドは、年率では三％のプレミアムとなる（三カ月分を一年分に換算するために四倍する）。

一方、三カ月物の先物相場が一ドル＝一二九円であったとすると、スプレッドは、年率で三％の「ディスカウント」となる。直物相場と先物相場が同じ水準にあり、スプレッドがない状態を「フラット」という。

日本の金利が年一％で、米国の金利が四％のときには、三％のディスカウントとなり、直物と先物の相場の開きと両国の金利差が一致することになる。

利差が関係している。日本と米国の金利が同じであった状態から、米国の金利の上昇によって、日本との金利差が生じたとする。この場合、日本の金利で運用するより米国の金利で運用したほうが有利となるため、この金利差を利用して利益を得ようとする資金が日本から米国に流入する。このため、直物でのドル買い・円売りが行われて、円の直物相場は下がる（直物の円安化）。しかも、こうした金利差を狙った取引では、為替リスクを回避するために、先物でのドル売り・円買いが行われるため、円の先物相場は上がる（先物の円高化）。

理論的には、米国への資金の流入は、直物相場と先物相場の差額を年率に換算したものが、両国間の金利差に等しくなるまで続く★。つまり、円をドルに交換して、一定期間、ドル金利により運用したうえで、再び円に交換した場合の受取金額と、最初から円の金利で同じ期間、運用した場合の受取金額が同じになるように先物相場が決まることになる。

④ 為替レートの指標

経済分析などを行う際に用いる為替レートの指標としては、以下のようなものがある。

（1）実効為替レート　円の為替レートには、対ドル、対ユーロ、対アジア通貨など、多くの為替レートがある。たとえば、ドルに対しては円安、ユーロに対しては大幅円高、アジア通貨に対してはやや円安になったといった場合に、果たして円の為替レートは全体として高くなったのか、それとも安くなったのであろうか。「実効為替レート」とは、こうした場合に、ある通貨の総合的な価値をみるための指標である。他の通貨全体に対する為替レートの総合的な姿をみるために、複数の国の通貨に対する為替レートを貿易額などで加重平均して算出される。国全体の輸出入に対する為替レートの影響をみる場合などには、二国間の為替レートではなく、実効為替レートが用いられる。

（2）実質為替レート　通常、私たちが目にするのは「名目為替レート」である。これに対して、名目為替レートから物価変動の影響を除いた為替レートのことを「実質為替レート」という。実質為替レートは、二国間の為替レートを二国間の物価指数の比で割って算出される。一年間に名目為替レートが、一ドル＝一三〇円から一ドル＝一一〇円に円高化し、この間、日本では物価が上昇せず、一方、米国では物価が一〇％上昇したとする。この場合、米国で「現在の一ドル」で購入できるのは、「一年前のドル」の〇・九一ドル分（1÷1.1）にすぎない（一方、円は「現在の一一〇円」と「一年前の一一〇円」は同じ価値である）。このため物価上昇を除いた価値で考えると、〇・九一ドル＝一一〇円となり、両方の通貨の実質的な購買力からみた為替レートは、一ドル＝一二一円となる。つまり、名目為替レートほどは円高化していないことがわかる。このため、対外競争力（貿易等へのインパクト）を測るうえでは、各国の物価の変動を考慮に入れた実質為替レートを用いるほうが望ましいものとされる。

(3) 実質実効為替レート

「実質実効為替レート」は、上述した「実質」と「実効」の両方を組み合わせた為替レートである。二国間の実質為替レートを求めたうえで、それらを貿易ウェイトなどで加重平均して算出される。実質実効為替レートは、相対的な物価の変動と複数通貨の動きの両方を考慮に入れているため、「通貨の真の実力」として、経済分析を行う際に広く用いられる。円の実質実効為替レートは、日本銀行が公表している。

第3節　為替レートの決定理論

上記のような為替レートは、どのように決まるのだろうか。為替レートは、価格変動が大きいため、その決定要因について、これまで多くの人が研究してきた。こうした理論を「為替相場の決定理論」という。いくつかの考え方があるが、以下では、このうち代表的な三つについて取り上げる。

❶ 購買力平価説

「購買力平価説」は、二国間の為替レートは、「二つの国の物価の動きによって決まる」という考え方である。英語の頭文字をとって「PPP★」と呼ばれる。購買力平価説では、「為替レートは二国間で財やサービスの価格（つまり物価水準）が等しくなるように調整される」とする。

ハンバーガーの例でみると、同じハンバーガーは、日本で買っても、米国で買っても、同じ価格になるように為替レートが決まるものと考える。たとえば、ハンバーガーが日本では一個一二〇円で、米国では一ドルであったとすると、このとき、為替レートは、一ドル＝一二〇円になる。一年後に、日本の物価が二％上昇した一方、米国の物価が一〇％上昇したとする。このとき、ハンバーガー一個が日本では一二二円、米国では一・一ドルとなるので、一・一ドル＝一二二円として、為替レートは一ドル＝一一一円になる、と考えるのである。実際には、為替レートは一つの商品のみで決まるわけではないため、さまざまなモノやサービスからなるバスケットの値段（つまり物価水準）を比べて、購買力平価による為替レートの理論値を計算する。

購買力平価説では、物価上昇率の高い国の通貨は、その分だけ「通貨の一単位」（たとえば一ドル）当たりの購買力が低下するため、為替レートが他の通貨に対して弱くなる、と考える。つまり、二国間のインフレ格差を調整するように為替レートが動くのである。この考え方によると、インフレ率の高い国の通貨は、為替レートが弱くなり、インフレ率の低い国（物価が安定している国）の通貨は、為替レートが強くなることになる。

購買力平価説では、為替レートの短中期的な動きを説明することは難しいが、長期的には、為替レートは購買力平価が示す均衡レートに近づいていくものとみられており、為替レートの長期的なト

★**購買力平価説**＝英語ではPurchasing Power Parityという。

レンドを説明する理論として受け入れられている。

❷ 国際収支説

「国際収支説」は、為替レートは外貨に対する「需要と供給」によって決定され、その需給を決定するのは国際収支である、とする説である。つまり、国際収支（特に輸出入などの経常収支）によって為替レートが決まる、とする考え方である。たとえば、日本の輸出が増えて経常収支が黒字になると、日本企業は受け取った外貨（ドル）を、国内での支払い（仕入れ、人件費など）に充てるために円に交換する。このため、外為市場では外貨（ドル）の売りと円買いが増え、この結果、為替レートは円高（ドル安）に動くことになる。一方、輸出の減少などにより経常収支が赤字になると、海外に外貨を支払う必要が生じるため、円を売って外貨を買う動きが広がり、この結果、為替レートは円安（ドル高）に動くことになる。このように、この説では、経常収支の黒字国は自国通貨高に、反対に経常収支の赤字国は自国通貨安になる、とされる。

国際収支説は、一定期間の国際収支のフローによって為替レートの動きを説明しようとする理論であるため「フロー・アプローチ」と呼ばれる。この説は、一九七〇年代から一九八〇年代にかけては、為替レートの動きを説明するうえで最も有力な説であった。これは、この時期には経常収支（特に、輸出入による貿易収支）が、海外との資金のやりとりの中心を占めていたためである。しかし、九〇年代以降は、資本フロー（投資のための資金の流れ）のほうが、規模が圧倒的に大きくなったことから、必ずしも現実に当てはまらなくなっており、その位置づけは低下している。

❸ アセット・アプローチ

フロー・アプローチに代わって、現在、為替レート決定理論の主役となっているのが「アセット・

アプローチ」である。これは、各国通貨建ての資産に対する需給によって為替レートが決定される、とする説である。つまり、人々が「自国通貨建ての資産」と「外貨建ての資産」をどのような比率で持とうとするのかによって為替レートが決まる、とする考え方である。たとえば、日本の金利は一定で、米国の金利が引き上げられたものとする。この場合、ドル資産で運用したほうが有利になるため、ドル資産を持とうとする人々が増える。このため、外為市場では円売り・ドル買いが増えて、ドル高（円安）となる。このように、この理論では、自国金利と海外金利との相対的な変化によって為替レートが変化し、自国金利の水準が海外に比べて相対的に上昇すると、自国通貨が強くなることになる。

この理論の特徴は、将来に対する「予想」が大きな役割を果たす点である。つまり、インフレ率の上昇などにより、将来の金利引上げが予想されると、その予想を受けて市場では即時にドルが買われ、実際の利上げを待たずにドル高が発生することになる。この理論は、資本フロー（投資資金の動き）が為替レートを左右する傾向が強まるなかで、短期的な為替レートの動きを説明する理論として、広く受け入れられている。

第4節　固定相場制と変動相場制

各国が自国通貨の価値を、外貨との関係でどのように定め、コントロールするかという仕組みを「為替相場制度」あるいは「為替制度」という。為替制度には、①「固定相場制」、②「変動相場制」、③「中間的な為替相場制」などがある。

通貨バスケット制＝いくつかの通貨からなるバスケットに自国の通貨を固定する制度。「バスケット・ペッグ制」ともいう。たとえば、ドル、ユーロ、円などの割合を決めて加重平均によりバスケットを作成し、そのバスケット通貨（架空の通貨単位）に対して、自国通貨の為替レートを連動させるものである。バスケットの構成比率は、その国の貿易比率に応じて決めるのが一般的である。

❶ 固定相場制

（1） 固定相場制　「固定相場制」とは、通貨当局があらかじめ公表した一定の為替レートで、自国通貨を外国通貨に固定する制度である。戦後の「ブレトンウッズ体制」では、各国通貨の為替レートを米ドルに固定した固定相場制が採用され、わが国でも、一ドル＝三六〇円という固定相場制をとっていた（第15章補論1を参照）。多くの場合、米ドルに固定する「ドル・ペッグ制」がとられ、これを「単一通貨固定相場制」という。経済基盤の弱い国や経済的に不安定な国が、自国の為替レートを基軸通貨である米ドルに連動させて為替相場の安定を図るケースが多い。

また、こうした単一通貨への固定制の変型として、複数通貨からなる通貨バスケットに固定する「通貨バスケット制★」をとる場合もある。バスケットに組み入れた各通貨の強弱が相殺しあうため、米ドルなど単一通貨に連動させるよりも為替レートが安定するメリットがある、とされる。この制度を導入している代表例として、シンガポールがある。

（2） 特殊な固定相場制　固定相場制のうち、やや特殊なものとして、①通貨同盟、②通貨のドル化、③カレンシー・ボード制などがある。

イ　通貨同盟　「通貨同盟」とは、同盟への加盟国がその国独自の通貨を持たず、複数国が共通通貨を利用する制度である。通貨同盟の代表例としては「欧州通貨統合」があり、従来、各国で流通していたレガシー通貨（独マルク、仏フランなど）は廃止され、単一通貨「ユーロ」が導入されている（詳細は第15章第4節を参照）。

ロ　通貨のドル化　「通貨のドル化」（ダラライゼーション）とは、通貨価値を安定させるために自国の通貨を廃止して、米ドルを国内通貨として使用することである。ハイパー・インフレーションなどによって自国通貨に対する信認が大幅に低下した場合に、通貨危機を避けるために導入されるケースが多い。このドル化では、協定などを結ばずに、一方的に米ドルを国内通貨として流通させることが多い。ドル化を行っている国としては、中南米のパナマ、エクアドル、エルサルバドルなどがある。

ハ　カレンシー・ボード制　「カレンシー・ボード制」とは、外貨（通常は米ドル）との固定相場を維持するために、国内に流通する自国通貨に見合った分の外貨（「アンカー通貨」と呼ばれる、米ドルなど）を中央銀行が保有する制度である。この制度のもとでは、自国通貨は外貨の保有量を見返りに発行されるため、発行された自国通貨は一〇〇％の外貨の裏付けを持つことになる。固定相場でアンカー通貨との交換を完全に保証し、事実上の固定相場制とすることで、為替レートの安定は保たれる。しかし、固定相場の相手国（米ドルの場合は米国）の金融政策に左右されるため、この制度を採用した国では、自主的な金融政策がとれなくなるという制約がある。また、最後の貸し手機能も持たない。アジアでは、香港がカレンシー・ボード制を採用している。

❷　変動相場制

「変動相場制」は、為替レートを一定のレートに固定せず、外為市場における取引の実勢に任せて自由に変動させる制度であり、「フロート制」とも呼ばれる。主要国では、一九七三年以降、変動相場制に移行している。

変動相場制は、通貨当局による介入の有無によって、「クリーン・フロート制」と「管理フロート制」（ダーティ・フロート制またはマネージド・フロート制）に分かれる。「クリーン・フロート制」では、為替レートの動きは、ほぼ全面的に市場の実勢に委ねられ、当局による介入は、基本的に行われない。一方、「管理フロート制」の場合には、必要と判断される場合には、通貨当局による市場介入が柔軟に実施される。介入の目標とする為替相場や為替バンド（許容範囲）は発表されず、また介

クローリング・バンド制度＝クローリング・ペッグ制が、中心相場から上下の許容変動幅を設定する場合には、クローリング・ペッグ制と為替バンド制との組合せとなり、「クローリング・バンド制」と呼ばれる。

入自体も当局の裁量によって行われる。

❸ 中間的な為替相場制

固定相場制と変動相場制の中間に位置する制度として、為替バンド制やクローリング・ペッグ制がある。

(1) 為替バンド制　通貨当局があらかじめ定めた中心相場から一定の許容変動幅を設け、自国の為替レートをこの変動幅内に収める制度である。ユーロの導入以前に、EU各国で導入されていた「為替相場メカニズム」(ERM)がその代表例であり、中心相場から上下二・二五％の許容変動幅が設定されていた。

(2) クローリング・ペッグ制　目標とする為替レートを固定せずに、一定の変化率で変化させていく為替制度である。変化率は、自国と相手国とのインフレ率の格差に基づいて決められ、小刻みに調整される。この場合、インフレの影響を除いた実質為替レートが一定となる★。

❹ 変動相場制のメリットとデメリット

世界の為替相場制度は、戦後、ドルに対する固定相場制の時代が長く続いたが、わが国を含めた主要国は、ニクソン・ショック(一九七一年)をきっかけとして、一九七〇年代に軒並み変動相場制に移行した。またアジア諸国でも、アジア通貨危機への対応から、一九九〇年代に変動相場制への移行が進んだ。

固定相場制では、為替レートが安定し、企業や投資家が相場の変動を気にせずに、海外との貿易や投資が行いやすいというメリットがあった。ただし一方で、通貨の切上げ・切下げを見越した為替投機(通貨危機)が起こりやすいといった問題点もあった。

(1) 変動相場制のメリット　変動相場制は、①対外不均衡（国際収支の大幅な赤字や黒字）を自律的に調整する機能があり、それにより金融政策の自由度が高まること、②為替レートの変動を通じて金融政策の効果が大きくなること、などがメリットとされている。

①については、たとえば、日本の国際収支が大幅な黒字になると、海外で稼いだドルが外為市場で売られるため「ドル安・円高」になる。そうすると円高の影響で、日本からの輸出が減少し輸入が増加するため、国際収支の大幅な黒字が解消される方向に動く。為替レートによって、国際収支の不均衡が調整されるのであれば、金融政策は、国際収支の赤字や黒字を気にすることなく、国内の経済状況（インフレやデフレ）の調整に集中して行えばよいことになる。

また②については、たとえば、景気を上向かせるために日本が金融を緩和して金利を下げると、海外との金利差が大きくなって為替レートは円安に振れる。円安は、日本からの輸出の増加と輸入の減少をもたらすため、外需の回復を通じて景気には好影響をもたらし、その分、金融政策が効きやすくなる（為替レート・チャネル、第11章第3節を参照）。

(2) 変動相場制のデメリット　一方、変動相場制のデメリットの第一は、為替レートが大きく変動すると、輸出入や資本取引に攪乱的な影響を及ぼすことである。たとえば、期中に為替レートが大幅に変動すると、企業では、収益計画に大きな狂いが生じてしまう。第二に、市場の相場観によって、為替レートが大幅に変動し、しばしば行きすぎた変動（オーバーシュート）を招いてしまうことである。

(3) 変動相場制の現実　実際に変動相場制が導入されてみると、メリットとして期待されていたような対外不均衡が自動的に解消されるという自動調整メカニズムは、それほどスムーズに働かず、一定の限界のあることが明らかになった。また、為替レートが自由に動くことを利用した為替投機の動きもしばしばみられ、時として通貨危機や金融危機の発生につながった（第15章補論2を参照）。

変動相場制においては、為替相場が、その国の経済状況からみてあるべき水準（「均衡為替相場」という）から、かなりの期間にわたって乖離することも問題であり、これを「為替相場のミスアラインメント」という。たとえば一九八〇年代前半には、米ドルの価値が、数年にわたって均衡為替相場より大幅に過大評価されてドル高となり、ミスアラインメントが発生した。このため、国際的な合意に基づいて、各国の通貨当局が足並みを揃えた「協調介入」が行われ、ドル高の是正が図られた（詳細は後述）。

第5節　為替介入

変動相場制では、市場参加者の投機的な動きなどにより、短期間のうちに為替レートが急激に変動することがある。こうした急激な変動を抑え、為替レートの安定化を図るために、「為替介入」が行われることがある。

1　為替介入とは

「通貨当局」（政府や中央銀行）が、為替レートの急激な変化を防止するために、外為市場で外貨を売買することを「為替介入」という。正式には「外国為替平衡操作」といい、「市場介入」とも呼ばれる。国によって、政府と中央銀行との役割分担は異なるが、わが国では、日本銀行が「財務省の代理人」として、外為市場への介入を行っている。つまり、介入を行うかどうかの判断は財務省が行い、実施が決まると、日本銀行がタイミングや介入方法を決めて実際の外貨売買を行う。

アナウンスメント効果＝当局側の意図を市場に公表することにより、市場参加者の行動に影響を与えること。

口先介入＝政府高官や通貨当局者などが、為替レート水準についてのコメントや介入の姿勢を示すことで、実質的な介入を行わずに為替レートを意図した方向に誘導しようとすること。

❷ 為替介入の目的

通貨当局による市場介入は、為替相場の動きが急激であるときに、為替レートが過度に乱高下するのを避けるために行われる。このことを指して「スムージング・オペレーション」という。この介入は、市場の流れに逆らう（アゲインスト・ザ・ウィンド）介入ではあるが、特定の為替レート水準への誘導や相場の方向を変えることを目指すのではなく、あくまでも為替レートの動きをなだらかにすることを目的とするものである。

❸ 為替介入の手法

為替介入には、介入を行うことを、わざと外為市場に公表して行う場合がある。これは、市場に対して、通貨当局の強い姿勢を示すことで「アナウンスメント効果★」を狙ったものであり、場合によっては「口先介入★」だけの場合もある。一方、介入を行っていることを公表せず、ひそかに介入を行う場合もあり、これを「覆面介入」という。市場参加者が当局の介入を警戒して、疑心暗鬼になることを狙ったやり方である。

❹ 海外当局との協調

外為市場間の国際的な結びつきが強くなっているため、通貨当局間においても協調して行動することが重要になっている。こうした当局間の協調の例としては、委託介入や協調介入がある。

(1) 委託介入　海外の為替市場における為替介入を他国の中央銀行に委託して行うことを「委託介入」という。自国の為替市場がクローズしている夜間の時間帯に、海外市場の為替レートに影響を与える目的で行われる。たとえば、日本銀行がニューヨーク市場やロンドン市場で介入を行う場合には、米国や英国の中央銀行に委託して介入を行う。

(2) 協調介入　複数の通貨当局が協力して、同時に為替介入を行うことを「協調介入」という。各国当局が足並みを揃えて一斉に介入を行うため、市場へのインパクトはかなり強力なものとなる。最も典型的な例が、一九八五年の「プラザ合意」後の協調介入であった。ドル高の是正が必要との国際的な合意がなされ、これに基づいて主要国の通貨当局が一斉にドル売りの協調介入を実施した。これにより、一ドル＝二五〇円台（一九八五年）であった円ドル相場は、一年後には一ドル＝一五〇円台へと、一気にドル安（円高）が進んだ。

5 介入資金

行きすぎた円高を防ぐために「円売り・ドル買い」の介入を行う場合には、政府の「外国為替資金特別会計」（外為特会）が国庫短期証券（T-Bill）を発行して円資金を調達し、この資金によって日本銀行が円売り介入を行う。逆に「円買い・ドル売り」の介入を行う際には、外貨準備を取り崩して（米国債を売却して）、ドル売りの介入資金に充てることになる。

米国では、繰り返し為替介入を行う国について「為替操作国」★に認定して批判する動きに出ており、為替介入については、各国とも抑制的に運用★するようになっている。ただし、政府・日銀では、二〇二二年九月・一〇月には、急激な円安の動きを阻止するために、二四年ぶりとなる大規模な円買い・ドル売りの為替介入に踏み切った。

為替操作国＝米国が、自国の輸出に有利になるように通貨安へと意図的に誘導している国として認定する制度。指定された国には二国間協議を求め、問題が解決しない場合には、輸入品への関税引上げなどの制裁措置を検討する。

最後の円売り介入＝わが国で最後に円高防止のための円売り・ドル買い介入が行われたのは、二〇一一年一一月であり、その後一〇年以上、円売り介入は行われていない。

【補論】変動相場制移行後の円・ドル相場

わが国は、ニクソン・ショック（一九七一年八月）のあと、「スミソニアン合意」を経て、一九七三年二月に「変動相場制」に移行した。その後、円・ドル相場は、約半世紀にわたって幾多の波乱を繰り返し、今日に至っている。以下では、こうした起伏の道筋とその背景について概観する。

❶ 一九七〇年代 ――第一次・第二次石油危機の発生

世界経済を混乱させた二度にわたる石油危機により、わが国でも経常収支が大幅に悪化し、円・ドル相場は大きく円安に振れた（一九七二～七五年：二六〇円→三〇〇円、七九～八〇年：二二〇円→二五〇円）。こうした円安は、国内の石油価格の上昇に拍車をかけ、輸入インフレを引き起こした。さらに、基軸国である米国（二桁のインフレに苦慮）の政策対応の影響から、第一次石油危機時には、七六年に急激なドル安・円高が進んだ（ビナイン・ネグレクト政策に基づくドル安放置による）。また第二次石油危機時には、七九～八〇年に逆にドル高・円安局面が発生した（FRBの高金利政策による）。

❷ 一九八〇年代 ――過度のドル高から通貨調整へ

一九八〇年代に入り、歴史的な「プラザ合意」と「ルーブル合意」が結ばれた。この背景には、米国の高金利とドル高政策による過度のドル高（ミスアラインメント）への対応があった。

一九八五年九月の「プラザ合意」を受けて、ドル高是正のためにG5各国による協調介入が行われ、米ドルは一本調子で下落した。この結果、円・ドル相場も二五〇円台から、一年後には一五〇円台へと大きく円高に振れた。

しかしその半年後に、今度はドル安の行きすぎが懸念されたため、一九八七年二月に為替安定のためにG7による「ルーブル合意」が取り決められ、再び各国による協調介入が行われた。もっとも、ルーブル合意の効果はすぐには現れず、一九八八年には一二五円前後にまで円高が進んだ。わが国では、こうした円高の影響への配慮から大幅な金融緩和が進められ、その影響により資産価格が高騰して、バブルが生成されることとなった。

③一九九〇年代 ——バブル崩壊と不況下の円高

わが国は、バブルの崩壊により、一九九〇年代には深刻かつ長期の不況に陥ったが、この不況が長引いた背景には、執拗な円高も影響していた。すなわち、一九九〇年から一九九五年にかけて米ドルはなおも下落を続け、九四年には円・ドル相場はついに一〇〇円を割り込み、九五年には歴史的な超円高（四月、一時七九円台）となった。

こうした円高の背景には、メキシコ危機を受けた国際通貨不安、日米貿易摩擦の交渉難航、米国の強引なドル安政策などがあった。円高に対応して、政府・日銀では、度重なる為替介入を行ったほか、歴史的な低水準への金利の引下げを行った。さらには、通貨外交面でも、G7による「ワシントン合意」（秩序ある為替相場の反転が望ましい旨声明）にこぎつけた。やがて、日米欧による協調介入が実現し、超円高はようやく是正へと向かった。

④二〇〇〇～二〇二〇年代 ——長期デフレ下の為替相場

二〇〇〇年以降の為替相場の動きについてみると、以下のとおりである（図14-4参照）。

（1）二〇〇〇～一二年（デフレ下・世界金融危機下での円高）

二〇〇〇年前後の「平成金融恐慌《きょうこう》」（銀行の倒産多発）をゼロ金利政策と量的緩和政策の導入で乗り切ったあとも不況は続いた。加えて二〇〇二～〇三年には、デフレのもとで再びドル安・円高が進み（一〇〇円台）、景気への懸念から、政府・日銀は巨額の為替介入を断行するとともに、事実上の「非不胎化政策」

図 14-4 為替相場の推移（2000〜2022年）

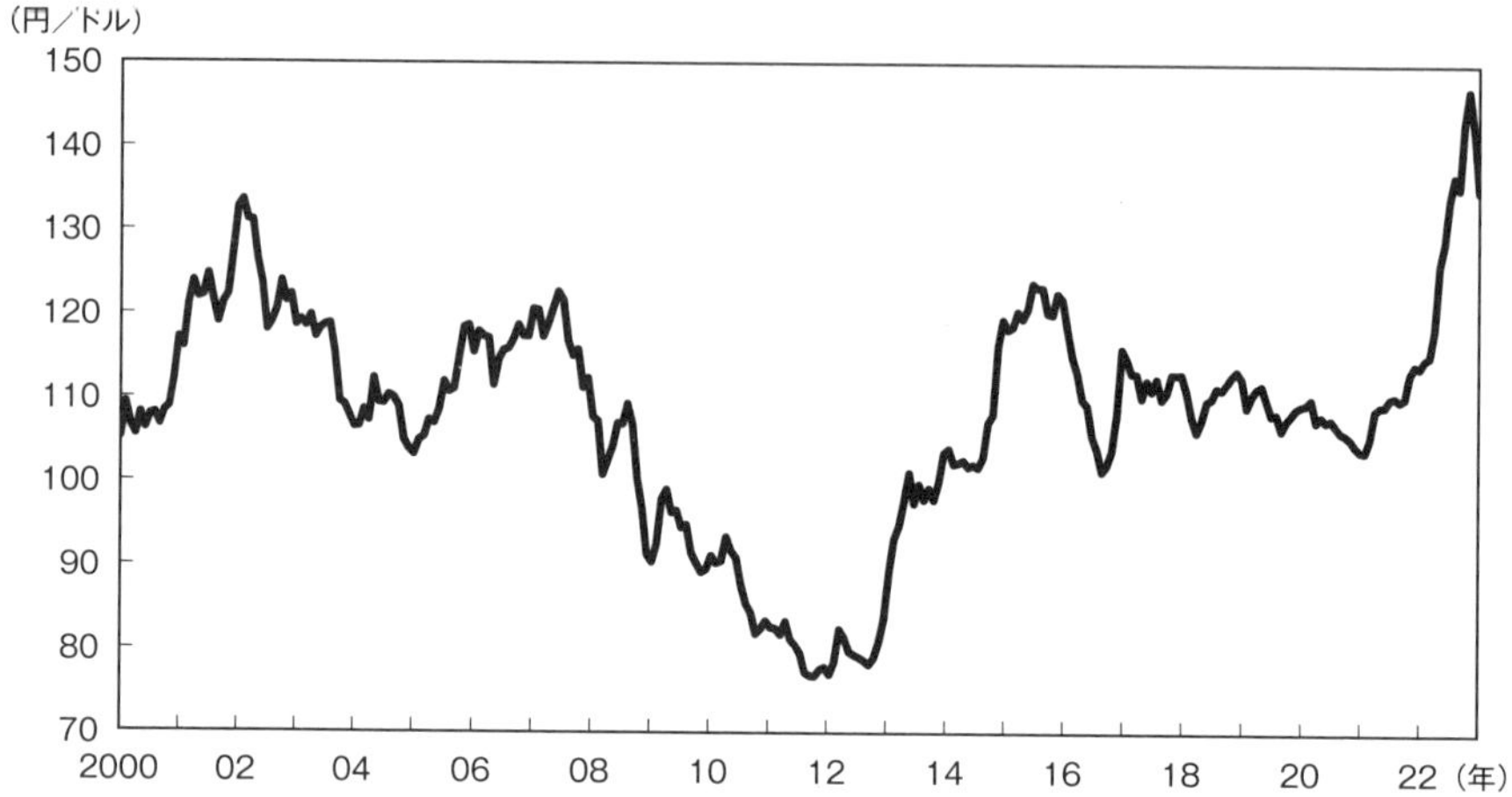

（注） 東京市場の円／ドルの直物レート（月中平均）.
（出所） 日本銀行.

（介入によって供給された円資金をオペ操作で相殺しない）による金融緩和を併用して、この困難を乗り越え、最悪期を脱した。

二〇〇八〜〇九年には、世界金融危機（サブプライム危機）や欧州債務危機（ユーロ危機）が勃発し、安全通貨とみられた円が買われて歴史的な円高となった（二〇一一年一〇月に対ドルで七五円台）。これに対しても政府・日銀は、数次にわたる為替介入や包括的金融緩和によって対応した。

（2）二〇一三年以降（異次元の金融緩和政策による円安化）

アベノミクスの一環となる「異次元の金融緩和政策」の導入（二〇一三年四月）によって、大幅な円安が進んだ。導入直後には四年ぶりに一〇〇円台に戻り、追加緩和（一四年一〇月）のあとは、ほぼ一二〇円台で推移した。円高修正は、株高や企業収益の好転をもたらし、デフレ・マインドの払拭にも効果があったものとされる。

もっとも二〇一六年以降は、英国のEU離脱、中国景気の悪化懸念など、先行き不透明要因が重なり、リスク回避の円買いからじわじわと円高方向に推移し、二〇一九年末には一〇九円台となった。

❺ 二〇二〇年代（コロナショックから金利差相場へ）

二〇二〇年にはコロナショックが発生し、米国FRBがゼロ金利政策を掲げ、大量の流動性を供給したため、ドル安（円高）が進み、二〇二〇年末には一〇三円台となったが、二〇二一年に入ると、米国が量的緩和の縮小（テーパリング）に転じるなかで、円安に転じた。さらに、二〇二二年入り後は、FRBが数次にわたり急ピッチの金利引上げを行う一方で、日銀は金融緩和を堅持したことから、日米金利差の拡大により急激な円安化が進み、二〇二二年初の一一五円台から、一〇月には一九九〇年以来三二年ぶりとなる一五一円台の円安水準となった。これに対して、政府・日銀では、円買い・ドル売りの為替介入で対抗し、年末には一三一円台へと戻した。

第15章 国際金融と国際通貨

金融取引は、国内にとどまらず、国境を越えてグローバルに行われる。こうした国際的な金融取引のことを一般に「国際金融」と呼ぶ。経済のグローバル化が進むにつれて、国際的な金融取引は一段と活発化し、「金融のグローバル化」が進んでいる。以下では、金融のグローバル化の現状を俯瞰したうえで、国際通貨と国際金融市場について解説する。

第1節　金融のグローバル化と国際金融取引の広がり

国内における自国通貨による取引を「国内金融取引」というのに対して、一般に、①国境を越えた金融取引や、②外貨による金融取引を「国際金融取引」という。金融のグローバル化に伴って、国際金融取引は拡大傾向にある。ここでは、それをいくつかの側面からみていこう。

1 国際銀行取引

まず、国際金融取引の代表的なものに、銀行による国際的な取引がある。つまり、銀行は、国内で自国通貨による貸出を行うのみならず、国境を越えて海外の企業などにも貸出を行うようになってい

オフショアセンター＝非居住者からの資金調達と非居住者に対する資金運用（いわゆる「外─外取引」）を金融規制や税制の面で優遇し、自由に行わせる市場のこと。租税回避のために使われることが多い。「タックス・ヘイブン」もここに入る。

図 15-1 国際銀行取引の内訳

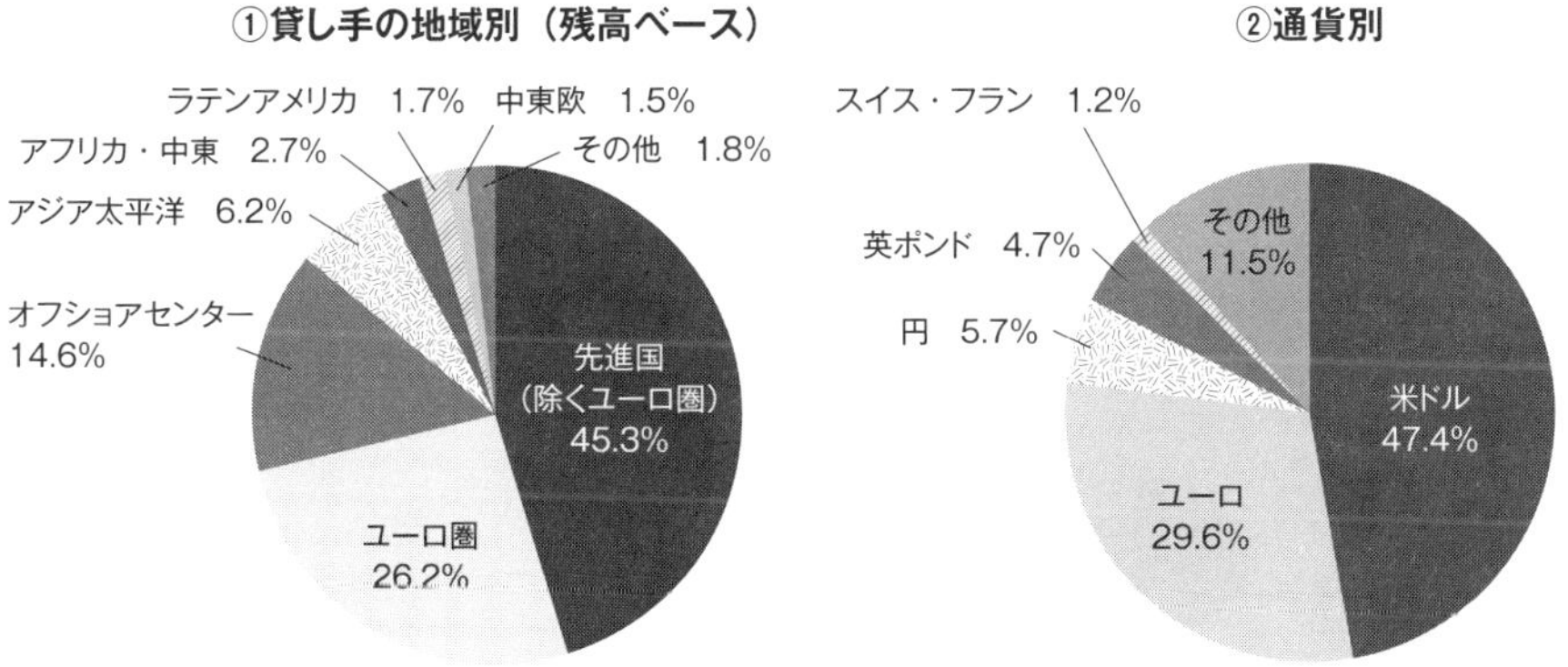

（注） 2022年3月末.
（出所） BIS統計.

る。

こうした国際銀行取引（国境を越えた貸付）の残高は、世界全体で三五・九兆ドルにも上っている（二〇二二年三月末）。内訳を地域別にみると、ユーロ圏以外の先進国による貸出が四五％、ユーロ圏による貸出が二六％を占め、オフショアセンター★の一五％がこれに次ぐ（図15-1の①）。また、通貨別の内訳をみると、ドル建てが五割と多く、ユーロ建てが三割でこれに次いでおり、この二つの通貨の重要性がわかる。円建ては第三位であるが、比率は六％にとどまっている（図15-1の②）。

2 国際債券の発行

金融のグローバル化は、債券発行の面でも進んでいる。発行体が海外市場で発行する「外債」や通貨発行国以外の市場（＝ユーロ市場、第3節を参照）で発行される「ユーロ債」などのいわゆる「国際債券」の発行が増加している。国際債券の発行残高は、世界で二七・八兆ドルと国際銀行取引の八割方の規模となっている（二〇二一年末）。

このうち、先進国の発行体による発行が約七割を占

図 15-2 国際債券の発行残高

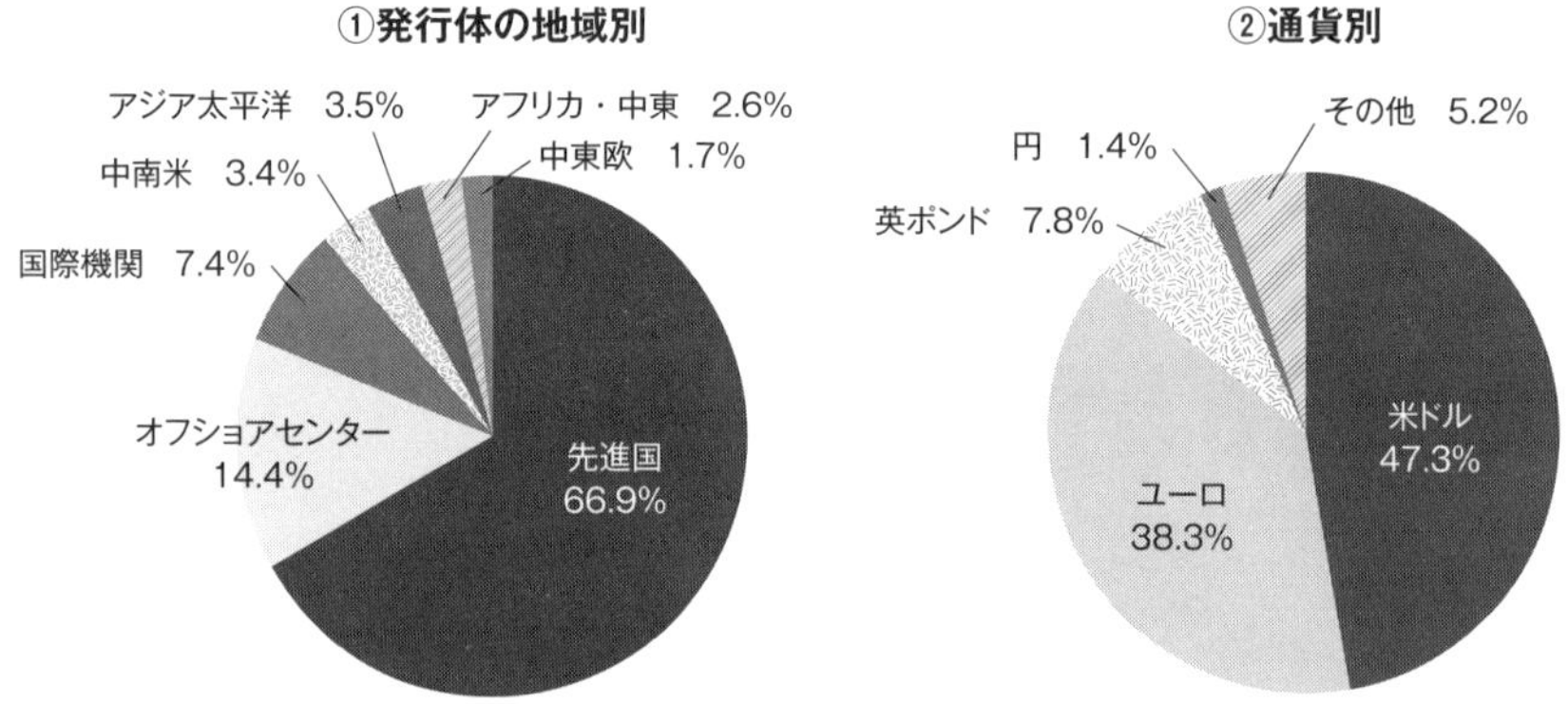

（注） 2021年末.
（出所） BIS統計.

めており、オフショアセンターの発行体や国際機関による発行が、これに次ぐ（図15-2の①）。通貨別にみると、ドル建てが五割弱、ユーロ建てが四割弱となっており、この二通貨で八割以上と圧倒的な割合を占める。これに英ポンド建て（八%）が続き、円建てはわずか一%台にすぎない（図15-2の②）。

3 外為取引

貿易取引や資本取引が異なる通貨で行われれば、それに伴って国内通貨と外貨とを交換する外為取引が必要となる。上記のような国際的な金融取引の増加や銀行間の活発な外為ディーリングなどにより、外為取引の額も拡大傾向にある。二〇二二年の世界の外為取引高（一日当たり）は、ドル換算で七・五兆ドルにのぼっており、二〇〇一年に比べて六倍以上に拡大している（図15-3）。

このように、銀行取引、債券発行、外為取引など、いくつかの面で金融のグローバル化が着実に進展していることがわかる。

図 15-3 世界の外為取引の取引高（1日当たり取引高）

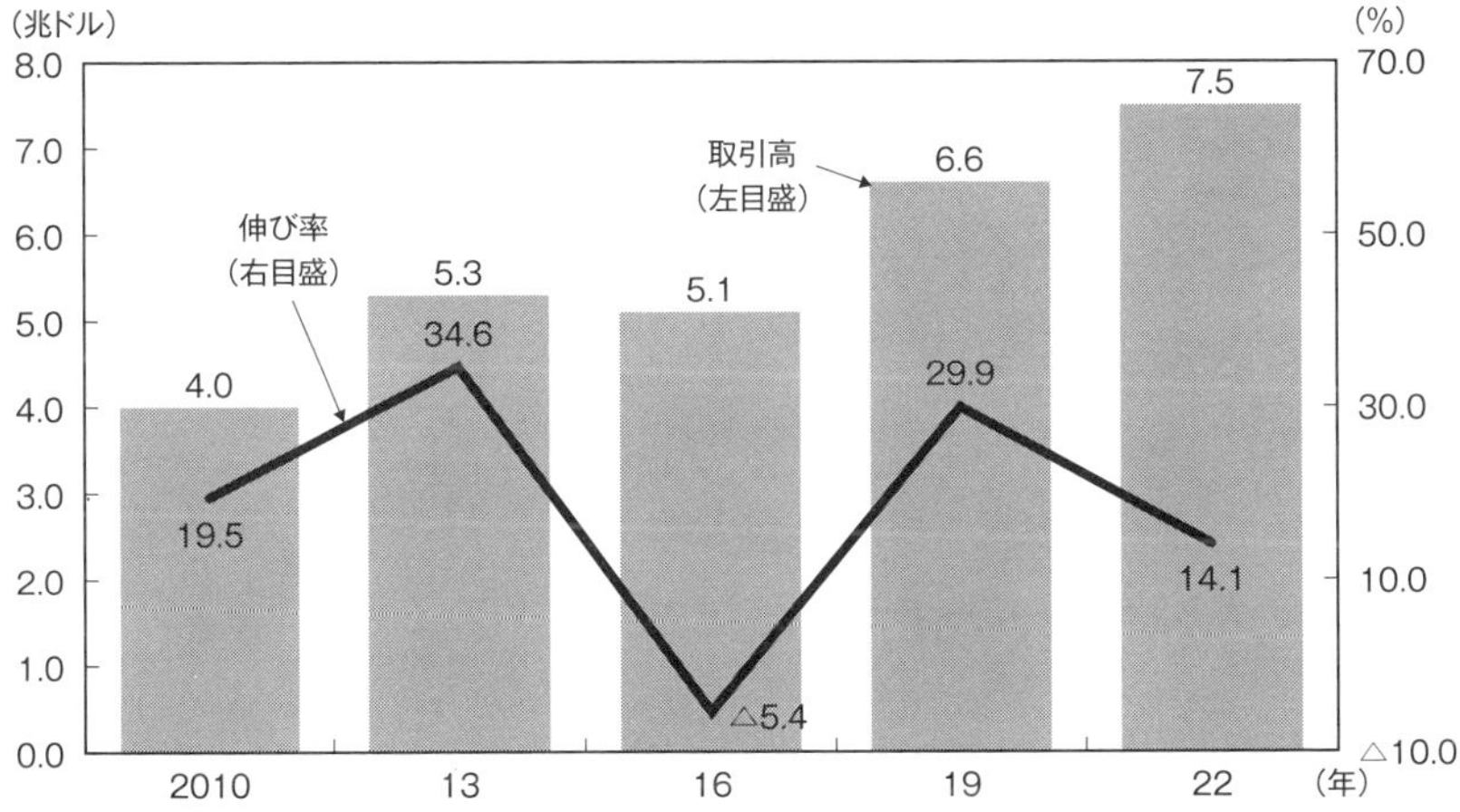

（出所） BIS統計.

第2節　国際通貨の現状

1 国際通貨の機能

国際的な取引の決済や外貨準備に幅広く用いられる通貨を「国際通貨」という。国際通貨には、米ドル、ユーロ、日本円、英ポンド、スイス・フラン、中国人民元などがある。国際通貨が果たしている機能としては、以下の五つを挙げることができる。

(1) 決済通貨としての機能　その通貨が、国際間の取引における決済に幅広く用いられることである。米ドルが、貿易取引等の決済通貨として世界で幅広く用いられているが、欧州およびその周辺地域ではユーロが、アジアでは日本円や人民元が、貿易通貨として一定の役割を果たしている。

(2) 準備通貨としての機能　その通貨が、各国の通貨当局が保有する外貨準備として幅広く用いられることである。外貨準備に占める各通貨の

外貨準備に占める主要通貨の割合＝二〇二二年末における割合。IMF統計。

米ドル	58.9%
ユーロ	20.6%
日本円	5.5%
英ポンド	4.8%
中国人民元	2.8%

図 15-4 媒介通貨の機能

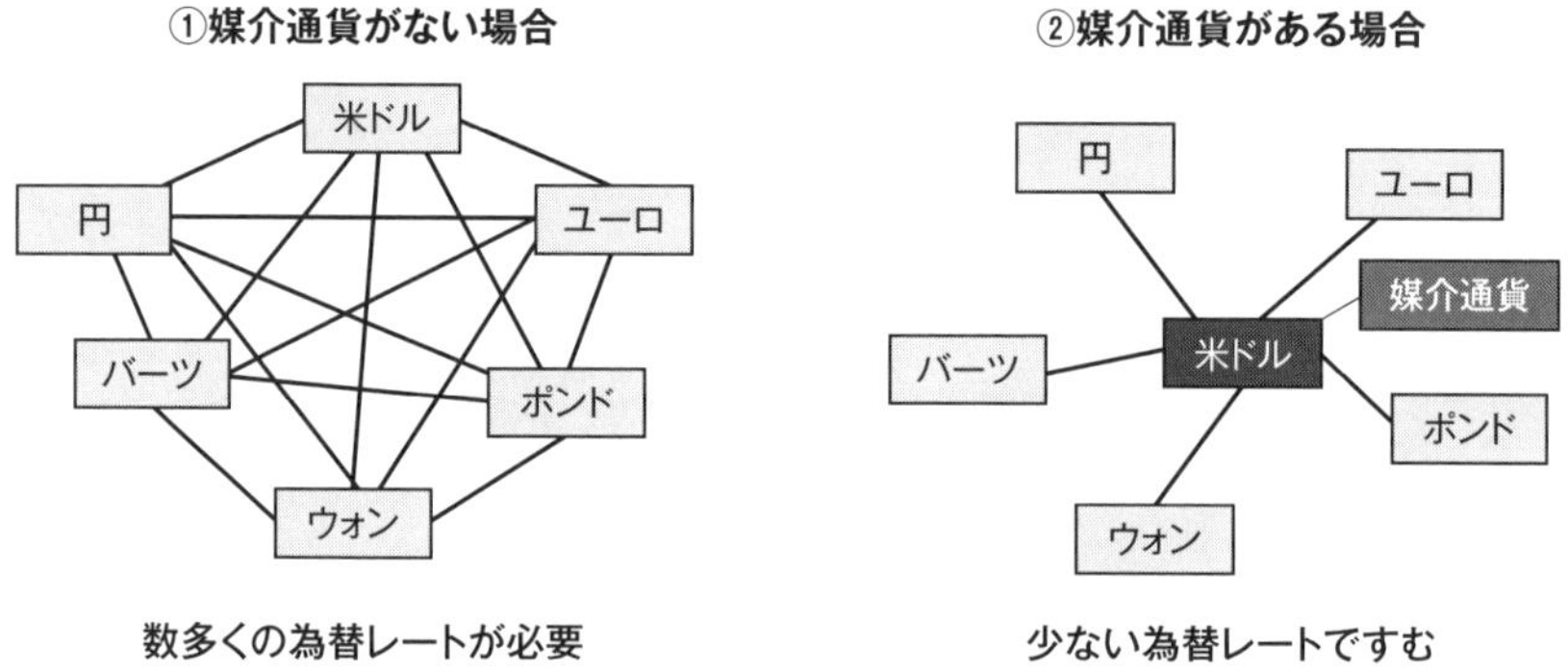

ウェイト★をみると、米ドルが依然として約六割を占めているが、二〇〇一年末の七割超から、徐々にその比率は低下しつつある。一方、二位のユーロが二割へとウェイトを高めてきている。日本円は、近年、英ポンドを抜いて三位となったが、ウェイトは六％とさほど高くない。

(3) 介入通貨としての機能　その通貨が、通貨当局の為替介入に幅広く用いられることである。対ドルでの為替レートを目標とするケースが多いことや、対ドル相場を調整すれば、他の通貨との関係も裁定取引を通じて調整されることから、介入通貨としては、米ドルが用いられる場合が多い。

(4) 国際取引の価格表示機能　その通貨が、国際商品価格の表示に幅広く用いられることである。原油や天然ガスなどのエネルギー価格、金などの貴金属、小麦・大豆などの穀物など、いわゆる国際商品市況の価格は、一般にドル建てで表示される。また、工業製品の貿易取引についても、米ドルが表示通貨として用いられる場合が多い。

(5) 媒介通貨としての機能　たとえば、日本円とタイ・バーツの取引を行う場合には、米ドルを間にはさんで、いったん円をドルに交換したうえで、ドルをバーツに交換するといった二段階の取引が行われる。このように使われる通貨を「媒介通貨」（ビークル・カレンシー）と呼ぶ。外為市場では、米ドルが媒介通貨として重要な役割を果たしている。これは、①媒介通貨があることで、少ない為替レートですむこと（米ドルとの関係さえわかればよい）、②マイナー通貨同士を直接取引する市場は、取引が薄く、発達していないこと、などによるものである（図15-4）。

❷――基軸通貨ドルの特殊性

（1）基軸通貨とは　国際通貨のなかでも、特に中心的・支配的な役割を占める通貨のことを「基軸通貨」（キー・カレンシー）と呼ぶ。基軸通貨には、その役割を果たしたが、その時代に最も経済力や政治力のある国の通貨が用いられる。一九世紀には英ポンドがその役割を果たしたが、第二次世界大戦後は米ドルが一貫して基軸通貨としての役割を担っており、「ドル基軸通貨体制」を確立している。近年、欧州単一通貨であるユーロが、徐々にその存在感を高めてきているが、まだ基軸通貨という位置づけには達していない。基軸通貨には、いったんその地位を確立するとそのまま使われ続けるという「慣性」（イナーシャ）と呼ばれる性質があり、容易に他の通貨に交代することはない。

（2）ドルの特殊性　ドルが基軸通貨となっていることにより、米国は、①自国通貨建てで取引ができることにより、為替リスクを負わない、②海外からの資金調達が容易である、③国際政治力・外交力が強化される、などのメリットを享受している。また、ドル基軸通貨体制によって、米ドルは特殊な立場にあり、ドルの発行国である米国とそれ以外の国々では、立場がまったく異なっている。

イ　国際収支への懸念　米国以外の国では、国際収支（経常収支）の赤字が続くと、ドル保有高が減少して、外貨準備高について懸念せざるを得ない。一方、米国の場合には、国際収支が赤字になると、他の国によるドル保有高である「対外債務」が増加するが、こうした米国の対外債務は、基軸通貨としての必要性や信認から、米国内への銀行預金や証券投資のかたちをとる。このため米国の場合には、国際収支の赤字が続いても海外から米国への投資が増加するだけであり、国際収支の赤字や対外債務の増加を気にする必要がない。この点は、常にドル保有高の減少や外貨準備の枯渇に配慮せざるを得ない米国以外の国とは、立場が大きく異なる。

ロ　国際流動性のジレンマ　世界貿易を円滑に拡大するには、「国際流動性★」（主に基軸通貨である米ドルの流通量）を増加させる必要があるが、一方で米国が世界に流動性を十分供給しようとすると、米国の国際収支が悪化して対外債務が増加し、ドルに対する信認の低下を招くことになりかねない。このように、基軸通貨による流動性の供給と基軸国の信認の維持を同時に達成することは困難であるというジレンマ（矛盾）のことを「国際流動性のジレンマ★」という。この問題は解消されたわけではなく、基軸通貨としてのドルの特殊性の持つ矛盾は残されたままである。

第3節　国際金融市場の現状

❶—国際金融センター

国際金融取引が活発に行われる市場のことを「国際金融センター」という。国際金融センターとなるには、まず、その国の経済力や政治力がある程度大きいことが必要であるが、このほかにも、①有力な金融機関が存在すること、②規制や税金などの負担が少ないこと、③金融の専門家や関連ノウハウが集積していること、などが必要条件となる。現在、こうした条件を満たしているロンドン★とニューヨークが世界の二大金融センターとなっており、フランクフルト、チューリッヒ、香港、シンガポール、東京などがこれに次ぐ位置づけとなっている。

国際流動性＝貿易や対外的な支払いなど、国際的な決済に利用できる対外的な支払手段の総称。国際流動性には、米ドルのほかに、各国が保有する金やＳＤＲ（特別引出権）等が含まれる。

国際流動性のジレンマ＝基軸通貨による国際流動性の増加とその通貨への信認とは両立が困難であることをいう。基軸通貨国である米国が、世界的な貿易の拡大に応じて、国際流動性を供給するためにドルを供給し続けると、米国の国際収支は大幅な赤字となり、ドルの信認が低下してしまう。一方、米国がドルの信認を維持するために、国際収支の赤字を縮小させる政策をとると、国際流動性が不足して、世界経済の成長を阻害してしまう。

英国のＥＵ離脱（ブレグジット）＝二〇二〇

年一月に、英国はEUから離脱した。これにより、「シングル・パスポート」(一つの国の承認により、EU域内の他国で金融サービスの提供を認める制度)を利用し、英国を拠点としてEU域内の各国へサービスを提供することが難しくなる。これを受けて、大手の金融機関が拠点を大陸欧州に移す例が目立っており、今後、国際金融センターとしてのロンドンの地盤沈下が懸念されている。

ユーロの意味＝「ユーロ市場」や「ユーロ通貨」における「ユーロ」は、こうした市場・取引の始まりが欧州であったことに由来するものであって、欧州単一通貨の名称である「ユーロ」とは意味が異なっている。

アジア・ダラー＝ユーロ通貨のうち、シンガポールや香港で取引さ

❷ ユーロ市場

(1) ユーロ通貨とユーロ市場 発行国以外の市場で取引される通貨のことを「ユーロ通貨」(ユーロ・カレンシー)と呼び、ユーロ通貨が取引される市場を「ユーロ市場」という★。たとえば、米国の国外で取引されるドルは「ユーロ・ダラー」、日本の国外で取引される円は「ユーロ円」と呼ばれる。

ユーロ市場は、もともと一九五〇年代初めに、冷戦の激化を背景に米国による資産凍結を恐れたソ連(当時)などの銀行が米国内にあったドル預金をロンドンに移したのが始まりである。このため、当初は、ロンドンにおいてユーロ・ダラーを中心に発達したが、その後、取扱通貨は、円、英ポンド、ユーロなどに拡大した。また、取引市場も、香港★、シンガポール、バーレーンなどに広がりをみせた。

(2) ユーロ市場における取引 ユーロ市場は、もともと銀行間で外貨の預金・貸出取引を行う「ユーロ・カレンシー市場」として発達した。当初は、短期取引が主体であったが、その後、中長期の貸出も行われるようになり、「ユーロ・クレジット市場」と呼ばれるようになった。また、起債も行われるようになり、「ユーロ債」(ユーロ・ボンド)が活発に発行されている。

ユーロ市場では、通貨発行国の金融規制や預金準備率が適用されないことや、税金の優遇、手続きの簡素化などから、取引コストや自由度の点で有利な点が多く、世界から多くの資金を引き付けて、活発な取引が行われている。

❸ オフショア市場

(1) オフショア市場とは 非居住者からの資金調達や非居住者への貸付など、「非居住者間の金融取引」(いわゆる外—外取引)について、国内の金融取引とは分別して、税制(源泉利子課税など)

れる米ドルは、一般に「アジア・ダラー」と呼ばれる。

東京オフショア市場（JOM）＝東京に創設されているオフショア市場であり、JOM（Japan Offshore Market）と呼ばれる。金融機関がJOMで取引を行うためには、「特別国際金融取引勘定」（JOM勘定）を開設し、国内資金取引とは区別して管理を行うこと（内外遮断）が必要である。JOM勘定による取引の相手方は、非居住者またはJOM勘定を持つ他の金融機関に限定される。

ヘッジファンド＝少数の投資家からの私募によって、大規模な資金

や各種規制（金利規制、支払準備義務、為替管理など）の対象外として、自由な取引を行わせる市場のことを「オフショア市場」という。

（2）オフショア市場のタイプ　オフショア市場には、いくつかのタイプがある。

イ　内外一体型　ロンドンや香港のように、国内金融の自由化が進んで、国内資金もオフショア資金も渾然一体となっているタイプである。これらは「オンショア市場」と呼ばれることもある。

ロ　内外分離型　アウト（外）―アウト（外）資金だけは、別途に厳重に管理して国内金融と一線を画しているタイプである。ニューヨークの「IBF」（International Banking Facilities）市場、シンガポールの「ACU」（Asian Currency Unit）市場、わが国の「東京オフショア市場★」（JOM市場）などがこれにあたる。

ハ　タックス・ヘイブン型　法人税や所得税などの税率が、きわめて低い国や地域のことであり、「租税回避地」ともいう。多国籍企業やヘッジファンド★などが自国での課税を逃れるために利用することが多く、節税を目的としたペーパーカンパニーが設立されているケースが大半である。このため、金融センターとしてはほとんど実体がない。タックス・ヘイブンとしては、中米のパナマやカリブ海諸国（ケイマン、バハマ、バミューダ）などが有名である。

第4節　欧州の通貨統合と「ユーロ」

❶　通貨統合への歩み

欧州における通貨統合への歩みは、一九六九年に開かれた「EC」（欧州共同体）の首脳会議から

を集めて運用する投資組織のこと。参加者が限られていることから、情報開示の義務や運用の規制などがなく、自由な運用が可能となっている。空売りやデリバティブを駆使して、投機的な投資手法により高い運用利益をあげようとする場合が多い。

ＥＵ（欧州連合）＝当初六カ国が加盟して発足した「ＥＣ」（欧州共同体）は、一九九三年のマーストリヒト条約によって「ＥＵ」（欧州連合）となった。その後、参加国は中東欧などに拡大し、加盟国数は二八カ国にまで増えた。二〇二〇年には英国が離脱し、参加国は二七カ国となった。

ユーロの導入国＝クロアチアが二〇二三年一月にユーロを導入し、ユーロ採用国は二〇カ国となった。

始まった。ＥＣは、一九七九年に「欧州通貨制度」（ＥＭＳ）を発足させた。すなわち、加盟国通貨のバスケットにより価値が決められる「欧州通貨単位」（ＥＣＵ）が導入され、また域内の為替相場安定のために、「為替相場メカニズム」（ＥＲＭ）が導入された。ＥＲＭは、①米ドルに対する共同変動為替相場制をとる、②参加各国の相場が対ＥＣＵの中心相場に対して、上下二・二五％の変動幅内に入るように介入を義務づける、③介入に用いる資金は相互に融通しあう、といった三点を内容としていた。

ＥＣは、「マーストリヒト条約」（一九九三年に発効）に基づいて、「ＥＵ」★（欧州連合）に改組された。通貨統合はこのＥＵのもとで、第一段階（資本の完全自由化と域内共通市場の完成）、第二段階（欧州中央銀行〈ＥＣＢ〉の創設、各国による財政赤字、インフレ率等の収斂《しゅうれん》基準の達成）、第三段階（単一通貨ユーロの導入とＥＣＢによる統一金融政策の実施）といったステップを経て進められ、ついに一九九九年一月一日に、単一通貨「ユーロ」が導入された。また、ユーロの紙幣・硬貨は、二〇〇二年一月から流通が開始された。ユーロの導入により、域内における為替リスクや為替コストが削減されている。

❷ 単一通貨「ユーロ」の導入とユーロ圏の金融政策

欧州単一通貨「ユーロ」が導入された時点の当初参加国は、ドイツ、フランス、イタリアなど一一カ国であったが、その後はバルト三国なども参加し、ユーロを導入した国は二〇カ国にまで拡大している。★これらユーロを用いる国の経済圏である「ユーロ圏」★（ユーロゾーン、ユーロランドともいう）の金融政策の運営は、「欧州中央銀行」（ＥＣＢ）が一元的に行っている。つまり、ユーロを導入した国では、ＥＣＢの単一金融政策に従う必要があり、各国が独自の金融政策を行うことはできない（独自の金融政策の放棄）。

ユーロ圏の経済規模＝二〇二一年の実績。GDPは購買力平価による。

	人口（億人）	世界のGDPに占めるシェア（%）
ユーロ圏	3.4	11.9
米国	3.3	15.7
日本	1.3	3.7
中国	14.1	18.6

最適通貨圏＝通貨統合によって、単一通貨を流通させるのに適した地域のこと。単一通貨を導入すると、為替レートの変動によって各国間の景気の差を調整できなくなるため、①経済の開放度、②景気循環の類似性、③労働の移動性、④財政を通じた再配分能力など、いくつかの条件が必要とされている。

3 国際通貨としての「ユーロ」

ユーロの導入以降、その利用は着実に進んでいる。ユーロ圏諸国の貿易のユーロ建ての比率は、輸出で約六割、輸入で約五割に達しており、国際的な債券の発行残高においては、ユーロ建てがドル建てに次いで四割を占めている。また、外為取引や外貨準備におけるユーロのシェアは、いずれもドルに次いで、それぞれ一六％、二一％を占めている。このように、ユーロは、多くの面で「第二の国際通貨」とはなっているが、その存在はいまだ米ドルの一極通貨体制を揺るがすには至っていないものとみられている。

この間、二〇一〇年には、ギリシャの財政危機が他国にも影響が飛び火するかたちで「欧州債務危機」（ユーロ危機）が発生して、ユーロへの信用低下や国債価格の暴落に見舞われた（補論2を参照）。IMFや欧州中央銀行（ECB）による積極的な政策対応により、やがて事態は沈静化したが、共通通貨としての構造的な欠陥が露呈したかたちとなり、「最適通貨圏★」としての適格性に疑問符が付く結果となった。

第5節 国際通貨を目指す「中国人民元」

1 人民元改革の動き

中国の人民元は、長年、ドルにペッグさせる固定相場制（一ドル＝八・二八元）をとっていたが、二〇一〇年からは「管理変動相場制」となった。この制度のもとでは、中国人民銀行が毎日決める対

国際金融のトリレンマ＝国際金融政策においては、①自由な資本移動、②金融政策の自律性、③為替レートの安定性という三つを同時に実現することはできないという理論。このため各国では、いずれか二つの組合せを選択せざるを得ない。中国では、独自の金融政策（②）と人民元レートの安定（③）を必要としているため、必然的に厳しい資本取引の規制を課さざるを得ない状況にあり、このトリレンマに直面している。

SDR（特別引出権）＝IMFが一九六九年に創設した国際準備資産であり、Special Drawing Rightsの略で「SDR」と呼ぶ。IMFでは、出資比率に応じて加盟国にSDRを配分しておき、加盟国が外貨不足に陥った場合には、SDRを対価として、主要国からドルなどの主要通貨を調達するこ

表 15-1 人民元改革の推移

時期	内容
2005年7月まで	ドルにペッグさせる「固定相場制」（1ドル＝8.28元）
2005年7月	「通貨バスケット制」を導入，変動幅は上下0.3%
2007年5月	変動幅を拡大（上下0.3%→同0.5%へ）
2008年6月	「ドル・ペッグ制」に復帰
2010年6月	管理変動相場制に移行
2012年4月	変動幅を拡大（上下0.5%→同1%へ）
2014年3月	変動幅を拡大（上下1%→同2%へ）
2015年12月	対ドル相場のほか，通貨バスケット（13通貨）も参照へ
2016年12月	通貨バスケットの構成を見直し（13通貨から24通貨へ）

（注） 変動幅は，1日当たりの許容変動幅.

ドルレートの「基準値」から一定の範囲でのみ、人民元レートの変動を認めている。この基準値には、当局の意向が反映されているものとみられている。

その後も、一日の変動幅を基準値から上下二％に拡大するなど、徐々に人民元レートの弾力性を高めてきたが、二〇一五年一二月には、対ドルレートだけでなく、一三通貨からなる通貨バスケットも参照する体制に切り替えた（表15－1）。

2 人民元の国際化

中国では、人民元の国際化を重要視しており、クロスボーダー取引における人民元の利用拡大を図っている。人民元に関する規制緩和は、経常取引では進展をみているが（貿易関係の支払いはほぼ自由化）、資本取引については、引き続き厳しい制約が続いている。これは、「国際金融のトリレンマ★」の観点から、自由な資本移動を制限する代わりに、金融政策の自由度や為替レートの安定性を確保しているためであるとみられている。

3 人民元のSDR採用

国際通貨基金（IMF）では、二〇一六年に、SDR★（特別引出権）の五番目の構成通貨として人民元を採用した。

とができる仕組みである。SDRは、国際流動性の不足を補うために創設されたが、日常の金融取引に用いられているわけではなく、補完的な国際準備通貨としての象徴的な意味合いが強くなっている。

図 15-5 SDRの仕組み

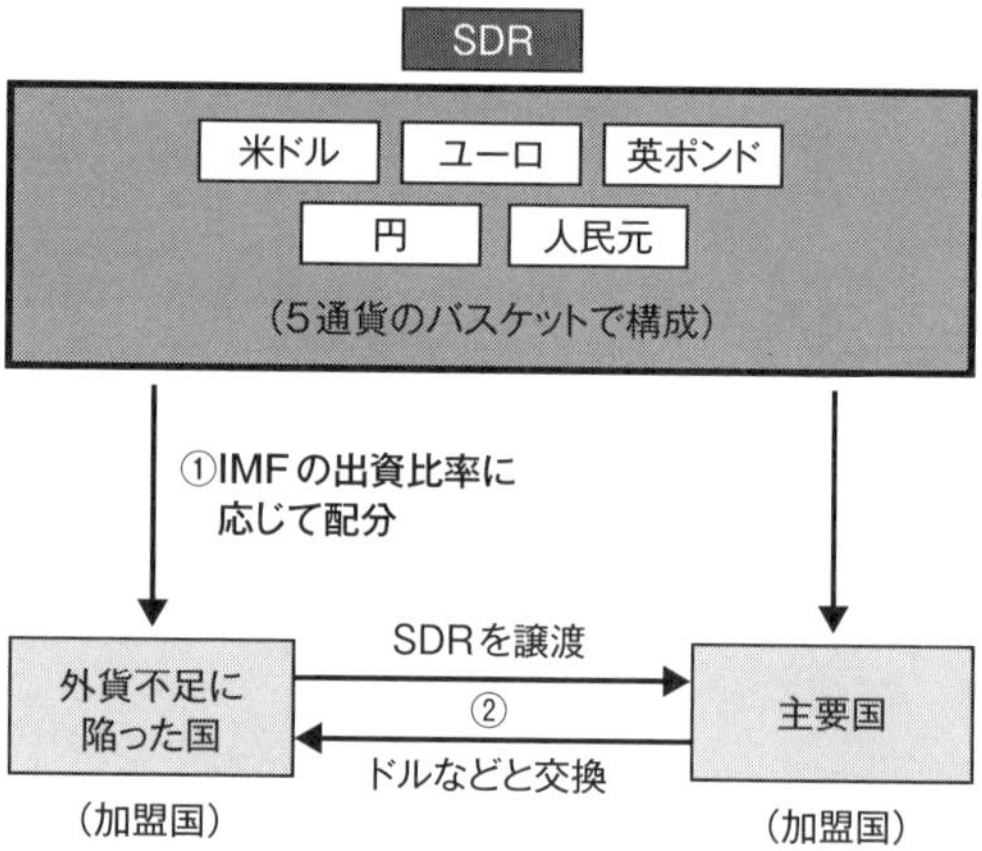

SDRの構成通貨は、従来、米ドル、ユーロ、円、英ポンドの四通貨であったが、人民元がこれに加わることにより、国際通貨としての位置づけが高まったものとみられている(図15-5)。

もっとも、前述のように、国際金融取引に関する資本規制がいまだ多く残っており、取引の自由度が低いことや、先進国のような完全な変動相場制ではなく、中央銀行が為替レートを管理する「管理変動相場制」を維持していることなどから、人民元の国際化への道のりは、平坦ではないものとみられる。

【補論1】国際通貨制度の変遷

「国際通貨制度」とは、貿易取引や金融取引をどのように国際的に決済するかという仕組みである。国際通貨制度は、「金本位制」から「ブレトンウッズ体制」(固定相場制)へ、そして「固定相場制」から「変動相場制」へと変遷を遂げてきた。

❶ 国際金本位制

「金本位制」とは、通貨の価値を金価格に基づいて設定する制度である。世界の主要国が金本位制を採用していたのは、①一八七〇年ごろから第一次世界大戦(一九一四〜一八年)までと、②一九二〇〜三〇年代の二つの時期であり、この時期の通貨制度を「国際金本位制度」という。この制度のもとでは、各国の通貨は、金との交換比率である「金平価」を定めて発行され、各通貨間の交換比率は、金平価の比率によって決定された(図15-6)。

金本位制は、国際収支を均衡させる効果があるものとされていた。すなわち、ある国で景気が過熱すると、輸出の減少と輸入の増加によって国際収支が赤字となり、この赤字の支払いのために、金が国外へ流出する。すると、金準備の減少に対応して国内通貨量を減らすこと(金融引締め)が必要となるため、景気は悪

図 15-6 金本位制の仕組み

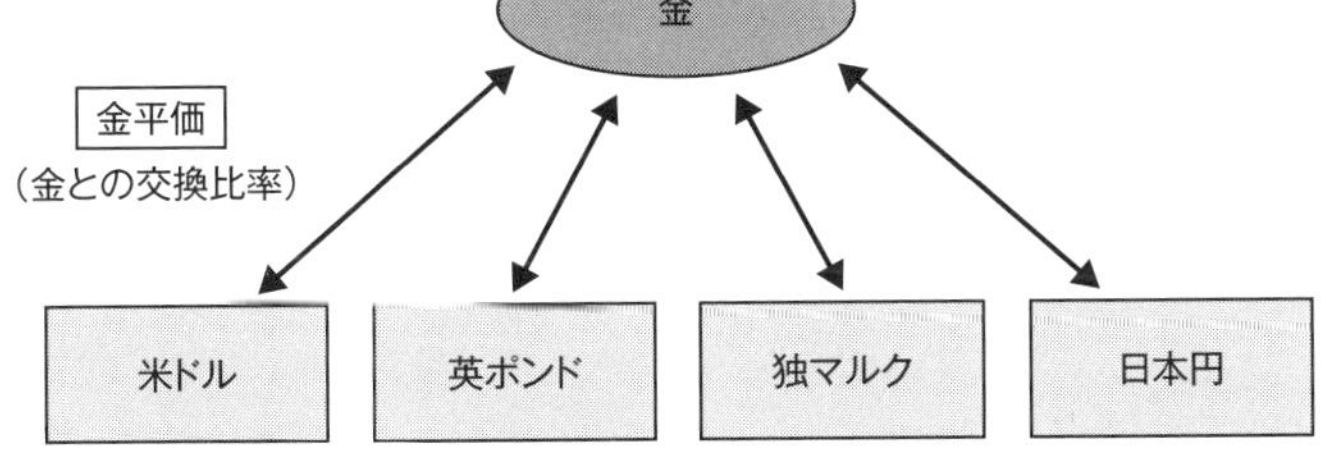

化する。そして、景気が低迷すると、輸出増と輸入減によって国際収支が好転し、今度は国内に金が流入するという仕組みであった。

第一次世界大戦前には、英国が世界で最も強大な経済力を持ち、それを背景に英ポンドが国際通貨としての地位を獲得していた。英ポンドを仲介とする国際金本位制では、英国が「世界の銀行」として機能することにより、為替相場の安定がもたらされていた。

主要国では、第一次世界大戦の勃発により、いったん金本位制を停止したが、その後、一九二〇年ごろから順次、金本位制に復帰した。しかし、一九二九年に始まった大恐慌《きょうこう》は、各国で大不況や大量の失業を引き起こした。これに対し各国では、輸出拡大による景気回復を図るため、自国通貨の切下げ競争に走った。また、切下げが予想される通貨を金に交換する動きが強まり、金が大量に流出する事態となった。金流出の勢いが増すなかで、英国では、一九三一年、ついに金本位制を放棄せざるを得なくなった。これに続いて、米国、フランス、日本などの主要国も、一九三〇年代に次々と金本位制を離脱していった。こうして国際金本位制は崩壊することとなった。

❷——ブレトンウッズ体制

第二次世界大戦を経て、米国の圧倒的な経済力を背景に成立したのが「ブレトンウッズ体制」である。この体制は、一言でいうと、米国が、その経済力を背景に米ドルを軸に国際通貨体制を支える仕組みであった。すなわち、この制度では、米ドルの「金平価」（金とドルとの交換比率）を、金一トロイ・オンス＝三五ドルと定め、金との交換を保証した。他の国は、すべて米ドルに対して平価を定めることとされ、円は一ドル＝三六〇円とされた。これにより、各国は米ドルを経由して、実質的には金に対する平価を設定したことになった。各国は、自国通貨のレートを、ドルに対する交換比率の上下一％以内に維持することが義務づけられた（図15-7）。この交換比率は、国際通貨基金（ＩＭＦ）が設定したため、「ＩＭＦ平価」と呼ばれた。

このようにブレトンウッズ体制は、各国通貨とドルとの間の固定相場の維持を基本としていた。各通貨の米ドルに対するＩＭＦ平価は、「基礎的な不均衡」が存在するとＩＭＦが認めた場合にのみ変更することができたため、「変更可能な固定相場制」（アジャスタブ

図 15-7 ブレトンウッズ体制の仕組み

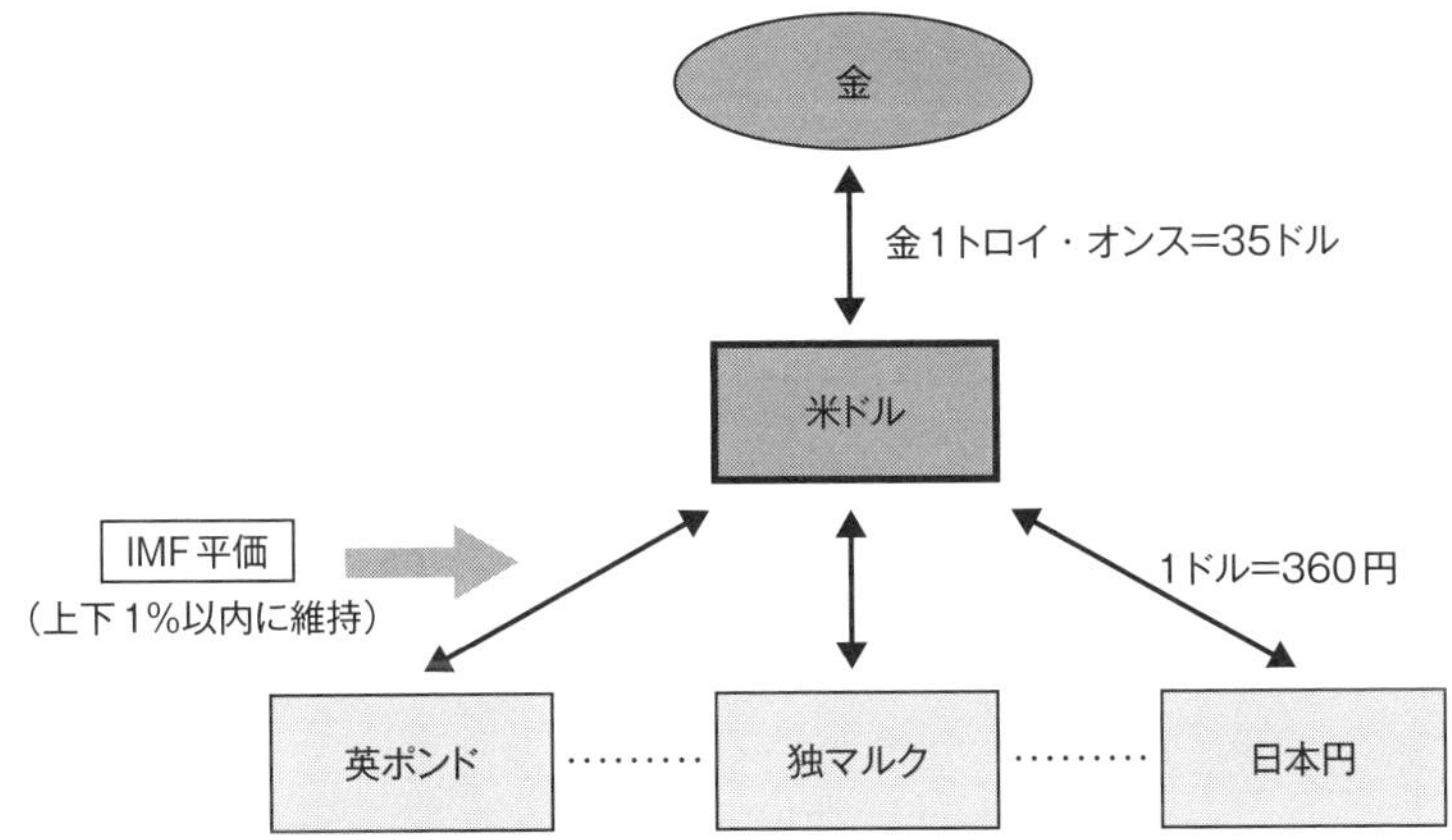

ル・ペッグ制)といわれた。

この体制は、ドルを経由した「金本位制の変形」とみることもできるが、実際に平価の維持にあたっては、米国を除く各国の通貨当局は、対ドルでの為替介入を行うなど、金とのリンクは名目的なものにとどまっており、同体制の本質は、実質的には「ドル本位制」であったといえる。こうした体制のもとで、ドルは、貿易などの決済通貨、外貨準備のための準備通貨、原油など国際商品の表示通貨などとして幅広く用いられるようになり、「基軸通貨」(キー・カレンシー)となっていった。

3 変動相場制への移行

一九六〇年代になると、ブレトンウッズ体制にはいくつかの問題が露呈した。一つは、ドル不安を映じた金価格の上昇であり、六七年以降、金価格はドルの金平価を上回るようになり、ドルの金平価は有名無実化した。この時点で、国際金本位制は事実上崩壊したものといえる。二つ目は欧州通貨市場の混乱であり、英ポンドの平価切下げ、仏フランの平価切下げ、独マルクの平価切上げなどが相次ぎ、通貨不安が頻発した。

そして三つ目は、米国の国際収支の悪化である。ベトナム戦争などによって米景気が過熱し、国際収支が大幅な赤字となった。このため、ドルの切下げ予想が強まり、巨額の資本が米国から流出する事態となった。

こうした状況下、一九七一年八月に、米国のニクソン大統領は、突然、ドルと金との交換停止を発表した。この発表は、世界にきわめて大きな驚きを与えたため「ニクソン・ショック」と呼ばれた。このニクソン・ショックにより、ブレトンウッズ体制にはピリオドが打たれた。

ドルと金との交換停止により、各国では、一時的に変動相場制へ移行した。しかし、固定相場制への復帰を望む主要国では、同年一二月に、ワシントンのスミソニアン博物館で主要一〇カ国による通貨調整会議を開いた。ここで、ドルの金平価を金一トロイ・オンス＝三八ドルに変更するとともに、ドルを各通貨に対して大幅に切り下げて、ドルに対する各通貨の基準為替相場（中心レート）が合意され（「スミソニアン合意」といわれる）、各国はいったん固定相場制に復帰した（円の中心レートは一ドル＝三〇八円）。

しかし、この合意による固定相場制も長続きせず、相次ぐ為替投機の発生などにより、通貨当局の介入によっても固定相場を維持することが困難となった。そして主要国は、一九七三年二～三月にかけて一斉に「変動相場制」（フロート制）に移行し、現在に至っている。

【補論2】国際金融危機の発生

世界経済は、近年、何度もグローバルな金融危機に見舞われている。一九九〇年代には、過大な対外債務を背景として、「メキシコ通貨危機」(九四〜九五年)、「アジア通貨危機」(九七〜九八年)、「ロシア通貨危機」(九八年)などが発生した。さらに、二〇〇〇年代に入っても、米国の住宅バブルに端を発した「サブプライム危機」やギリシャの財政危機を契機とした「欧州債務危機」などが発生している。こうした危機は、通貨危機、銀行危機、国家債務危機、国際収支危機などのかたちで、またはこれらの複合的な危機として発生している。以下では、主要な三つの危機について、詳しく述べる。

❶——アジア通貨危機

(1) 危機の背景・特徴　一九九七年七月にタイ・バーツが急落したのをきっかけとして、東アジア諸国の通貨が連鎖的に急激に下落し、これがアジアの広囲にわたって金融経済の大混乱をもたらした。これを「アジア通貨危機」と呼んでいる。

当時、東アジア諸国は、外資導入に依存した輸出主導型の成長戦略をとっており、このため為替制度は、事実上の「ドル・ペッグ制」(自国通貨のドルに対する固定相場制)を採用していた。このドル・ペッグ制は、為替安定による外資導入の促進を狙ったものであったが、他方、長期的な資金を短期借入で、しかも国内で使う資金を外貨建てで調達するという「ダブル・ミスマッチ」のリスクを内包するものであった。そのリスクが「強いドル政策」をとった米国のドル高指向につれて顕在化し、ヘッジファンドなどの投機筋に狙われるところとなった。

(2) 危機の発生・拡大の経緯　通貨危機は、まずタイで発生した。事実上の「ドル・ペッグ制」をとっていたタイ・バーツは、ドル高に連動したことによって過大に評価されていた。ヘッジファンドなどの投機筋は、地元金融機関の信用不安を機にバーツ売りの投機を仕掛けた。当局では、当初はバーツの買支えを行ったが、やがて外貨準備が払底したため、ドル・ペッグ制を放棄して変動相場制への移行を余儀なくされた。その結果、バーツは短期間に大暴落（約四〇％下落）した。これにより、タイ経済が抱えていた問題（外資への過度の依存、不動産投資の過熱など）が一挙に噴出し、経済は大混乱に陥った。

通貨危機や経済の混乱は、近隣のインドネシア、フィリピン、マレーシア、シンガポール、さらには香港や韓国にまで飛び火し、各国の為替レートや株式市況が軒並み急落した。この影響から、各国では多くの金融機関が経営破綻に陥り、金融危機の様相を呈した。

(3) 危機への政策対応　こうした事態に対して、IMFを中心に、タイ、インドネシア、韓国の三カ国に対して大規模な支援策がまとめられた。しかし、各国の経済的な混乱は大きく、アジア諸国では、数年間にわたってマイナス成長を余儀なくされた。この通貨危機を経て、アジアの多くの国では、為替制度を実質ドル・ペッグ制から、変動相場制に変更した。危機の再発防止に向けて「域内通貨スワップ協定」も締結された。

❷ 世界金融危機（サブプライム危機）

(1) 危機の背景　二〇〇八年九月、米国での住宅バブルの崩壊を背景に起こった投資銀行大手のリーマン・ブラザーズの破綻（いわゆる「リーマン・ショック」）は、米国の金融市場を麻痺させただけでなく、瞬く間に欧米やアジア諸国の金融・資本市場をも混乱の渦に巻き込み、世界的な金融危機が発生した。この金融危機は、各国の実体経済にも深刻な悪影響を及ぼし、世界経済は「一〇〇年に一度の経済危機」に陥った。

(2) 危機の発生・拡大の経緯

イ　米国住宅バブルの崩壊　危機の背景には、米国における住宅バブルの発生があった。二〇〇〇年から二〇〇六年にかけてのブームを加速させたのは、過度の金融緩和とサブプライム・ローンの盛行であった。また、関連業界に対する監督・規制も不十分であった。

「サブプライム・ローン」は、信用力の低い個人向けの住宅ローンである。借入当初の二〜三年は優遇金利が適用され、その後は金利が急激に引き上げられる仕組みとなっていたため、それまでに住宅価格が値上がりしていれば、住宅の値上がり分での追加借入や、低金利ローンへの借換えにより対応が可能であった。このように、住宅価格の値上がりを前提にしたローンであったため、二〇〇六年夏ごろをピークに住宅価格が下落に転じると、ローン返済の延滞率が急速に上昇した。

サブプライム・ローンが世界的な問題へと発展した背景には、同ローンが「証券化」という仕組みによって資産担保証券にかたちを変え、世界中の機関投資家に広く販売されていたことがあった。この証券化の過程では、まず、サブプライム・ローンをもとにした「住宅ローン担保証券」（RMBS：一次証券化）が組成・販売されたあと、売れ残ったRMBSが他の一般の貸付債権などと組み合わされて、さらに「債務担保証券」（CDO）として証券化（二次証券化）されて販売された。こうした度重なる証券化が、リスクの世界的な拡散とリスクの所在の曖昧さをもたらす結果となった。

サブプライム・ローンの延滞率の急上昇を受けて、RMBSやCDOなどの証券化商品の価格が大幅に下落した。二〇〇七年八月、仏銀大手のBNPパリバが、証券化商品での運用を行っていた傘下ファンドの解約を凍結したこと（いわゆる「パリバ・ショック」）を契機に、サブプライム・ローン問題は一挙に表面化することとなった。

ロ　証券化による問題の拡大　世界中の投資家が、住宅ローン担保証券（RMBS）や債務担保証券（CDO）を買っていたことが、サブプライム・ローン問題を拡大・複雑化させた。元となっているサブプライム・ローンが焦げ付くと、これら証券化商品は相次いで大幅に値下がりした。投資ファンドは、証券化商品を担保として短期資金を調達し、新たな証券化商品を買うという行動により、高いレバレッジをかけて、自己資金の何倍もの投資を行っていた。このため、資金調達ができなくなると、保有証券の投売りを余儀なくされ、証券化商品が全面的な大暴落となった。額面割れが発生した投資信託には解約が殺到し、さらには信用リスクをヘッジするための「クレジット・デフォルト・スワップ」(CDS)というデリバティブ商品にも深刻な影響が出た。このため、投資銀行、大手銀行、投資ファンド、住宅ローン会社などに巨額の損失が発生した。震源地の米国はもちろん、欧州の金融機関でも巨額の損失が発生し、そのため欧米の金融市場が大きく動揺した。こうした状況下、英国のノーザン・ロック銀行の経営破綻(二〇〇七年九月)に次いで、二〇〇八年三月には米国の大手投資銀行であったベア・スターンズが破綻した。このときにはFRBの支援のもと、JPモルガン・チェースが救済合併したため、大きな混乱はなく、いったんは小康状態となった。

ハ　リーマン・ショックの発生　二〇〇八年九月に、大手投資銀行リーマン・ブラザーズが突然、破産法を申請し、経営破綻した。これをきっかけに、金融市場は一気に危機的な状況に陥った(「リーマン・ショック」の発生)。大手の投資銀行が、政府の救済もなく、突然破綻したことにより、金融機関はお互いのリスクに疑心暗鬼となり、資金の出し手が不在となって、金融市場は凍り付いて機能不全に陥った。このため、大手銀行が次々に流動性不足となり、経営危機に陥った。信用不安は、米国から欧州、アジア、新興国へと伝播し、危機は全世界へと広がった。世界の株価も大幅に下落し、「世界金融危機」と呼ばれる深刻な事態が発生した。

この世界的な金融危機は、実体経済面にも大きな影響を及ぼした。震源地の米国経済では、戦後最悪のマイナス成長となり、失業率もこの間、五%から一〇%へと急上昇した。世界経済も戦後初めてのマイナス成長となった。

(3)　危機への政策対応　こうした金融危機の発生を受けて、各国の政府・中央銀行では、危機の拡大を食い止めるために、緊急対応を進めた。一つは、経営難に陥った個別金融機関への支援策であり、大手銀行に対する流動性供給、不良資産の買取りなどが行われた。もう一つは、機能不全に陥った金融市場の機能回復に向けた取組みであり、中央銀行による各種資産(証券化商品、国債、社債など)の買取プログラムが相次いで実施された。

一方、各国の政府では、経済の落込みを脱すべく、財政面から大幅な景気刺激策を実施し、中央銀行でも大胆な金融緩和策をとった。すなわち、政策金利の大幅な引下げ（主要国でゼロ金利政策を導入）に加えて、異例となる量的・質的な金融緩和策をとった。

（4）危機の後遺症　こうした各国の対応により、未曽有の金融危機と景気後退は、二〇一〇年ごろにはほぼ下げ止まり、景気は緩やかながら回復へと向かった。しかしながら、大規模な財政出動を受けて、先進各国の財政状況が軒並み大幅に悪化するなどの後遺症を残した。また、国際的な金融危機を招いてしまった反省から、金融規制の強化に向けて、BIS規制の強化（「バーゼルⅢ」の導入）や、米ドッド・フランク法の制定などの取組みが進められた。「ドッド・フランク法」には、銀行がリスクの高い取引（自己勘定売買やファンド出資）を行うことに対する規制（いわゆる「ボルカー・ルール」）が盛り込まれた。

3　欧州債務危機（ユーロ危機）

（1）危機の背景・特徴　二〇一〇年に、財政悪化をきっかけとして、ギリシャの債務危機が発生した。これは、ギリシャ一国にとどまらず、一気に南欧諸国へと伝播し、さらにその悪影響はユーロ圏全体にも及んだ。これを一般に「ユーロ危機」と呼んでいる。

ユーロ危機の背景には、①南欧諸国などにおける放漫な財政運営や、②ユーロ域内における南北の構造的格差、などが複雑に絡んでいた。このため、EUやIMFによる救済策の実施により、急性のパニックはいったん沈静化したものの、その後も幾度となく燃え上がり、欧州経済の停滞となって長く尾を引いた。

（2）危機の発生・拡大の経緯　二〇〇九年一〇月、ギリシャの政権交代を機に、隠蔽されていた巨額の財政赤字が発覚し、同一二月にはギリシャの国債が格下げされた。これにより、財政不安が一挙に広がり、ギリシャ国債が急落（利回りは急上昇）し、ギリシャ政府は資金繰り難に陥った。二〇一〇年に入り、財政状況が厳しい他の国（アイルランド、ポルトガル、スペイン、イタリアなど）にも、この影響が飛び火した。財政悪化国のデフォルト（債務不履行）への懸念は、これら政府の国債を大量に保有する欧州系銀行の経営不安につながり、ユーロ圏内の金融システムを揺るがした。信用不安は、大幅な株安やユーロ安を生み、金融市場は混乱して金融パニックの様相を呈した。

震源地となったギリシャでは、EU、IMFなどによる共同支援（後述）が実施されたものの、二〇一二年三月には事実上のデフォルト（ギリシャ国債の保有者に対し、五割以上の元本カット）に陥った。危機は、その後も慢性化し、ギリシャのユーロ離脱危機（一二年）、スペインの銀行国有化危機（一二年）、ギリシャの反財政緊縮策への民衆の反発（一五年）など、混乱が尾を引き、欧州経済に深い傷跡を残した。

（3）支援策の実施　事態を重くみたEUでは、二〇一〇年五月に、IMFと協調してギリシャに対する金融支援を行った。また、同年六月には、資金調達が困難になった国に資金援助を行う「欧州金融安定化基金」（EFSF）を設立した。さらに二〇一二年一〇月には、危機対応のための恒久的な機関である「欧州安定メカニズム」（ESM）を設立した。

EUでは、こうした枠組みを活用しながら、その後は、危機に陥ったアイルランド、ポルトガル、スペイン、キプロスへの支援も行い、ギリシャに対しては、三回にわたる支援が行われた。

この間、欧州中央銀行（ECB）でも、緊急的な流動性供給対策として、国債を購入する「国債買入プログラム」を導入した。その後ECBでは、二〇一四年には、中央銀行預金（超過準備）へのマイナス金利の導入、二〇一五年には量的緩和の導入・拡大などを実施した。ECBの大規模な量的緩和政策は、二〇一八年末まで継続されることとなった。

主要金融年表（最近10年分）

年	国内関係	海外関係
2013（平成25）	1月　政府・日銀が脱デフレ共同声明 1月　日銀，インフレ目標（消費者物価の前年比で+2%）を導入 3月　黒田日銀総裁が就任 4月　日銀，「量的・質的金融緩和」を導入 5月　円高修正，4年ぶりに1ドル100円台	4月　G20，日銀の脱デフレのための金融緩和を容認，通貨安批判を回避 5月　欧州中銀，0.25％利下げ（政策金利を0.5％へ） 5月　米FRB議長，金融緩和の縮小スケジュールに言及 7月　EU28カ国へ（クロアチアが参加） 9月　EU，域内銀行監督の一元化で基本合意 11月　欧州中銀，0.25％利下げ（政策金利を0.25％へ） 12月　EU，域内銀行破綻処理の一元化で基本合意
2014（平成26）	1月　日本版ISA（NISA）がスタート 2月　日銀，貸出増加支援制度と成長基盤融資制度を拡充 4月　消費税を増税（5%から8%へ） 10月　日銀，追加金融緩和を実施（国債購入を30兆円増加，ETF・J-REITの購入を3倍増へ） 11月　消費税の8％から10％への引上げを1年半延期 12月　日本国債を格下げ（ムーディーズ）	1月　ユーロ圏，18カ国へ（ラトビアが参加） 1月　米FRB，量的緩和を縮小へ 2月　米FRB議長が交代（バーナンキからイエレンへ） 2月　英中銀，失業率目標を撤回 3月　米FRB，失業率目標を撤回 3月　中国，人民元の変動幅を拡大（上下1％から同2％へ） 6月　欧州中銀，0.1％利下げ（政策金利を0.15%へ），預金ファシリティ金利を△0.1％へ（主要国では初のマイナス金利） 9月　欧州中銀，0.1％利下げ（政策金利を過去最低の0.05%へ），預金ファシリティ金利を△0.2％へ 10月　欧州中銀，資産担保証券の買入れを開始 10月　米FRB，量的緩和（QE3）を終了
2015（平成27）	11月　日本郵政，ゆうちょ銀行，かんぽ生命の3社が東証に上場 12月　日銀，金融緩和の補完策を導入（ETFの買入枠の増加，長期国債買入れの平均残存期間の長期化，J-REITの銘柄別買入限度額の引上げ）	1月　ユーロ圏，19カ国へ（リトアニアが参加） 1月　欧州中銀，量的金融緩和の導入を決定（2016年9月までの予定） 6月　中国ショック（上海の株価急落），中国人民銀行が金融緩和へ（政策金利の引下げ）

年	国内関係	海外関係
2015（平成27）		7月　ギリシャ金融支援に合意（第2次ギリシャ危機収束） 8月　中国人民元の切下げ（2%） 10月　中国が追加金融緩和 12月　欧州中銀，量的金融緩和を延長（2017年3月まで），預金ファシリティ金利を△0.3%へ引下げ 12月　米FRB，9年半ぶりに利上げ（FF金利を0.25～0.5%へ） 12月　アジアインフラ投資銀行（AIIB）が設立
2016（平成28）	2月　日銀，「マイナス金利付き量的・質的金融緩和」の導入（当座預金の一部に△0.1%のマイナス金利を適用） 6月　消費税の10%への引上げを再延期（2019年10月へ） 7月　日銀，追加金融緩和を実施（ETFの買入れ額を倍増，邦銀のドル資金調達の支援策を強化） 9月　日銀，金融緩和の「総括的な検証」を公表，「長短金利操作付き量的・質的金融緩和」を導入（イールドカーブ・コントロールとオーバーシュート型コミットメントの導入）	2月　世界同時株安（原油安，中国のバブル崩壊，米国の景気減速懸念など） 2月　中国が追加金融緩和 3月　欧州中銀，追加緩和（政策金利を0%に引下げ，預金ファシリティ金利を△0.4%へ引下げ，資産買入れの規模を拡大，買入対象に社債を追加，4年物の長期資金供給策を追加） 6月　英国が国民投票でEU離脱を決定（EU離脱ショックで，株価急落，円高騰） 8月　英中銀，7年ぶりに利下げ（政策金利を0.25%へ） 10月　IMF，中国人民元をSDRの構成通貨に採用 12月　欧州中銀，量的金融緩和を縮小して延長（国債などの購入減額） 12月　米FRB，利上げ（FF金利を0.5～0.75%へ）
2017（平成29）	4月　日銀，景気判断で「緩やかな拡大」と表現 5月　有効求人倍率（4月，1.48倍），バブル期を超える高水準 7月　日銀，物価上昇2%達成目標を「2018年度ごろ」から「19年度ごろ」に先送り（6度目） 11月　日経平均株価，バブル崩壊後の高値を更新（2万2937円）	1月　米国，トランプ大統領就任 3月　米FRB，利上げ（FF金利を0.75～1.0%へ） 3月　英国がEUに離脱を通知 6月　米FRB，利上げ（FF金利を1.0～1.25%へ） 6月　米国，パリ協定（地球温暖化対策）離脱を表明

年	国内関係	海外関係
2017（平成29）		7～9月　北朝鮮，ICBM発射，核実験を実施，国連制裁決議（全会一致） 10月　米FRB，保有資産の縮小を開始 11月　英中銀，利上げ（0.25%から0.5%へ） 12月　米FRB，利上げ（FF金利を1.25～1.5%へ）
2018（平成30）	1月　コインチェック事件が発生，仮想通貨ネム（580億円分）が流出 4月　黒田日銀総裁が再任 7月　日銀，金融緩和の枠組みを修正（フォワードガイダンスを導入，長期金利の変動を容認） 9月　テックビューロ事件が発生，ビットコインなどの仮想通貨（70億円分）が流出 10月　全銀システムのモアタイムシステムが稼働を開始（24時間365日の送金が可能に） 10～12月　株安（米国利上げ，米中貿易摩擦の影響）	1月　欧州中銀，量的金融緩和を縮小（国債などの購入額を半減） 2月　米FRB議長が交代（イエレンからパウエルへ） 3月　米FRB，利上げ（FF金利を1.5～1.75%へ） 6月　米FRB，利上げ（FF金利を1.75～2.0%へ） 7～9月　米中貿易摩擦（相互に関税を引上げ） 8月　トルコ・ショックの発生，トルコ・リラが急落 8月　英中銀，利上げ（0.5%から0.75%へ） 9月　米FRB，利上げ（FF金利を2.0～2.25%へ） 10月　中国人民銀行，預金準備率を引下げ 12月　米FRB，利上げ（FF金利を2.25～2.50%へ） 12月　欧州中銀，量的金融緩和を終了（国債などの新規買入れ額をゼロに）
2019（平成31，令和元）	1月　株価動揺（一時2万円割れ） 4月　日銀，フォワードガイダンスを変更（超低金利を「少なくとも2020年春頃まで」続ける方針） 5月　政府，景気判断を引き下げたものの「緩やかな回復」の見方を維持 10月　消費税を増税（8%から10%へ） 10月　日銀，フォワードガイダンスを変更（時期を削除，利下げの可能性を明示）	1月　中国人民銀行，預金準備率を引下げ 1月　米FRB，段階的利上げ方針を取下げ 3月　欧州中銀，利上げ時期を先送り（2020年以降へ） 4月　英，EU離脱時期を10月末まで延期 5月　米中貿易摩擦が激化（米，追加関税引上げ）

年	国内関係	海外関係
2019（平成31，令和元）	12月　金融庁，金融検査マニュアルを廃止	6月　欧州中銀，利上げ時期を再延期（2020年後半以降へ） 7月　米FRB，10年半ぶりに利下げ（FF金利を2.00～2.25％へ） 9月　欧州中銀，新たな資金供給策を導入（3年の低利資金を銀行に供給） 9月　中国人民銀行，預金準備率を引下げ 9月　欧州中銀，量的金融緩和を再開，預金ファシリティ金利を引下げ（△0.4％から△0.5％へ） 9月　米FRB，追加利下げ（FF金利を1.75～2.00％へ） 9月　中国人民銀行，利下げ（ローンプライムレートを4.25％から4.2％へ） 10月　米FRB，追加利下げ（FF金利を1.50～1.75%へ） 11月　中国人民銀行，利下げ（ローンプライムレートを4.2%から4.15%へ）
2020（令和2）	2～3月　新型コロナウイルス・ショックで株価が大幅下落 3月　日銀，世界の5中銀（FRB，ECBなど）と協調して，ドル供給を拡充 3月　日銀，ETFとREITの購入目標を倍増，CPと社債に追加購入枠を新設 4月　政府，新型コロナ対応で緊急事態宣言を発令（5月に解除） 5月　日銀，「新型コロナ対応資金繰り支援特別プログラム」（総枠75兆円）を策定 6月　日銀，資金繰り支援の総枠を110兆円超に拡大 7月　日銀，デジタル通貨グループを新設 10月　日銀，中銀デジタル通貨に関する取組み方針を公表	1月　中国人民銀行，預金準備率を引下げ（大手行13.0％→12.5％） 1月　スウェーデン中銀，マイナス金利政策を打切り（政策金利△0.25％→0.0%） 1月　英国，EUを離脱 2月　中国人民銀行，利下げ（ローンプライムレートを4.15％から4.05％へ） 3月　米FRB，新型コロナ対応で0.5％の緊急利下げ（FF金利を1.00～1.25％へ） 3月　英中銀，新型コロナ対応で緊急利下げ（政策金利を0.75％から0.25％へ） 3月　英中銀，さらに利下げ（政策金利を史上最低の0.1％へ），資産購入を拡大

年	国内関係	海外関係
2020（令和2）	12月　日銀，資金繰り支援を半年間延長（2021年3月末 → 9月末）	3月　世界保健機関（WHO），新型コロナウイルスをパンデミック（世界的な大流行）に指定 3月　欧州中銀，資産買入れを強化（年末までに1,200億ユーロ） 3月　中国人民銀行，預金準備率を引下げ 3月　米FRB，コロナ危機対応で1.0%の緊急利下げ（FF金利を0.00～0.25％へ），量的緩和も再開（米国債とMBSを7,000億ドル買入れへ） 3月　米FRB，CP購入の緊急措置を発動 3月　欧州中銀，コロナ危機対応で資産買入れの特別枠を新設（7,500億ユーロ） 3月　米FRB，MMF向けに緊急の資金供給を実施 3月　米FRB，量的緩和を無制限に（米国債とMBSの買入れを当面無制限に），レポ市場へゼロ金利で資金供給する制度を導入 4月　中国人民銀行，預金準備率を引下げ（農村部の銀行7.0％→6.0％） 4月　米FRB，2.3兆ドル（約250兆円）の緊急資金供給策を決定（一般企業向けの融資制度） 4月　中国人民銀行，利下げ（ローンプライムレートを4.05％から3.85％へ） 6月　欧州中銀，資産買入れ枠を拡大（6,000億ユーロを追加し，1兆3,500億ユーロへ） 6月　米FRB，2022年末までゼロ金利を維持する方針を表明．量的緩和の購入目標を月1,200億ドルに設定． 8月　米FRB，平均インフレ目標を導入（物価上昇率が一時的に2％を超えることを容認）

年	国内関係	海外関係
2020（令和2）		9月　米FRB，フォワード・ガイダンスを導入，2023年末までゼロ金利を維持する方針 10月　カンボジア中銀，バハマ中銀が，中銀デジタル通貨を正式に導入 12月　米FRB，新型コロナ対策の4つの支援策を打切り 12月　欧州中銀，資産買入れ枠を拡大（5,000億ユーロを追加し，1兆8,500億ユーロへ）
2021（令和3）	1月　政府，第2回の緊急事態宣言を発令（3月に解除） 2月　日経平均株価（終値）が30年6カ月ぶりに3万円の大台を回復（1990年8月以来） 3月　日銀，地域金融機関向けの支援制度を開始（経営統合などを条件に，日銀当預に0.1％の上乗せ金利を付ける） 3月　日銀，「より効果的で持続的な金融緩和」のため政策を修正（長期金利の変動許容幅を±0.25％に拡大，ETF購入の目安を削除，貸出促進付利制度の導入） 4月　日銀，中銀デジタル通貨の実証実験（フェーズI）を開始 4月　政府，第3回の緊急事態宣言を発令（9月に解除） 7月　日銀，気候変動に関する取組み方針を公表 9月　日経平均株価（終値）が1990年8月以来，約31年ぶりの高値 12月　日銀，「気候変動対応オペ」を導入	7月　欧州中銀，物価目標を「2％未満でその近辺」から「2％」に変更 7月　中国人民銀行，預金準備率を0.5％引下げ 9月　欧州中銀，コロナ対応の資産購入ペースの縮小を決定 10月　欧州中銀，デジタル・ユーロ・プロジェクトを開始 11月　米FRB，量的緩和の縮小（テーパリング）を開始 12月　米FRB，テーパリングの終了を3カ月前倒し（2022年6月から3月へ） 12月　英中銀，0.15％の利上げ（政策金利を0.25％へ） 12月　中国人民銀行，預金準備率を0.5％引下げ 12月　中国人民銀行，利下げ（ローンプライムレートを3.85％から3.80％へ）
2022（令和4）	3月　日銀，コロナ対応のためのCP・社債の買入れを終了 4月　日銀，中銀デジタル通貨の実証実験（フェーズII）を開始 4月　消費者物価（除く生鮮食品），2016年以来6年ぶりの2％台へ	1月　中国人民銀行，2カ月連続で利下げ（ローンプライムレートを3.80％から3.70％へ） 2月　英中銀，0.25％の利上げ（政策金利を0.5％へ） 2月　ロシアがウクライナへ侵攻

年	国内関係	海外関係
2022（令和4）	4月　日銀，指値オペの毎営業日オファーを決定 9月　円相場，1998年以来24年ぶりの1ドル＝145円台へ 9月　政府・日銀，24年ぶりに円買い・ドル売りの為替介入を実施 10月　スマホ・アプリによる個人間送金サービスの「ことら送金」が開始 10月　円相場，1990年以来32年ぶりの1ドル＝151円台へ 10月　政府・日銀，円買い・ドル売りの為替介入を実施 11月　電子交換所が稼働を開始し，手形交換所は廃止へ 12月　日銀，長期金利の変動許容幅を従来の±0.25％から±0.5％に拡大（事実上の利上げ）	3月　英中銀，量的引締めに着手 3月　欧州中銀，コロナ対応の資産購入プログラムを終了 3月　ロシアの一部行をSWIFTから切断 3月　欧州中銀，量的緩和の縮小を加速する方針を決定 3月　米FRB，テーパリングを終了 3月　米FRB，0.25％の利上げ（FF金利を0.25～0.50％へ）．2年ぶりにゼロ金利を解除 3月　英中銀，0.25％の利上げ（政策金利を0.75％へ） 4月　中国人民銀行，預金準備率を0.25～0.5％引下げ 5月　米FRB，0.5％の利上げ（FF金利を0.75～1.00％へ） 5月　英中銀，0.25％の利上げ（政策金利を1％へ） 6月　ロシアのドル建て国債がデフォルト（不履行）に 6月　米FRB，量的引締め（QT）を開始 6月　米FRB，0.75％の大幅利上げ（FF金利を1.50～1.75％へ） 6月　英中銀，0.25％の利上げ（政策金利を1.25％へ） 7月　欧州中銀，量的緩和政策を終了 7月　欧州中銀，0.5％利上げ（政策金利を0.5％へ），マイナス金利を解除 7月　米FRB，連続で0.75％の大幅利上げ（FF金利を2.25～2.50％へ） 8月　英中銀，0.5％の利上げ（政策金利を1.75％へ） 8月　中国人民銀行，利下げ（ローンプライムレートを3.70％から3.65％へ） 9月　欧州中銀，0.75％利上げ（政策金利を1.25％へ）

年	国内関係	海外関係
2022（令和4）		9月　米FRB，3回連続で0.75％の大幅利上げ（FF金利を3.00～3.25％へ） 9月　英中銀，0.5％の利上げ（政策金利を2.25％へ） 10月　欧州中銀，0.75％の利上げ（政策金利を2.00％へ） 11月　英中銀，国債の売却を開始 11月　米FRB，4回連続で0.75％の大幅利上げ（FF金利を3.75～4.00％へ） 11月　英中銀，0.75％の利上げ（政策金利を3.00％へ） 11月　中国人民銀行，預金準備率を0.25％引き下げ 12月　米FRB，0.5％の利上げ（FF金利を4.25～4.5％へ） 12月　欧州中銀，0.5％の利上げ（政策金利を2.50％へ） 12月　英中銀，0.5％の利上げ（政策金利を3.50％へ）
2023（令和5）		1月　ユーロ圏，20カ国へ（クロアチアが参加）

※　2012（平成24）年以前については，以下のウェブサイトを参照のこと．
https://str.toyokeizai.net/books/9784492100387

【著者紹介】
中島真志（なかじま　まさし）
1958年　高知県に生まれる。
81年　一橋大学法学部卒業。
81年　日本銀行入行（調査統計局、金融研究所、国際局、金融機構局等に勤務）、国際決済銀行（BIS）等を経て、
現　在　麗澤大学経済学部教授。早稲田大学非常勤講師。博士（経済学）。
単　著　『SWIFTのすべて』、『外為決済とCLS銀行』、『入門　企業金融論』（以上、東洋経済新報社）、『アフター・ビットコイン』、『アフター・ビットコイン2　仮想通貨vs.中央銀行』（以上、新潮社）、*Payment System Technologies and Functions*, IGI Global.
共　著　『決済システムのすべて（第3版）』、『証券決済システムのすべて（第2版）』（以上、東洋経済新報社）、『金融システム論の新展開』、『金融リスクマネジメントバイブル』（以上、金融財政事情研究会）。
ウェブサイト　http://nakajipark.net/
連絡先　nakajipark@k6.dion.ne.jp

島村高嘉（しまむら　たかよし）
1932年　群馬県に生まれる。
55年　一橋大学経済学部卒業。
55年　日本銀行入行、国庫局長、審議役を経て、防衛大学校教授、中央大学総合政策学部教授、麗澤大学国際経済学部客員教授、中央大学政策文化総合研究所客員研究員等を歴任。
著訳書　『わが国の金融体制』、『戦後世界の形成――ブレトン・ウッズと賠償』（ケインズ全集㉖）J.M.ケインズ（共訳）、『図解金融入門』、『戦後歴代日銀総裁とその時代』（以上、東洋経済新報社）、『鎮守の森からのメッセージ』（三月書房）、『わが国金融風土の解明』（麗澤大学出版会）。

金融読本（第32版）
2023年4月6日発行

著　者――中島真志／島村高嘉
発行者――田北浩章
発行所――東洋経済新報社
〒103-8345　東京都中央区日本橋本石町 1-2-1
電話＝東洋経済コールセンター　03(6386)1040
https://toyokeizai.net/

D T P…………アイランドコレクション
装　丁…………吉住郷司
印刷・製本……港北メディアサービス
編集担当………中山英貴

ISBN 978-4-492-10038-7

索　引

（太字は頭注項目）

ア　行

カ　行

サ　行

タ　行

ナ　行

ハ　行

マ　行

ヤ　行

ラ　行

ワ　行

A～Z